U0634128

权威·前沿·原创

皮书系列为
"十二五""十三五""十四五"时期国家重点出版物出版专项规划项目

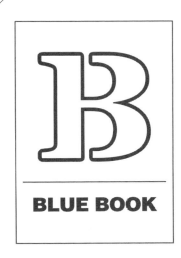

BLUE BOOK

智 库 成 果 出 版 与 传 播 平 台

北京非遗蓝皮书
BLUE BOOK OF INTANGIBLE
CULTURAL HERITAGE PROTECTION OF BEIJING

北京非物质文化遗产保护发展报告（2022）

ANNUAL REPORT ON INTANGIBLE CULTURAL HERITAGE PROTECTION OF BEIJING
(2022)

主　编／张　旗
副主编／邓　苗

社会科学文献出版社
SOCIAL SCIENCES ACADEMIC PRESS（CHINA）

图书在版编目（CIP）数据

北京非物质文化遗产保护发展报告. 2022／张旗主编；邓苗副主编. --北京：社会科学文献出版社，2022. 12

（北京非遗蓝皮书）

ISBN 978-7-5228-1023-2

Ⅰ. ①北… Ⅱ. ①张… ②邓… Ⅲ. ①非物质文化遗产-保护-研究报告-北京-2022 Ⅳ. ①G127. 1

中国版本图书馆 CIP 数据核字（2022）第 205589 号

北京非遗蓝皮书

北京非物质文化遗产保护发展报告（2022）

主　　编／张　旗

副 主 编／邓　苗

出 版 人／王利民
组稿编辑／任文武
责任编辑／王玉霞
责任印制／王京美

出　　版／社会科学文献出版社·城市和绿色发展分社（010）59367143
　　　　　地址：北京市北三环中路甲 29 号院华龙大厦　邮编：100029
　　　　　网址：www. ssap. com. cn
发　　行／社会科学文献出版社（010）59367028
印　　装／三河市东方印刷有限公司

规　　格／开本：787mm×1092mm　1/16
　　　　　印张：29.75　字数：445 千字
版　　次／2022 年 12 月第 1 版　2022 年 12 月第 1 次印刷
书　　号／ISBN 978-7-5228-1023-2
定　　价／128.00 元

读者服务电话：4008918866

主编简介

张　旗　北京联合大学艺术学院（北京非物质文化遗产学院）院长、教授，中国工艺美术学会非遗工作委员会主任委员，全国民族技艺教学指导委员会副主任委员，北京工艺美术博物馆馆员，北京工艺美术行业电子刊物《工艺北京》副主编，北京老字号品牌设计研究中心主任委员。主要研究领域：非物质文化遗产保护、传统工艺的理论与实践、文化创意设计与应用等。主持完成北京哲社基金重大项目"北京民间工艺美术史"、国家艺术基金项目"传统京剧剧装传承人才培养"等。北京工艺美术学术论坛、大运河非遗论坛等学术活动的策划者和发起人。

摘　要

2021 年，北京非物质文化遗产保护工作又走过了一年。在过去的一年中，北京非遗工作在延续以往良好发展势头的基础上又取得了新的成就，同时，非遗工作也在疫情防控常态化的背景下面临着挑战与新的困难。

此前，北京市推进全国文化中心建设领导小组发布了《北京市推进全国文化中心建设中长期规划（2019～2035 年）》，在这份关系北京未来近 15 年文化发展的纲领性文件中，中轴线保护与申遗工作、三条文化带保护、世界旅游名城建设等内容被置于重要地位，而这些工作，都离不开非遗保护工作的参与。同时，文件明确提出要加大非遗保护力度，构建非遗保护传承的"北京样本"。这些都为北京非遗工作的进一步开展提供了重要的历史机遇和现实挑战。

过去一年来，北京非遗工作取得的成绩和存在的问题是本书关注的重点。总报告在梳理一年来北京非遗保护工作主要内容的基础上，将 2021 年北京非遗保护工作的特点概括为非遗与红色文化相结合、非遗与当代北京经济社会发展的中心工作相结合、节日成为非遗展示和传播的重要场合、以冬奥会为代表的大型文化活动成为非遗展示传播的重要窗口、北京非遗的品牌化效应逐渐凸显、非遗与文化旅游互相促进等六个方面，并据此指出 2021 年度北京非遗保护工作中呈现的五大问题，对于这些问题，总报告也提出了非遗助力治疫、均衡发展、增加投入、从青少年抓起、促进研究等解决方案。

北京非遗的保护和传承是北京非遗事业的基础，也是本书首先关注的核

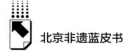

心问题。本书从理论上阐释了当代北京乃至全国非遗保护工作中的六个重要方面，即非物质性、主体性、传承性、空间性、实践性、价值取向；从实践上指出民俗节日、北京曲剧、天坛神乐署中和韶乐与三山五园地区非遗传说等非遗项目中所表现出来的动力不足、人才欠缺、认识不足等方面的问题，并据此提出增加投入、培养专业人才、加大宣传力度等对策性建议。

数字化是北京非遗工作开展的重要支撑力量，在互联网时代，强化北京非遗的数字化传承对于北京非遗传承具有重要的社会意义。但是北京非遗在数字化传承过程中也出现了主题杂乱、互动不足、公众参与度低、体验感差等问题，因此，凝聚主题、强化互动、提高观众的参与度成为解决这些问题的良策。

乡村振兴是当前北京推动区域均衡发展的重要手段，在当前北京城市建设工作中具有重要地位。非遗参与乡村振兴具有不同的模式，当前北京非遗参与乡村振兴存在品牌知名度低、非遗价值挖掘不足、缺乏设计、内生动力不足、社会参与度低等方面的问题。为此，必须打造知名非遗助农品牌、深度挖掘非遗价值、做好规划与设计、激发村民内在活力、加大宣传力度。

北京城市副中心建设是当前北京城市建设的重要任务，非遗作为城市文化的重要内容，可以在副中心城市文化建设中发挥重要作用。当前非遗参与副中心建设总体上呈现出人才匮乏、社会认知度低、相关文创产品开发不足、宣传渠道有限等问题，根据这些问题，加大人才培养力度、提高社会认知、强化文创开发、加大宣传力度是当务之急。

北京非遗保护中也涌现出一些优秀的保护案例。这些案例比较多地涉及北京民间手工艺文化，目前大多数传统工艺在政府的扶持下相对于以往有了较大的发展，但是仍然需要进一步强化社会认知，加大政策、资金的扶持，提高手工艺产品的市场附加值，实现自我增值。

关键词： 北京非遗　非遗传承　乡村振兴　数字化

目 录 ⤵

I 总报告

II 北京非遗的保护与传承

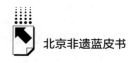
Ⅲ 非遗数字化的北京实践

Ⅳ 北京非遗与乡村振兴

V 北京城市副中心建设中的非遗

VI 典型案例

皮书数据库阅读 **使用指南**

总 报 告

General Report

B.1

2021年北京非物质文化遗产
保护现状分析与对策性建议

邓 苗*

摘 要： 2021年，北京非物质文化遗产的保护在新冠肺炎疫情防控常态化的背景下取得了一系列新的成绩，这些新的成绩呈现出非遗与红色文化相结合、非遗与当代北京经济社会发展的中心工作相结合、节日成为非遗展示和传播的重要场合、以冬奥会为代表的大型文化活动成为非遗展示传播的重要窗口、北京非遗的品牌化效应逐渐凸显、非遗与文化旅游互相促进等特点。北京非遗在取得这些成绩的同时也涌现出一些新的问题，主要包括新冠肺炎疫情影响非遗传承、非遗助力新冠肺炎疫情防控的作用不突出，各区非遗发展不平衡，北京非遗在全国的引领示范作用不突出，社会各界尤其是青少年一代在非遗传播中的参与度有待提高，北京非遗的调查、研究、保护经验总结和成果推广工作比较薄弱，等

---

* 邓苗，博士，北京联合大学艺术学院讲师。

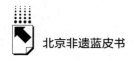

等。解决这些问题需要社会各界通力合作，积极挖掘北京非遗的潜力，全面布局、高度重视、增加投入，将非遗保护融入青少年教育的全过程，进一步壮大北京非遗的研究力量，建设北京非遗保护的新局面。

关键词： 北京　非遗　非遗传播

2021 年，在疫情防控常态化背景下，经过全市非遗保护工作者和广大非遗传承人的努力，北京的非遗保护工作克服疫情带来的种种不利影响，在以往工作的基础上获得了新的发展，取得了新的成果。特别是在文化和旅游部公布第五批国家级非物质文化遗产代表性项目名录和扩展项目名录之后，北京市人民政府迅速公布了第五批北京市市级非物质文化遗产代表性项目名录（共计 48 项）和扩展项目名录（共计 4 项），东城区等六区也公布了其新一批的区级非物质文化遗产代表性项目名录，房山区等三区公布了其新一批的区级非物质文化遗产代表性项目的代表性传承人名单，为北京非物质文化遗产名录建设做出了重要的贡献。除此之外，其他各项常规性的非遗保护工作也在有条不紊地继续推进，各种展示宣传活动、教育培训活动和交流推广活动仍然在尽可能地推进，这在疫情防控的特殊背景下是极为难得的。同时，这些活动和取得的成果一方面巩固并持续推动了北京非遗保护局面的持续向好，另一方面在新冠肺炎疫情防控常态化的特殊背景下，也为北京的文化建设和社会建设做出了来自非遗保护领域的独特的贡献。

一　2021年北京非物质文化遗产保护工作的总体状况

2021 年，北京的非物质文化遗产保护工作总体可以用八个字概括，那就是"踔厉奋发，笃行不怠"。在过去的一年中，新一批的市级非遗项目名录的公布，文化和自然遗产日丰富多彩的非遗展示与传播活动，以及各类有关非遗的教育培训工作，不仅保持了以往非遗工作的延续性和稳定性，而且极大地支持了各级人民政府、民众和社会各界的抗疫工作，以及当前北京正在如火如荼开展的全国文化中心建设、城市副中心建设、乡村振兴、长城文化公园建设、大运河文化带与西山永定河文化带建设等重要的城市建设工作。

（一）发展概况

在过去的一年中，北京非物质文化遗产保护事业以非物质文化遗产名录建设为统领，以各项非遗制度建设为保障，以大量分散到日常生活和社会活动中的非遗活动为主体，以文化和自然遗产日的展示与宣传活动为高潮，以扎实的非遗田野调查和研究为基础，实现了北京非遗与社会生活的全方位交融。

2021年，国家和北京市在非物质文化遗产保护与传承工作中投入了大量经费，有力地促进了北京非遗工作的开展。北京文化艺术基金也以文旅融合、传承发展中华优秀传统文化、传播当代中国价值观念、彰显北京城市文化底蕴为导向，为北京历史文化名城保护、中轴线申遗、大运河国家公园建设、长城国家文化公园建设、西山永定河文化带构建等重要文化事业提供资金支持，鼓励推进非遗类、曲艺类等艺术推广普及项目和对外文化交流项目，深入开展"我们的节日"主题活动，挖掘中华传统节日的文化内涵。这些项目和资金极大地促进了社会各界对于北京非遗项目的保护和传播工作，进一步增强了北京非遗发展的内在动力。

2021年度北京的非遗名录建设在新的时代机遇中取得了新的成就，一大批市级项目进入国家级非遗名录，同时市级名录和部分区级名录也适时推出，进一步充实和扩大了全市非遗事业的家底。在对这些新的非遗项目名录的普查、建设和评审工作中，各区非遗保护部门因地制宜，投入大量非遗保护力量，梳理相关非遗项目的发展历史、文化特点、传承谱系、遗产价值和

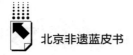
保护计划，从而大大改善了非遗文化的生存环境，使一些原来传承谱系不甚清楚、民众认识比较模糊、自发生存和展演的非遗项目获得进一步发展的契机。

结合北京冬奥会的举行，市文旅局和各区文旅局，尤其是冬奥会雪上项目的主要举办地之一的延庆区文旅局推出了大量与冬奥会相契合的非物质文化遗产的展示和展演活动，借助冬奥会的平台向国内外民众传播了古琴艺术、坠胡艺术、旱船文化、剪纸文化等北京非物质文化遗产。

自从 2006 年国家设立文化和自然遗产日以来，每年 6 月的第二个星期六就成为中国非物质文化遗产事业展示和传播的一个重要平台，大量的非遗展示、宣传和展演活动集中在这一天举行，这也成为中国非遗文化走近民众、走进社会的一种非常重要的方式。2021 年的文化和自然遗产日是 6 月12 日。本年度的文化遗产日，北京市文旅局非遗保护部门和各区非遗保护部门同样组织了大量的非遗活动，这些活动对于弘扬北京非遗，增加社会大众对北京非遗的认知和认同产生了重要的社会影响。

非物质文化遗产是当代北京文化建设的一项重要内容，在北京全国文化中心建设、长城国家文化公园和大运河国家公园建设、西山永定河文化带建设、老城保护、中轴线申遗、城市副中心建设等重要工作中同样不能缺席。在过去的一年中，社会各界通过建设各类非遗博物馆、打造电视节目、实施数字化工程、举行学术研讨会等多种方式深入挖掘非遗文化和上述各类重要文化工作之间的联系，从而实现了非遗保护和北京文化建设的双赢。

作为当代中国社会一项重要的文化事业，非物质文化遗产的保护、传承和传播也必须深刻地融入人们的日常生活，与当代互联网文化密切结合，寻找非遗发展的新途径。纵观本年度的非遗活动，可以说有相当数量的非遗展示和传播是通过互联网和融媒体的方式实现的，例如中央电视台电影频道"潮起中国·非遗焕新夜"融媒体直播，邀请佟丽娅、杨洋、李玉刚等众多知名艺人参与节目制作，打造了一场传统非遗与现代影视明星亲密接触的时尚盛宴，使古老的非遗技艺焕发出新的生命力，推动了非物质文化遗产和传统民俗在当代社会的传播。除此之外，非遗还走上电商平台，通过直播使更多的社会大众了解非遗、消费非遗，从而为许多可以作为商品而存在的非遗提供了重要的变现渠道。

（二）主要成果

2021年，北京非遗保护事业的主要成果大致可以分为以下七个方面，即非遗制度、法规、机构和场馆建设，非遗项目名录建设，北京非遗的展示、传播与推广，北京非遗的"互联网+"，北京非遗相关产业的市场化活动，非遗技能的教育与培训，北京非遗的研究、出版与学术成果。下面分别进行具体的论述。

1. 非遗制度、法规、机构和场馆建设

制定制度、法规与设立有关机构、建设非遗场馆是非物质文化遗产保护的重要途径，前者确立了非遗保护的法制基础和组织基础，使非遗保护有法可依，是一项具有长远规划的、纳入正式工作体系的重要工作，后者则确立了非遗保护的具体负责部门和重要的实施空间，从而为非遗保护提供了展示、展演和传承的物质空间。

（1）制度和法规建设

本年度，北京非遗保护事业在制度和法规建设方面成果丰硕。

2021年是国家"十四五"规划的开局之年，"十四五"规划成为未来五年各项工作的基本指南。北京各级政府部门也制定并向社会各界公布了《北京市国民经济和社会发展第十四个五年规划和二〇三五年远景目标纲要》（以下简称"北京市'十四五'规划"）。北京市"十四五"规划明确提出要强化非物质文化遗产保护，通过建设非遗数据库、非遗展示中心和传承工作室等打造非遗传承的"北京样本"。各区的"十四五"规划也都在文化建设的相关板块具体论述了各区未来五年对于非遗保护事业和相关文化工作的总体安排。

北京市文化和旅游局非物质文化遗产处和北京市非物质文化遗产保护中心牵头，推出了一系列有关北京非遗保护的重要文件，包括《北京市曲艺传承发展实施计划》《北京市传统工艺振兴目录（2021年）》等。《北京市

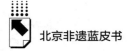
曲艺传承发展实施计划》是文旅部 2019 年制定的《曲艺传承发展计划》在北京的落地，是北京未来一段时间实施曲艺振兴的总纲，对于北京评书、五音大鼓等北京传统曲艺的发展具有重要的指导作用。《北京市传统工艺振兴目录（2021 年）》是首批北京传统工艺目录，列入了 37 项具有代表性的北京地域性传统工艺项目，对于当前北京传统工艺的振兴和以传统工艺振兴带动乡村振兴、扩大就业、打造地域传统工艺品牌具有重要的示范意义。同时，为了规范非物质文化遗产保护资金的使用，北京市财政局、北京市文化局修订并公布了《北京市非物质文化遗产保护专项资金管理办法》，该办法是《国家非物质文化遗产保护专项资金管理暂行办法》的地方版本，结合北京非遗保护实际，对北京市非遗保护专项资金的开支范围、申报与评审、管理与监督等方面做了详细的规定。与此同时，门头沟区也制定了区级的《非物质文化遗产保护传承专项资金管理暂行办法》，对门头沟区的非遗专项资金的使用做了具体规定。

节日是一种举办重要社会活动的日子，近年来各地利用不同名义创立了许多新的节日。这些节日有的是对日常生活的合理调节，对于丰富文化生活产生了积极意义，但是也有相当数量的节日内涵肤浅、层次不高，以节日为名行商业之实。同时，也有许多地方性节日互相重复，价值不大，浪费了许多社会资源。鉴于这种情况，为了促进我国节日文化的健康发展，2012 年，中共中央办公厅、国务院办公厅印发了《节庆活动管理办法（试行）》，对节庆活动的审批、管理和监督进行了具体的规定。为了落实中央有关要求，北京市成立了北京市清理和规范节庆论坛展会活动工作领导小组，制定了《北京市节庆活动管理实施办法》（京清组发〔2021〕2 号），对北京市的节庆审批活动做了规定。

作为一座具有三千多年建城历史的文化古都，北京具有丰富的历史遗存和文化遗产，因此，保护北京文化遗产就成为北京城市文化建设的重要内容。2021 年，北京市第十五届人民代表大会第四次会议审议通过了《北京历史文化名城保护条例》（以下简称《条例》），对北京文化遗产的保护做了总体布局，在《条例》中，非物质文化遗产是北京文化遗产的重要内容，

《条例》的第六十八条，对传统节日、特色民俗、传统工艺、方言等重要非物质文化遗产项目的保护做出详细的规定。

2021年底，北京市推进全国文化中心建设领导小组审议通过了《长城国家文化公园（北京段）建设保护规划》（以下简称《规划》），对长城国家文化公园北京段的建设做出了总体布局，该《规划》明确将长城国家文化公园北京段的整体空间结构布局确定为"一线、五区、多点"，并确定了10项长城国家文化公园（北京段）的标志性项目，这对于以八达岭长城传说和各种未列入不同级别非遗名录的长城非物质文化遗产的保护具有重要的指导意义。

北京市文物局印发《北京市"十四五"时期文物博物馆事业发展规划》，对于北京中轴线非物质文化遗产、"我们的节日"系列文化活动、大运河文化遗产、长城文化精神、西山永定河文化魅力做出了详细的论述。借助国家非物质文化遗产馆的平台，市文旅局非遗处发出向社会各界征集非物质文化遗产藏（展）品的通知，利用国家非物质文化遗产馆的平台进行北京市非遗的宣传和展示。

各区也有一些重要的非遗制度和法规或与非遗有关的政府文件在本年度对外发布，例如《通州区非物质文化遗产保护与传承工作相关办法》《密云区全域旅游发展规划（征求意见稿）》《门头沟区非物质文化遗产保护传承专项资金管理暂行办法》。

（2）机构场馆建设

在非物质文化遗产保护的机构场馆建设方面，从2015年以来，北京市几乎每年都有比较重要的非遗场馆建成开放。

2015年，北京东城区非遗博物馆和前门非遗博览园建成并对外开放；2016年，中国首家非物质文化遗产O2O线上线下互动体验中心在前门开幕；2017年，东城区崇外街道都市馨园社区非遗博物馆对外开放；2018年，北京市最大的非遗科学城在海淀区稻香湖风景区建成开放；2019年，中国首座非遗主题文创园区——"咏园"在东城区幸福大街永生巷4号院开园。

本年度，石景山区非物质文化遗产保护中心和朝阳区非物质文化遗产保

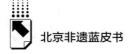

护传承中心对外开放，北京燕京八绝博物馆开馆，西城区白纸坊太狮训练基地、白纸坊挎鼓传习基地揭牌，这些场馆为北京非遗的展示和传播提供了重要的平台和渠道。

2. 非遗项目名录建设

作为北京非物质文化遗产事业基本成果之一的非遗项目名录建设在过去的一年中取得了较大的进展。在国家、省、市、县四级非遗项目名录建设中，北京一方面根据全国非遗名录建设的工作进展，推动新的北京非遗项目进入国家级非遗名录；另一方面也从北京地区的非遗保存、保护、传承和传播的区域实践出发，积极进行本地非遗项目的普查和名录体系建设。

本年度，国务院公布了第五批国家级非遗项目，北京市共有 18 个项目入选。这 18 个入选项目及保护单位分别为：

八大处传说（保护单位：北京市八大处公园管理处）

天坛神乐署中和韶乐（保护单位：北京市天坛公园管理处）

六郎庄五虎棍（保护单位：北京万柳置业集团有限公司）

蔡家洼五音大鼓（保护单位：北京市密云区巨各庄镇蔡家洼股份经济合作社）

太极拳（孙氏太极拳）（保护单位：北京市西城区非物质文化遗产保护中心）

八极拳（保护单位：北京八极武学文化传播有限公司）

泥塑（北京泥人张）（保护单位：北京泥人张艺术开发有限责任公司）

北京绢人（保护单位：北京市东城区东花市街道文化服务中心）

建筑彩绘（北京建筑彩绘）（保护单位：北京市园林古建工程有限公司）

京绣（北京补绣）（保护单位：北京工美集团有限责任公司）

家具制作技艺（北京木雕小器作）（保护单位：北京市工艺木刻厂有限责任公司）

剧装戏具制作技艺（戏曲盔头制作技艺）（保护单位：北京紫霞妙初戏曲文化有限责任公司）

民族乐器制作技艺（京胡制作技艺）（保护单位：北京市西城区非物质文化遗产保护中心）

砚台制作技艺（保护单位：北京潭柘紫石砚有限公司）

北京蒙镶技艺（保护单位：北京吴中凤蒙镶艺术品有限公司）

果脯蜜饯制作技艺（北京果脯传统制作技艺）（保护单位：北京红螺食品有限公司）

中医诊疗法（孔伯华中医世家医术）［保护单位：孔医堂（北京）科技有限责任公司］

庙会（丫髻山庙会）（保护单位：北京丫髻山道教文化名胜区管理委员会）

在这18项新入选的国家级非遗项目中，八大处传说、天坛神乐署中和韶乐、六郎庄五虎棍、蔡家洼五音大鼓、北京蒙镶技艺和果脯蜜饯制作技艺等6项为新增项目，其余12项为扩展项目。至此，北京市的国家级非遗项目总量达到了120项，入选数量位居全国前列。

本年度，北京市人民政府也公布了第五批市级非遗项目（包括48项正式项目和4项扩展项目），在正式项目中，民间文学1项，传统音乐2项，传统舞蹈2项，传统戏剧1项，传统体育、游艺与杂技2项，传统美术3项，传统技艺26项，传统医药9项，民俗2项；4项扩展项目中，曲艺2项，传统体育、游艺与杂技1项，传统技艺1项。各区在第五批市级非遗名录中的入选情况为：西城区8项，大兴区3项，通州区2项，平谷区2项，顺义区2项，海淀区3项，房山区1项，怀柔区1项，朝阳区2项，石景山区2项，丰台区1项，昌平区1项，延庆区1项，门头沟区3项，东城区3项，其他保护单位17项。至此，北京市已经公布五批市级非物质文化遗产项目，共311个项目。

本年度，也有6个区公布了其新一批区级非遗项目名录，包括东城区的

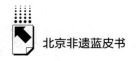
第七批、西城区的第六批、朝阳区的第六批、通州区的第四批、顺义区的第八批和大兴区的第七批非遗名录项目。

传承人是非遗物质文化遗产保护和传承的重要主体，国家在非遗项目名录之外，设立了相应的非遗传承人名录制度，作为非遗项目名录的辅助和支持制度。截至 2018 年，国务院共公布了五批国家级非物质文化遗产项目代表性传承人名录，其中北京市共入选 105 人。在市级非遗传承人方面，截至 2015 年，北京市人民政府共公布五批市级非物质文化遗产项目代表性传承人名单，共 280 人入选。本年度，朝阳区和房山区分别公布了其第四批和第二批区级非物质文化遗产项目代表性传承人名单。

3. 北京非遗的展示、传播与推广

北京非遗的展示、传播和推广活动是北京非遗保护事业中占据比重最大的类别，其内涵之丰富、形式之多样、参与人数之广泛，是其他类别的活动所无法比拟的。实际上，我们后文讲的"互联网+"严格地说也属于这一类别，除此之外，北京非遗相关产业的市场化活动也具有这种特点，但是这类活动有其独有的特点，可以拿出来专门讨论，所以我们在这里主要叙述了这些活动的展示、展览、传播和推广活动。

（1）综合性大型展示活动

每年 6 月第二个星期六的文化和自然遗产日的活动，是北京非遗的所有展示活动中最丰富、最集中、社会影响力最大、社会参与度最高的一项大型综合性活动。

6 月 12 日是 2021 年的文化和自然遗产日。北京市 2021 年度文化和自然遗产日以"人民的非遗　人民共享"为主题，由北京市文化和旅游局与北京市东城区政府联合主办，主会场设在东城区北京首都创业集团有限公司的非遗主题文创产业区咏园，文化和旅游部非遗司、北京市人大教科文卫委员会、北京市文化和旅游局、东城区政府等部门的有关领导参与了文化和自然遗产日的启动仪式。启动仪式内容丰富，既有生动活泼的非遗红色情景剧、京韵大鼓和霸王鞭表演，也有主题鲜明的非遗红色作品专题展、《中华人民共和国非物质文化遗产法》颁布 10 周年成果展、《北京市非物质文化遗产

条例》颁布 2 周年成果展。

在启动仪式之外，更有大量的非遗活动在线下和线上同时举行。借助文化和自然遗产日的契机，北京非遗购物节隆重开幕，购物节从 6 月 11 日开始，一直持续到 6 月 21 日。购物节整合线上渠道和线下渠道，一方面，以同仁堂、内联升等 18 家非遗老字号和咏园、全聚德展览馆、北京市腐乳科普馆、六必居博物馆等非遗老字号门店及博物馆、展览厅和传承人工作室为主要空间，举办非遗展览、非遗知识讲座、非遗工艺体验课、非遗知识问答、非遗产品选购等活动；另一方面，北京非物质文化遗产保护中心联合京东、抖音两大网络平台开展北京非遗好物市集、"非遗大师为你挑好物"、"北京非遗抖起来"等线上非遗产品销售、推广与传播活动。

2021 年是中国共产党成立一百周年，因此，北京文化和自然遗产日通过精选大量生动感人的非遗故事展现北京非遗文化对于中国革命的伟大贡献，以非遗展示致敬建党百年。其中涉及的非遗文化代表有王其和式太极拳、房山区民间歌舞霸王鞭、北京灯彩技艺、非遗老字号瑞蚨祥、红都中山装制作技艺、内联升千层底布鞋制作技艺、红星二锅头酿造技艺、北京评书。

除此之外，在文化和自然遗产日，北京市还推出了"非遗伴您逛京城游京郊"主题旅游线路，将北京丰富的历史文化、非物质文化遗产、自然生态、都市风情和传统美食结合起来，为广大市民打造多条"非遗+旅游"线路，丰富市民的户外生活。

北京市各区文化和旅游局也组织了丰富多彩的非遗展示体验活动，这些活动有的以非遗项目展览为主要形式，有的以线上体验课为主要形态，有的则举行有关非遗的知识讲座或答题活动，极大地提升了北京非遗的社会影响力。

（2）非物质文化遗产的区域交流与合作

区域之间在非遗文化和非遗保护事业方面的交流与合作也是非遗展示、传播与推广的重要方式之一。通过不同区域之间的非遗交流，区域文化的独特性得到进一步彰显，同时也获得了关于其他地区非遗文化的有关知识和保护方面的经验，从而促进了各地非遗事业的发展。北京作为我国的首都和国家中心城市之一，在推动各地非遗的交流方面一直不遗余力，一方面，吸引大量全国其他地区的非遗文化进京展示、会演；另一方面，积极"走出去"，在全国其他地区举行的大型展会上展示北京非遗，宣传北京非遗保护成果。除此之外，北京市的各区也举行区与区之间的非遗交流展示活动，促进各区之间非遗的交流与合作。

在推动各地非遗进京交流方面，举办大型文化节庆和展会是主要方式。这方面本年度比较重要的节庆有 2021 北京长城文化节、2021 "一带一路"·长城国际民间文化艺术节、2021 北京（国际）运河文化节、第五届中国戏曲文化周、2021 京津冀首届非遗烟花节暨大运河文化周等，比较重要的非遗展会有 2021 京津冀非物质文化遗产展、第二届京津冀传统文化大联展暨冬奥主题非遗文创发布会、2021 年第二届京津冀传统文化大联展等。

在北京非遗"走出去"方面，北京市文旅局非遗处、北京非物质文化遗产保护中心和各区非物质文化遗产保护中心也做了大量工作。2021 年度北京非遗参与非遗文化交流比较重要的活动有第三届大运河文化和旅游博览会、第五届中国非物质文化遗产传统技艺大展、魅力北京浙江周、深圳文博会等。

北京非遗主管机构也大力推动北京非遗保护单位与全国其他地区非遗保护单位之间的合作。在本年度文化和自然遗产日，北京市西城区和湖南省长沙市举行了"京湘携手共筑非遗梦"签约仪式，两地合作共同推动京、湘非遗的保护与发展。

除此之外，北京市各区之间也通过共同策展、举行非遗节目加强相互合作。在文化和自然遗产日，丰台区、海淀区、石景山区、门头沟区四区联合举办京西花会交流展演，联合展现了国家级非遗代表性项目京西太平鼓的艺术魅力，为广大观众奉献了一场丰富多彩的京西非遗花会节目表演。顺义区和平谷区在 2021 年 10 月 14 日至 10 月 29 日期间举办了以"山与水的共鸣"为主题的非遗项目文化交流展，向社会各界展示了两区众多各具特色的非遗项目。

（3）非遗节目展演

表演类非遗项目在所有非遗项目中占有相当大的比重，民间音乐、民间舞蹈、传统戏剧、曲艺和部分游艺、传统体育与竞技项目、部分民俗项目都属于表演类非遗。因此，展演不可避免地成为非遗展示、传播与推广的重要方式。

表演类非遗项目的展演主要有两种方式：一种是以传统艺术表演为主题的演出节目，本年度比较重要的演出有第四届中国非遗春节联欢晚会、自2013年开始持续至今的西城区非遗演出季、第五届中国戏曲文化周、朝阳区"相声进基层"系列活动、"和满京城　奋进九州"2021年朝阳区文化惠民活动曲艺专场等；另一种是作为综合性节目的一部分而进行的传统艺术表演，这种类型的展演在非遗节目的表演中占有较大的比重，这类演出有的是在大型综合性节目中出现，如"相约北京"奥林匹克文化节暨第22届"相约北京"国际艺术节，有的是作为综合性民俗活动的一部分而出现的，如朝阳区崔各庄地区第九届文化艺术节暨第三十届奶子房庙会。

（4）非遗项目的专题展览展示

非遗项目的专题展览展示活动和上文讲的第二类活动具有一定的交叉性，因为很多跨区域交流活动是以展览展示的方式出现的。展览展示作为当代北京非遗传播的重要方式，其重要性是毋庸置疑的，有相当比例的非遗项目的展示和传播活动是以专题展览展示的方式进行的，特别是北京非遗项目中的民间美术和部分传统手工技艺只能通过展示的方式进行传播，当然，这些项目有的也可以与后文将要论述的互动方式结合起来进行展示和传播。

非遗项目展览的方式同上文讲的非遗节目表演具有一定的相似性，也可以大致分为非遗主题的展览和作为综合性展览一部分的非遗展示。就前一种方式而言，本年度比较重要的展览有2021年开馆的北京燕京八绝博物馆、以红色文化为主题的"红印百年"海淀区非遗项目巡展、海淀区举行的"海之春"新春文化季之"年画迎新岁·绿海笑逢春"年画展等；后一种方

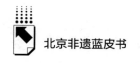

式如"献礼百年华诞 喜迎北京冬奥——《非遗遇上冰雪》主题作品"征集展示表演活动、2021年中国国际服务贸易交易会文旅服务专题展、东城区金街四合院"融汇"艺展等。

（5）非物质文化遗产与社会大众的互动交流

随着非遗保护工作的深入发展，社会各界对非物质文化遗产的接受和认同也越来越广泛，因此，越来越多的社会大众开始有意识地参与非遗的相关活动。于是，非遗的保护和传承开始越来越注重与社会大众，尤其是非遗与年轻人之间的互动和交流。通过这种交流，非遗的传承开始逐渐走出专业性领域，成为当代中国社会大众文化的一个重要构成部分。应该说，非遗的保护与传承发展到今天这样一个阶段——绝大部分民众都有不同程度的了解，社会大众的主体参与意识不断高涨——任何一种非遗都具有某种程度的参与性导向，完全脱离社会大众的非遗展示是不存在的，各类非遗活动都在想方设法地加强与普通大众的互动，增强非遗项目对社会大众的吸引力，以更好地获得大众的认可与欣赏。需要指出的是，这里所讲的参与性主要是指非遗活动作为一种手工技巧与平日不太接触这类非遗文化的市民之间的互动与交流。只不过不同活动民众的参与度是不同的，而这当中，有一部分非遗活动的民众参与度显得尤为突出。

从总体上来看，北京非遗与社会大众之间的互动交流可以大致分为两种模式，一种是普通大众参与体验手工制作，另一种是普通大众围观、品尝（饮食类）、参与非遗文化活动。前一种模式大多是以传统技艺类的非遗为主，通过普通大众的参与体验制作，增强其对非遗的了解与切身感受。本年度这方面的活动有东城区汪芝麻社区举行的"巧手剪初心"党史学习教育活动和端午节香囊制作活动、朝阳区十八里店乡周家庄村的邻里布艺堆绣非遗技艺传承活动、西城区图书馆举行的"非遗中国·团扇的制作技艺"活动等。后一种模式侧重社会大众对非遗活动场域的进入，活动类型较多，民众可以观看非遗表演，也可以体验非遗手工制作，还可以品尝非遗美食，因此，内容更丰富，参与性更强。这方面活动有朝阳区第三十届奶子房庙会、东城区非遗中心举办的"中秋雅集"系列活动、西城区广内市民文化中心举办的"国潮·集拾行'乐'"大型文化市集活动、潘家园首届非遗文化节等。

除此之外,北京近年来许多地方开展的"非遗进社区"活动也具有很大的参与性,如东城区文旅局举行的"非遗在社区"系列活动,其所打造的街道、社区、传承人三级联动工作模式,"非遗理想家"活动品牌,以及连接线上线下国内国外非遗行业内外的非遗展示传播格局更是成为北京非遗传承传播的范例。

(6)北京非遗的平台化宣传与推广

非遗之所以成为非遗,很大程度上是因为其原本所生存的环境具有一定的闭塞性,这种闭塞性使其脱离了当代社会的主要发展轨道,难以为大众所识。因此,从某种程度上讲,非遗的展示和传播都需要借助一定的平台,这种平台是大部分现代社会大众,尤其是年轻人日常生活中常见的、可触及的。在这种情况下,非遗展示、传播与推广的平台可能就是多样化的,既包括平面媒体,也包括各类电视广播、互联网、大型展会、节庆、体育运动、娱乐节目等。这些平台,特别是各类平面媒体、互联网、大型展会具有较大的传播力,受众广泛,能够极大地提升非遗文化在社会大众中的知名度。

本年度,北京非遗通过电视节目和互联网打造的比较具有代表性的传播案例是东城区文化和旅游局联合字节跳动制作的《非遗智造局》系列短视频。除此之外,延庆电视台制作的《印象妫川》节目也较好地宣传了延庆区的非遗项目。另外,市文化和旅游局在文化和自然遗产日所进行的非遗法治宣传活动也较好地宣传了国家和北京非遗的法制知识。

4.北京非遗的"互联网+"

非遗是一种以传统样态呈现的生活文化,这种生活文化与现代社会具有一定的隔膜,在这种情况下,通过一定的方式融入现代社会,进入现代生活,增加其曝光度,是改善非遗文化生存状况的不二选择。互联网恰恰就是非遗文化融入现代生活的一种重要方式,同时也是一种新的非遗传承场景。① 非遗通过互联网融入现代社会有两种方式，一种是信息化，另一种是数字化。前一种意味着非遗以文字、图像、音视频等信息化的方式呈现，从而能够并且易于作为一种文化信息而被人们所获取，同时，也可以便捷地在更广范围传播；后一种则意味着其必须进行一定程度的变形，这种变形就是将其所包含的信息转化为一种可以通过网络即时传播的数字文件。当然，非遗在实现数字化的过程中不可避免地会丢失一些重要的信息，例如非遗活态发生的现场感与地方性意义，② 但非遗最重要的核心内涵并不会发生大的改变或丢失，而这也正是非遗之所以能够通过数字化进行传承的技术基础之所在。非遗的信息化和数字化是密切联系在一起的，二者之间虽然具有一定的差异，但是共同成就了非遗传承的新生态——网络化。

当前，北京非遗通过互联网进行传承、传播与发展主要表现为以下几种方式。

（1）非遗产品的线上零售

在非遗的十大类型中，传统技艺类与其他类型具有一定的差异，这种差异主要表现在其最终成果是以市场为导向的，这种市场化的导向意味着传统技艺的成果一定是与人们衣食住行的日常需要密切相关的，是能够被人们在现实生活中所需要的，因此具有极强的实用性。虽然医药类非遗也具有实用性，但是相对于传统技艺而言，医药类非遗具有一定的稀缺性和专有性，不如传统技艺日常性那么强。这种市场化和日常性的特点决定了传统技艺类的非遗具有高度的市场敏感性。

现代社会是一个市场经济的社会，互联网和电子商务的发展使越来越多的商品通过大型网络平台对外销售。非遗产品借助大型网络平台进行销售，不但为非遗产品提供了便利的展示条件，而且通过非遗产品连带扩大了非遗产品所依托的传统技艺的知名度。

目前北京传统技艺类非遗最具有代表性的是全聚德、六必居、内联升等

---

① 权玺：《"互联网+"：构建非物质文化遗产数字化传承的新场景》，《西北民族大学学报》（哲学社会科学版）2017年第6期。
② 王龙：《"互联网+"时代非物质文化遗产的数字化》，《求索》2017年第8期。

知名老字号，这些老字号具有悠久的历史，在传统社会就具有较高的知名度，技艺精湛、品质过硬。东城区联合阿里本地生活服务公司在大型互联网平台饿了么上打造"北京品牌馆"，推动都一处、全聚德、天兴居、便宜坊、森隆饭庄五家知名老字号企业作为首批商户入驻饿了么"北京品牌馆"，这极大地增加了这五家老字号企业在知名餐饮平台的曝光度，为其带来大量的年轻客流，扩大了这些知名老字号的受众人群。

受新冠肺炎疫情的影响，许多线下的销售活动不得不转移到线上，这虽然是疫情形势下的被迫行为，但是也为许多产业开启了线上营销和数字化传播的契机。2021年"北京国际茶业展 马连道国际茶文化展 线上惠民消费节"通过举行直播周、设立九大线上展馆、设立特色主题空间等活动打造了一场不同凡响的线上营销活动。这项活动为广大热爱茶文化的客商提供了良好的超越空间的体验。

著名老字号企业六必居与知名生鲜配送新零售企业盒马合作，推出盒马六必居联名款"老北京二八酱"新品，该新品通过创意提升，将传统经典产品与现代艺术相结合，充分挖掘产品背后的文化底蕴，利用盒马的线上平台和线下门店优势，扩大了传统老字号在年轻人中的影响力，为企业开拓了新的利润增长点。

（2）线上展示与传播

北京非遗的线上展示和传播主要是通过信息化的方式集中地将北京非遗的核心信息呈现出来，使受众能够在较短时间内抓取非遗的基本内涵和核心内容。这种展示有的是通过文字、图片、音视频相结合的方式静态地向观众呈现，有的则侧重于其中的某一种方式，其中以图片和短视频的方式呈现的非遗信息在当代社会比较容易受到人们的关注，能够瞬间抓住观众的心理预期。

北京非遗以文字和图片为主要表述方式的线上传播是相当多的，许多非遗保护单位在举行了一定的非遗传承活动后都会在重要的网站、微信公众号、微博、抖音发布相关的活动新闻，传播活动的有关信息。同时，许多以非遗为主要业务内容的政府部门、事业单位、企业也有其常态化的部门网站

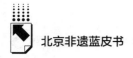

或微信公众号，有的还有微博、抖音，这些网站和公众号上不但有关于本部门不同类别的丰富信息，更有大量随时更新的单位活动信息、产品信息和相关的活动通知，这些都是北京非遗传播的重要渠道。

以视频方式呈现的线上展示活动是最受社会大众欢迎的非遗展示方式，这种方式分为两种类型，一种是以非遗节目的方式呈现，这种方式经常和电视相结合，通过和电视台合作制作非遗节目并在电视、互联网等进行播放，如中宣部电影卫星频道和天猫国潮联合制作的"潮起中国·非遗焕新夜"主题晚会，该晚会在中央电视台电影频道和央视网等网络全网直播；也有独立制作的网络视听节目，在互联网和各类自媒体上进行传播，如上文提到的东城区文旅局联合字节跳动制作的系列人文短视频《非遗智造局》，该节目在西瓜视频、今日头条、抖音等众多网络平台联动播出，引发了众多知名网站的报道和广泛的社会关注。另一种方式是非遗活动直播，这种直播内容广泛，可能是非遗传承人或经营非遗产品的商家在抖音等直播平台组织的非遗产品展销活动，也可能是非遗传承人或者非遗爱好者在直播平台进行的个人表演活动，同时，也有一些企事业单位组织的大型非遗活动直播。朝阳区文旅局举行的"文化朝阳·云赏传承"活动就是以线上直播的方式宣传朝阳区重要的非遗项目，其中第一期直播活动涉及8个著名的博物馆或美术馆，观看直播的观众数量众多，效果不错。

除此之外，还有一些综合性非遗活动的线上展示和传播，既包括文字信息传播，也包括视频直播，如东城区非遗中心开展的"非遗美食月——风味厨房"和"非遗戏曲月——古韵清音"两个系列的非遗主题公益活动。其中"非遗美食月——风味厨房"将线上活动和线下活动结合起来，一方面组织部分网友到知名老字号企业进行线下美食体验，另一方面又举行线上美食探店直播活动，通过互联网传播有关非遗技艺的相关知识和现场活动的具体情况。而"非遗戏曲月——古韵清音"则邀请了多位梅花大鼓、北京琴书、数来宝和昆曲的传承人通过直播向广大观众表演了精彩的戏曲代表性曲目和曲艺名段，并向观众介绍了与这些非遗相关的戏曲知识、技艺特征及其非遗技艺传承的历程。

（3）线上节庆

线上节庆就是将相关的节日庆祝活动移到线上进行，这种形式大部分是为了避免线下活动的弊端，如疫情防控风险、跨地域联合活动的人力物力成本，也有一些是为了充分利用互联网快捷、便利的优势，[①] 丰富相关节庆活动的内容。

由于2021年春节期间北京疫情仍然十分严峻，因此，北京的线上节庆在春节期间表现得尤为突出，各区都组织了大量丰富多彩的线上春节活动。

东城区文旅局和非遗中心举办了"和顺致祥迎新春　非遗伴您过大年"系列直播活动欢庆新春，活动内容丰富多彩，邀请多位非遗传承人讲述非遗故事、展示非遗技艺，同时还邀请了非遗研究专家给观众讲解非遗的有关知识，著名收藏家为观众讲解民俗文物的故事，吸引了大量网友在线观看。除此之外，东城区还组织了"2021年高雄·北京特色周暨2021年京台社区云聚首·元宵节主题活动"，以及其他多项与非遗有关的新春活动。

海淀区马连洼街道举行了2021年"海之春"新春文化季"喜迎丰年到，笑看盛世春"线上过大年活动，线上探非遗、线上赏民俗、线上展作品，通过直播和微信小程序开展线上春节非遗文化庙会，该线上文化庙会形式新颖，内涵丰富，包括"探·非遗""赏·民俗""展·作品"三大板块，其中"探·非遗"板块以彩塑京剧脸谱、北京鬃人、京绣、剪纸、兔儿爷、面人等非遗传统技艺为主，邀请传承人讲解相关非遗项目的历史和制作技巧；"赏·民俗"板块主要以民俗故事、相声、京剧、冰糖葫芦制作视频展播为主；"展·作品"板块展示个性化福字设计，并邀请中国十二生肖象形书法作品创始人高歌展示其独具个人魅力的十二生肖书法。除此之外，海淀区文旅局还组织了"听年俗故事　鉴非遗御膳"系列活动、新春游园嘉年华线上活动、新年古琴音乐会、元宵节手工云畅享活动、海淀北部文化馆云端剧场、迎新春知识竞赛、北京过年饮食习俗展、"猜灯谜，捞元宵"元宵节线上活动、海图北馆美食文化季、第四届中国非遗春晚、海淀区非遗

---

① 毕秋灵：《基于短视频平台的非物质文化遗产传播》，《文化产业》2018年第14期。

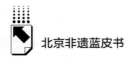

展示中心（北馆）非遗过大年文化进万家系列活动等 39 项云上新春文化活动。

昌平区以"福满京城　春贺神州"为主题，组织了联欢晚会、讲座、培训、展览等多项新春文化活动。

朝阳区组织了一百多场线上线下新春活动，其线上活动通过云展演、云展览、云祝福等方式举行多项非遗展示、直播活动和有关讲座。

（4）非遗数字化保护、管理与发展

非遗数字化的核心内涵包括数字化采集、整理与记录、保存与保护、展示与传播等，其使用的技术包括基础性数字技术、3D、AR、VR 和动作捕捉等新兴数字技术，[①] 这些数字化技术使非遗能够通过互联网便利地进行传播，也能够使非遗比较方便且最大限度地实现无损保存。

目前，北京非遗在数字化方面已经取得了一些可喜的成绩，如非遗数据库的建立、非遗大数据的挖掘、非遗资源的可视化呈现等。西城区通过利用大数据和人工智能等新技术，将非遗保护与文旅发展相结合，对相关非遗场所和文旅空间的访客进行实时监控，打造了"智慧文旅+人工智能"的新模式，推动了非遗数字化的发展。门头沟区在 2021 年文化和自然遗产日，策划了"非遗上云"的系列活动，充分利用互联网、VR 技术、通信技术、电子商务、可视化等手段和技术，形成了一套非遗数字化平台的雏形，大力推进全区非遗工作的数据安全化和信息化发展。朝阳区举办以"非遗赋能　传承发展"为主题的"朝阳区非物质文化遗产传承发展工程"研讨会，发布了朝阳区非物质文化遗产数据库（测试版），该数据库以规范的方式存储了全区非遗项目和传承人的基本数据，拉开了全区非遗数字化工作的序幕。

（5）线上培训

在疫情防控常态化的社会背景下，许多有关非遗的课程培训也不得不在线上进行。总体来说，线上课程对于知识传授类的课程来说影响有限，但是

---

① 马晓娜等：《非物质文化遗产数字化发展现状》，《中国科学：信息科学》2019 年第 2 期。

对于许多实操类的课程影响较大，因为学员无法进行操作练习。同时，线上交流相对于线下而言，缺乏一定的现场感，也在一定程度上影响课程的实际效果。

由于2021年不同时期疫情传播情况不一，因此，北京非遗有关的教育和培训活动有的在线下进行，这部分内容在后文再详细讨论，有的则在线上进行。线上进行的培训包括延庆区香水园街道的面塑培训和海淀区文化馆（北馆）古琴公益培训课程等。这些培训参与人数不等，但是在疫情防控常态化的背景下仍然坚持非遗的学习和传承，是极为难得的。

5.北京非遗相关产业的市场化活动

非物质文化遗产相关产业有的直接以非遗项目为对象，有的则是在非遗基础上的再创造，但是不论是非遗项目本身的产业化还是非遗基础上的文化创意产业，都是非遗保护、传承和发展的重要内容。北京非遗项目中有一些类型或者项目相对于其他项目而言，与当代社会民众的日常生活之间的关系更加密切一些，能够通过不同的方式在人们的日常生活中发挥作用，能够成为人们日常生活的一部分，因而其生存状况较好，具有更大的发展前景。这些项目主要集中在传统手工技艺中，同时在传统医药等类型中也有一定的分布。从北京2021年度非遗发展的情况来看，产业化发展比较好的领域主要集中在以传统技艺为主题的精品文创、非遗购物节、非遗致富、文化旅游、展会营销等领域，在这些领域中，地方美食、传统木作工艺、长城文化、冶铁文化、京绣等非遗项目成为产业化的重要载体。同时也有大量的非遗产品入驻知名网络平台进行销售，这极大地提升了非遗产品在青少年群体中的接受度。

（1）非遗创意设计

非遗传承的一个重要方面就是创新转化，具体表现为立足于非遗的创意设计，其以精品文创的方式表现出来。近年来，随着非遗事业的发展、国潮风尚的兴起，越来越多的人开始关注中国风的文创产品。

本年度，北京举办了大量有关赛事促进非遗文创产业的发展。围绕着近年来北京推进全国文化中心建设的核心工作，市文旅局和文物局组织了多项与此有关的文创设计大赛，包括从 2020 年开始的"好汉杯"八达岭长城文创大赛、自 2018 年持续至今的大运河文化创新创意设计大赛、2021 年首次举行的北京中轴线文化遗产传承与创新大赛。除此之外，影响比较大的赛事还有 2021 年"北京礼物"旅游商品及文创产品大赛、"民间瑰宝·魅力之都"2021 年北京非物质文化遗产时尚创意设计大赛等。

这些非遗文创设计大赛在全市甚至全国范围内都获得了业界的普遍关注，评选出多项优秀的非遗文创作品，既促进了北京文化产业的发展和文化创意成果的转化，也扩大了北京非遗文化的社会影响力，为北京文化旅游消费和国际旅游名城建设增加了新的文化内涵。

（2）非遗购物节、消费季

从总体上来说，当前北京非遗产品的销售大致分为两种形式，一种是作为多种促销要素之一共同参与促进大众消费的相关活动，另一种是独立进行的，或者以非遗为主题的非遗产品专项销售活动。

非遗作为多种促销要素之一参与大众消费热点营造是目前北京非遗产品销售的主要方式。在这种销售方式中，非遗作为文化消费的重要载体和凸显中国文化特色的媒介，成为消费活动中吸引社会大众尤其是青年消费群体的重要手段。2021 年 8 月 27 日，中共北京市委办公厅、北京市人民政府办公厅印发了《北京培育建设国际消费中心城市实施方案（2021—2025 年）》的通知，该方案明确提出要将北京建设成为国际消费中心城市，使北京成为彰显时尚的购物之城、荟萃全球风味的美食之都、传统文化与现代文明交相辉映的全球旅游目的地、引领创新生态的数字消费和新型消费标杆城市。为此，要充分利用北京的文化资源优势，打造重磅文旅消费产品，深入挖掘北京丰富的世界文化遗产、非物质文化遗产、中轴线文化遗产、历史文化遗产等优势资源，开展"非遗+旅游""非遗+互联网""非遗+文创"的营销模式，利用市场化手段和现代科技促进非遗文化传播。在这一文件精神的号召下，北京各区开发了许多与非遗有关的消费热点，比较重要的有 2021 年北京消费季·悦动海淀、2021 年"燃购东城"消费季、2021 年"潮朝阳　新消费"活动、2021 年"西城惠民消费季"

等。此外，依托于五一劳动节、十一国庆节、端午节、中秋节、重阳节等重要节日，各区出台了大量促进消费的政策措施，例如北京前门国潮京品节、2021年北京消费季·银发节。

以非遗为主题的销售活动是非遗展示的主场，在当前国潮时尚不断发展的背景下，越来越多的传统文化受到年轻人的青睐，因此，将线上活动与线下活动相结合，也取得了比较不错的销售成绩。这方面比较有代表性的例子有2021年北京非遗购物节，东城区以北京老字号为主要营销对象，联合阿里本地生活服务公司在大型互联网平台饿了么打造线上"北京品牌馆"，北京市珐琅厂主办的2021年新春景泰蓝文化消费体验季等。星巴克臻选北京华贸店开办了首家"非遗文化体验店"，推出星巴克首个以蜡染艺术为主题的咖啡吧台，重磅打造的"非遗星空间"首次亮相。

（3）非遗特色相关产业助力富民兴区、乡村振兴

非遗特色相关产业作为富民兴区的手段，主要通过特色非遗技艺产品的规模化和专门化，例如通过刺绣、石雕、中草药等可以大范围铺开的产业带动村民发家致富。

延庆区大力发展非遗特色相关产业，依托延庆区非物质文化遗产代表性项目山水黄芩茶制作技艺发展中草药种植，打造"山水黄芩茶"品牌，取得了不错的效果。朝阳区宫廷艺术京绣非遗传承人教授村民学习京绣并扩大生产，推动当地京绣产业的发展。通州区"北京巧娘"杨帆为当地妇女培训面塑技能，创作面塑"潮品"，促进了当地面塑产业的发展。除此之外，中国农村杂志社主办的2021"农遗良品"优选计划从中国重要农业文化遗产名录中评选2021"农遗良品"十佳品牌、2021中国重要农业文化遗产十佳传承团体、2021中国重要农业文化遗产十佳旅游线路的行动也促进了与农业文化遗产有关的文化旅游产业和特色非遗产业的发展。

（4）非遗参与区域文化旅游产业发展

非遗参与区域文化旅游产业与上文所讲的非遗消费季是密切联系在一起的，非遗购物节的前一种方式就是参与文化旅游。其主要有两个发展方向，其一是自然生态文化与非遗、红色文化等人文文化相结合的乡村文化旅游，

其二是在博物馆、艺术中心、戏楼茶馆、文化产业园区、非遗特色美食餐馆等非遗展示、表演的物理空间与咖啡馆、音乐厅、书店、美术馆等现代城市文化空间相结合而形成的以城市业态为主的城市文化旅游。就乡村文化旅游来说，通过非遗资源赋能乡村产业，丰富乡村旅游资源的文化内涵，尤其是通过非遗体验基地、非遗节目展演、具有乡村特色的民宿发挥非遗资源的作用。就城市文化旅游产业来说，非遗资源作为当代国潮文化的一部分，成为彰显中国文化特色的重要元素，与现代体育、时尚、休闲、表演等各类文化形式相结合，共同促进文化产业发展。

北京的延庆、怀柔、大兴、房山等远郊区尚有不少地方属于乡村，与核心区的城六区发展具有较大的差距，但同时，这些地区山水俱佳、风景秀美、民风淳朴、民俗资源丰富，适宜发展文化旅游产业，因此，当前北京市大力开展的乡村振兴就主要在这些地区展开。延庆区将长城非遗、冶铁文化、慈孝文化和红色文化、生态文化相结合，构建"红色体验基地+红色教育基地"产业格局，通过文化的赋能促进了当地文旅产业的发展。通州区联合昌平区、顺义区及多家市属单位共同举办 2021 北京（国际）运河文化节，内容包括与非遗相关的论坛、讲座、旅游商品博览会、艺术交流项目、戏曲艺术节、评剧演出，有力促进了当地文化旅游产业的发展。西山永定河沿线的门头沟区、石景山区等区举办 2021 北京西山永定河文化节，内容包括西山永定河文化带代表性非遗技艺展示与体验、"三条文化带快闪主题邮局"、琉璃文化产业园区建设合作协议签署仪式等。怀柔区以当地独具特色的自然环境和重要非遗项目为基础，将村庄作为度假综合体进行综合运营，整合民宿、民俗文化、农庄、精品酒店户外营地等各类业态，致力于打造新田园度假地。

东城区依托"故宫以东"文旅品牌，以紫金宾馆、保利票务、凯撒旅游、呆住幽兰酒店、御茶膳房、吉兔坊等 11 家文旅企业为代表，举办"故宫以东"文旅企业跨界创想地沙龙活动，同时举办"故宫以东·紫金年货节"，推动区域文旅品牌升级，助力文旅产业改革创新。除此之外，东城区还以该区丰富的城墙资源为依托，在北京明城墙遗址公园举办"踏春赏非

遗 城垣品匠心"——2021年东城区清明非物质文化遗产展示活动,活动互动性强,非遗种类丰富,而且包含国家级、市级和区级三个层次的不同非遗项目。前文提到的海淀区在五一、六一、端午、七夕、国庆、中秋、重阳等重要节点,融合文旅教体多领域共同发力,策划区内六大商圈和多个重点商业企业,推出快闪SHOW、新店开业、潮市集、新品发布、脱口秀、满额返券、折上折、购物抽大奖等各种类型的特色促销及体验活动,开启"嗨购海淀、寻味海淀、智惠海淀、文享海淀、爱尚海淀、炫彩海淀"六大主题板块,特别是其中的"寻味海淀——品尝舌尖上的美食盛宴""文享海淀——感受全新文化娱乐新地标""炫彩海淀——引领北部商业民俗潮流",与非遗具有密切的联系,为该区文旅消费旺盛做出了重要贡献。除此之外,朝阳区的"潮朝阳 新消费"活动、西城区的"西城惠民消费季"、北京前门国潮京品节等文旅活动也是2021年度北京消费季的重要内容。

(5)与非遗相关的商品展销会

非遗产品作为展销商品之一参与大型文博会展也是非遗销售的重要方式。本年度最重要的大型展会是于北京国家会议中心和首钢园区举办的2021年中国国际服务贸易交易会,该交易会规格高、规模大、占地广,是我国级别最高的综合性会展,也是中国对外开放的三大展会平台之一。本年度展会共设立八个专题,其中特设文旅服务专题,包括"文化新动能""文旅新品质""体验新时尚""消费在行动"四个主题展区,围绕"科技赋能新文旅,创意引领新生活"主题,将线上活动与线下活动相结合,全方位展示当代中国文化产业和旅游产业的新产品、新技术以及文化贸易的新服务、新业态。其中与非遗相关的包括文博文创展区、文化产业园区展区和第十五届北京工艺美术展。服贸会期间还举行了首届北京国际文化旅游产业博览会。该博览会设"创新引领""文旅融合""消费体验"三大板块,设有城市礼物及文博商品展区、艺术品及工艺品展区、文旅消费场景体验展区、京津冀文化和旅游协同发展展区四大展区,吸引众多中外客商参与。除此之外,本年度举行的与非遗有关的重要展会还有第九届北京国际旅游商品及旅游装备博览会等。

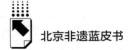

潘家园街道从2008年开始举行非物质文化遗产手工艺品交易博览会，至2020年已举办了十三届。2021年，在此基础上举办了潘家园第一届非遗文化节，文化节主要活动内容包括非遗数字化高峰论坛、"非遗传人话非遗"讲坛、"非遗文化传承·技艺展示交流会"等。

6. 北京非遗技能的教育与培训

非遗技艺的保护和传承发展不仅需要大量的展示、表演活动，更需要有计划地进行非遗技能和非遗知识的教育与培训。这种教育和培训一方面包括规范的、长期的专业教育，另一方面也需要短期的、集中性的非遗培训，这种培训能够在有限的时间内迅速提高相关人员的非遗知识和非遗技能，并将其运用到实践工作中，从而取得立竿见影的效果。从整体上来说，这种教育和培训的内容包括两方面内容，其一为特定的非遗知识与技能，其二为一般性的非遗知识、非遗保护的基本原理、非遗运动的历史与相关工作理念等。目前，北京举行的有关非遗技能的培训主要包括以下几种类型。

（1）非遗传承人研修活动

根据《国家"十三五"文化发展改革规划纲要》文件精神，文化和旅游部、教育部、人力资源和社会保障部于2015年开始实施"中国非物质文化遗产传承人群研修研习培训计划"，2018年，三部委联合印发《中国非物质文化遗产传承人群研修研习培训计划实施方案（2018—2020）》，对研培计划的实施做出详细规划。2021年，该计划更名为"中国非物质文化遗产传承人研修培训计划"，文旅部等三部委印发《中国非物质文化遗产传承人研修培训计划实施方案（2021—2025）》，对未来五年研培计划的实施细则做出具体规定。

根据这项计划，北京市文旅局组织了多项有关培训，包括北京市非遗传承人群研修培训班、景泰蓝制作技艺研修班、清华大学漆器髹饰技艺研修班等，着力提高非遗传承人的传承水平和传承能力。北京市文物局举办了"2021年度北京市长城保护员培训班"，提高全市长城保护一线的长城保护员的理论水平和保护技能。

此外，各区也组织了大量的非遗传承人研修培训计划。石景山区文旅局组织了针对其所对口帮扶的内蒙古自治区呼伦贝尔市莫力达瓦达斡尔族自治旗的非遗传承人传习技能提升培训班，延庆区举行了以"守艺创新"为主题的非遗传承人研修季活动。

（2）非遗传承人拜师收徒

传承人收徒传艺是非遗传承最重要的方式之一，这种传承不同于一般的面向社会大众的以展示、体验等为主要内容的传承，而是作为一种职业或生计来源的坚持不懈的传艺学艺，因此，在非遗的多种传承方式中居于核心地位。实际上，这种师徒传承的方式也是绝大多数非遗核心的传承方式之一。

本年度，有许多非遗传承人举行了拜师收徒的仪式。朝阳区非遗中心开展"寻找工匠"非遗传承人群培养计划，市级非遗项目京绣大师吴兰春、西城区国家级"非遗"口技传承人牛玉亮、通州区专攻金属錾刻技艺的工艺美术大师杨锐举行了收徒仪式。除此之外，"燕京八绝"中国工艺美术牙雕大师李春珂、中国工艺美术雕漆大师殷秀云、北京市工艺美术金漆镶嵌大师胡昕举行了隆重的收徒仪式，同仁堂股份的中药材鉴别非遗传承人刘天良也举行了收徒仪式。

（3）非遗保护工作人员培训

非遗保护工作人员是实施各种非遗工作事务的重要主体，其以各级政府相关非遗机构工作人员为主，同时也包括各类企事业单位从事非遗工作的事务人员，其工作内容主要是处理与非遗有关的各类事务性工作（例如非遗项目的申报、评选、非遗传承人的管理、非遗策展、非遗宣传与推广等），部分也从事一定的具体非遗保护工作。

本年度，北京市文旅局举办了非遗保护工作人员培训班，以提高其非遗工作的水平。除此之外，还首次举办了北京市街道乡镇非遗保护管理工作人员培训班，培训班为期5天，东城区、西城区、朝阳区、海淀区、石景山区的100多位街道乡镇非遗保护管理工作人员参加了培训，培训内容包括非遗的有关政策法规、非遗数字化保护、"非遗+文创"、"非遗进社区"、"非遗进校园"等当前北京非遗保护的核心工作。2021年全国第三期基层非遗保护工作

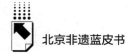
队伍培训班在中央文化和旅游干部网络学院开班，参加培训班的学员有湖南省、河南省、湖北省、四川省、重庆市、贵州省、云南省、西藏自治区8个省区市的600多名非遗保护管理人员及从事非遗保护工作的一线人员。

（4）"非遗进校园"

"非遗进校园"是当前进行非物质文化遗产传承的一项重要措施，以中小学生为对象，通过实施丰富多彩的非遗展示、体验和学习活动，调动青少年儿童对于中国优秀非遗文化的兴趣。"非遗进校园"活动在我国非遗保护运动中具有充分的法理依据，① 各地出台了大量与此相关的法律法规，并根据这些法律法规制定了一系列"非遗进校园"的具体举措。

本年度，北京各区举行了大量"非遗进校园"活动。东城区组织多位非遗传承人在六一儿童节前夕到东城区东四九条小学为小学生表演非遗传统技艺，组织学生参与剪纸、拓印年画、制作北京腐乳，亲身感受非遗文化的独特魅力。朝阳区的中央美术学院附属实验学校高中部举办传统文化科普讲座，带领学生体验风筝制作、香包制作、老北京传统手工艺毛猴制作、刺绣和布老虎制作5种传统手工艺术项目，增强学生对非遗的文化认同。除此之外，该区还举办了多项"非遗进校园"活动，包括中国木偶艺术剧院组织剧团工作人员到北京工业大学附属中学为学生表演木偶剧、北京一七一中学朝阳分校开展多项国家级和市级非遗项目进校园活动、朝阳区崔各庄乡组织"幡鼓齐动十三档"中的舞龙舞狮团队进校园等。怀柔区也组织了多项"非遗进校园"活动，包括怀柔区文化馆组织的以"魅力非遗乐享冬奥"为主题的"非遗进校园"活动，非遗项目传承人到长哨营满族乡中心小学为学生讲解非遗知识，指导学生制作风筝、烙画葫芦，怀柔区文化馆组织国家级非遗项目口技、北京果脯传统制作技艺等非遗项目的传承人到怀柔区第二幼儿园开展"童心筑梦 礼赞百年"2021年怀柔区文化馆庆"六一"非遗进校园活动，怀柔区文化馆组织北京市非物质文化遗产保护专家委员会委员高巍和北京果脯传统制作技艺项目传承人到喇叭沟门满族乡中心小学新时代文

---

① 向季慧：《非物质文化遗产进校园——从法律到实践》，华中师范大学硕士学位论文，2017。

明实践基地开展"非遗进校园"活动。平谷区文化馆组织皮影制作、发绣、刺绣、毛猴、烙画葫芦、面塑、木雕、剪纸等市、区级优秀非遗项目的传承人到黄松峪乡小学开展非遗进校园活动。

（5）"非遗进社区"

"非遗进社区"是非物质文化遗产走近城市居民的一种便捷方式，是有意识地将非遗传承融入城市民众日常生活的一种途径，与大多数在社区之外、远离民众生活空间、需要通过种种方式吸引民众参与的非遗活动相比，这种方式更加具有主动性，可以走到民众的身边，因而能够取得更加意想不到的效果。

本年度，北京的"非遗进社区"活动也在许多区进行得如火如荼。丰台区举办了多场非遗进社区活动，云岗街道办镇岗南里社区举行了皮影制作进社区的活动，卢沟桥街道办长安新城第二社区邀请社区曲艺团为社区居民举行了以"庆建党百年·非遗传承进社区"为主题的包括京韵大鼓、京东大鼓、快板等多种曲艺形式的专题演出，方庄街道办城二社区举办了主题为"巧手慧心·香囊随身"手工香囊制作活动，东铁匠营街道办邀请剪纸工艺师张娟到东铁匠营街道综合文化中心为30余名社区居民传授了剪纸的技艺，新村街道办三环新城第一、二、三社区举行了"邻里互助系列活动之景泰蓝制作"主题活动，通过非遗活动促进了邻里之间关系的融洽。石景山区苹果园街道残联举行了"弘扬国学文化　学习扎染工艺"的主题活动。顺义区胜利街道办举行了"景泰蓝"手工DIY体验走进建北一社区、建北二社区活动。延庆区井庄镇便民服务中心邀请北京非物质文化遗产串珠手艺传承人在老银庄村对30多名村民进行了非物质文化遗产串珠的培训，香水园街道教委联合延庆区成教中心在香水园街道新时代文明实践所开展了非遗面塑进社区活动。

（6）面向社会大众的非遗技艺培训

面向社会大众的非遗技艺培训有两个导向，其一是培养非遗传承人，其二是将非遗作为一种特长或技能增加受众的社会资本。就前一个导向来说，这类培训内容大多为较为复杂的非遗技艺，例如雕刻、烙画、景泰蓝；而后

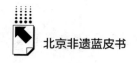
一个导向则是侧重于较为简单的手工技能或者大众耳熟能详的表演艺术，例如古琴、剪纸。

本年度，北京开展的面向社会大众的非遗技艺培训，以培养传承人为导向的主要有平谷区文化馆举行的非遗课堂，其涉及的非遗项目主要有三项，分别为烙画葫芦、发绣和剪纸。朝阳区非遗中心和中国紫檀博物馆举办的"寻找工匠"紫檀雕刻技艺传承人群培养计划也属于此类。以增加大众的社会资本为导向的培训有海淀区文化馆（北馆）举行的线上古琴公益培训课程，昌平区霍营街道联合北京夏虹公益促进中心举行的"红色中国"剪纸培训也属于此种类型。

7.北京非遗的研究、出版与学术成果

在过去的一年中，关于北京非遗的研究又涌现出了大量成果，这些成果从其表现形式上来说可以大致分为两类，分别为学术出版与论文发表、学术会议与相关论坛。

（1）学术出版与论文发表

为了叙述的方便，我们将以图书形式出版的论著或读物和以期刊论文形式发表的学术论文分开进行讨论。

整体上可以将过去一年出版的有关北京非遗的读物分为两类，即学术著作和旅游指南或科普读物。

学术著作比较重要的有两套丛书分别为由北京市文学艺术界联合会组织编写的《非物质文化遗产丛书》和北京非物质文化遗产保护中心组织编写的先后由多家出版社出版的《北京非物质文化遗产传承人口述史》。其中《非物质文化遗产丛书》从 2012 年开始出版，至今尚未全部出齐，已出版 87 册，2021 年度共出版 5 册，包括北京皮影戏、北京绒鸟（绒花）、北京灯彩、北京木雕小器作等北京国家级和市级非物质文化遗产项目。该套丛书是目前比较全面、系统、专业的关于北京市国家级和市级非遗项目的研究著作，对相关非遗项目的历史渊源、传承谱系、相关工艺与文化习俗都有比较全面的介绍。《北京非物质文化遗产传承人口述史》为系列丛书，该书已出版多年，至今已出版 35 册，本年度出版的北京非遗项目主要有六合拳（口述人：曹凤岐）、红都中山装制作技艺（口述人：蔡金昌）、永宁南关竹马（口述人：沈迎）、房山大石窝石作文化村落（口述人：宋永田）、戏曲盔头制作技艺（口述人：李继宗）。该书从传承人的视角通过口述的方法介绍有关非遗项目的传承和有关习俗、工艺，具有一定的非遗学史料价值。

此外，还有2本个人专著。日本学者伊东忠太的《手绘紫禁城：遗失在日本的北京皇城建筑艺术》是一本20世纪初期出版的著作，该著作是1901年日本建筑史学者伊东忠太、奥山恒五郎、小川一真等人在实地调查与测量北京紫禁城及有关建筑物的基础上对紫禁城的装饰纹样和色彩所做的研究，书中附录了700余幅精美的手绘图片，真实再现了民国初年紫禁城的建筑原貌。北京联合大学张勃等的《北京市民俗类国家级非物质文化遗产项目保护现状与对策》是对北京六项民俗类国家级非物质文化遗产所做的对策研究，以及在此基础上对北京市民俗类非物质文化遗产保护与传承中所存在的问题及有关解决方案的研究。

2021年还出版了许多与非遗有关的著作，例如关于京剧研讨会的论文集，① 由于这些著作比较零碎，我们在此不再一一进行梳理。

2021年出版的与非遗有关的旅游指南或科普读物虽然学术性不强，但是作为非遗领域的文化成果，也有必要在此简单地做一些介绍。比较有代表性的有两套丛书，一套是由北京非物质文化遗产保护中心组织编写的《北京中轴线文化游典》，共16册，对北京中轴线的营城、红迹、建筑、胡同、园林、庙宇、商街、美食、技艺等进行了详细的介绍，是中轴线旅游的重要参考书。另一套是由张青仁等人编写的长城文化带非遗主题旅游丛书《长城就在屋檐下：长城非遗游》，该书对长城文化带沿线与非遗有关的村落、关隘、山岭进行了详细的介绍，是北京长城文化旅游的重要图书。

本年度关于北京非遗的论文主要集中在以下几个主题：民间工艺、区域

---

① 傅谨：《荀风毓骨：京剧荀派表演艺术的传承发展学术研讨会文集》，学苑出版社，2021；傅谨：《京剧文献的发掘、整理与研究：第八届京剧学国际学术研讨会》（全2册），中国戏剧出版社，2021。

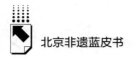

性非遗与非遗空间研究、体育类非遗、非遗教育、非遗保护的京津冀协同、北京非遗品牌的塑造。

有关北京民间工艺研究的论文数量较多。这些研究包括徐睿凝对北京绢人的研究、① 王天天对北京哈氏风筝的研究、② 陈晓文对茶洋窑非遗文化品牌开发与设计的研究、③ 陈默对北京宫毯织造技艺传承的研究、④ 郝羽对九疑琴派在北京和青岛传承的地方性特点的研究。⑤ 这些研究虽然关注的主题略有不同，但都是以北京非遗中的传统技艺类非遗为主要考察对象，对于深化当前北京传统技艺类非遗的保护和传承具有重要的学术价值。

有关区域性非遗发展状况或者相关非遗的文化空间的研究是本年度北京非遗研究的第二大主题。其中偏向讨论特定地域非遗保护的成果研究的主要有三篇论文，分别为张怀宇等对大兴区非遗现状与创新的研究、⑥ 周继红对石景山区非遗保护成果的综述文章，⑦ 以及郗志群等对北京大运河文化带文化遗产特点的研究。⑧ 侧重于通过特定的个案讨论非遗保护的空间建构与文化变迁的主要有两篇论文，分别为毛巧晖等对通州里二泗小车会的研究、⑨ 张子璇等对北京东岳庙庙会的研究。⑩

---

① 徐睿凝：《都市传统美术类非物质文化遗产保护路径探索——以北京绢人为例》，《阴山学刊》2021 年第 6 期。
② 王天天：《北京哈氏风筝可持续发展研究》，《对联》2021 年第 6 期。
③ 陈晓文：《从故宫博物院品牌营造探析茶洋窑非遗文化品牌开发与设计策略》，《鞋类工艺与设计》2021 年第 24 期。
④ 陈默：《论北京宫毯织造技艺青年传承人的传承问题》，《文化月刊》2021 年第 5 期。
⑤ 郝羽：《非遗视野下九疑琴派在当代城市的传承研究——基于北京、青岛的田野考察》，新疆艺术学院硕士学位论文，2021。
⑥ 张怀宇、巫建、任纳莹：《大兴非遗现状与再创新思考》，《美与时代：创意（上）》2021 年第8 期。
⑦ 周继红：《非遗活态传承　点亮百姓生活——北京市石景山区非物质文化遗产保护成果综述》，《文化月刊》2021 年第 7 期。
⑧ 郗志群、匡清清：《北京大运河文化带文化遗产的代表性、多元性与整体性》，《新视野》2021 年第 2 期。
⑨ 毛巧晖、张歆：《运河记忆与村落文化变迁：以北京通州里二泗小车会为中心的考察》，《西北民族研究》2021 年第 2 期。
⑩ 张子璇、王铭：《"文化空间"的构建及内涵——以北京东岳庙庙会为例》，《通化师范学院学报》2021 年第 1 期。

2021 年有三篇文章讨论了与北京冬奥会有关的非遗和传统体育类非遗，分别为张佳盼以可持续发展理论对北京冬奥会非物质文化遗产保护与传承的研究、① 刘尚以北京六郎庄五虎棍会为案例对体育"非遗"组织的生存机制与发展策略的研究、② 姜芷若等以丰台区三路居新善吉庆开路会为例对传统杂技类非遗的研究。③

非遗教育也是本年度北京非遗研究的重要论题。徐建辉以北京皮影为个案讨论了非遗实践活动的教育功能、④ 卢怡璇对丰台区职业教育中心学校非遗人才培养进行了专门研究、⑤ 徐唯以北京市赵登禹学校为例讨论了非遗校本课程的开发问题。⑥

京津冀协同是当代北京区域发展的重大战略，有三篇文章讨论了京津冀之间在非遗保护上的协同问题。韩京助等讨论了京津冀非物质文化遗产法制保障方面如何进行协同、⑦ 李烨等研究了京津冀在"非遗"旅游上的区域协同机制构建问题、⑧ 王亚茹对京津冀纺织类非遗的区域协同进行了专门讨论。⑨

非遗品牌的打造是非遗创新发展的重要路径，有两篇文章讨论了北京非

---

① 张佳盼：《可持续发展视角下 2022 北京冬奥会非物质文化遗产保护与传承研究》，《保护·研究·传承——2021 年中国体育非物质文化遗产国际会议书面交流论文集》，2021。

② 刘尚：《体育"非遗"组织的生存机制与发展策略研究——以北京六郎庄五虎棍会为例》，首都体育学院硕士学位论文，2021。

③ 姜芷若、王君卓：《对传统杂技类非物质文化遗产传承与发展的思考——以北京丰台区三路居新善吉庆开路会为例》，《北京联合大学学报》2021 年第 1 期。

④ 徐建辉：《浅谈"非遗"实践活动的教育功能——以北京皮影为例》，《教育艺术》2021 年第 2 期。

⑤ 卢怡璇：《北京市丰台区职业教育中心学校非物质文化遗产人才培养研究》，中国艺术研究院硕士学位论文，2021。

⑥ 徐唯：《开发非遗校本课程，丰润学校文化特色——以北京市赵登禹学校为例》，《绵阳师范学院学报》2021 年第 3 期。

⑦ 韩京助、曹学珍：《协同保护视角下京津冀非物质文化遗产法制保障研究》，《河北企业》2021 年第 12 期。

⑧ 李烨、李跃：《京津冀"非遗"旅游区域协同发展机制研究》，《2021 中国旅游科学年会论文集：新发展格局中的旅游和旅游业新发展格局》，2021 中国旅游科学年会，2021 年 4 月 23 日。

⑨ 王亚茹：《文化基因视角下京津冀纺织类非遗区域协同保护研究》，天津工业大学硕士学位论文，2021。

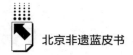

遗品牌的打造问题。饶景阳对京津之间非遗 IP 的文化衍生再设计问题进行了讨论，① 杨金凤以《大宅门》《天下第一楼》《芝麻胡同》三部京味电视剧为案例讨论了如何叙述非遗品牌的故事与品牌价值的传播问题。②

（2）非遗主题的学术会议与相关论坛

本年度，北京召开的有关非遗的学术会议或相关论坛数量较多，这些论坛有的主题比较集中，有的比较分散。从集中性比较强的主题来看，主要涉及非遗教育、非遗的国际交流、非遗的创新发展三个领域。

关于非遗教育的会议有两个，分别是在北京师范大学召开的"非物质文化遗产教育与学科建设"国际学术论坛和第四届"北京中轴线非遗教育思想家论坛"，其中前者侧重于非遗学科建设，后者侧重于北京中轴线传承人的培养问题。

与非遗国际交流有关的学术论坛主要有两个，分别为以"盛世中国福满四季"为主题在北京中国国际展览中心召开的非遗文化国际交流论坛、在北京中国大饭店召开的 2021 世界非遗传承人大会塔元庄捷昵非遗电商论坛。

非遗创新发展主题的论坛有在北京城市学院中关村校区（主会场）和北京燕京八绝博物馆（分会场）举办的"第二届首都非遗创新发展论坛暨燕京八绝非遗传承创新青年人才论坛"、在房山区史家营等地举办的"非遗传承创新赋能"2021 年北京西山民俗文化节主题论坛、首届非遗数字化可持续发展线上论坛。

除此之外，本年度还举办了第五届工匠中国论坛 2021 年年会（北京城市副中心双益发文创园）、2021 年非遗高峰论坛（潘家园）、第二届大运河非遗论坛（北京联合大学）。

---

① 饶景阳：《IP 作用下京津段非物质文化遗产的文化衍生再设计研究》，天津理工大学硕士学位论文，2021。
② 杨金凤：《非遗品牌的故事叙述与品牌价值传播研究——以〈大宅门〉〈天下第一楼〉〈芝麻胡同〉三部京味电视剧为例》，北京交通大学硕士学位论文，2021。

二 2021年度北京非物质文化遗产
保护工作的主要特点

2021年度北京非物质文化遗产保护工作一方面延续了以往立足首都、面向全国①的发展势头，另一方面又涌现出一些新的特点。这既有赖于长期以来北京非物质文化遗产保护工作打下的坚实基础，也与中央对于包括非遗在内的传统文化保护与传承的持续重视，为非遗保护事业的发展创造了良好的社会环境、政策环境和舆论环境密切联系在一起。

（一）非物质文化遗产与红色文化相结合

红色文化是中国共产党建立后，党带领全国各族人民建立新中国、建设社会主义过程中所形成的文化。② 我们在本文中所指的红色文化泛指与中国共产党有关的文化，虽然具有一定的历史维度，但是更多地指向当代社会中国共产党带领全国各族人民建设中国社会主义、进行有关党的自身建设所形成的文化。为了更好地推进社会主义建设和党的建设，党中央带领全国各族人民在不同时期创造了形形色色的红色文化。当前，将红色文化与包括非遗、体育文化在内的其他文化形式相结合，丰富红色文化的文化内涵，增强红色文化的凝聚力和包容性，使我国社会主义建设不断取得新的进步，这是红色文化建设的一项重要内容。而对于非遗来说，积极融入作为我国主流文化形式之一的红色文化，增加非遗在全社会的曝光度，增强社会大众对非遗的文化感知和文化自信，则是非遗保护、传承、传播和发展的重要途径之一。

从本年度北京非遗与红色文化结合的实践来看，非遗与红色文化的结合主要有四种模式。

---

① 黄仲山：《北京非物质文化遗产传播的亮点与问题分析》，《城市观察》2016年第3期。
② 刘润为：《红色文化与文化自信》，《红色文化学刊》2017年第1期。

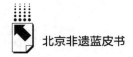

　　第一种模式是非遗作为载体的红色文化活动模式，这也是四种模式中占比最大的一种，其主要表现为通过非遗作品表现红色文化的主题，涉及的非遗项目包括以剪纸、掐丝、篆刻、石画等为代表的传统技艺类非遗，以曲艺、戏剧等为代表的表演类非遗，以抖空竹为代表的体育杂技类非遗，以民间故事为代表的民间文学类非遗。例如文化和自然遗产日的非遗红色故事展、"非遗+旅游"模式的红色旅游线路，海淀区举行的"红印百年"非遗项目巡展，昌平区霍营街道、丰台区和义街道锦二社区、丰台区东铁匠营街道、东城区景山街道汪芝麻社区、西城区白纸坊街道等举行的红色主题的剪纸手工活动，丰台区卢沟桥街道长安新城第二社区举行的以曲艺形式歌颂中国共产党的活动，西城区天桥街道举行的抖空竹表演和有关故事讲述活动，西城区宣非联合党支部开展的非遗红色故事会活动，房山区城关街道永兴达社区举行的以掐丝工艺制作红船的活动，通州区庆祝建党 100 周年非遗情景展。

　　第二种模式是与本年度的特殊时间节点密切联系在一起的。2021 年是中国共产党成立 100 周年，因此，包括北京在内全国各地举行了许多庆祝中国共产党成立 100 周年的纪念活动。在这种情况下，本年度北京的许多活动都和建党百年密切联系在一起。非遗献礼红色文化模式主要是通过非遗文化丰富多彩的表现形式向建党百年致敬。这种献礼有的是以非遗作为载体的方式表现出来的，有的则是以非遗本体形式表现出来的。这方面的活动包括2021 年文化和自然遗产日主题活动、海淀区"红印百年"非遗项目巡展、昌平区霍营街道举行的剪纸献礼建党 100 周年活动、丰台区和义街道锦二社区"剪纸颂党恩　巾帼绽芳华"为党献礼活动、丰台区卢沟桥街道长安新城第二社区举行的"庆建党百年·非遗传承进社区"曲艺颂党恩活动、朝阳区豆各庄地区举行的"喜迎建党百年，传承非遗文化"——非遗进社区系列活动之绘制脸谱活动、西城区国家级非遗口技传承人牛玉亮携徒弟一起创编的庆祝建党 100 周年的献礼作品——微视频《不忘历史，才能奋勇前进》、延庆区红色文化展。

　　第三种模式是非遗作为一种构成元素与其他活动一起共同建构了红色文

化。这方面的例子有延庆区红色文化展、西城区白纸坊街道举行的"学党史　悟思想　办实事"党史学习教育活动等。

第四种模式是非遗作为一种地方发展的资源助力党建活动，这主要是在党支部作为社区发展的引路人带领地区经济社会发展的过程中发掘包括非遗在内的各种资源。比较典型的例子有延庆区千家店镇党委和有关村庄党支部利用当地的非遗资源发展中草药种植和文化旅游产业推动当地区域社会发展。

在以上提到的四种模式的有关活动中，有一些活动同时具备第一种模式和第二种模式的特点，例如文化和自然遗产日的非遗表演和展示活动、海淀区"红印百年"非遗项目巡展；也有一些同时具备第二种模式和第三种模式的特点，如延庆区的红色文化展；还有一些同时具备第一种模式和第三种模式的特点，如西城区白纸坊街道的党史学习教育活动。

（二）非遗与当代北京经济社会发展的中心工作相结合

2014 年，习近平总书记在北京考察时指出，北京要明确自身的战略定位，坚持和强化自身作为首都的全国政治中心、文化中心、国际交往中心、科技创新中心的核心功能。习近平总书记在北京的多次考察中反复强调了北京作为首都的核心功能与城市定位问题。此后，北京的城市建设围绕着习近平总书记的指示不断深化和推进。

在北京作为首都的核心功能中，非常重要的一项就是全国文化中心，北京市委、市政府制定了《北京市推进全国文化中心建设中长期规划（2019年—2035 年）》，对涉及全国文化中心建设的主要工作进行了全面梳理，其中中轴线申遗、老城保护与复兴、三条文化带建设、三山五园地区整体性保护、世界旅游名城建设等内容与非遗保护、传承和发展直接联系在一起。为了加强北京历史文化名城保护，北京市第十五届人民代表大会第四次会议表决通过了《北京历史文化名城保护条例》，该条例明确提出要加强传统节日、特色民俗、传统工艺、方言等非物质文化遗产保护，合理布局非遗传承空间，形成稳定、经典的传统文化品牌。北京中轴线申遗的步伐不断加快，各项有关活动不断推出，网易传媒推出的"文脉中轴——AI 乐中轴"系列音乐正式上线，该系列音乐将春分、立夏、芒种、立秋、中秋、大雪六个节气与中轴线上六大著名建筑相结合，集中展现了中轴线文化之美，除此之外，在中央电视台电影频道播出的首档非遗公益晚会"潮起中国·非遗焕新夜"中也特设了"中轴线的故事"环节。在长城文化带的建设方面，经国家文化公园建设工作领导小组批准，北京正式印发《长城国家文化公园（北京段）建设保护规划》，将长城国家文化公园（北京段）与北京长城文化带的建设相结合，二者保护范围一致，内容衔接，突出对长城资源和包括非遗在内的各类长城文化相关资源的保护。在西山永定河文化带的建设上，本年度举办了北京西山永定河文化节，其中有大量关于非遗的内容，包括第五届中国戏曲文化周、"浇筑""拓片"手工体验活动、琉璃渠琉璃文化产业园区合作协议签署等。在大运河文化带的建设上，通州区举行了 2021 北京（国际）运河文化节，开幕式现场发布了《北京市大运河国家文化公园建设保护规划》，文化节期间，举行了大运河非遗论坛、"北京市水利遗产名录"发布等重要的非遗活动。在历史文化名城建设方面，北京市文旅局牵头制定了《北京市"十四五"时期文化和旅游发展规划》，其中在北京文化旅游的空间布局、打造文化遗产保护传承利用的典范之城、优化高品质旅游供给结构等方面明确提到了非遗，特别是在"打造文化遗产保护传承利用的典范之城"部分，对于加强非物质文化遗产的保护传承做了专门论述。

为了不断优化北京城市发展，北京市委、市政府从 20 世纪 90 年代以来就出台了有关通州地区建设的相关政策，此后通州作为北京城市建设副中心的城市定位逐渐清晰。2012 年，北京市第十一次党代会明确提出要将通州打造为北京城市副中心。此后，关于通州城市副中心建设的战略规划不断推进。2017 年发布的《北京城市总体规划（2016 年—2035 年）》更是对通州城市副中心的建设进行了专门论述。在通州城市副中心的建设中，非遗扮演着十分重要的角色，是副中心文化建设的重要组成部分。为了加强副中心的非遗保护工作，通州区文旅局发布了《通州区非物质文化遗产保护与传承工作相关办法》。

除此之外，乡村振兴工作在当前北京的工作中也受到广泛重视。不论是在《北京城市总体规划（2016 年—2035 年）》还是在《北京市推进全国文化中心建设中长期规划（2019 年—2035 年）》中，乡村振兴战略都是不可或缺的重要内容，特别是《北京城市总体规划（2016 年—2035 年）》专门用了一章的内容对北京城乡发展一体化的工作进行了规划。而在北京的城乡一体化和乡村振兴工作中，非遗作为文化旅游、产业振兴的一部分都具有十分重要的作用。我们在前文论述北京非遗的市场化和产业化部分，提到了当代北京文化旅游发展的两种模式，其中第一种模式乡村文化旅游就是当代北京乡村振兴的重要措施，除此之外，我们还提到了非遗特色产业作为富民兴区、乡村振兴的手段，中药材种植、面塑、刺绣都是非遗助力当代北京乡村振兴的重要载体。

（三）节日成为非遗展示和传播的重要窗口

节日与非遗之间具有十分特殊的关系，一方面，以传统节日为核心的节日体系本身是非遗的重要构成部分；另一方面，节日本身又为多种非遗项目的传承、展示和传播提供了重要的空间。在当代社会，随着节日文化的不断发展，现代节假日、人造节日、地方性节日都成为节日体系的一部分，这些新兴节日在中国现代国家建设、地方经济文化建设中发挥着重要的作用。因此，非遗为了扩大自身的社会影响力和提高社会曝光度，就不可避免地要进入这些节日，将其当作自身发挥社会影响力的一条重要途径。

在 2021 年度北京非遗的保护和传承工作中，节日成为众多非遗项目重要的展示窗口。这些节日可以大致分为以下两类。

一类是全国性节假日和国家法定节假日，既包括春节、元宵节、清明节、端午节、七夕节、中秋节、重阳节等传统节日，也包括三八妇女节、五一劳动节、六一儿童节、中国农民丰收节、国庆节等现代节日。其中前者如各区春节期间举行的庙会活动、传统木版年画展、猜灯谜、戏曲表演等，清明节祭祀扫墓、放风筝等，端午节制作香囊、包粽子等，七夕节举行以乞巧、爱情为主题的非遗表演活动等，中秋节制作月饼、开展中秋文化讲座

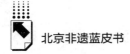
等，重阳节开展敬老爱老活动等；后者如三八妇女节开展慰问女性、手工剪纸活动，五一劳动节和国庆节小长假开展各种文化旅游活动，六一儿童节举行非遗进校园活动等，中国农民丰收节举行多种庆祝活动等。

另一类是人造节日和地方性节日，主要是各区举行的各种类型的文化节。近年来，各地兴起了借助举办文化节推广地方特产、地方旅游的活动，这些活动一方面为发展地方经济创造了契机，另一方面各地相似的节日过多，不但没有带来客流，反而造成了大量的社会资源浪费。因此，中央专门出台文件对各地这种大造人工节日的风气及时予以阻止，北京市也出台了《北京市节庆活动管理实施办法》，对这种现象进行了一定程度的管控。在这一措施的引导下，目前北京保留了一些比较有代表性、有较大社会影响的地方文化节。本年度，这些保留下来并正常举行的文化节包括第十届智化寺音乐文化节、潘家园首届非遗文化节、刘斌堡乡共生社区文化节、北京长城文化节、北京西山永定河文化节、北京大兴永定河郁金香艺术文化节、北京大兴梨花节。

（四）以冬奥会为代表的大型文化活动成为非遗展示传播的重要窗口

当代社会，大型文化活动多是多种文化交流融汇的舞台，不但现代文化能够在其中占有一席之地，包括非遗在内的传统文化也不可或缺。2022 年举办的北京冬奥会就是这样一场传统与现代交融的大型文化活动。

2022 年冬奥会是北京近年来举行的一场具有世界意义的重大体育赛事，这项赛事是一场展现中国体育风采、文化面貌和经济社会发展成就的盛会，[1] 世界各地的运动员和教练员相聚北京及张家口。因此，这场盛会也成为中国向世界人民展示包括非遗在内的中国文化的绝佳窗口。

本年度，北京尤其是冬奥会举办地延庆区的许多非遗活动与冬奥会密切

---

① 曾祥敏、方笑：《中国形象塑造与对外传播话语构建——北京冬奥会融合传播探析》，《传媒》2022 年第 11 期。

联系在一起。为了迎接奥运会的到来，北京市举办了"相约北京"奥林匹克文化节暨第22届"相约北京"国际艺术节，在"视觉艺术"板块举行了以中国传统工艺美术为主要内容的"中华瑰宝展"，展现了北京和全国许多地区典型的非遗项目。在延庆区，举行了多项以冬奥会为主题的非遗活动，包括井庄镇西二道河中心小学举行的舞旱船迎冬奥和旱船文化展，延庆区文物管理所举行的冬奥主题非遗作品展，延庆镇举行的剪纸迎冬奥活动，儒林街道举行的"筑梦冰雪冬奥，点亮文化儒林"第十一届灯展灯谜会等。

（五）北京非遗的品牌化效应逐渐凸显

打造知名的非遗品牌是非遗传播的重要途径，通过知名品牌的扩散和传播，原本"养在深闺人未识"的非遗文化获得"走出去"的机会，从而有可能改变其在保护和传承中所存在的问题。北京具有丰富的非遗资源和许多国内外知名的非遗品牌，[①] 特别是许多知名的老字号，如何通过文化创新打造新时期北京非遗发展的新品牌，成为北京非遗事业发展的重要课题。

北京非遗保护事业经过十多年的发展，已经涌现出了一批具有一定知名度的文化品牌，这些非遗品牌既是北京非遗事业发展的标志，也是未来北京非遗事业打造全国示范样本的重要依托。

从总体上来看，目前北京非遗工作中涌现出来的非遗品牌大致可以分为两种类型，第一种是非遗与其他文化产业共同打造的区域文化品牌，如东城区打造的"故宫以东"文旅品牌，其中整合了历史文化、青年文化、餐饮文化、非遗文化等多种文化元素，成为东城区文旅产业发展的爆点。第二种是以非遗为主题的文化品牌，这种品牌包括两种亚类型，一种为具有丰厚历史文化积淀的知名品牌，例如同仁堂、全聚德、六必居、燕京八绝，这些非遗品牌大多具有悠久的历史和较高的知名度，但是目前大多停留在传统品牌的层面，与当代社会人们喜闻乐见的现代文化、时尚文化距离较远，因此只

---

① 耿波、史圣洁：《口碑、牌子与品牌：北京非物质文化遗产品牌化问题》，《浙江师范大学学报》（社会科学版）2016年第2期。

能说是未来新的北京非遗品牌打造的潜在资源；另一种为近年来各行业为了传承和传播北京非遗而打造的相关节目、活动，例如前述"文脉中轴——AI 乐中轴"系列音乐、《非遗智造局》、"非遗理想家"系列体验活动等。这些品牌大都是地方政府联合知名网络媒体、电视媒体制作的具有现代文化气息的非遗节目或者非遗活动，虽然已经取得了一定的成效，但是总体来说目前社会影响力还十分有限，知名度和传播力不高，尚不能成为区域非遗传播的爆点。因此，如何将上述两种以非遗为主题的文化品牌相结合，打造成类似"故宫以东"这样具有广泛影响力和巨大传播力的区域非遗品牌爆点，是当前打造北京非遗品牌亟须解决的问题。

（六）非遗与文化旅游互相促进，交相辉映

非遗是一种融合了多种文化类型的综合性文化，其中既包括口头语言文化、视听文化，也包括侧重于身体感受的体育、杂技、游艺与医药文化，同时，虽然大多数类型来源于传统的民间生活，但是传统音乐、传统舞蹈、传统戏剧等在现代文化舞台上与现代歌舞剧同台表演也毫无违和感。因此，非遗既可以在乡村发挥作用，也可以被城市居民所欣赏。

在本年度北京非遗的保护和传承中，突出体现出非遗与文化旅游的融合，这种融合使得非遗成为区域经济社会发展的重要推动力，成为旅游产业发展的重要基础和资源宝库。我们在前边提到非遗参与区域文化旅游产业发展有两种模式，分别为乡村文化旅游和城市文化旅游，从这两种旅游模式的具体表现来看，应该说各有特点。非遗与乡村文化旅游的结合充分利用了乡村优美的自然环境和乡村文化、乡村美食（农家饭）、乡村特产等乡村资源优势，打造了一种远离城市的休闲自然的旅游体验，从而使长期处于紧张、繁忙状态的城市居民获得了一种亲近自然、远离压力的旅游体验，特别是这种旅游文化还与当代社会在年轻群体中盛行的体育锻炼、野外露营等社会潮流相结合，受到了许多年轻人的青睐。而城市文化旅游则将非遗融入当代城市年轻人，尤其是在"Z 世代"追求的网红点打卡、美食体验、VR 体验、潮牌消费等中，打造了另一种不同于霓虹闪烁的时尚、新颖、青春的消费

观，这在海淀区六大商圈 2021 北京消费季中可以很明显地体现出来。

不论对于乡村还是对于城市，非遗都可以作为一种文化资源对当地的经济社会发展发挥积极的作用。对于非遗来说，只有走进当代民众当下的生活，成为人们现时生活的一部分，才能最终摆脱日渐没落的社会处境。因此，在地方社会的经济发展中扮演一种助力者的角色，才是非遗获得新生的必由之路。

三　2021年北京非物质文化遗产保护工作 存在的主要问题与挑战

本年度，北京非遗工作虽然取得了一定的成绩，但是在新冠肺炎疫情的大背景下也面临一些严峻的挑战，同时，在既有的非遗工作中也表现出来一些需要着力解决的紧迫问题，主要表现在以下几个方面。

（一）受新冠肺炎疫情影响许多非遗活动开展受限

北京的疫情发展形势虽然总体可控，但是疫情防控的压力并没有减小，因此，许多疫情防控措施仍然没有放松。在这种情况下，很多社会活动受到限制，这其中就包括一些需要线下进行的非遗展示、表演和传播活动。我们在前文讨论北京非遗的教育和培训时曾经提到，许多活动由于受疫情防控的影响而不得不从线下活动改为线上活动，除此之外，2021 年各区的许多春节庆祝活动也是以线上活动为主。这些线上举行的活动虽然从效果来说总体上还是不错的，但是相对于线下活动，其影响力是大打折扣的，特别是许多需要公众参与体验的传统技艺类非遗项目，线上形式对于活动的影响是根本性的。许多表演类非遗的相关活动，虽然也可以在线上举行，但是从观众的观感来说，其现场感的缺乏是难以弥补的。非遗文化大部分是公共活动，是需要观众、听众在活动现场实际参与的，因而一旦其表现方式变为线上活动，从某种程度上讲，对于传承人而言就成了一定意义上的自说自话，尽管许多直播类的非遗活动也有线上的反馈和交流，

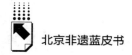

但是其效果相对于现场活动来说是不尽如人意的。在这种情况下，如何创新非遗的表现方式，降低疫情带来的不利影响，大力发展非遗的数字化传播，打造新的互联网传播品牌，是北京非遗在新冠肺炎疫情防控常态化的社会背景下需要认真考虑的问题。

（二）北京中心城区之外的其他郊区非遗保护与发展需要加大资源倾斜

北京各区非遗发展的不平衡性主要表现在：位于城市中心地带的城六区非遗发展状况相对较好，而其他远郊区则相对偏弱一些。这种情况是长期以来所形成的结果，在 2021 年度的非遗工作中也继续得以表现出来。

从各区拥有的非遗项目数量来看，非遗主要集中在东城区、西城区、朝阳区和海淀区四个区，其他区大都数量较少。在国家级非遗项目方面，截至 2021 年公布的第五批非遗名录，北京市共入选 120 个非遗项目，除隶属于北京市本级各类企事业单位的项目外，东城区共有 16 个项目，西城区共有 19 个项目，朝阳区有 10 个项目，海淀区有 8 个项目，门头沟区和大兴区分别有 5 个和 4 个项目，其余区大都为两三个。在市级非遗数量方面，截至 2021 年第五批市级非遗名录公布，全市共评选市级非遗项目 302 个，除隶属于北京市本级各类企事业单位的项目外，东城区共入选 27 个项目，西城区入选 35 个项目，朝阳区入选 19 个，海淀区入选 21 个，通州区和门头沟区都为 14 个，石景山区入选 12 个，怀柔区入选 11 个，密云区入选 10 个，其他各区均为 10 个以下。[①] 虽然西城区和东城区的数据是在 2010 年分别将崇文区和宣武区并入后的结果，但是并不影响我们这里所讲的问题，北京市郊各区入选高级别非遗的数量仍然偏少。

从 2021 年度各区开展非遗工作情况也能够反映出这种不平衡性。其中，东城区、西城区、朝阳区和延庆区举行的非遗活动明显较多，不但有大量民

---

① 以上统计数字均为笔者根据历年公布的国家级和北京市级非遗名录进行统计所得，其中在申报地区或保护单位中未出现各区名字的情况也统计在内。

间自发举行的非遗传承活动，而且区文旅局也举办了大量非遗活动，而其他各区举办非遗活动数量则偏少，尤其是昌平区，由区文旅局举办的非遗活动仅限于春节、文化和自然遗产日、9月29日农民艺术节三个时间点。同时，在有关非遗活动的信息发布和非遗工作宣传方面，这种不平衡性也有突出的表现。

除此之外，非遗展示和传播的硬件设施，特别是场馆方面也主要集中在城六区，中国非物质文化遗产馆、燕京八绝博物馆分别在朝阳区和石景山区，我们前文提到的从2015年开始北京建设的一系列非遗博览园、文创园、非遗博物馆也大都在中心城区，郊区各区数量较少。

（三）北京非遗工作需要进一步发挥首都引领作用

北京非遗事业发展具有得天独厚的优势，一方面，北京历史文化悠久，各类传统文化资源丰富，现代文化发展也取得了极高的成就，民众的科学文化素质普遍较高，具有文化消费方面的实际需求；另一方面，北京经济发达，民众收入普遍较高，地方政府财力也比较丰厚。除此之外，经过十多年的发展，北京非遗保护事业已经取得了显著成绩，较好地体现了北京建设全国文化中心的引领作用。这些都是北京发展非遗事业的良好基础。

然而，从北京本年度非遗事业发展的现实状况来看，北京非遗工作发挥首都的引领带动示范作用需要进一步拓展。首先，北京非遗的普查、建档、制度建设、研究等诸项工作在全国表现并不突出，从全国范围来看，各级各类非遗项目立项数量、配套资金、保护与传承活动、高知名度非遗品牌、高知名度非遗活动及有关会展、持续性的非遗保护传承与调查研究项目、非遗研究等诸项工作相对于其他地区优势并不明显；其次，非遗和非遗保护工作在北京并未获得较高的社会关注度，非遗融入大众日常生活的程度较低，在全社会的曝光度较低，未能在民众的生活和社会发展中扮演更加重要的角色。目前，全国范围内的非遗的地位相较于多年以前虽然已经有较大改善，但是从整个社会的发展来看，其改善的程度是有限的，主要原因在于对于主

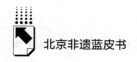
流社会生活的参与程度较低，北京非遗的发展缺乏一定的生动性、扩展性和针对性，从而导致北京非遗工作形成值得其他地方借鉴的经验还不多。最后，北京非遗具有代表性的优秀保护案例还不够多。

（四）社会各界尤其是青少年一代在非遗传播中的参与度还不充分

青少年是祖国的未来，也是非遗事业发展的未来。在非遗的保护、传承和发展中，青少年理当扮演重要的角色。

从本年度北京非遗活动的参与者来看，青少年对于非遗活动的参与是不充分的。这种情况的发生主要是受到非遗本身的机制制约，各级非遗项目名录的传承人大多是有一定生活阅历的中老年人，这是无可厚非的，这也是非遗本身作为具有丰厚历史积淀的民间文化的文化基础所在，但是非遗名录从根本上来说只是各地非遗文化的代表，是立足于非遗的地方民俗文化的总线索。在这项以非遗项目为线索的文化遗产事业的保护、传承传播和发展中，非遗名录只是一个小小的辐射源，更多的工作应该是以这一辐射源为基础的"阳光普照"，也就是说，非遗名录所包括的非遗项目只占很小的比例，更多的工作是以这些非遗项目为中心的不断扩散的传承、传播、发展、创新转化。显然，在这些工作中，青少年应当担当核心的角色，因为青少年所创造的文化从来都是整个社会最吸引大众的文化，是整个社会发展的后劲之所在。尽管在本年度的非遗传承活动中，"非遗进校园"活动也开展不少，但是总体来看，青少年对于这类活动的参与还比较有限，远未能发挥其内在的传承潜力和主观能动性，赋予非遗传承以青少年所具有的朝气、活力、创造力与生命力。

（五）北京非遗的调查、研究、保护经验总结和成果推广工作需要进一步加强

非遗保护工作是一项专业性工作，需要工作者具备一定的民俗学知识、社会学知识、管理学知识、法律知识和艺术知识。任何一个非遗项目都是建立在非遗普查工作基础上的，只有通过普查才能了解非遗项目的多种价值、

生存状况和传承谱系，才能将其从大量的民俗文化中识别出来，从而进行更进一步的保护、传承、传播和创新转化工作。因此，非遗的调查、研究工作十分重要。

但是目前北京学术界在非遗领域研究实力还不够雄厚，一方面，从事非遗保护的专业性人才不够强大，大量非遗项目的保护缺乏专业队伍支撑；另一方面，学术界对于北京非遗的研究成果偏少。我们在前文专门讲过有关北京非遗的研究情况，从中可以看到，本年度出版的有关北京非遗的论著数量偏少，在专业学术期刊上发表的有关北京非遗的学术论文不多。这种情况一方面导致北京非遗保护过程中的生动案例和优秀经验失之于总结、归纳和梳理，另一方面导致保护过程中的问题未能得到深入的探讨和分析，从而使非遗保护实践中的问题得不到及时的解决。在多个有关文件中，北京市都提出了要打造非遗保护的"北京样本"，这种"北京样本"不仅需要丰富的保护案例支持，更需要探索一条立足于北京地区非遗保护实际的保护路径，这种路径的获得是建立在对北京各地非遗保护实践进行大量研究的基础上的。

多年来，北京非遗的研究也积累了一定的成果，例如《北京志·北京非物质文化遗产志》《北京非物质文化遗产传承人口述史》，实事求是地说，这些成果的质量总体较高，但是人们对这些成果的宣传和利用比较有限，因此，不论是在学术界还是在大众传媒上，这些成果的知名度都十分有限，其影响力还不显著。因此，加大研究力度和宣传力度，将北京非遗研究的优秀成果推向全国、推向市场是当前北京非遗研究领域亟须加强的工作。

非遗的保护工作是直接跟非遗研究联系在一起的，只有具有比较深入的研究，才能对非遗文化和非遗保护工作具有比较深入的认识，同时，非遗保护实践也才能不断深化。我们在前文提到北京非遗在全国的示范引领作用需要进一步提升，之所以如此，很大程度上是和北京非遗的研究力量不够强大联系在一起的。因此，加强北京非遗研究，扩充北京非遗研究力量是北京非遗事业发展的重要路径。

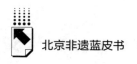
四　2021年北京非物质文化遗产保护工作的对策分析

北京非物质文化保护工作目前显示出来的问题不是一朝一夕形成的，而是经历了一个比较漫长的发展过程。要彻底改变目前北京非遗工作发展的现状，取得非遗保护工作的突破，打造全国非遗传承的"北京样本"，必须立足于北京非遗工作中存在的各种问题，综合施策。因此，我们可以从以下几个方面进行努力。

（一）积极发挥北京非遗文化多样性的优势，深度助力新冠肺炎疫情防控

根据历年公布的五批国家级和市级非遗项目名录，北京共有传统医药类非遗国家级项目9项，市级项目22项，在北京的传统医药类非遗项目中，有一些综合性的医药项目、养生项目，例如鹤年堂中医药养生文化、中医二十四节气导引养生法、同仁堂中医药文化，虽然并不能直接对新冠肺炎病症发挥治疗作用，但是对于预防疾病还是有一定作用的。

非遗文化要走进当代人们的生活，恰好有一个重要的路径就是数字化，这种数字化虽然会造成现场感的缺失，但是对其本身的文化效果影响并不大，更重要的是，非遗所包括的文化类型足够多，既有视觉艺术，又有听觉艺术，还有大量可以手工操作的实践技艺。那些视听艺术自不必说，手工操作类的传统技艺也可以为疫情以来居家隔离民众提供线上教学，这对于非遗来说实现了文化传承，而对于民众来说，不但掌握了一门技艺，而且更重要的是手工操作的过程无形中释放了隔离的压抑。

（二）在整体发展的基础上促进各区非遗文化的均衡发展

制定针对郊区非遗发展的专项指导意见，确立长期工作机制和具体措施，重点支持郊区非遗事业发展，从根本上改变北京非遗事业发展不平衡的

局面。

加强郊区和非遗发展较薄弱区的非遗工作，加大资金投入力度，打通非遗行业的进入渠道，完善有关机制，引导各类社会资金和有关资源的进入。对从事非遗创新转化的有关企业实施税务减免、房租减免措施，鼓励设立新的非遗相关企业。

实行对口帮扶和联合发展机制，根据各区非遗发展情况，实施先进带动落后、联合发展策略。鉴于目前北京各区非遗发展不太均衡，本着齐头并进、先进带后进的原则，一方面以这四个区为龙头，每个区分别对口帮扶三个区；另一方面，非遗发展较好的区和被帮扶的三个区之间建立非遗发展共同体，抱团发展非遗事业。

在郊区设立大型非遗发展平台，这种平台可以是非遗机构或场馆、非遗产业园，也可以是非遗企业、非遗基金会，以平台为纽带，整合非遗发展的各项工作。

（三）推进北京非遗工作多出重大成果，进一步发挥首都非遗工作的引领示范作用

以一种全局观的视野，对全市的非遗工作进行整体性的顶层设计，对标北京市五年发展规划，制定北京非遗发展的总体性规划，建立非遗工作的有关制度。对标文化局或教育局，扩充各级政府非遗管理部门的编制数量，并在各级乡镇、村落设立专门的非遗机构。

将非遗工作纳入各级政府的政绩考核中，对各区非遗事业发展采取奖惩措施，确立非遗发展一票否决制度，从根本上改变非遗不受重视的局面。

增加投入，在各级政府的财政预算中设立非遗发展专项资金，且保持资金占各级政府财政收入的一定比例，同时引导社会资金注入，设立大型非遗创新转化、非遗文化旅游企业，夯实非遗发展的经济基础。

建造大型场馆设施，在市级、区级、乡镇和村落设立不同层次和规模的非遗传承机构，并配备一定数量的非遗工作专干和办事员，确保非遗工作在基层的开展。

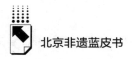

以非遗项目保护为纽带，推动对民俗文化的全方位保护。开展北京非遗文化大普查，根据普查资料编撰整理各区非遗文化丛书和非遗资源数据库，推动非遗保护工作的常态化、日常化和体制化。

创新非遗工作方法，从各地非遗保护工作的具体实践出发，根据非遗工作的基本原则打造北京非遗保护的优秀案例，并组织相关研究力量提炼总结北京非遗工作的基本经验。

在各类图书馆设立非遗书目专区，在博物馆设立非遗项目展示专区，在文化馆设立非遗工作专区，在电视台设立非遗频道、打造重量级非遗节目，提高整个社会对于非遗文化的认知度。

（四）将非遗融入青少年教育的全过程

将非遗纳入中小学教育的必修课体系，在中考、高考和各级考试中设立一定比例的与非遗相关的题目，确保非遗得到师生真正的重视和学习。

鼓励中小学进行有关非遗的研学旅行，将非遗和旅游结合起来，在社会实践中提高青少年对非遗的认同感和文化自豪感。

大力推进"非遗进校园"活动常态化、制度化和课程化，在中小学设立非遗教师岗，将非遗教育与语文教育、劳动教育、美育教育、中国传统文化教育等结合起来，提高学生对非遗的学习兴趣。大力鼓励不同类别的非遗根据自身性质融入中小学教育，提高学生的参与度，将表演类非遗纳入中小学艺术课程，将传统技艺类非遗纳入中小学劳动课程，提高学生对非遗的认识水平。

制作各类以儿童为主要对象的非遗节目，引导儿童学习非遗、参与非遗，从小获得对非遗的基本了解。

（五）壮大北京非遗研究力量，促进北京非遗研究的深化

北京非遗研究力量的壮大需要有强大的队伍、充裕的资金、广阔的阵地，尽快弥补这些方面的缺失，可以较好地改变目前北京非遗研究方面的不足。

在北京各大高校设立北京非遗研究机构，促进北京非遗领域的研究。

在教育部、文旅部、国家哲学社会科学规划办、北京市社科规划办等的研究项目中设立非遗研究专项课题，引导研究力量向北京非遗方向聚拢。

创立北京非遗研究的专门期刊，并集中办刊力量将其打造为高级别的核心学术期刊，在《中国社会科学》《社会学研究》《北京社会科学》等重要期刊设立常态化的北京非遗研究专栏，为北京非遗研究提供论文发表的学术阵地。

在中国社会科学出版社、商务印书馆等出版社设立北京非遗研究丛书和相关的出版基金，支持北京非遗研究的学术著作出版。

北京非遗的保护与传承

Protection and Inheritance of Beijing Intangible Cultural Heritage

B.2
非物质文化遗产主题词

刘魁立*

摘　要：　"非物质文化遗产"和"非物质文化遗产保护传承"是一对关系密切的概念。非物质文化遗产保护传承是当代中国社会中一项全新的文化事业和文化实践。非遗是我们此前并没有真正深入了解其本体内涵的一个新的对象、新的课题。我们今天关注非遗，尤其要关注六个重要的方面，即运用解构方法和结构方法关注非物质性、以传承人为核心关注非遗的主体性、保护好非遗的动态生命以关注其传承性、多维度整体地审视现实生活中的非遗以关注其空间性、关注非遗的实践性、挖掘和弘扬非遗的丰富情感内涵以关注其价值取向。

关键词：　非物质文化遗产　非物质文化遗产保护传承　价值

＊　刘魁立，中国社会科学院荣誉学部委员、中国民俗学会荣誉会长。

"非物质文化遗产"，是一个特别重要的题目，因为在最近 20 年当中，这个题目赫然变成我们每个人心目中、口头上的热门话题，这个题目密切关联着我们当下的生活方式，其中许多内容是我们须臾不能离开的社会实践、观念表述、各种文化表现形式，是我们的生活经验、生活现实。在我们当下的生活方式里面必然少不了被我们认为是宝贵文化遗产的、祖辈留给我们的传统生活方式。比如说，我们过年过节时会不由自主地按照传统做事，从内心感受到举止行为都是如此。谈这个题目，就必然涉及非物质文化遗产的内涵、功能和当代价值。

对于"非物质文化遗产"，我们还未从本体论的角度进行深入细致的讨论，在许多场合并未将其看成是一个新的具有鲜明特点的严整统一的对象，因而对非遗所具有的新的内涵、性质、功能和当代价值等还缺乏整体性的认识与研究。

1983 年，笔者在中国民俗学会成立后举办的民俗学培训班授课时，曾经说过，一门独立的学科，至少应该具备以下几个条件。

首先，它有自己特有的不同于其他学科的明确的研究对象。当然，在某种情况下，一门学科同其他若干学科的研究对象也可能是很相近的，甚至是相同的，只是在认识同一对象的时候，着眼点不同、角度不同，观察的侧面和层次不同，层次的不同、视角的不同也可以扩大地、广义地理解为对象的不同。

其次，任何一门学科都有自己的结构，都有自己的基本问题。也就是说，任何一门学科都是一种专门的知识体系，并且具有一套自己的行之有效、不断演进的方法。

最后，任何一门学科都有它不可替代的、不同于其他学科的功能。

特有的研究对象、结构、功能，是构成独立学科的三个要素。也有的人把基本问题和方法从结构中划分出来，从而构成独立学科的五个要素。

非物质文化遗产保护传承是一项全新的文化事业和文化实践。与它所属范围内各门类文化事项的关注对象及内部结构和社会功能，都是全然不同的。我们过去虽然曾与非物质文化遗产保护传承的相关构成部分有过程度不等的接触和了解，甚至不少学者在各自的专业范围内对不同门类进行过认真的学术研究，但应该说，非遗是我们此前并没有真正深入了解其内涵的一个新的对象、新的课题。过去，我们对于节日、仪式、口头传统、民间舞蹈、传统戏剧、传统手工艺或者其他一些民俗事项，都是当作各自独立、彼此并不相关的对象加以认识和解析的；而如今把它们纳入非遗这一新的范畴以后，我们似乎并没有对这个新范畴、新对象的本质特征和核心问题给予应有的解读和分析。现在，在非物质文化遗产保护传承工作中，就不一样了，例如，"传统手工艺"和"作为非物质文化遗产的传统手工艺"是不能完全等同看待的。"非物质文化遗产"不是一个空泛的只有修饰意义的名词。我们必须直接面对非物质文化遗产的本质特征和诸多新的问题，而且，有效地解决这些问题正是非物质文化遗产保护传承工作的任务和目的所在。

名与实的关系问题，从先秦时代起，历来是哲学家、思想家关注和讨论的重要问题。墨子说："非以其名也，亦以其取也"（《墨子·贵义》），应"取实予名"。庄子说："名者，实之宾也。"（庄子《南华经》）荀子说："制名以指实。"（《荀子·正名》）尽管这几位伟大思想家的理念和主张各不相同，但要求名实相符则是一致的。几乎是同时代的古希腊哲学家亚里士多德，在其著作《工具论·范畴》里同样也讨论到"名"与"义"的问题，他认为，若干事物虽有共通的"名"，但与此名相应的"义"却各不相同，这些事物乃是同名而异义的。反之，当若干事物有一个共同的"名"，而相应于此"名"的"义"也相同时，这些事物才是同名同义的。

非物质文化遗产保护传承，不是一个空泛的新概念，不是可以随便加在任何一个文化对象上面的王冠或装饰。它也不是一个拼盘，把一些文化事项凑拢起来放在一起，冠上这个响亮的新名词就算了事。现在纳入非遗框架内的各文化门类，虽然依旧保持着自己原有的本质特点，但在这个新的文化事业和文化实践架构中，获得了或者说增添了与以往不尽相同的新的性质和特点，而且会迎来新的文化呈现和新的开掘。非物质文化遗产及其保护传承是一个新的事物、新的文化实践，有其新的内涵、新的功能、新的价值，因此我们也应该对其现今"名"下的"实"和"义"有新的认知。

下面，笔者从六个方面重新观察我们所面对的非物质文化遗产及其保护与传承，来说明它与以往相关文化对象在认知及实践方面之不同，从而探求非物质文化遗产保护的若干本质性特点。

这六个方面包括：

①关注非物质性，运用解构方法和结构方法。

②关注主体性，传承人主体是非遗保护的核心。

③关注传承性，保护好非遗的动态生命。

④关注空间性，多维度整体地审视现实生活中的非遗。

⑤关注实践性，非遗保护传承是文化实践。

⑥关注价值取向，挖掘和弘扬非遗的丰富情感内涵。

第一，关注非物质性，运用解构方法和结构方法。

人的感官所及的、我们生来认识和接触的，大多是物质对象，隐含在物质文化即文化成品内部的智慧和技能成分，往往融汇于物质形态中，很少受到特殊的关注。即使像故事、歌谣等口头传统形式，其他各种艺术表现形式，如仪式、节日活动乃至诸多观念表述，也并未与物质文化严格区分开来。对文化事项进行分析时，往往是把它看成一个固定的、完整的、自我满足的对象，很少去关注这个对象的内在成分。当然，我们也会从现象学的角度，分解出这一对象的组成部分。以传统手工艺制品为例，我们会把它分成工料、工具、工序、工艺、成品等。但是当我们从"非物质文化遗产"的角度来认识它的时候，看到的就不仅仅是成品对象的"物质文化"表象，还有此前并不注意的对象内在的核心要素，也就是隐含在物质文化即文化成品内部的人的智慧和技能成分，我们将其从这个对象中分解出来，给予特别关注，加以保护传承。我们过去熟悉的通常是外在的物质世界。人们接触的多是物质文化，很少关注生活中大量存在的、不以物质形态呈现的文化实践活动，很少关注非物质文化。例如，我们面对一件瓷器，从非物质文化遗产的视角，我们关注的就不只是这件物质对象的本身，还要特别关注这件瓷器的设计、选料、拉坯、上釉、烧制等一系列制作过程及其所体现的智慧和技艺。我们会把隐含在物质表象背后的需要保护和传承的非物质性对象分解出

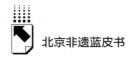

来，作为我们关注的重点。这种解构的方法，是我们在非物质文化遗产保护过程中重新建立起来的思想方法、认知方法。运用这种方法，我们可对原来的对象做更深层次的挖掘，有更全面深入的认知，明确发现需要保护和传承的真实对象，找出创造和丰富外在物质世界的关键。只有这样，才能真正取得保护和传承非物质文化遗产的实效，才能保存和激发非物质文化遗产长久的存续力和不断再创造的能力，从而创造一个完美的物质世界。

在以往的保护实践和观念表述中，人们并不总能明确认识和牢牢把握"非物质文化"这一概念。不同于以往的将文化分为物质文化与精神文化，如今我们需要将文化世界的构成在观念上分成物质文化和非物质文化，并分析出非物质文化遗产的相关内容。关于这一点，我们还需要进一步加强认识。

以往我们对结构性地认识和对待文化对象方面关注度不够，通常是把认识和研究的注意力局限在文化事项自身，很少把它放回生活实际、放回它真实存在的系统整体里和进程中。现在，在非遗保护传承实践中，必须运用结构的方法来认知对象并进行实践活动。没有物质的参与，非物质性的智慧和技能则无从体现，因此对客观世界的认识和实践也必须是结构性的。以"二十四节气"这一具有代表性的非遗项目为例，二十四节气不仅仅是中国人通过观察地球公转运动而认知一年中时令、气候、物候等方面变化规律所形成的知识体系，更是中国人生产、生活的重要参照和借鉴因素，是与种植技术、生活习俗、饮食习惯、医疗传统、健康养生、信仰仪式等诸多社会实践活动密切联系的结构性知识体系。

第二，关注主体性，传承人主体是非遗保护的核心。

过去我们认识和分析文化对象，无论是社会实践、观念表述，还是文化表现形式、知识或技能，往往会把这个文化对象的主体当作"黑箱"处理，并不特意地关注它、认识它、分析它。但是从非遗保护和传承的视角出发，就必须明确地发掘出非遗事项是谁的文化创造、谁的智慧、谁的技艺。没有人尤其是没有传承人，就没有非物质文化遗产。离开非遗主体就无从谈起保护和传承问题。传承人的概念，对于非物质文化遗产保护的认知和实践是一个最根本、最核心的问题。传承人群体，是我们面对的全部非物质文化遗产对象存续的本源。传承人概念的提出非常重要，传承人是非物质文化遗产及其保护和传承的核心。因为有了这个主体才有了非物质文化遗产，才有了传承和保护。没有这个主体，就没有非物质文化遗产，创造者不存在了，传承人主体不存在了，文化对象也就不能存在了。所以说，传承人主体是非遗保护的核心，是灵魂。需要注意的是，这个主体不是抽象的主体，而是实践的主体。

我国香文化达人、中国香文化研究中心主任孙亮先生介绍，他根据唐开元年间宫中香丸制作古法，依照二十四节气的顺序来制作香丸，在惊蛰这一天的子时，他和香成泥，挖地半尺，将香泥装入瓷罐，埋入土中，七七四十九天之后，即谷雨后四日取出香泥制成香丸，香丸如芡实大小。和香所用的炼蜜是取北京土蜂荆花白蜜于大暑日当日所炼，和香用水为大雪日取慈善寺僧泉窖藏之水。

作为非物质文化遗产的这一套功夫，是香丸炮制传承人孙亮先生按时依规操作完成的。同样地，非遗的社会实践、观念表述、文化表现形式、知识和技能等内容，无一例外，都是由人作为主体来体现和完成的。传说故事是人口口相传的；节庆活动、习惯仪式是人完成的；各种艺术形式是人表演的。一切传统技艺都是人的智慧和技能的体现。

在相关学科领域往往被当作"黑箱"处理、不作为核心关注对象的非遗传承人，如今在非遗保护的认知和实践中，成为非遗保护传承的关键。依笔者个人理解，所谓保护，就是要创造一切条件，运用一切手段、方法和步骤，使传承人的文化实践活动能够得到正常的、真实完整的体现；所谓传承，就是使传承人的文化实践活动能够有人承袭，从而得到全面有效、连绵不断的赓续。

第三，关注传承性，保护好非遗的动态生命。

以往，我们在认识事物、分析问题时，通常是静态的，以对象处于某种稳固静止状态作为考察的标准时态。而现在，当我们说，非物质文化遗产是人们在不断与自然、与社会对话和互动过程中创造出来的，其实就已经是在

运用动态的方法来观察处于动态进程中的事物了。这是一个认识方法上的新情况。

一切事物都不是静止不动、一成不变的，而总是处于发展变化之中。这也是我们观察和认识客观世界的最基本的原则之一。非物质文化的一个特性就在于它的活态性，它是过程中的文化，它生命的活力就在于发展演进当中，如果它不是因为不再适应社会之需求而被历史所搁置所舍弃，如果它不像一时闪亮的彗星那样陨灭于长空，成为历史的尘埃，那么，它就会在运动中获得长久的生命。非物质文化遗产的活态性体现在它的传承过程中。它的每一次现实呈现，都是它无限的生命链条中的一个环节。即使是一位久负盛名的歌手，哪怕是唱同一首歌，每次演唱总会有新意，情境不同，对象不同，心情不同，表达自然就不尽相同。节日年年过，岁岁有不同，更不要说经历不同的历史时代，由于时空条件的演化，节日的内涵和形态总不能是和发生的当初永远一样的。

这里，笔者以端午节为例，来演绎一个非物质文化事象生成、发展和变化的情况。

我们通常把端午节的来历说成是和纪念屈原、纪念曹娥、纪念伍子胥等传说有关。但是，端午节的许多行事却与上述传说无法联系起来。司马迁所言，"究天人之际，通古今之变"，审视和分析人与自然的关系，以探求对节日内涵及其演进历程的深层理解。五月正当夏季来临，自冬至而生发的阳气盛极而衰，至此阴气萌生，在阴阳交替的当口，各种蛇蝎蚁虫等活跃猖獗。于是人们就采用实际有效的办法，抑或是原始时代被人们笃信的巫术，以求顺利通过天地之变，从而就形成了防五毒的种种习俗：门上挂艾蒿、点艾香、喝雄黄酒、额上点朱砂痣、手上戴五彩线等。从社会生活层面而论，将端午节与屈原传说联系起来，为的是彰显一个"忠"字，忠君爱国。将端午节与曹娥传说联系在一起，宣扬的是一个"孝"字，百善孝为先。就此，端午节的内涵得到极大丰富，节日活动异彩纷呈，节日的教育作用也得到明显提升。

过去我们往往只是将对象的历史、对象的当下作为我们认识和关注的焦点。但是，当我们把它们作为非物质文化遗产来重新认识的时候，我们就很自然地谈到要弘扬、振兴这些宝贵的文化遗产，这样一来，我们实际上是把实践活动的时间由当下推向了明天。人类不同于其他一切生物的特点之一在于，我们不仅生活在当下，而且时时想着未来，为明天而筹划，为明天而建设。这样一种生活态度和时间观念，指导着我们在保护非物质文化遗产的实践活动中，会采取和过去截然不同的认识对象的态度。当把明天这个时间维度也考虑进来的时候，我们会应对诸多客观条件，在适应周围环境以及与自然和历史的互动中，发展和改进我们的生活方式；我们会有许多期望，会有美好愿景，并以此来推进自己的文化传承。

传承的向度有纵向和横向，向前辈学习并实践他们的宝贵智慧技能和经验，使文化传统得以延续，这是纵向的传承；在同一时代，不同群体的相互学习借鉴，使文化传统得以赓续，同样也可以看成是一种横向的传承。传承的过程也是不断再创造的过程。

不同社区、群体在不同时空条件下、在适应周围环境以及与自然和历史互动的过程中，进行文化创造和不断再创造的结果，呈现出文化的多样性。《保护和促进文化表现形式多样性公约》特别指出，"文化多样性是人类的一项基本特性"，"文化多样性创造了一个多姿多彩的世界，它使人类有了更多的选择，得以提高自己的能力和形成价值观，并因此成为各社区、各民族和各国可持续发展的一股主要推动力"。

第四，关注空间性，多维度整体地审视现实生活中的非遗。

过去我们在专注地认识文化对象的时候，往往会把文化对象的生存环境抛在一边。无论是民俗事象、口头传统，还是其他非遗事象，我们总是把它既定的自身存在状况当作研究对象，这种既定的自身存在状况或许是历史的，或许是当下的，但我们通常很少细心关注和详尽剖析这些文化事象存在于其中的人群环境和文化空间。但是当我们把它当作非物质文化遗产来重新认识的时候，我们对非遗在时间和空间存在状况的认识就应有相应的改变。时代的变化，历史条件的改变，甚至微小的时空变换，都会对非物质文化遗产的状态产生一定的影响。一项文化表现形式，作为非物质文化遗产，此时不再单单是一个简单的文化对象、一种实践活动本身，我们不应再把它从时空环境里剥离出来，作为某种单纯的、孤立的文化事象来静止地认识它。因为文化对象不能脱离它所存在的人群环境和文化空间，我们必须把它还原到自己所在的环境中，否则我们就不能真正认识它。

也就是说，非物质文化遗产是人创造的，也是为了人而创造的，离开其创造者和享用者及其生存环境和时空条件，我们就不可能真正认识和理解非物质文化遗产。譬如过年习俗，一家人过除夕，家里有哪些人，他们的年龄多大，所从事的业务范围，彼此是怎样的亲属关系，原籍是哪里，如此等等。转天，出去拜年，谁去拜，给谁拜，怎样拜，说什么话，带什么礼物，怎样加固或者调整人和人之间的关系，诸如亲属关系、朋友关系、工作关系。正月十五前后各社区群体办花会走街，谁组织的花会，如何组织的，哪些人参加，都扮演什么角色，谁是会头，开销是怎样筹集的，等等。总之，非遗是有时代性特点的：非遗是在社区和群体中创造、演进并实践、展示的，也要在社区和群体中保护与传承。同时，非遗的文化空间不仅仅有社区，还有民族、国家，或者更扩大地说，它是我们人类的一种文化建树。所以，看待非物质文化遗产，要时时刻刻想到它是我们社区和群体的现实生活方式，是中华民族的现实生活方式。

第五，关注实践性，非遗保护传承是文化实践。

非遗保护传承是文化认知，更是非遗主体的文化实践。"非遗保护传承"中的两个关键词——"保护"和"传承"体现了非物质文化遗产全部工作和全部活动的实践性品质，同时也揭示出非遗保护传承不仅是文化认知，更是非遗主体的生动文化实践。不同于物质文化遗产，非物质文化遗产的呈现方式是传承主体的文化实践过程，传承是在实践过程中进行的，非遗也要在实践过程中加以保护。为确保非物质文化遗产生命力而采取的各种措施，诸如确认、立档、研究、保存、保护、宣传、弘扬、传承和振兴，都是实践性的活动。实践性是非物质文化遗产及其保护传承的灵魂。

从实践的立场出发认识非遗保护传承非常重要。例如，与其他非遗表现形式相比，口头传统的保护传承在当代社会生活条件下出现了异样情况，当然，造成这种局面的因素非常多，也很复杂。如果单就它的保存情况来说，我们在搜集记录保存民间故事文本方面一直做得不错，也取得了相当大的成效。但是，若从非遗保护目标的角度来说，这远远不够，因为传说故事作为口头传统不是读的，而是讲给人听的，其活态传承在于有人讲述、有人聆听，在讲听过程中不断再创造。如果没有人讲、没有人听，没有这种具体实在的生动的文化实践过程，那么这一项口头传统就离我们的生活渐行渐远了，我们就很难说它依然是我们原有的生活方式了，这也意味着我们的保护传承是不到位的。总之，非遗主体的文化实践是非遗保护传承的灵魂，只有在实践中我们的文化成就才能得到更好的保护，通过代代传承、不断再创造而日益丰富、日趋繁荣。

第六，关注价值取向，挖掘和弘扬非遗的丰富情感内涵。

谈到对待非遗的立场和价值判断这一点，我们如今的态度和过去已经有所不同了。过去，我们在认识对象时，常常是希望保持一种冷静而客观的态度，认为只有把我们个人的情感刨除在外，我们才能够把对象认识清楚。今天，当我们把这一部分文化对象看作祖辈留给我们的宝贵文化遗产时，我们就会把自己的价值判断和虔诚尊重的情感投入非遗保护传承的实践中去，这时候，我们的立场和过去就不会一样，不会冷漠，不会应付差事，而会恭敬虔敬、竭尽心力。非遗作为生活方式的体现，它的功能和价值也与以往有所不同，它会极大地培育和增强我们的认同感，唤醒我们的历史感，同时增强广大民众的美感、快乐感、获得感、幸福感。传统节日作为社会群体的公共时间，会让我们群体和睦，民族传统得以代代接续，也会使我们热爱自己丰富多彩、饶有兴趣的日常生活。通过非遗保护传承的实践活动，过去为劳动群众创造但只有权贵阶层才可以享用的文化成果，如今全部回到社会群体手中，非遗的创造者真正成为享用非遗成果的主人；蕴藏在民众当中的、取之不尽用之不竭的创造力也得以充分发挥。

从以上六个方面来观察分析非物质文化遗产及其保护和传承，我们或许

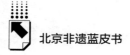

能够清楚地认识到，非遗拥有独特的灵魂和生命，有自己的关键词，我们应以一个新的视角、用一种新的方法、从一种新的时空概念出发，去认识这样的一个具有生命体征的新鲜事物。只有深刻地认识非遗，才能正确有效地开展非遗保护和传承的文化实践。

B.3
从非遗保护角度看北京曲剧的
传承与发展[*]

景俊美　马艳会[**]

摘　要： 从非物质文化遗产保护的角度看地方戏曲，其传承和发展的历程最能反映该剧种的艺术价值。北京曲剧历经孕育期、雏形期、定型期和发展期四个阶段，并具有先有"剧"的形态再有"剧"的命名、单弦牌子曲的音乐风格历史悠久等特点。为更好地促进北京曲剧的传承与发展，本文提出如下三点建议：一是注重戏剧与文化生态的一体化发展，守住活态传承的底线；二是充分发挥剧种特色，以经典剧目锻铸人才；三是选对题材持续深耕，用京腔京韵传递京味儿。

关键词： 非物质文化遗产保护　北京曲剧　传承发展

北京曲剧，又名"曲剧""曲艺剧""新曲剧""新曲戏""解放新剧"等，是北京最纯正、最地道的地方戏。其唱词、说白均采用北京方言，唱腔音乐以京城曲艺中的单弦牌子曲及其他鼓曲、小曲为基调，具有浓郁的京味

* 本文为2019年度国家社科基金艺术学重大项目"新中国成立70周年中国戏曲史（北京卷）"（项目编号：19ZD06）、2021年度北京市文联基础理论课题研究项目"北京地区戏曲传播创新研究"（项目编号：BJWLYJB04）、2022年度北京市文联文学艺术创作扶持专项资金项目"评论专著《当代戏剧的理性审思》"（项目编号：Y24）与2022年度北京市社会科学院激励课题"北京地区戏曲传播创新研究"（项目编号：2022C7028）的阶段性研究成果。

** 景俊美，北京市社会科学院副研究员，主要研究方向为新媒体文化与传播研究；马艳会，中国评剧院实习研究员，主要研究方向为戏曲史论等。

儿风情。作为土生土长的北京地方剧种，北京曲剧的形成有着特定的历史背景，并经过百年来的发展历程展现出自身的艺术特点。2021年9月29日，北京曲剧被列入北京市第五批市级非物质文化遗产代表性项目名录。自此，从某种程度上说，作为地方戏的一个代表性剧种，北京曲剧在非物质文化遗产保护上走出了自己独特的道路。

一 北京曲剧的发展历程

北京曲剧被列入非物质文化遗产代表性项目名录时，曾引发不小的争议。很多学者认为，不到百年的艺术难以被认定为非物质文化遗产。此话看似有一定道理，因为从北京曲剧被正式命名的1952年到2022年，正好70周年。但是从"非物质文化遗产是世界文化多样性的生动体现，是人类创造力的表征，是人类社会可持续发展的重要保证，是密切人与人之间的关系以及他们之间进行交流和相互了解的重要渠道"[1] 这些重要价值来看，将北京曲剧纳入非物质文化遗产代表性项目名录十分必要。并且，一个剧种的诞生，自然和其命名有一定关系，但更重要的是其实际存在形态。这就要从北京曲剧的发展历程来具体分析。

（一）北京曲剧的孕育期

北京曲剧的起源，与北京城区的传统说唱曲艺密不可分。这种说唱曲艺的发展源头是在北京已经广泛流传了200多年的八角鼓[2]艺术。八角鼓艺术流行于清代中叶至民国，展现了京城的艺术特色，虽原本是在旗籍子弟们自娱活动中逐渐形成的一种说唱艺术，但与之相伴而生的是最为浓郁的京味儿

---

[1] 王文章主编《非物质文化遗产概论》，教育科学出版社，2008，第10页。

[2] 八角鼓兴起于清乾隆、嘉庆年间，其组织活动的场所被称为票房，参加票房弹唱活动的人员被称为票友，其中不少票友是八旗的王公贵胄，其演唱弹奏是纯义务性质的，但排场讲究，声势浩大。由于旗籍子弟走票时所演唱的节目都要使用八角鼓击节伴奏，所以人们称为"唱八角鼓的"。

文化，由于满语"只读不说"，这种曾盛极一时的语言及其文化生态也就消失在了历史的尘埃中，八角鼓成为这一文化生态的唯一载体，也就是北京曲剧的前身。

在八角鼓艺术的发展过程中，曾产生过岔曲、琴腔、群曲、牌子曲、拆活、单弦、联珠快书、猫儿俏、石韵书、相声等多种演唱形式。不同的演唱形式又按照特定的程序或仪式依次表演。随着这些演唱形式的日益丰富，清末民初出现了包含鼓（八角鼓）、柳（十不闲莲花落、时调小曲）、彩（古彩戏法）在内的全堂八角鼓，并逐渐由自娱性质演变为"职业班社"，八角鼓艺术作为综合性演出形式便由此诞生。

全堂八角鼓最突出的特点是音乐系统的形成。主要表现是根据情节的不同，可编排出不同的套路唱腔，以表达各种复杂的情感。其中，单弦牌子曲的影响最为广泛。这也是早期艺人通过吸收积累多方面的说唱音乐素材而完成的艺术突变，曲牌可达百余支，为八角鼓向戏曲艺术的转化提供了充分的音乐准备。名家有随缘乐、李燕宾、曾永元、德寿山、桂兰友、全月如、群信臣、何质臣、荣剑尘、常澍田、谢芮芝、曾振庭、谭凤元等。不同的演唱风格和曲目流派为全堂八角鼓的进一步发展奠定了深厚的基础，拆唱八角鼓随之产生。

拆唱八角鼓，又称"拆活""牌子戏""八角鼓带小戏"，是带有一定戏剧因素的说唱艺术形式。表演者利用说唱艺术的表现手法，在故事的叙述者和故事人物之间频繁变化，根据故事中的人物多少，由三至五人分包赶角，通过角色的跳进跳出进行说、弹、逗、唱，共同演绎一个故事，有时候伴奏者也要兼唱角色。表演时需要依照角色身份简单化妆，如《汾河湾·射雁》《双锁山劈牌》《赵匡胤打枣》《刘禄景还家》《蒙古人搬家》等。拆唱八角鼓除了在表演上含有戏剧因素外，乐队还增加了板鼓、小锣、镲锅儿、大铙等武场，文乐则可根据情况增加四胡、扬琴、笛子等，唱腔音乐上仍运用八角鼓的曲牌。"荣派"单弦创始人荣剑尘在其自述性作品《我游春》中，对拆唱八角鼓有所介绍："先学习琵琶丝弦儿，学岔曲儿学牌子自找窍门儿。学大鼓学快书慢慢演唱，渐渐得由浅入深儿。学拆活儿劈牌与打

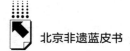
枣儿，板眼准妙嗓音方能得味儿。"① 从乾隆末年岔曲兴起到清末单弦牌子曲产生巨大影响以前的近百年时间里，拆唱八角鼓一直是全堂八角鼓中的主要演唱形式，影响十分广泛。因此，这一演唱形式也是单弦票友及艺人的基础课与必修课。

（二）北京曲剧的雏形期

从"拆唱"到"彩唱"，曲艺剧的雏形基本形成。"拆唱"与"彩唱"的根本区别在于："拆唱"是艺人时而叙述故事，时而扮演人物，在叙述者与角色之间不断地进行身份转换，虽然具有一定的戏剧性和简单的化装扮演，但仍属于临时对人物的模拟；"彩唱"则是由演员直接扮演故事中的人物，不再有说书人的身份，基本具备了曲艺剧的艺术形态。"彩唱"包括"彩唱八角鼓""彩唱莲花落"，以及新中国成立初期的"解放新剧"等。

与诸多被视为评剧前身的兴起于河北乡间的莲花落、蹦蹦戏不同，北京城区自清代就流行一种本土艺术品种"十不闲莲花落"。它由民间香会朝山酬神的曲子发展而来，是一种走唱的演出形式。与八角鼓相似，十不闲莲花落最初也是八旗子弟为了消遣娱乐而自发组织的表演，后于清代中叶开始出现了职业的莲花落小戏艺人，并于光绪年间进入宫廷表演。这种莲花落无丝竹管弦，由演员干唱，设专人打竹板击节伴奏，并使用十不闲架子及花盆鼓、大铙、大钹、手锣等打击乐器，在演唱段落处由众人集体搭茬儿帮腔。表演人数视曲目而定，既有一人边歌边舞叙述故事的单段，也有多人表演的拆出小戏。常演剧目有《十里亭》《老妈上京》《赴善会》《打老道》《安安送米》《王小赶脚》等。彩唱莲花落以旦角为主，同时注重发挥丑的插科打诨作用，因而较为风趣、诙谐，具有浓郁的北京地方风土人情味及生活气息。彩唱莲花落由演员直接扮演故事中的人物，按故事情节、矛盾冲突、人

---

① 中国曲艺音乐集成·北京卷编辑部编《北京地区曲艺资料汇编》第 1 辑，1987（内部资料），第 97 页。

物关系演出有情节的故事，服装、道具都比拆唱八角鼓更为丰富、严谨，从形式上基本脱离了说唱，却又从未独立成班，民国以来始终与说唱曲艺同台演出，所以被归属为十样杂耍（曲艺）的范畴，但作为戏剧的样式已基本成形，不仅稳定了戏剧搬演的形态，而且使说唱向戏剧转化又迈进了一大步。

（三）北京曲剧的定型期

1949 年新中国成立，北京解放，曲艺人从被压迫、被剥削到翻身做主人，爱国热情前所未有地高涨，曲艺艺人曹宝禄、顾荣甫、尹福来、魏喜奎、关学曾、孙砚琴等 30 多人组织了群声社，为广大市民演出新曲艺及以彩唱《探亲》《打灶》为蓝本创作的解放新剧《新探亲》《新打灶》等。解放新剧虽带有明显的初创痕迹，又多以宣传政策、普及新道德观念为主，剧情比较简单，说白及音乐唱腔有较大随意性，但在马少波、老舍等专家的建议下，吸纳了北京曲艺中各类大鼓、小曲的唱腔，统一了说唱音乐风格，并于 1950 年岁末以"曲艺剧"《婚姻自由》的名义参加了北京市戏曲观摩展览演出，受到了大会的好评。同时，在全国戏曲工作会议中"曲艺剧"的表演形式也得到了肯定。老舍先生指出："全国各省市差不多都有自己的地方戏。北京是中国的首都，又是历史名城，可北京没有地方戏。京剧是全国性的，不能算北京地方戏，要是把曲艺形式再好好发展下去，会成为北京的地方戏。"[1]

北京曲剧的诞生与老舍先生有着密不可分的关系。首先，"北京曲剧"这一剧种是老舍先生命名的。北京曲剧诞生之后，填补了北京戏曲史上没有自己地方剧种的空白。1951 年，老舍先生曾专门为北京曲剧创作了第一部曲剧剧本《柳树井》，发表于 1952 年第 1 期的《说说唱唱》杂志上。这部剧也是老舍先生荣获"人民艺术家"光荣称号之后的第一部作品，成为北

---

[1] 参见崔长武、薛晓金主编《北京曲剧五十年》，中国民族摄影艺术出版社，2002，第 30 页。

京曲剧的奠基之作。至此，北京曲剧不仅得以正式命名，而且在老舍先生的关怀下持续以曲艺的形式演北京故事。之后，老舍先生的多部作品被搬上了北京曲剧的舞台，呈现出鲜明的京味儿特征。《柳树井》的成功上演，标志着北京曲剧经过漫长的孕育、过渡而最终形成。

（四）北京曲剧的发展期

1979 年，全国的文艺事业再次恢复生机，北京曲艺团也正式更名为北京曲艺曲剧团。自此，北京曲剧迎来了新的发展空间。除《柳树井》外，曲剧团先后排演了老舍先生的 8 部作品，分别是《骆驼祥子》（1958 年）、《方珍珠》（1979 年）、《龙须沟》（1996 年）、《茶馆》（1998 年）、《四世同堂》（2001 年）、《正红旗下》（2004 年）、《开市大吉》（2010 年）、《老张的哲学》（话剧，2015 年）。这些剧目的创排和演出，培养了一批又一批曲剧人，也吸引了大批观众成为曲剧的戏迷。这一时期，北京曲剧不仅在北京扎下了根，而且从首都演到全国以及国际的舞台上。

当下，承演北京曲剧的剧团只有一个，即北京市曲剧团（原北京曲艺团），现隶属于北京演艺剧团有限责任公司。北京市曲剧团是北京曲剧的唯一传承单位，其珍稀程度可想而知。曲剧团是伴随着曲剧事业和曲剧艺术的发展而发展的。从开始的事业单位到现在的公司制管理的国有文艺表演团体，曲剧团和曲剧艺术一样，一直都面临生存、发展和转型的挑战，这也是北京市曲剧团和国有院团的最大不同。然而正因为这种不同，压力就变成了动力，曲剧艺术和曲剧人不仅走出了困境，而且开辟了广阔的天地。从 1952 年到 2022 年，70 年创排演出了近 200 台剧目，其中《杨乃武与小白菜》《啼笑因缘》《珍妃泪》《少年天子》《烟壶》《龙须沟》《茶馆》《正红旗下》《骆驼祥子》《四世同堂》《黄叶红楼》等剧目，已成为北京曲剧的代表性剧目，不仅屡获殊荣，而且培养出一批又一批的表演人才和创作人才，如魏喜奎、佟大方、孙砚琴、王凤朝、莫岐、甄莹、许娣、张绍荣、孙宁、佟仲琪等。

二　北京曲剧的主要特点

北京曲剧以清代和近现代北京人生活为重点题材，并以北京的京味儿音韵为依托，单弦牌子曲为唱腔基调，形成了具有浓郁北京韵味儿的独特艺术样式。其表演贴近生活、唱词通俗易懂，韵律优美动听，艺术风格独特，非物质文化遗产保护价值凸显。

（一）先有"剧"的形态再有"剧"的命名

前文已追溯了北京曲剧的发展历程，其中，拆唱八角鼓与彩唱莲花落已经形成了北京曲剧的"胚胎"。20世纪60年代，北京曲艺团挖掘传统时期，曾由魏喜奎、联幼茹、彭子富、王淑琴、刘淑慧、尹福来等曲剧演员将彩唱莲花落《小化缘》《赴善会》《摔镜架》进行展演。因此，北京曲剧的"剧"的演出先于剧种名称的诞生。这也是我们在评估北京曲剧能否作为非物质文化遗产代表性项目名录时不能单纯从该剧种的命名时间开始认定的原因。此外，我们还要深入探讨，同样都是在当地曲艺形式的基础上建立起来的戏曲剧种，河南曲剧朝着严格的行当划分、传统的表演程式的方向不断发展，而北京曲剧则没有严格的行当划分，也不刻意追求传统的表演程式。这是北京曲剧的重要特点，也是其未来发展过程中需要持续深入研究的重大课题。

（二）单弦牌子曲的音乐风格历史悠久

从剧种的发展历史看，任何剧种皆始于地方，然后接触到其他姊妹艺术，彼此学习、互相借鉴，进而形成自己的特色和风格。北京曲剧在音乐上是以北京流行的曲艺——单弦牌子曲为基本素材发展而成的，唱腔上还吸收了大鼓、民歌、小曲等，基本曲调有〔太平年〕〔云苏调〕〔罗江怨〕〔南城调〕〔剪靛花〕〔湖广调〕〔南锣北鼓〕〔数唱〕等。这些音乐形式远远先于北京曲剧的诞生，并具有活态传承的重要价值。目前，除曲艺演出仍保留

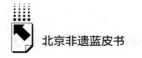

了一些曲牌之外，以剧的形态、故事的表达和人物的扮演来承载这些艺术样态的剧种主要是北京曲剧。因此，北京曲剧音乐的独特性和流变性特征也是值得深入研究的重要课题。

（三）与其他戏曲剧种相比，具有自身鲜明的艺术特征

北京曲剧是北京最纯正的地方戏，生于斯，长于斯，发展于斯。因为诞生得较为晚，它的表演程式有着浓郁的生活气息，与昆曲、京剧、秦腔等相对古老的剧种相比，显得较为年轻和不拘一格。从非遗保护的角度看，这是其明显的"短板"。但看问题不能仅从时间的长短这一个角度去看，而应该结合艺术的独特性、珍稀性以及艺术和社会价值等多角度去分析。所以，北京曲剧作为一个独立的、北京仅有的地方剧种，活态传承的意义更加重要，也弥足珍贵。

整体上看，北京曲剧通俗易懂，说唱结合，韵律独特，京味儿浓郁，表演朴实而自然，很好地借鉴了话剧、曲艺等姊妹艺术，形成了自己特有的艺术风格。道白以普通话为基础，北京的地域语言特色凸显，具有浓郁的京腔京味儿。剧种表现的内容丰富，剧目的形式多样，唱腔婉转动听，旋律优美沁心。早期的《箭杆河边》《杨乃武与小白菜》等剧目曲艺的韵味儿足，晚近的新创剧目或复排演出，歌曲的成分更加凸显，但仍不失曲艺的味儿，《茶馆》里的小明珠串场、《烟壶》里的唱曲人设置等，都是一种曲艺形式的独特运用。

三　从非遗保护的角度更好地促进
北京曲剧的传承发展

（一）注重戏剧与文化生态的一体化发展，守住活态传承的底线

当一项文化艺术不再活态传承，其高超的技能、精湛的表达和独特的原创性将不复存在，留下来的只能是后人的追忆、书本上的文字以及像埃及金

字塔一样的"谜"。北京曲剧在首都北京的整个文化生态中扮演着非常微妙的角色，从民俗文化的角度看，它承载了诸多老北京人的生活文化和语言艺术，保留着城与人的文化关系，对北京的舞台艺术发展，和北京人艺（北京人民艺术剧院）有异曲同工的作用。当然，受历史和现实原因影响，北京人艺一直得到社会各界的关注与支持，尤其是广大观众的热烈拥护。北京曲剧团也有自己的戏迷群，但主要集中在老城区，如果按照北京市现有规划将北京曲剧团整体搬到亦庄，则不利于这一剧种的可持续发展。因此，建议在北京老城区给北京曲剧划出一个演出空间或团址所在地，也可以将其纳入"会馆有戏"的"一盘棋"之中，使城里城外"里应外合"，开辟出演艺的新天地。

从戏剧史的发展历程看，北京曲剧虽然诞生百年、命名70年，但仍处于发展期，并将持续书写北京人的北京故事，是一个与时代同发展共进步的艺术样态。特别是其音乐上的独特性，使一般"作曲"很难"跨界"承担北京曲剧的唱腔与音乐设计。北京曲剧的功勋级作曲家戴颐生先生，为北京曲剧的发展贡献巨大。她一人为北京曲剧20多部剧目作曲，代表性剧目有《珍妃泪》《方珍珠》《少年天子》《烟壶》《龙须沟》《茶馆》《四世同堂》《正红旗下》等。戴颐生一人独挑北京曲剧音乐的大梁，虽然守住了北京曲剧作为非遗剧种活态传承的底线，但从长远的发展看，需要从曲艺界、音乐界和戏曲界持续挖掘人才，并根据北京曲剧的艺术特色培养可竞争、能互补、共进步的曲剧音乐人。

（二）充分发挥剧种特色，以经典剧目锻铸人才

守住剧种特色，是剧团存续的根本；留住戏剧人才，是院团发展的关键。对于单一剧种加单一剧团的院团——"天下第一团"而言，守特色、留人才更是根本中的根本、关键中的关键。目前，北京曲剧作为戏曲剧种之一，全国仅有北京市曲剧团一家单位，共有演职人员160多人。2012~2021年，平均每年新创剧目有2~3部，复排剧目基本维持在每年2部（个别年份除外），可谓既注重继承，也注重开拓（见表1）。又因为北京曲剧长期向

话剧学习，演员既能演曲剧，也能演话剧，所以新创剧目中话剧、儿童剧、京味儿舞台剧等艺术样式多样化。但是人的精力毕竟是有限的，一个院团也是如此。在演职人员固定的情况下，业务开拓越广，守传统的任务就越艰难，有时难免会淹没自己的特色。因此，建议院团及上级管理部门在政策和机制允许的情况下，壮大团队力量，将演职人员分成类似国家京剧院、河南豫剧院一样的一、二、三团，在内部形成差异化发展和互补性共生。

表1 2012~2021年北京市曲剧团新创与复排剧目情况

时间	新创剧目数量	新创剧目名称	复排剧目数量	复排剧目名称
2012	4	《歌唱》、《乡约青春》、《锅儿挑》（京味儿舞台剧）、《五女拜寿》	1	《正红旗下》
2013	3	《黄叶红楼》、《正南正北一条街》、《宝船》（儿童剧）	3	《骆驼祥子》《四世同堂》《歌唱》
2014	1	《歌唱》	2	《骆驼祥子》《茶馆》
2015	2	《箭杆河边的新故事之十不闲传奇》、《老张的哲学》（话剧）	2	《烟壶》《方珍珠》
2016	2	《徐悲鸿》、《世界就在我眼前》（话剧）	2	《黄叶红楼》《龙须沟》
2017	4	《怀清台》（话剧）、《实现·突围》（话剧）、《木石奇缘》、《花落花又开》	1	《啼笑因缘》
2018	3	《花落花又开》、《北京西山那抹红》（情景剧）、《鬋氏夫人》	0	—
2019	5	《太平年》、《林则徐在北京》、《王致和》、《北京西山那抹红——我们一路走来》（情景剧）、《跟党走》	1	《宝船》（改编）
2020	3	《大运河漂流记》（儿童剧）、《京西火种》、《光明行》	0	—
2021	3	《离婚》《家》《无处不在》	2	《北京人》《茶馆》

此外，通过长期对北京曲剧剧目的观看与欣赏，笔者发现经典剧目更容易锻炼人、培养人。如复排后的《茶馆》，主要演员分A、B角，他们虽然年轻，但对人物的理解、钻研与塑造可谓是用心、精细、有韵味儿。特别是

在顾威导演的引导下，在经典话剧《茶馆》的基础之上，北京曲剧《茶馆》开拓了自己的艺术空间，音乐为人物的塑造和情绪的酝酿起到了推波助澜的作用，观之令人击节称赞。

（三）选对题材持续深耕，用京腔京韵传递京味儿

正因为北京曲剧有诸多与其他戏曲剧种不同的艺术特征，选准题材凸显自身艺术价值和风格特征就显得格外重要。从北京曲剧的剧目建设中也可以发现，凡是能演出京味儿的剧，必然是受广大观众欢迎的艺术佳作。如老舍先生的《茶馆》《龙须沟》《四世同堂》，曹禺先生的《北京人》《家》等。此外，邓友梅的《烟壶》，清装戏《杨乃武与小白菜》《珍妃泪》《少年天子》也有不俗的口碑。北京曲剧需要"写北京人，说北京事儿，必然要有北京的味儿，演普通人，唱小胡同，当然要带民俗的趣儿……京味儿不油，俗趣不痞，演老北京普通人不市侩儿"[1]。总之，恰到好处的京腔京味儿，是北京曲剧历史文化品位的最好注脚。

---

① 吴江：《小议〈烟壶〉现象》，《中国戏剧》1995 年第 9 期。

B.4
天坛神乐署中和韶乐的复原与传承研究

张雯影*

摘　要: 天坛神乐署中和韶乐曾经隐没于战争和时代变革中,20 世纪 80 年代以来,天坛公园管理处工作者和学术界共同致力于中和韶乐的复原,于 21 世纪初正式向公众展演部分复原成果,并成立了神乐署中和韶乐雅乐团,专门进行中和韶乐的传承和实践。对中和韶乐的复原和传承一直保持与时俱进。面对大众演出需求与传统必然产生的割裂,传承团队确定了中和韶乐的两种用途和表现形式,即用于旅游展示的展演和用于大众宣传、学术交流的演出。除了传承团队以复原、传承中和韶乐为日常工作,社会广大中和韶乐的"乐迷"也在自觉、自发地进行传承。信息化时代,神乐署工作人员亦与时俱进,利用媒体向社会推广礼乐文化和中和韶乐。

关键词: 天坛神乐署　中和韶乐　祭天乐舞　古乐复原　社会传承

　　神乐署位于北京天坛西门内稍南侧,坐西向东,由署门、凝禧殿、显佑殿等建筑组成,是天坛祭天建筑群的重要组成部分。明清时期,这里是皇家最高乐舞学府,用于培养京城各坛庙祭祀所用的乐舞生,也是国家祭典的奏乐机构。祭典举行前,所有参加人员需要来此培训、排练。这个空间"装置"着一种明清皇家祭祀用乐——中和韶乐。

---

* 张雯影,中国旅游研究院博士后。

一 神乐署中和韶乐的内容及表现形式

上古以五声、六律、八音进行德教，乐的精神教化和礼的行为约束，共同建构了礼乐制度，并在传承中不断巩固观者对其合理性和正统性的认同。周代起"以礼制乐"，将宫廷乐、祭祀乐、礼仪乐统称"雅乐"。明朱元璋更名为"中和韶乐"，集礼、乐、歌、舞于一体，"中和"历来被视为儒家道德修养的最高准则，昭显雅乐作为礼乐的社会功能。音乐表演者在祭祀场景中，对被祭祀者的德行、影响做评价，昭示后人约束自己的日常行为，"声音的秩序"从而建立。

1421年，明永乐皇帝朱棣迁都北京，沿袭南京旧制建北京天坛、地坛、神乐观，负责祭祀礼乐管理传习，清代沿用。清乾隆八年（1743），神乐观更名神乐所；乾隆十九年（1754），神乐所更名神乐署，管理演乐及审定乐器音律事务，负责选拔和培养北京各庙坛祭祀乐舞生和官员祭祀礼仪训练等；1911年清朝灭亡，乐舞生散落民间。1914年，袁世凯举行祭天大典，中和韶乐最后一次在天坛使用。1916年，民国政府在天坛设立北平坛庙管理处（后改名为北平坛庙管理事务所），中和韶乐由乐舞传习所管理并传习。1951年，北平坛庙管理事务所改组为天坛公园管理处，中和韶乐乐舞谱、乐器等由天坛公园管理处保存。

祭天大典每年冬至日在圜丘举行，乐生在圜丘南侧棂星门后奏中和韶乐，舞生在乐队前面跳舞。中和韶乐的表演团队分为乐队和舞队。乐队所用乐器，八音皆有。"八音"本来指八种制造乐器的材料：金、石、丝、竹、匏、土、革、木，后引申为我国古代乐器的八种分类。其中，丝、竹类乐器，演奏出的音乐呈线性，平和舒畅、婉转圆润，适合演奏主旋律；而金、石、革类乐器发出声音呈单体颗粒感，能营造出激昂、肃穆的氛围，常用于伴奏。两种乐音风格相互中和、补充，彰显祭祀用乐的中正与庄严。朱元璋将前朝雅乐编制规模改小，乐器种类不减，分别为：编钟、编磬各一虡，每虡各十六枚，琴十，瑟、搏拊各四，柷、敔各一，埙、篪、笛各四，箫、笙各八，应鼓一，

歌二十二，协律郎一人执麾以引之。后又增龠、凤声各四，埙二，搏拊减为
二。清朝承袭了明朝的表演团队规制，乐生八十五人，舞生一百二十八人，
总数超过二百人。① 根据乾隆年间中和韶乐复原的表演团队规制见表1。

表1 根据乾隆年间中和韶乐复原的表演团队规制

乐器	演奏规则	数量	演奏人数
镈钟	作乐时，首先举麾，再击柷三声，以示起乐。每唱一句歌词前，先击镈钟一下，再奏编钟，以宣"金声"，乐舞开始	一口	一人
特磬	作乐时，每唱一句歌词后，击特磬一声，以收"玉振"之韵，再唱下一句	一只	一人
编钟	作乐时，镈钟①击响后，敲击编钟一下，以宣其声，歌生唱歌词一字	一组	一人
编磬	作乐时，歌生唱完一字后，敲击编磬一下，用以收韵	一组	一人
建鼓	作乐时，当歌词唱完一句，用红色直柄圆头双锤击鼓一声，用以应和	一架	一人
搏拊	作乐时，挂搏拊于颈上，歌词唱完一句，建鼓敲完一声，双手分别拍击搏拊左右各一下，用以和声	两个	每鼓各一人
柷	用于起乐。作乐时，首先举麾，再击柷三声，以示起乐	一件	一人
敔	用于止乐。每章结束时，用籈②逆刮敔虎背上木齿三声，以示乐止	一件	一人
笛	吹奏时，两手一置于笛前，一置于其后。随歌词一字，单吹一音以应合	十支	十人
篪	吹奏时，两手均放在篪身前。随歌词一字，单吹一音以应合	六支	六人
箫	随歌词一字，单吹一音以应合	十支	十人
排箫	随歌词一字，单吹一音以应合	两件	两人
埙	随歌词一字，单吹一音以应合	两个	两人
笙	随歌词一字，单吹一音以应合	十件	十人
琴	弹奏一散音③，与歌声同时发出	十张	十人
瑟	内外各取一散音弹奏，与歌声同时发出	四架	四人

注：①古人称不编之钟，磬为镈钟、特磬。
　　② 敲击敔的木板。
　　③ 古琴的一种音色效果。直接用右手拨动琴弦产生的音。弹奏方法为右手拨弹琴弦、左手不按弦。
　　资料来源：天坛公园管理处编《德音雅乐——天坛神乐署中和韶乐》，学苑出版社，2010，第52~85页。

---

① 天坛公园管理处编《德音雅乐——天坛神乐署中和韶乐》，学苑出版社，2010，第50页。

历代祭祀活动皆有伴舞，《周礼》规定了不同等级的人使用的舞生数量规模，天子八佾，诸侯六佾，大夫四佾，士两佾。[①] 天坛中和韶乐舞蹈即采用八佾舞，其形式分为两种——文舞和武舞，朱元璋改名为文德舞、武功舞。明清两朝皆以征伐获得政权，故冬至祭天、孟春祈谷、孟夏常雩礼，均在初献跳武功舞，亚献、终献跳文德舞。舞生排列八行八列的队形方阵，舞者舞具包括干、戚、龠、羽。武功舞生左手执干，右手执戚，故又称为"干戚舞"。文德舞生执羽、龠，故文德舞又称"羽舞"。众人舞蹈动作跟随乐器的音和歌者的唱词发出，即"一字一音一动作"。

中和韶乐在神乐署形成、发展和衰落，其表演程式历经断代，在当代被复原，历史中的祭祀功能被弱化，审美与教化的功能增强，在与过去相同的表演场景中得到重现。

中和韶乐在全球化时代及后工业社会并未遭受外来文化的侵蚀或同化，也未曾被现代性逻辑和内容篡改，更不适合被纳入国际化的艺术理论框架中评价。它们在本土大众文化娱乐中始终处于边缘，并与当代生活产生分层，但复原后的表演内容、程式和技巧尽可能多地保持了原生面貌。除了艺术本体承载的厚重深邃的历史信息和文化特色，它们历经岁月洗练仍保持着原初的精神内核，恰弥合了民众对当下娱乐环境和同质化文化体验的倦怠感，使其返璞归真情怀得到安放。

二　神乐署中和韶乐的复原过程

天坛中和韶乐的复兴过程，始终同国家命运和国际大环境紧密相连。随着皇权制度的衰亡而静默一个世纪的中和韶乐，历经三十余载，终得系统性复原。

（一）复原初期的经验积累

改革开放初期，全国上下恢复了对传统文化的整理与宣传，中和韶乐在

---

① 天坛公园管理处编《德音雅乐——天坛神乐署中和韶乐》，学苑出版社，2010，第103页。

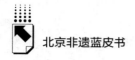
沉寂多年后，再次进入人们视野。1981年，天坛皇乾殿自新中国成立以来第一次展出了编钟、编磬等清代表演中和韶乐所用乐器，从物质层面开始恢复这种古老音乐。

1986年设立祭天乐舞馆。

1987年，斋宫举办祭天文物展，简要介绍了中和韶乐的历史和在明清两朝皇家祭天仪式中的应用。对天坛文化、历史的学术梳理工作同旅游紧密结合在一起，广大群众自此开始了解天坛和中和韶乐。

从20世纪80年代开始，作为管理层的天坛公园管理处决定挖掘中和韶乐这个文化现象。1989年，在各界专家帮助下，天坛公园管理处整理出部分中和韶乐曲谱，并于1990年聘请专业表演院团录制了22首乐曲，录制所使用的是清代编钟、编磬等馆藏乐器。同时，他们复制了一批中和韶乐乐器，开始了对中和韶乐的物质载体的研究。同年，工作人员把藏在库房里的古代全套中和韶乐乐器文物搬出来，在祈年殿东配殿的"祭天乐舞馆"展出，用207个蜡人还原了明清祭天乐舞的阵容和场景，系统翔实地介绍了中和韶乐。展览在当时引发轰动。

1993年到2001年，天坛举办了三次天坛文化研讨会，编辑整理了《天坛文化论丛》《天坛文化丛考》《天坛文化丛书》。天坛对于中和韶乐的研究成果得到学术界认同。

1998年，天坛申报世界文化遗产名录，将祭天礼仪和礼乐文化在申报书中做了很好的展现，成为申报的加分项。物质文化遗产和非物质文化遗产在走向世界的路上产生了一次闪耀交辉。

2001年春节，中和韶乐第一次登上舞台，在南神厨小剧场小规模地公开演出了部分乐曲。舞台很小，乐队规模不大，请了外面演出团体的17名专业人员，使用了部分中和韶乐乐器。为了迎合大众，演出以音乐会形式呈现，中和韶乐只用了一小段，乐器也没有使用全。中和韶乐演出，如同一个初入社会的少年，将生涩又淳朴的"眼神"投向观众席，寻求来自外界的认同和鼓励。那次演出并没有获得些许肯定，观众寥寥无几，大家都觉得不好听，有的人站在门口停了一会儿就走了，工作人员颇感颓丧。此后，中和韶乐又在南神厨演出了若干次，观众略有增加，但人数仍不乐观。

2002 年春节，天坛举办了"天坛文化周"，活动期间，中和韶乐表演人员在祈年殿和丹陛桥第一次面向公众表演祭天仪仗和祭天乐舞。天坛神乐署雅乐中心原主任王玲介绍，彼时几乎所有人都觉得中和韶乐不好听，连工作人员自己都觉得不好听。在这种缺乏自我认同和自信的情境之下，祈年殿直接用大喇叭播放了事先录好的一段得胜器乐《太平令》的改编版本。这是清代乐制中的一种，并不是中和韶乐中的乐曲，表现帝后起驾回鸾场景，其娱乐性质与庄严的祭祀仪式表演场景十分冲突。在外界疏离的目光下，中和韶乐艰难地谋求理解和认同。"天坛文化周"持续举办了十四年，共十期。到 2016 年春节的最后一期文化周，祈年殿整个春节假期期间观众达到十万人，可谓人山人海。从第一次搬上舞台到此时，坚守了十几年的中和韶乐终于拨云见日，得以"万众瞩目"。同年，举办"坛乐清音"音乐会，中和韶乐第一次以专业艺术演出的形式展现给艺术爱好者。

（二）对展现方式的探索

神乐署对复原的态度一直是：坚守传统味道。他们认为自己的任务一是向公众展示，二是学术研究。而这二者是相辅相成的。多年来他们一直通过展演的经验加深研究实感，又用研究给展演充电。

2004 年，举办中国古代皇家音乐展，全面系统地介绍了中和韶乐，展出天坛收藏的多个朝代的中和韶乐乐器。此时，中和韶乐在凝禧殿每天向游客演出六场，每场十余分钟，并由讲解人员做音乐介绍。12 月，中央音乐学院、中国音乐学院、中国艺术研究院以及其他表演院团组成一套创作班底，编创了一套新的祭祀音乐，在神乐署向游客展演。演出面向社会、媒体和学术界，做足了前期宣传，演出阵容庞大，服饰精美。为了吸引观众，文艺工作者对祭祀音乐进行了大胆的改编，将汉唐郊祀乐歌词、元代祭祀乐歌词杂糅后谱曲，组成《郊祀歌》。新的作曲虽然也大量使用五声音阶，但是失去了祭祀音乐的神圣庄重感，旋律刻意偏向当代民乐及流行歌曲，有哗众取宠之嫌。王玲回忆："虽然动听，但它不是古曲，不是中和韶乐，不是我想听的。"那次演出反响很大，吸引来很多商业机构、投资人和文化界名人。他们有意将神乐署的中和韶乐商业化、旅游演艺化，做成天坛里的一个新景点、新商业体。天坛管理方也试图寻找外包团队，但是受限于其事业单位身份，最终这件事不了了之。

2005 年，以"天坛神乐署中和韶乐"为名的非物质文化遗产名录申报工作开始进行，并于 2006 年 12 月 31 日被列入首批北京市非物质文化遗产名录。申遗的过程也是做研究的过程，工作人员梳理了历史轴线，使中和韶乐的学术脉络更加清晰。

2006 年 1 月 23 日，由天坛公园管理处 4 位员工和 8 名社会人员组成的神乐署雅乐团，开始神乐署常态化展演。他们在神乐署的舞台上向游客展示了按照原谱演奏、未经任何改编的"中和韶乐"。因为大家有本职工作，只能利用业余时间复原古曲，所以并没有排练出太多曲子，演奏时间只有 15 分钟，甚至不能称为演出。这是中和韶乐第一次在神乐署"发出声音"。观众循声而来。这次，大多数人没有"只听一会儿就走"，而是坚持到曲毕，并询问：还有吗？还想听！工作人员第一次感受到来自观众的认可。从那时起，工作人员受到莫大鼓舞，到 2008 年，他们排练了很多曲子，从中和韶乐传统曲目（片段）到民乐、流行歌曲，只要大家会的，就从外面请老师来指导众人的演奏。

2008 年、2009 年两个春节期间，在天坛文化周游园活动中，祈年殿广场举行了大型祭天乐舞表演，128 名演员表演了中和韶乐武功舞和文德舞。

王玲和同事将中和韶乐的演出分为两种类型。

一种是在正规剧场里的艺术演出，坚持还原历史中作为祭祀音乐的中和韶乐，展现最传统、古朴的歌、舞、礼、乐，歌词、乐器、演员和阵型排列等，全部依照文献记载来进行。舞台演出则难免根据实际情况做出调整。要想所有中和韶乐乐器都在舞台上展示，乐队需要 79 个人，而实际上神乐署没有那么多演员，只能尽量满足每一种乐器都有人操作，比如，按规制乐队需要 10 张古琴，实际演出只能安排 5 张古琴。此外，为了演出效果，会对演员阵型、演奏方式稍作调整，比如，按规制古琴的位置在队列中后部，而古琴声音略小，实际演出中古琴则被安排在前排，便于琴音传达顺畅。又如，《诗经·周颂·有瞽》所使用的柷和敔，按照宋代以后的祭祀乐演奏方式为缓缓敲击，实际演出为了烘托气势，加快了节奏。

另一种是面向游客的神乐署日常旅游展演，在不影响作为非物质文化遗产核心特质的前提下，为达到旅游演出的效果，在表演人数、表演时长、乐器等方面略作调整。由于人数不够，表演前先进行言简意赅的解说，告诉观众历史中的中和韶乐是什么形态和场景，而实际演出内容做了怎样的删减。展演时只选取部分乐器进行演奏，并将所有乐器演奏人数做了最合理的分配；截取乐曲的片段进行表演，每段时长在 2 分钟左右，避免使刚接触中和韶乐的观众产生倦怠感；同时加入一些历史上没有的配器，在主旋律不变的情况下，给乐曲加些"装饰"，使乐曲听起来更符合大众听觉审美和接受习惯，更利于传播。如八佾舞的展演，讲解员会事先说明，历史上需要 8 个人表演，而现今由两个演员进行展示。此外，乐队也会展演跟中和韶乐同时期存在的不同音乐类型和曲目。

（三）对"原汁原味"的追求

王玲和同事们真正决定开始做复原，是在 2008 年。此前的演出，大家认为并不算真正意义上的"复原"，因为之前的"复原"，大多是以服务游客、社会宣教为目的译谱，只是选取全曲的片段，缺乏学术的严谨性，也未成系统。但从另一角度看，此前二十余年，于宝坤、姚安、李元龙等前辈工作者做的学术准备工作，为复原工作提供了足够丰厚的经验和知识积累。

中和韶乐的复原可分为三部分，并且循序渐进，即复原乐器、复原乐谱，再到复原作为文化空间的舞台呈现方式和展示过程。而 1990 年第一次对中和韶乐进行录音，也是对其声音的复原。

复原乐谱。为了实现中和韶乐原真性、历史性的恢复和展示，几代天坛工作者搜集整理了大量文献资料，寻找"中和韶乐"复原的历史依据。他们拜访了宫廷文化专家万依、民族音乐学家黄翔鹏、研究清代宫廷音乐的黄海涛、文物专家罗哲文等大师。新老职工群策群力，利用业余时间查阅文献，先后在《大清会典图》《皇朝礼器图式》《御制律吕正义后编》等典籍中钩沉出失传已久的曲谱和舞谱，将物质形态的谱本转化为非物质形态的乐曲。他们依次把工尺谱等古谱翻译成五线谱、简谱，看不懂的，就请教老专家。把所有乐器的谱子合在一起，就是乐队的总谱。

复原乐器。把乐谱从故纸堆"搬运"到现实世界的同时，他们也复制乐器。一开始他们请正明乐器厂进行复制，乐器厂复制不了的，比如排箫，就找做笛、箫的小作坊定制。随着对乐器需求的增多和对乐器形制的熟稔，工作人员放弃对生产商的依赖，自己进行复制。在文献中查实乐器的形制、尺寸、花纹，寻找合适的材料制作。由于竹子做出来寿命不永久，他们又选定了更实用的 PPR（一种塑料管），通过电钻、喷漆、彩绘、3D 打印等手段等比例复制。

复原作为文化空间的舞台呈现方式和展示过程。文本、乐器两项物质载体俱备，只差非物质性的身体实践。排练时比照舞谱和乐谱进行团队协作与配合，将复原的乐器、乐谱都付诸表演实践。

到 2012 年，神乐署申报了 6 个课题，但他们认为这只能算是初步的历史复原，还有很多工作做得不规范，比如，还没有确定合适的演出服装；古代祭天使用的瑟到现在都没有按照文物的形制在舞台上呈现；无法呈现八佾舞 8×8 的演出规模；也无法按照历史中的状态，聚集 79 人的乐队编制，乐器只有 10 张琴、4 架瑟、8 个笙、2 支笛、2 支箫……能做到的包括：八音乐器之外不掺杂其他西洋乐器、民乐乐器；保持中和韶乐与礼相契的基本艺术特点和礼乐歌舞的综合展示形态。

2012 年神乐署成立专门的管理保护机构，即神乐署雅乐中心和展示团队雅乐团，表演、研究中和韶乐的职能更加明确。

2013 年，着手申请加入国家级非物质文化遗产名录时，工作人员开始挖掘明代乐曲。袁静芳、项阳等音乐学家提出，申报书不该只介绍清末的中和韶乐，他们对清早期、中期乃至明代的祭祀音乐都做了历史脉络的梳理，将手头的祭祀音乐学术资料往前推了两百多年。他们复原了很多从朱元璋定名到清末的中和韶乐，并形之于演员的身体和舞台，同时，演员的服装也依据表演曲目的来处而各不相同。在中和韶乐申遗过程中，项阳指出了申报书中不严谨之处，如乐队的规制、列阵的形式、演出中各种乐器的摆放位置等。面对专家的质疑，大家认真修改了文本，更加专注于祭祀乐舞的原真性、恢复性演出。

可以说，对中和韶乐的复原成果，是几代天坛工作者的智慧集成。

为了筹备雅乐中心和雅乐团，神乐署招收了一批"80后""90后"员工，学习演奏笙、唢呐、筝、古琴，并为中和韶乐的演出积累了扎实的技术基础和体制保障。到2020年初，乐队共有26名成员（不包括志愿者），其中2/3的人是拥有编制的职工。从请专业院团演员表演，到请社会人员和体制内员工一起训练，扩编招聘大学民乐团的学生演奏，再到招聘音乐表演专业学生组成乐团，神乐署的演出团队一直在不断完善中。

神乐署一直在探索中和韶乐近乎原汁原味的呈现方式，包括对乐器和九项祭祀仪程①的复原。2018年、2019年的冬至日，以学术课题研究成果为基础，在李宏锋、苑利等学者的指导下，神乐署对中和韶乐又进行了调整，举行了两场"祭祀乐"专场演出（其中，2018年表演团队不到40人，2019年表演阵容达到47人），把祭祀仪程以及伴随着祭祀仪程的祭祀音乐相对完整地放在舞台上进行展示，如跪、叩、兴、读祝、初献、亚献、终献等，每项仪程各伴随一首乐曲，共九首。由于仪程、乐曲过长，每一项截取了开头或中间两句进行展示。虽然没有展示完全，但是观众可以观览到整个仪程及音乐的面貌和特点。

2020年，"天坛神乐署中和韶乐"被列入国家级非物质文化遗产名录。

三　神乐署中和韶乐传承现状与策略

笔者认为，中和韶乐的传承主要包括四部分：学术传承、表演技艺

---

① 九项祭祀仪程分别为：迎神、奠玉帛、进俎、初献、亚献、终献、撤馔、送神、望燎（望瘞）。

（表演团体）的传承、礼乐文化的社会普及与文化遗产同旅游的相互借力。作为非遗项目的中和韶乐，传承方式为群体传承，目前尚未评选出国家级非遗传承人，只有王玲被评选为北京市东城区非物质文化遗产项目代表性传承人。除了政府认定的"官方""体制性"传承人之外，中和韶乐的组织管理者（天坛工作人员）、表演技艺持有者（演员）、接受者（观众）以及学术研究者，共同构成了中和韶乐的传承者。除了表演技艺的传承人是在进行实实在在的身体传承，学者、观众和广大民众虽然并不直接参与表演技艺的传承，却是广义上的文化观念、非遗精神传承者。

（一）学术传承

王玲介绍了2016年与中和韶乐亲历者的一次动人相遇。在一次对公众的演出中，一位80多岁的老人对工作人员说，自己曾于1942~1944年参加过北京孔庙的祭孔和祭武典礼。自清亡后，神乐署的乐工就离开了，造成了中和韶乐的断代。而流落在外的乐工，很多人去民间教习音乐，有的人还办了乐舞传习所。老人叫张志荣，生于1935年，1941年在北京一家乐舞传习所学习乐舞。他根据回忆再现当年的音乐和舞蹈，跟天坛工作人员复原出来的乐舞毫无二致，证实民国时期至20世纪80年代间中和韶乐仍以机构和社会传承形式延续，也印证了工作人员复原成果的合理性、正确性以及复原方法和路径的正确性，将之前被认为是"断代"的中和韶乐的传承谱系的一处缺口补上。对于辛苦复原与传承的大家来说，可谓神来之笔、锦上添花。张志荣老人之后便担任神乐署艺术顾问，教授乐舞表演技艺。

此外，大同乐社20世纪30年代对中和韶乐进行了录音，根据刘半农在天坛进行的编钟测音报告，印证了乐队演奏方法的合理性。故宫、天坛等皇家遗址仍藏有大量保存完好的古代乐器、乐谱，证明中和韶乐的物质载体一直可以投入学术研究。前文提到的1990年对中和韶乐的录音，是中和韶乐传承保护的一个关键节点。故宫博物院的万依先生、天坛的王玲等人，一直致力于宫廷雅乐的研究和保护，并且影响了很多继承者，他们承担着中和韶乐"具有社会认同"的传承人的身份，从体制上连接起中和韶乐的部分传承脉络，传承谱系在多年来的探索中逐渐清晰。

而申报课题、做课题的过程也是研究学术的过程。工作人员将案头工作成果通过舞台展示、乐器制作、视频记录等进行转化。通过研究史料，神乐署工作人员掌握了制作乐器的技艺，不失为学术促传承的典范。

（二）表演技艺（表演团队）的传承

从一定意义上说，天坛的员工都是中和韶乐的传承者。前文提到乐队体制化，此处不再赘述。对演员的培训分为三部分：专家指导表演技艺、培训古琴演奏技艺、传授礼乐文化。王玲认为，古琴代表中国民族器乐最高审美范式，必须作为演员的必修课。中和韶乐的演奏并不难，难在对礼乐精神的掌握。礼乐文化陶冶情操、优化个人思想素质，可以从内在提高表现能力。不同人对于中和韶乐拥有不同的身体感知。演员来到神乐署之前，接受的是学院派民乐的表演程式训练，演奏时需要有肢体动作以传达情绪，表情也要渲染得极为陶醉，这跟中和韶乐的表演气质大相径庭，中和韶乐要求演员静而舒展，不得有表演规则之外的多余的肢体动作，身体需要启用另外一套感知和输出信息的方式。为了让演员表演更接近古代的样貌，团队组织传统文化和礼乐文化的培训，对演员的身体形态进行规训，培养身体表达的历史感，使他们举手投足间都能体现古人的风韵和仪式的庄重感。

作为受众和消费者，游客也是文化遗产的传承者和传播者。与文化遗产的表现者、营造者相同，他们对观赏对象的理解、享用和反馈，促进了作为文化遗产的旅游目的地的完善甚至重构。神乐署自2012年开始面向社会广泛招募志愿者，使大众有机会参与中和韶乐的技艺学习、传承和活动执行，做中和韶乐名副其实的传承人。招募时通常要求志愿者扎实掌握乐器、舞蹈、演唱等任意一种艺术，同正式乐队成员一起接受培训。志愿者不参加平时的旅游展演，只参加正式艺术演出。

另外，一部分"粉丝"可深度参与中和韶乐的日常演出、宣教等活动。神乐署对表演团队统一培训礼乐文化和表演技能。他们的身份也经历了路

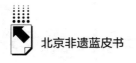
人—观众—粉丝—志愿者—传承人的转变。

北京联合大学学生汤琪心于 2017 年加入中和韶乐志愿者团队，跟王玲学习了文德舞和武功舞的表演技法，包括呼吸吐纳、肢体动作等，并积累了大量礼乐文化知识，对祭天仪式和中和韶乐的理解越来越深入。经过培训、彩排，她正式在肃穆的气氛中向游客展演祭天乐舞，颇为兴奋。她觉得中和韶乐和宗教音乐一样，聆听时能感受到天地神威。她总是在参加排练、表演时，尽力去体会古代社会的礼乐文化，并幻想与天神沟通的场景。2018 年，她还参与了神乐署中和韶乐申请加入国家级非物质文化遗产名录的宣传片拍摄，跳的是武功舞。出于对保护文化遗产的责任感和对祭天仪式的敬畏，她每次都全身心投入训练或演出，进而在音乐和仪式中体悟礼乐教化对身心的规训，获得超脱于现实的宁静和愉悦。

受新冠肺炎疫情影响，2020 年以来，神乐署取消了线下演出，改为线上播放表演视频。汤琪心一直盼望恢复演出，希望能够继续学习中和韶乐乐器演奏，她立志投身于志愿者事业中，为保护文化遗产尽全力。

（三）礼乐传统的社会普及

2004 年，神乐署挂牌"音乐博物馆"，以保护物质的形式，挖掘、巩固凝结在物质上的精神形式。修缮留存的乐器、复原古籍中的乐器，通过乐谱、典籍记录的仪轨，重现祭天乐舞表演过程。提高对久藏于展柜中的乐器、乐谱实物的使用率，修复非物质文化遗产，恢复表演技艺，再现表演过程，提高非物质文化遗产的可见度、可听度与可触摸度，同时通过日常展演中和韶乐，让"沉默"已久的表演技艺和程式重见于民众，这是对物质和非物质文化遗产的唤醒、激发和活化，是非物质文化遗产保护除了有谱系地传承之外，以复原、再现促进创新和传承的新范式。

2007 年，中和韶乐第一次走向社会，在首都图书馆演出。

2014 年，中和韶乐雅乐团在法国奏响中和韶乐。

中和韶乐走向社会、走向世界，同时也走向了老百姓。王玲积极带韶乐团参加各种学术研讨活动，她觉得"走出去"才能更好地传承。她还将创新工作室打造成社会教育培训基地，开展"雅乐文化进校园"系列活动，让中国传统的礼乐文化完美呈现在校园里。以雅乐开放日、春节文化周、小长假音乐演出季等形式向公众展示，开辟了非物质文化遗产传承的新途径、新道路。

感动了大众，就把住了中和韶乐传承发展的脉搏。神乐署通过旅游展演，促进了民众对中和韶乐的了解和认同；通过志愿者招募，吸纳了更多爱好者共同参与文化遗产的传承和保护。但是多年来对于中和韶乐的文创开发并未形成规模，神乐署的空间展览和音乐演出中也尚未使用可增强观众沉浸感和体验感的 AR、VR 等数字交互技术。王玲于 2020 年开始设计中和韶乐的线上课程，以加强宣传。同时，她研发了一系列天坛建筑、神乐署乐器等文创产品（见图 1），由于体制限制，并未投入生产，目前作为文创课程，在线上推广。她认为这种寓教于乐的形式对于天坛及中和韶乐的大众普及具有一定的作用。

作为表演空间的神乐署建筑主体，将持续被维护；现存的古代乐器、曲谱等实物资料，从未断绝，这是传承中和韶乐的物质基础；浩如烟海的史料旧藏和当代研究成果，为中和韶乐提供了坚实的学术基础；经过多年培训，天坛拥有技术过硬、训练有素的表演团队，在培训新人方面经验丰富，完全可以随时培养新的演员进行中和韶乐表演。而天坛的如织游人，有多少会花 10 元钱去凝禧殿听中和韶乐呢？王玲认为，中和韶乐需要观众和社会认知，民众才是中和韶乐最重要的传承者。将礼乐传统和文化宣传给人民群众，它们便不再是书本上冰冷的文字介绍和图片。群众对礼乐文化的广泛认同，才是中和韶乐广泛的受众基础和传承的内生动力。

文化遗产概念兴起以来，所有曾经专属特定阶层使用的物和"非物质"，都被打上了"平权"的烙印。曾蹐于幽处、奉于高阁的中和韶乐，如今成为我们每个人身边的惯常场景，而它"文化遗产"的标签，又时刻昭示着日常生活中平凡的珍贵，或者说珍贵的平凡。王玲和所有天坛工作人员、中和韶乐爱好者都有着朴素的愿景——每个人都能了解中国礼乐传统，都愿意来听一听中和韶乐。

图 1　王玲及其团队按照神乐署古乐器 3D 打印的微型乐器，用于中和韶乐线上课程

注：张雯影摄于 2022 年 9 月 3 日。

（四）文化遗产与旅游的相互借力

20 世纪 90 年代，国内旅游业初步发展，神乐署顺势以"历史建筑+展览"模式向游客宣传中和韶乐。

2008 年，中和韶乐在祈年殿频繁进行旅游展演和奥运接待演出，显现出政治视角的文化品牌和旅游景区特质。这段经历使神乐署工作人员在"古建筑+古代音乐"的文旅场景展现中投入更大的热情。

音乐特质决定了受众的稳固性。天坛中和韶乐经年累月的表演，培养了一批忠实游客。王玲介绍，来听中和韶乐的游客，大多数是重游，门票复购率很高。2018 年，是中和韶乐演出的高光时刻，来凝禧殿的观众摩肩接踵。

中和韶乐作为祭祀音乐，有其固有的形态风格和审美范式，跟当代流行音乐迥异，旋律、节奏、音色并不"讨好"大众的耳朵。听过的游客，一部分是"一次性"的体验，另一部分转化为"回头客"。这些"回头客"多是居住在北京本地的居民，对于自身长期活动的空间有着经年累月的固化认知和生活经验。对旅游目的地特色旅游资源的开发，使本地人的固定观感和身份认同发生了更新和裂变，也强化了游客对于旅游目的地和旅游资源的特色体验和深度感受。

王国维有言："有我之境，以我观物，故物皆着我之色彩。"旅游是游客通过空间的位移体验文化差异性的过程。文化旅游的本质和魅力在于由客观世界生发出的主观享受与共情体验。如同大多数艺术作品需要创作者和欣赏者共同完成，旅游资源及其品牌也是多方共同完成的作品。它由决策者、执行者通过文化、经济等理念开发，继而被旅游资源受众（消费者）接受并体验，是旅游资源的开发主体与感知主体的合力共建。

对于游客来说，天坛是首都的旅游景点，具有标志性的地理和文化意义；对于北京本地市民，天坛又是他们身边的风景，是平时遛弯儿、锻炼的生活场所。中和韶乐频繁的演出和大规模的展览，拉近了天坛及神乐署同百姓之间的空间距离和情感距离，社会各界对中和韶乐的认可度逐渐攀升，"在天坛神乐署里表演的皇家祭天仪式"在群众中口口相传，为作为历史文化遗产的中和韶乐积累了群众基础。

旅游促进了中和韶乐的传播，而中和韶乐也为天坛旅游景区添了一把人气之火。遗产与旅游相互借力，并肩而行。

神乐署及其中演出的中和韶乐既是旅游景观，也是具有地方性的文化空间。从这一点来看，神乐署中和韶乐既属于外地游客，也属于本地人。游客身处旅游目的地，身份由外来者倾向于本地居民；而本地居民也会在旅游目的地的创新建设中，完成由内向外的身份认同和角色转换。本地居民的生活现实同外地游客的参与，共同构建了神乐署中和韶乐这个文化品牌和旅游品牌。

"古建筑+音乐文化遗产"的组合，传导着传统建筑空间的话语力量，人们把空间和声音"绑定"在一起进行混合感知和体验，并产生感官联动，构建出文化的另一种概念和符号。天坛神乐署的中和韶乐表演，就是在这样

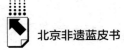
的场景下，被塑造成为依托于天坛同时又独立于天坛的"新景观""新景点"，催生出文化旅游新场景和新的文化消费，同时引导人们自觉保护和传承生活中遗存或延续的各种声音记忆。

B.5
遗产化与民俗节日
——北京端午节的当代传承

毛巧晖*

摘　要： 节日民俗的流变与民众的日常生活密切相关，在节日民俗的自我调适中，节日记忆、地方景观与民间叙事彼此呼应，在文化想象中形塑了人们对节日民俗的感知机制。随着非遗保护的兴起与发展，节日的文化内涵被挖掘与凸显，其中节日民俗的发展与遗产如何被利用开发成为关键。文章在对陶然亭公园、天坛公园、东岳庙、南锣鼓巷等实地调研的基础上，挖掘节日的民俗内涵，探讨遗产化语境下节日民俗的自我调适及都市节日民俗空间的生成演化形式，并在此基础上思考节日民俗如何能与民众生活相结合并发挥其价值与意义。

关键词： 端午节　节日民俗　民俗空间

节日根植于一个国家、民族的"时间制度"，是一个国家或民族民众之"精神文化的重要表现形式"。[1] 与西方各国以"宗教纪念日"为核心的节

---

* 毛巧晖，中国社会科学院民族文学研究所研究员、北方室主任，主要研究方向为中国民间文学史、民俗学。
[1] 刘魁立、萧放、张勃、刘晓峰、周星：《传统节日与当代社会》，《民间文化论坛》2005年第3期，第1~13页。

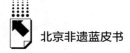
日体系不同，中国节日主要依托"阴阳合历"的夏历，其以"协调人和自然的关系"①为核心，并被赋予"特定的节律和周期"。这些"具有特殊意义和标志性的日子"②经"歌谣传唱"，后以文字录之，在《夏小正》《礼记·月令》《管子·幼官》《汲冢周书》等文献记载中，"历法"逐渐衍生出"礼法"③，即所谓"礼也者，合于天时，设于地财，顺于鬼神，合于人心，理万物者也"。④

19世纪、20世纪之交，随着西方民族主义思潮的涌入，加之国内社会政治变革的影响，人们开始关注节日民俗的精神内蕴，⑤并将其当作激发民众"革命性"的路径之一。20世纪30年代，节日民俗与"到民间去"、工人运动、左翼文艺思潮紧密相联，在革命时代发挥了独特的文化功能。中华人民共和国成立后，节日民俗在乡村文化建构及协调城乡关系等方面起到了基础性作用，个体或群体对节日民俗的价值认知不断发展和演变；21世纪以来，随着"文化遗产"（cultural heritage）内涵的更迭及我国非遗项目四级名录体系的建构，民俗节日经历了"标准化"、"规范化"及"庆典化"进程后，逐渐转向"遗产化"及"资源化"，成为超越村落、地域乃至国家的共有、共享的公共民俗资源，并在"共享"与"重述"中形成新的"地方性知识"。本文从北京端午节的文化承续与当代发展出发，挖掘节日的民俗内涵，进而探讨遗产化语境下，节日民俗的自我调适及资源转化形式。

① 刘魁立：《中国人的时间制度》，《人民政协报》2016年12月12日，第10版。
② 这些周期和纪年、纪月、纪旬、纪日、纪时以及节气等周期一道构成了一个完善的历法体系，即民用时间体系。具体表述参见刘宗迪《古典的草根》，生活·读书·新知三联书店，2010，第203页。
③ 卢梦雅：《〈诗经〉中的时间——葛兰言的节日与历法研究》，《民俗研究》2018年第2期，第33页。
④ （汉）郑玄注，（唐）孔颖达疏《礼记正义》，北京大学出版社，2000，第836页。
⑤ 如在端午节召开运动大会、举办纪念屈原的活动等。参见《端午节之大运动会》，《上海青年》1917年第24期；顾也文《汉口的端午节》（汉口通讯），《茶话》1946年第2期；等等。

一　节日民俗的自我调适

端午节又称端阳、端五、重五、天中节，自改阳历①后，亦有"夏节"② 之名。先秦时期的民众便以"阴阳争，死生分"描述农历五月，并因此警示君子"处必掩身，毋躁"③。《大戴礼记·夏小正第四十七》记载，五月五日，"蓄兰为沐浴"④。汉代衍生出"五月五日续命缕，俗说以益人命""以五彩丝系臂者，辟兵及鬼，令人不病瘟"⑤ 等习俗。辽金时期，端午节民俗在国家治理和制度文化的互动中进行着自我调适，"行射柳、击球之戏"⑥ 逐渐与防疫、沐浴等习俗融合。明清时期，端午节民俗在日益"家庭化""世俗化"的基础上，更因"天坛"背景的增添，其逐渐与历史叙事、地理景观、民间传说等因素结合。《光绪顺天府志》载："端午用角黍、杏子相遗，挈酒游高梁或天坛，坛中有决射者，盖射柳遗意。"⑦ 清代画家徐扬绘《端阳故事图册》⑧，绢本设色，以"射粉团""赐枭羹""采药草""养鸲鹆""悬艾人""系彩丝""裹角黍""观竞渡"描绘端午节期间的重要民俗活动。

19 世纪、20 世纪之交，随着现代启蒙运动及对"民间"的关注，晚清

---

① 1912 年辛亥革命后，"改正朔"成为政府推进科学启蒙的重要手段，内务部颁行《中华民国元年历书》，决定"改用阳历"并将"旧时习惯可存者，择要附录，吉凶神宿一律删除"。《临时大总统关于颁布历书令》，载中国第二历史档案馆编《民国档案史料汇编》（第二辑），江苏人民出版社，1981，第 18~19 页。

② 1914 年，经袁世凯批准，北京民国政府内务部"定阴历元旦为春节，端午为夏节，中秋为秋节，冬至为冬节"。具体论述参见伍野春、阮荣《民国时期的移风易俗》，《民俗研究》2000 年第 2 期，第 67 页。

③ 杨天宇译注《礼记译注》，上海古籍出版社，2016，第 242 页。

④ （汉）戴德撰，（北周）卢辩注《大戴礼记》（一至二册），中华书局，1985，第 20 页。

⑤ （汉）应劭撰，吴树平校释《风俗通义校释》，天津人民出版社，1980，第 414~415 页。

⑥ （元）脱脱撰《金史》，吉林人民出版社，1995，第 473 页。

⑦ （清）周家楣、缪荃孙编纂，左笑鸿标点《光绪顺天府志》，北京古籍出版社，1987，第 587 页。

⑧ 现藏于北京故宫博物院。

知识分子为了"唤起国魂""振兴民族",建构了一套有着特定"框架、声音与叙事策略"的"民族英雄"系谱。① 与爱国诗人屈原有关的端午节民俗逐渐成为凝聚近代中国民族认同的重要象征资本（symbolic capital）。时有《端午吊屈原》《端阳日拟以角黍吊屈原文》《端阳吊屈原》《蒲节吊屈原》《端午节与屈原》《东湖之滨：屈原纪念日生活纪实》《端午怀屈原》《端午节吊屈原（仿骚体）》《爱国诗人屈原》② 等诗文纪念屈原。端午节亦被作为举办"运动会"③"提倡国货讲演竞赛会"④"劳军运动"⑤"诗人节"等活动的特殊时间节点。如 1941 年老舍、郭沫若等全国文艺界抗敌协会的成员尝试以诗歌、社论、歌舞等形式，围绕"纪念大诗人屈原"设立中国诗人节，"诅咒侵略，讴歌创造，赞扬真理"。⑥"效法屈原"，"为中华的解放而奋斗"的意涵被推广至全国，原本具有显著地方性的端午节民俗被提升到国家层面，在叙事中短暂脱离原初的时空场域，但其所蕴含的革命性在新的时代中被激活。

以"竞渡"为例，《风俗通义》《荆楚岁时记》《抱朴子》《世说新语》《续齐谐记》等均有端午节竞渡为纪念屈原死于汨罗的相关表述。但据闻堂《端午节考》载，越地传说端午节"竞渡"民俗"起于越王勾践"，周亮工《因树屋书影》亦以勾践习水报吴，托于嬉戏，然"谓纪念屈原之说占优势

---

① 沈松侨：《振大汉之天声：民族英雄系谱与晚清的国族想像》，《"中研院"近代史研究所集刊》2000 年第 33 期，第 39 页。

② 首聘之：《端午吊屈原》，《学生文艺丛刊汇编》1911 年第 1 期；玉衡：《端阳日拟以角黍吊屈原文》，《金钟杂志》1924 年创刊号；钟光舞：《端阳吊屈原》，《五中周刊》1932 年第 124 期；允元：《蒲节吊屈原》，《西大学生》1934 年创刊号；石炭：《端午节与屈原》，《新上海》1934 年第 9 期；陈芳兰：《东湖之滨：屈原纪念日生活纪实》，《文化批判》1935 年第 5 期；曾浩波：《端午怀屈原》，《潭冈乡杂志》1935 年第 5 期；丁纯洁：《端午节吊屈原（仿骚体）》，《蒲声》1936 年第 2 期；痴人：《爱国诗人屈原》，《实报半月刊》1936 年第 18 期等。

③ 《端午节之大运动会》，《上海青年》1917 年第 24 期，第 1 页。

④ 尧生：《端午节北平各界提倡国货讲演竞赛会在中山公园举行：［照片二幅］》，《北洋画报》1934 年第 1103 期，第 1 页。

⑤ 《妇运纪要：端午节劳军运动》，《福建妇女》1944 年第 3~4 期，第 35 页。

⑥ 老舍：《第一届诗人节》，《宇宙风》1941 年第 120 期，第 6 页。

也"①。此外，"糉"② 作为端午节应时之食，据《续齐谐记》所载，"世人作粽，并带五色丝及楝叶，皆汨罗之遗风也"。杜台卿《玉烛宝典》③ 云："五月五日，以菰叶裹黏米者，以象阴阳相包裹，未分散也。"陆游诗句"白白餈筒美"之"餈筒"和苏轼诗句"饭筒仍愍楚"之"饭筒"皆为"糉"。

这一时期，围绕端午节民俗及屈原故事的通俗创作也起到了针砭时弊、讽喻世人的教化功能。如《端午节通俗三字经》④，讲述在端午节防五毒、挂钟馗画像、饮蒲觞、吃火腿粽的习俗，紧接着笔锋一转，以"富家翁"与"贫家儿"的生活境遇进行对比，凸显普通民众"厨下无，隔宿粮，诸债逼，无钱偿，寻短见，实可伤"之困窘，讽刺了借国难大发横财的官员及他们"一席酒，十只洋（羊），救国金，勿问账"的奢侈生活。

中华人民共和国成立之后，民间社会"以'劳动人民的'名义象征性地转换为本土现代社会、现代国家的建构原理和建构力量"⑤。"端午节的来源""龙舟竞渡""长命缕""吃粽子"等习俗都与屈原有关，这既源于古老的节日记忆和文化真实，也是后世传承中通过再解释、再创造不断进行文化叠加的结果。如1958年傅文琳编写的《端午节的故事》中提到"端午节是我国人民群众纪念我国伟大的爱国诗人的节日"，认为端午节原先的"工商"属性，是"地主恶霸，封建把头"对人民群众进行经济剥削的借口，同时也指出端午节是一个"人民的""快乐的""伟大的"节日。⑥

20世纪80年代，伴随"文化热"以及民俗学、人类学、社会学的恢

---

① 见闻堂《端午节考》，《论语》1937年第114期，第826页。
② 康熙字典为"粽"，俗书作"糉"，不见于字典。
③ （隋）杜台卿撰《玉烛宝典》（一至二册），中华书局，1985。
④ 拈芝：《端午节通俗三字经》，《时报》1915年6月11日，第16页。
⑤ 吕微：《现代性论争中的民间文学》，《文学评论》2000年第2期，第129页。
⑥ 傅文琳编《端午节的故事》，湖北人民出版社，1958，第14~15页。

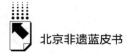
复，各地域、各民族民俗艺术遗产的挖掘与保护迅速兴起。① 国际上对文化遗产的保护政策、经验也经过译介进入中国，如"苏维埃文化基金会"对文化遗产采取的"保护、消化、发展"的态度及"继承、发展民间艺术创作，给民俗、民间艺术形式配上现代生活节奏"等。② 20世纪90年代，各地域、各民族的民俗艺术交流活动频繁。③ 在这一发展趋势下，关于端午习俗、驱疫符号、民间传说的挖掘、整合及转化也对端午节的传承及传播颇有助益。尤其是新时期以来，围绕"民间文学三套集成"的编纂所展开的民间文学普查，大量收录端午节习俗及民间传说的故事集、连环画、资料汇编等陆续出版，④ 这些经过整理的节日民俗及传说又反向流向民间，民众将其与地域文化交融，在涵化与合成中完成了节日民俗的自我调适。节日记忆、地方景观与民间叙事三者相互呼应，在特有的文化想象中形塑了人们对节日习俗的感知机制，亦获得了一套相对固定的文化符码。

二　都市节日民俗空间的生成与演化

1989年《保护民间创作建议案》中就出现了"文化空间"一词，主要用来指人类非物质文化遗产中一种重要形态，一个具有文化性质或意义的物理空间或地点。自2001年起，联合国教科文组织即以"文化空间"来命名

---

① 如20世纪70年代末期中国与日本民俗学者的交流与合作、20世纪80年代中期的中芬民间文学联合考察项目及20世纪90年代与美国民俗学界的接触等。

② 胡锡进：《文化遗产："保护、消化、发展"——苏维埃文化基金会》，《人民日报》1989年12月7日，第7版。

③ 如1994年文化部启动了"中国民间艺术"之乡的命名，从政府层面进一步推动民俗艺术的发展和研究。1999年，"99巴黎·中国文化周"以文化为切入点介绍中国，联合国教科文组织总干事费德里科·马约尔（Federico Mayor）提到联合国教科文组织希望通过对中国古典艺术、传统民间艺术和文化古迹保护的介绍，让人们了解中国的真正文化。

④ 如何学威《中国风土谣谚释》，湖南美术出版社，1986；张伦基、姚炬编写《民间节日传说故事》，辽宁少年儿童出版社，1986；孟寅编《屈原的故事》，河北少年儿童出版社，1995；丁家桐《中国古代文学家故事　屈原的故事》，少年儿童出版社，1991。

当时的"人类口头及非物质遗产"①。2006 年，端午节被列入第一批国家级非物质文化遗产代表性目录，其后道州龙船习俗、泽林旱龙舟、大澳龙舟涌、蒋村龙舟胜会、五大连池药泉会等端午节习俗陆续被列入民俗类国家级非物质文化遗产代表性目录。

空间作为考察人类文化活动的重要维度，在情感交往和文化认同等方面具有极为重要的作用。以北京的陶然亭公园端午节民俗活动为例，节日活动时间表的制定与象征标志（symbolic tokens）的提炼使端午节民俗以"与历史以某种方式关联的当下实践"的形式进入社会"公共"领域。② 陶然亭公园始建于 1952 年，融古典建筑和现代造园艺术为一体，园内"陶然亭"为康熙三十四年（1695）工部郎中江藻在慈悲庵内建造，亭名取白居易"更待菊黄家酝熟，共君一醉一陶然"之意。③ 2021 年 6 月初，陶然亭公园的端午节活动通过微信公众号"京华陶然""北京非遗中心""北京市陶然亭公园""走读北京"等线上平台广泛传播，主要有"一步一景逛公园""端午文创产品展示""端午民俗技艺演绎""五毒饼 DIY 体验""端午综艺演出"等活动。④ 经由陶然亭公园粽子形状的结绳技艺装饰、介绍"端午节文化"的宣传栏、园内的非遗展示区及"陶花园文创店"售卖的"安康花束"，建构了一条较为完整的、感知端午节民俗的路径。人们在端午节的文化想象及景观的主体感受中回溯"传统"，唤醒了共同的文化记忆。

"遗产通过传递支撑身份认同的永恒价值观及完整血脉而为人类提供存在意义。"⑤ 以"端午综艺演出"为例，表演于 2021 年 6 月 14 日上午 9 点正式开始，以"和满京城 奋进九州"为主题，由北京西城区文化和旅游局与陶然亭公园管理处主办，北京朗诵艺术团和北京馨艺传奇文化传媒公司

① 如"冈东贝及其社会文化空间：一种社会活动""铜锣文化空间""亚饶-戴高文化空间""佩特拉和维地拉姆的贝都人文化空间"等。
② 毛巧晖：《遗产化与民俗节日之转型：基于"2017'敛巧饭'民俗风情节"的考察》，《北京联合大学学报》（人文社会科学版）2018 年第 1 期，第 64 页。
③ 据陶然亭公园官网，http://www.trtpark.com/news/N00001.html。
④ 活动时间主要集中在 2021 年 6 月 14 日（端午节）上午 9：00~11：00。
⑤ 〔澳〕劳拉·简·史密斯：《遗产利用》，苏小燕、张朝枝译，科学出版社，2020，第 30 页。

参与演出。在政府引导及资本推动之下，表演充分利用了"新型民俗节庆生长点"①，促进了端午节民俗的资源转化，赋予了端午节超越自身文化空间内部意义的可能性。如《橘颂》《涉江》《岳阳楼记》《满江红》等古诗文朗诵不仅讲述了屈原"路漫漫其修远兮，吾将上下而求索"之精神，还展现了如范仲淹、岳飞、欧阳修等人诗文中的"浩然之气"。此外，为了庆祝党的百年华诞，演出还特别安排了诗词朗诵《七律·人民解放军占领南京》《英雄》《青春中国》，歌伴舞《唱支山歌给党听》，男声独唱《众人划桨开大船》等节目，表演兼顾了端午节民俗作为一种"遗产"的政治、文化及社会效益，彰显了节日民俗内在的社会文化价值。

除此之外，陶然亭公园还在文化广场展出了一组"端午民俗小景"。其中，"农家院落"景观的墙面、门头、窗户的设计融合了地方风土建筑要素，其整体风格与文化广场其他展区互相呼应，相得益彰；紧邻院落的"端午漫忆"民俗风情图介绍了20余种中国民间流传的端午民俗，一旁的宣传栏详细介绍了民俗的种类及别称，如包粽子，缠粽子（缯子），戴红绒花，喝雄黄酒，吃"红、黄"菜，兰汤沐浴，斗白草，抹指甲草，端午诗会，端午听戏《白蛇传》，给小男孩额头写"王"字，归宁（嫁出去的闺女回娘家），端午要账，卖黑白桑葚、大樱桃，卖草编，舞龙，踩高跷，熙游避灾（外出游玩），（在天坛）采益母草，跑旱船，赛龙舟，药王生日，挂艾蒿、菖蒲，挂钟馗像等。宣传语的末尾还特别提到："欢迎有兴趣的游客朋友们对照图画找找看，一同参与陶然亭公园第十六届陶然端午系列活动。"② 在这种融合参观、参与、诠释的"多层次的文化展演"中，人们感受到了鲜活且充满"邻里"感的民俗文化。

在"端午民俗小景"不远处的"端午民俗技艺"展示区，"传统香制作技艺""端午节时令文化""木版年画""剪纸技艺""空竹技艺""曹氏风筝""花丝镶嵌制作""鸽哨"等展台主要以制作、介绍及售卖文创产品为

---

① 毛巧晖：《遗产化与民俗节日之转型：基于"2017'敛巧饭'民俗风情节"的考察》，《北京联合大学学报》（人文社会科学版）2018年第1期，第70页。

② 此材料源自2021年6月14日（端午节）北京陶然亭公园调研。

主，人们在观看民间技艺制作、与传承人的交流及消费行为中作为"历史情境"的参与者与以"端午民俗小景"为核心的景观叙事融为一体。如"剪纸技艺"展台上的艺人剪出了"鸡除五毒""虎娃"等与端午相关的剪纸作品用作展示，并在现场教授观众自行设计"粽子娃娃"图案。憨态可掬的"粽子娃娃"吸引了很多孩童前来体验，在这种教授过程中，艺人将端午节民俗的价值与意义传承给年轻一代，让孩童体验到"遗产"的"鲜活"。此外，人们的消费行为也由"物的消费"逐渐转向"符号消费"，①笔者在调研过程中，发现很多参与活动的人们手上都拿着一束"安康花束"，取"手执艾旗招百福，门悬蒲叶斩千邪"之意。花束中的艾叶、菖蒲叶、香樟果、玉簪叶和小盼草各有深意，如艾叶为"驱蚊辟邪"，菖蒲叶、香樟果为"驱魔去疾""庇护家人"，玉簪叶和小盼草为企盼"纯洁""健康"之意。端午节民俗活动成为一个不断传递已有价值观和意义，且同时创造新的意义及价值观的过程。②

在北京陶然亭端午节活动中，节日民俗在国家公共文化服务体系中与官方话语形成一种共有、共识、共享的文化资源：政府作为社会治理的主体，更为关注节日民俗的综合性价值，挖掘精神内蕴；民众作为参与者，借助"龙舟""艾草""粽子""五毒"等被"提炼"的文化元素，在"接触和体验"中感受节日。节日民俗在"活化"与"整合"中交叠为一个完整的、可生长的文化整体，逐渐成为一种展现社会文化身份认同、价值观与意义的显性方式。

作为北京地区典型的节日类非物质文化遗产，端午节民俗不仅是社会群体内部民众自我创造、自我传承、自我享用的文化样态，③还在国家文化体制与社会公共政策的制约和管理下，通过特定节日的主题设计、行为方式的

---

① 人们将消费视为自我凸显的"符号"，甚至将其看作一种"交流体系"，一种"语言的同等物"，以此传达和实现自身的表达。参见〔法〕让·鲍德里亚：《消费社会》，刘成富、全志刚译，南京大学出版社，2008，第41页。

② 〔澳〕劳拉·简·史密斯：《遗产利用》，苏小燕、张朝枝译，科学出版社，2020，第30页。

③ 徐赣丽：《当代城市空间中的民俗变异：以传统节日为对象》，《杭州师范大学学报》（社会科学版）2020年第3期，第98页。

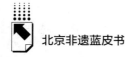

变革及在特定活动场所的经营打造以服务社会为主旨的"新型民俗节庆"，进行公共文化空间的构筑，以期实现信仰核心及文化认同的缔造。

如北京天坛公园的端午节民俗活动，其在物质景观属性、活动行为与文化意义层面，凸显了文化空间内部的复杂样态。天坛是明清两代皇帝"祭天""祈谷"的场所，人们由此认为此地可起到"避毒"的功效，故每逢端午时节，往往来到此地"熙游避毒"。据《帝京景物略》卷二"城东内外"载："五月一日至五日，家家妍饰小闺女，簪以榴花，曰女儿节。五日之午前，群入天坛，曰避毒也。过午后，走马坛之墙下。"① 《帝京岁时纪胜》亦载"帝京午节"之俗，除"走马"外，"更入坛内神乐所前，摸壁赌墅，陈蔬肴，酌余酒"，兴尽方归。② 此外，人们还会到金鱼池、高梁桥等地"饮醲熙游"。③ 天坛在八国联军侵华战争中，"首为俄兵所占"，后"又为英兵印兵掳去"，直到 1901 年，印兵撤回本国时，天坛才由"京畿善后营务大臣胡芸楣侍郎前往接受"④。1931 年，时任北平工务局长汪申提倡森林事业，拟设森林公园四处，认为"天坛先农坛太庙等处堪当其选"。⑤ 其后，天坛陆续作为"植树典礼""风筝竞赛大会""运动会""高尔夫球场"的处所被使用。据 1938 年第 12 期《市政公报》所载，据管理坛庙事务所呈报，恢复天坛，开放售票，"四月十五日下午开始售票并与驻坛友军接洽暂规定每日自上午八时起售票至下午五时停止，所有游人一律于六时前全行出坛"。⑥ 中华人民共和国成立之后，天坛的文化功能被凸显，运动场、儿童乐园等文化设施陆续建成，供市民使用。1998 年天坛被联合国教科文组织

① （明）刘侗、于奕正：《帝京景物略》，上海古籍出版社，2001，第 103 页。
② （清）潘荣陛：《帝京岁时纪胜》，载（清）潘荣陛、富察敦崇《帝京岁时纪胜　燕京岁时记》，北京出版社，1961，第 21 页。
③ 清朝诗人庞垲曾作《长安杂兴》一诗描摹端午景象："一粒丹砂九节蒲，金鱼池上酒重沽。天坛道士酬佳节，亲送真人五毒图。"
④ 参见《中国近事：天坛交还》，《清议报》1901 年第 99 期，第 13 页。
⑤ 《北平市拟设森林公园四处：天坛先农坛太庙等处堪当其选》，《农业周报》1931 年第 28 期，第 39 页。
⑥ 余晋龢：《训令财政、社会局：据管理坛庙事务所呈报恢复天坛开放售票拟自四月十五日起增设员役应给薪工加入预算并派拨劳工队平垫马路令仰知照、饬救济院拨工往修马路由》，《市政公报》1938 年第 12 期，第 12 页。

确认为"世界文化遗产"① 之后，天坛逐步恢复了完整的古建筑群落，并将祭天仪仗和乐舞纳入"地方政府文化记忆展示的新秩序"②，有意识地将民俗仪式的表演与社会、政治结构相契合，节日亦在这样的阐释框架中不断被重新组织。

以天坛公园③雅乐中心在端午节假期进行的中和韶乐演出为例，中和韶乐作为中华民族特有礼乐文化的代表，主要用于郊庙祭祀和朝会典礼。演奏乐器为编钟、编磬、建鼓、篪、排箫、埙、箫、笛、琴、瑟、笙、搏拊、柷、敔等，材料包括金、石、土、革、丝、木、匏、竹八种，讲求"五色相宜，八音协畅，由乎玄黄律吕，各适物宜"④，展现了儒家"大乐与天地同和"的礼乐思想。⑤ 2006 年，中和韶乐被列入北京市第一批市级非物质文化遗产名录，"正声感人而顺气应之，顺气成象而治生焉"的中和韶乐逐渐拂去历史的尘埃，恢复其作为"国家或民族文化符号"⑥ 的重要地位。虽然神乐署的演出有特定的时刻表，且时间较短⑦，但其"玉振金声"的演奏萦绕于神乐署凝禧殿之上，与天坛公园内部的风声、鸟声、人声相互调和，形成一种混合式的声音图景，与园内的历史遗迹与景点相互依存共生。

除了聆听"神乐"外，天坛公园在端午节假期中还安排了"端午传非

---

① 据北京天坛，http：//www.tiantanpark.com/。

② 毛巧晖：《非物质文化遗产：文化记忆的展示、保护与实践》，《西北民族大学学报》（哲学社会科学版）2016 年第 4 期，第 119 页。

③ 坛域北呈圆形，南为方形，取"天圆地方"之意。四周环筑坛墙两道，把全坛分为内、外两部分，主要建筑集于内坛。内坛以墙分为南北两部。北为"祈谷坛"，用于春季祈祷丰年，中心建筑是祈年殿。南为"圜丘坛"，专门用于冬至日祭天，中心建筑是一巨大的圆形石台，名"圜丘"。西天门内南侧建有"斋宫"，是祭祀前皇帝斋戒的居所。西部外坛设有"神乐署"，掌管祭祀乐舞的教习和演奏。坛内主要建筑有祈年殿、皇乾殿、圜丘、皇穹宇、斋宫、无梁殿、长廊、双环万寿亭等，还有回音壁、三音石、七星石等名胜古迹。参见北京天坛，http：//www.tiantanpark.com/。

④ （梁）沈约：《宋书》（第七册），中华书局，1974，第 1779 页。

⑤ 中和韶乐，据故宫博物院，https：//www.dpm.org.cn/lemmas/241112.html。

⑥ 翟风俭：《从"草根"到"国家文化符号"——中国非物质文化遗产命运之转变》，《艺术评论》2007 年第 6 期，第 19 页。

⑦ 2021 年端午节假期的神乐署演出为 6 月 12 日和 14 日，集中在上午 10：00~10：30；下午2：30~3：00。此外，每周六及重大节庆活动均有演出。

遗""粽情享端午""五彩忆端午""艾香知端午""龙舟闹端午"系列活动。活动地点为天坛南门至丹陛桥沿途、天坛科普园、神乐署等,人们在参与"听天坛文化""知古树知识""观泥人彩塑""听节间习俗""叠纸质粽子""知习俗演变""编五彩丝绳""知药用宿根""做驱蚊香囊""礼乐遇端午"等活动中,途经"祈年殿""皇乾殿""圜丘""无梁殿""神乐署""金鱼池""回音壁""三音石"等历史遗迹与景点。活动场所本身的历史即与象征相互联结,天坛公园内部"关联性的文化景观"(associative cultural landscape)形成了一个特殊的空间序列,在凸显重要景观的基础上,天坛公园重视形塑端午节整体文化氛围、丰富多样的文化表达形式。

天坛作为一个独特的文化空间,"民间的与传统的文化活动"以一种集聚(concentration)的方式在这里发生;"走马墙下""摸壁赌墅""饮醵熙游"等北京端午节旧俗以一种新的形式在这里"存续"。在新旧景观的交叠中,经过提炼的节日民俗"素材"随着时间的更迭进行着组合、叠加及演变,在大众化、景观化及符号化的过程中生成与呈现新的意义与逻辑。①

三 节日民俗传承之思考

节日民俗传承与转化对于国家文化建设、民族认同和个人生活有着非常重要的意义,作为"生活世界"的民俗本身就是人类生活和文化活动的展现形式之一,而传承则是文化赖以存续的基础,是文化再生产的动力。从社会学角度看,传统节日文化是"嵌入"社会结构中的。中国传统节日源于农业社会,并得到儒家文化的支撑,在农业社会结构特征与儒家文化的双重作用下,形成了独特的中国传统节日文化特性——鲜明的血缘基础特征。社会的转型与家庭的变迁,造成节日期间血缘共同体的"缺席",导致传统的

---

① 毛巧晖:《民间传说与文化景观的叙事互构——以嫘祖传说为中心》,《贵州民族大学学报》(哲学社会科学版)2018年第3期,第185页。

节日仪式无法进行，传统礼仪难以发挥文化聚合和社会信仰的作用。近年来，通过国家力量的主导推动、多元主体的社会参与、学术研究的智力支持和非遗资源化的探索发展，节日民俗活动日益复苏和繁荣。

然而，节日民俗传承过程不可避免地存在着种种矛盾与困难。一是传统表述在遭遇变化的时空语境和现代生活方式时，不再具有有效性。学者作为"文化他者"，在记录和阐释节日民俗时的局限性也构成了表述危机；二是外来主体的介入，带来了多重表述对于传统单一表述的干扰；三是新兴的传播媒介和高科技等现代表述手段，刷新和超越了传统表述的有限性，但也存在深度不足等问题。更为重要的是，非物质文化遗产的出现丰富了诸如"传统""遗产""非物质"等关键词的内涵，积极拓展了节日民俗的外延，但是这同时也是一个不可逆的过程。

为了解决这些问题，首先，要考虑的是对于节日民俗传承中"人民性"的把握，不能止步于"深入民间"，应该突破以"我"为中心的传承范式，重新认定当地民众在节日民俗活动中的主体地位，建立平等、协商的节日民俗传承机制，使民众既关注自身文化传承，也关注其在当下生活中的意义。我们应当透过节日民俗的传承与转化去了解民众如何借助民俗来组织日常生活，以及怎样赋予日常生活以意义，个人叙事是如何作为最为寻常而有力的日常话语形式呈现节日民俗的传承与转化。如北京东岳庙的端午节选择了具有竞技性的"包粽子"比赛作为节庆民俗传承的突破口。东岳庙每年都在端午节以北京市朝阳区42个街乡为参赛单位，举办社区包粽子大赛。在比赛的模式下，"包粽子"从过去的家庭行为，通过集体竞技的方式转化为公众行为。

其次，对节日民俗进行活态的保护与传承，需要使其能与民众生活相结合并发挥其实际价值与意义。如端午节的艾草、菖蒲花束具有驱蚊、辟邪、祈福、驱疾病等效用，具有实用性、节点性与生活化等特点。因此，要想在当下更好地保护与传承节日民俗，应该以一种发展的眼光来认识并对待节日民俗的传承，强调其与民众社会生活的关系，充分发挥民间文艺在今天民众的日常生活、休闲娱乐、饮食养生以及民族认同、生态文明建设中的作用。

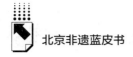

最后，网络社会的到来改变了人们的生产方式、生活方式和交往方式，人与人之间的沟通与交流不再仅仅局限于现实的物质空间，而是通过网络世界的虚拟空间得到无限拓展。借助大数据和云平台传播，依靠融媒体和互联网的技术力量，如微信、微博等信息分享、传播平台，抖音、快手等短视频分享平台，喜马拉雅、网易云音乐等音频分享平台，天猫、京东等线上综合购物平台，带来了节日民俗文化样态的改变。从公众号的文章、图片进化到短视频直播时代，节日民俗生存语境的改变带来民众文化生活空间的更迭。如各品牌商家在端午节推出的榴梿粽、羊肉粽、辣条粽、台湾臭脚粽、水晶粽、巧克力粽、龙井茶粽、抹茶蔓越莓果酱粽等，商家对节日象征符号进行积极的改造及创造，由关注产品的物性特征、使用与实用价值，逐渐转向关注商品的符号价值、文化精神特性与形象价值，将节日意义嫁接到新的、改良过的符号所指上，给人制造过节即等于消费某种物品的暗示。但是，这也在一定程度上消解了节日民俗本身所具有的经典性、神圣性和神秘性。融媒体语境下对于节日民俗的传承，难免存在选择性、碎片化和娱乐化，甚至会对节日民俗带来某些深层次的破坏。面对节日民俗的传承空间已经逐渐从"线下民间"转移到"线上民间"的现实，我们需要关注节日民俗是如何借助微信、抖音、喜马拉雅等平台重新获得表述空间，而这些平台的出现，又在某种程度上改变了节日民俗的传承与转化路径。

以哔哩哔哩（以下简称 B 站）为例，其推出的端午节系列短视频中包括民俗介绍、历史追溯、粽子测评、MG 动画、历史风俗生活复原、微动画、纪录片等多种形式，端午节在 B 站经由视频的播放及弹幕的交流得以在场，带来以一种迥异于以往传统节日民俗的审美感受，形成一种全民狂欢式的"端午节热"。节日民俗作为一个国家文化品格与审美精神的承载符号，在融媒体语境中产生了与视觉时代相契合的审美转向，这不仅意味着阐释空间与意义生成策略的改变，也预示着评判机制与审美属性的内在革新。在对于节日民俗的传承与转化中，如何应对现代性对民间文艺的消解、全球化对节日民俗的同质化威胁，都是我们需要加以关注的问题。

节日民俗的传承应围绕"文化共同体"展开，留住文化"在场的有效性"。在节日民俗的"转化"与"利用"中，推动原有节日民俗的"活化"与"新生"。有效利用不同空间营造共有、共享的文化记忆，充分挖掘地域民俗文化元素，并通过相应的空间、材质、肌理以及公共艺术手段强化文化理念传承，如笔者在端午节期间看到饭店门口摆放着艾草等装饰花束，引发众人驻足拍照。这一具有仪式性的行为，结合店内推出的节庆美食，实际上营造了一个特殊的节日民俗空间。此外，还有上文所提到的陶然亭公园通过融入艺术生活主题，用景观感知的手法呈现"共享"内蕴等转化路径。以上所述的这些对节日符号及民俗传统的深入挖掘，能够有效唤醒民众对端午节的共同记忆。

当原有的社会运行机制和社会结构已经被改变，传统与现代的矛盾开始显现，存续于记忆、幻想、神话中的具有象征意味的文化符号的意义开始渐渐消逝，而文化关涉到"人们观察和解释世界、组织自身、指导行为、提升和丰富生活的种种方式，以及如何确立自己在世界中的位置"①，在对于传统节日民俗传承中如何既留有"传统"，亦不失其当代性，让既有的宏大叙述、文化记忆在"选择性、习惯性遗忘"中得以再度彰显，从而尽可能建构一个复杂、多元、共生的文化图景，这些是我们需要进一步思考的问题。

---

① 〔加〕夏弗：《文化：未来的灯塔》，转引自陆扬、王毅《文化研究导论》，复旦大学出版社，2006，第10页。

B.6
三山五园地区非遗传说现状
调查及发展路径探究[*]

季承晨　任　畅　樊　荣　李自典[**]

摘　要： 流传在三山五园地区的传说是北京市重要的非物质文化遗产，是三山五园地区珍贵的文化资源。三山五园地区的传说来源于民间，是老百姓生活的智慧结晶，其种类多元，数量可观，价值丰富，一定程度上反映了民众对真善美的热爱和追求。近年来，受现代社会生活方式等多种因素的综合影响，三山五园地区的传说在传承与发展过程中出现缺乏后继力量、社会认知度不高等一系列问题。在实地调查的基础上，结合非遗保护相关理论，针对存在的问题，动员传承人及相关学者积极推进传说研究，将非遗传说引入学校乡土文化课堂，由政府扶持制定专门保护条例并适当增加资金投入，吸引社会力量通过现代传媒方式扩大宣传范围，研发相关文创产品促进传说的对外传播等，这些关于非遗传说的保护及发展路径的探索，对其今后的传承具有十分重要的意义。

关键词： 三山五园　传说　非物质文化遗产

* 本文为北京联合大学北京学研究基地项目"三山五园与周边村落文化保护策略研究"及北京学高精尖学科学生创新项目"三山五园地区非遗传说调查与研究"（项目编号：BJXJD-GJJKT2022-YB09）的阶段性研究成果。
** 季承晨，北京联合大学 2021 级中国史研究生；任畅，北京联合大学 2021 级中国史研究生。樊荣，北京联合大学 2020 级中国史研究生；李自典，系本文通讯作者，北京联合大学应用文理学院历史文博系副教授、硕士生导师。

传说是产生并流传于民间社会的具有一定解释性功能的民间故事，又常被称为"民间社会的口传历史"。三山五园是皇家园林艺术的集大成者，在园林建设过程中，该地区集聚了诸多文化名人以及百姓，历经数百年的发展，很多传说随之产生并广为流传，成为这一地区颇有独特风味的文化事项，也成为百姓生活中津津乐道的一种文化传统，在某种程度上反映着该地区民众的精神文化追求。传说往往通过口口相传的方式传承，历史发展到今天，随着时代变迁及现代民众生活方式的日益变化，古老的传说开始面临前所未有的挑战，三山五园地区的传说也同样如此，其传承危机日益加重，如何适应现代社会发展，探索新的发展路径问题亟须受到社会关注。因此，本文拟在实地调查的基础上，结合目前有关三山五园地区传说研究的文献资料，着重针对其在传承与发展中存在的问题，探讨发展路径，以期进一步丰富相关研究，为北京市非遗保护与发展提供参考案例，为推动三山五园地区的文化建设助力。

一 三山五园地区非遗传说的概况

三山五园地区是皇家园林文化的聚集地，历史悠久，名胜众多，蕴含着资源丰富的文化遗存以及厚重的文化底蕴，这既包含园林建筑及遗址遗迹等物质文化遗产，也包含相关的民俗、传说等非物质文化遗产。其中，三山五园地区的传说是该区域非物质文化遗产的重要内容，主要包括目前被列入北京市非物质文化遗产名录的颐和园传说、圆明园传说、香山传说以及在2011年被列入第三批国家级非物质文化遗产名录的曹雪芹传说。这些非遗传说项目内容丰富，涵括了多种故事题材，而且数量可观，据最新出版的相关著述成果记载，三山五园地区的传说故事现已收集整理的有250多个①，从传说反映的内容类型来看，大致可将其分为以下几类。

---

① 主要参考著作：崔墨卿主编《圆明园传说》，北京美术摄影出版社，2016；崔墨卿、甄玉金编著《颐和园传说》，北京美术摄影出版社，2012；李铁成主编《曹雪芹西山传说》，中华书局，2009；户力平编著《香山传说》，北京美术摄影出版社，2012；樊志斌编著《曹雪芹传说》，北京美术摄影出版社，2015。

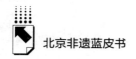

一是景观类传说。三山五园地区风景优美，名胜古迹众多，有关园林景观的传说也丰富多彩，而且流传甚广，成为该地区非遗传说中的主要组成部分。例如，在香山传说项目中，景观类传说主要有关于香山由来的传说，关于香山红叶为什么这么红的传说，还有关于碧云寺、卧佛寺、樱桃沟等的传说，大多反映了香山一带的山川、寺庙、宫苑、动植物的来历和趣闻等。在圆明园传说项目中，有关景观的传说主要有"圆明园里的荷花""南屏晚钟井来历""圆明园里的灭火神兽"等内容。在颐和园传说项目中，景观类传说主要包括"十七孔桥是怎么修成的""佛香阁的来历""长廊的故事""铜牛的来历""石丈亭的太湖石"等故事。

二是人物类传说。人物类传说是三山五园地区传说中内容最为丰富的类型，包括历代帝后故事、历史人物传说、能工巧匠传说，官员百姓故事，相关的人物事件故事等。其中，曹雪芹传说项目非常典型地展示了有关曹雪芹的故事，目前已收集整理出的有 90 个左右，[①] 还有一些记载不完全的片段待整理成文。这些关于曹雪芹的传说，涉及他的生平、性格、身世、活动经历、亲戚朋友、居所及其多方面的才艺，以及他如何写作《红楼梦》、西山风物与《红楼梦》的关系等，在老百姓中流传较多的有"曹雪芹当侍卫的故事""曹雪芹与法海寺的故事""卖画济民的故事""曹雪芹传艺的故事""曹雪芹智斗花和尚的传说"等。有关曹雪芹的传说之所以如此丰富，深受民众喜欢，这与曹雪芹本身有着密切关联。曹雪芹被视为机智人物的化身，他创作的《红楼梦》成为文化经典，因为"机智人物的故事，是民间传说中喜闻乐见的内容。曹雪芹就是机智人物的代表，人们把许多传奇人物的故事，都集中在了他身上"。[②] 此外，香山传说项目中，有关人物的传说包括历代到过香山巡游或在香山兴修土木的帝王们的逸闻趣事，也包括杨六郎、穆桂英、花木兰等历史人物传说，还有曹雪芹、郑板桥等历史文化名人的传说。颐和园传说中，关于人物的传说有工匠建园传说，如"鲁班修清漪园"

---

① 参考著作：李铁成主编《曹雪芹西山传说》，中华书局，2009；樊志斌编著《曹雪芹传说》，北京美术摄影出版社，2015。
② 李铁成主编《曹雪芹西山传说》，中华书局，2009，第 1 页。

的故事；也有帝后在园中的趣闻传说，如"纸糊的御膳""光绪题金匾"等。在圆明园传说中，有关人物的传说也十分丰富，如"买卖街乾隆戏和珅""道光演戏""和珅发迹圆明园""四春姑娘的来历""圆明园里千叟宴""乡民智灭侵略者"等。

三是神话类传说。三山五园地区有许多庙宇神祇和奇绝风物，神话类传说多与这些风物、庙宇相附会，留下许多颇有传奇色彩的故事。例如，香山传说中涉及八仙、七仙女、花仙子、龙王、济公等的神话故事中有"龙女除豹""空空道人与疯和尚""仙女与樵夫"等。颐和园传说中的神仙故事有"龙王庙与金沟河""龙王与廓如亭"等。圆明园传说中有"七仙女修'蓬莱瑶台'""八仙讨封"等神仙传说。

三山五园地区的传说故事，除了以上三方面主要类型外，还包含一些满族传说以及其他不易区分的传说内容。无论如何，这些传说有的记载了历史上的一些实际情况，具有一定的历史价值；有的则通过故事表达了民众对智慧人物的喜爱和敬仰之情，反映了当时人们的价值观念，亦体现了人们对善的追求，对恶的鞭挞，具有重要的民俗价值和社会价值；还有的传说通过想象编织了颇富传奇色彩的故事，给这一地区的山水景观更增添了神秘色彩。总体而言，三山五园地区的传说故事，语言通俗易懂，情节曲折，寓意深刻，尽管有虚构和夸张的成分，但是这些传说故事又有一定的趣味性、知识性、艺术性和娱乐性，极大丰富了这一地区的民众生活。三山五园地区的传说在民间历经几百年的流传，成为不可多得的民间文化遗产，也为这一地区的风物资源增添了文化韵味。

二　三山五园地区传说的价值

有学者研究指出，"任何专门的史学资料都不如传说故事来得生动形象，传播久远，深入人心"。[①] 三山五园地区的非遗传说在历史的长河中被

---

① 李春：《从传说故事中觉悟少林的文化价值》，《河南商业高等专科学校学报》2013 年第 5 期，第 107~109 页。

口口相传下来，融入百姓生活，影响深远。分析这些传说的价值，深入挖掘其内涵，对进一步加强三山五园的研究有重要意义，对当今推进三山五园地区的文化建设也有积极作用。概括而言，三山五园地区的传说蕴含的价值多元，主要包括历史价值、文化价值、社会价值等，具体如下。

一是历史价值。三山五园地区的非遗传说来源于不同历史时期的社会生活，其记载的内容在一定程度上反映了历史信息，具有重要的历史价值。因为"民间传说是劳动大众创作的一种与历史人物、事件及地方风物密切相连的口头文学"。[①] 虽然传说的内容有一定的夸张成分，但它在历史的长河中存续了民众的记忆，是民众对历史人物及事件的一种观念表达，寄寓了时人的观点和认知，具有一定程度的历史参考价值。通过传说的讲述，生动形象地展示了不同历史时期人们对社会事件、历史人物及神仙等的见解，给后人提供了一个特别的视角去了解当时的情形，因此其历史价值不容小觑。

二是文化价值。传说作为民间文学的一种形式，脱胎于民众的日常生活，由民众创造而生，其叙事方式带有民间特别的文化感知意识，语言风格也带有强烈的民间生活味道，因此这些传说本身即具有一定的文化价值。传说故事大多风趣，深受民众喜爱。由于历史上人们受娱乐方式有限的影响，传说故事成为当时人们非常喜欢的娱乐事项。从传说反映的内容来看，有趣的故事来源于生活演绎，又对社会生活具有一定的教化意义，因此，传说的社教作用非常明显。传说通过有趣的故事，在寓教于乐的过程中，将蕴含的思想内涵潜移默化地传达给民众，对民众价值观念的形成有着积极影响。此外，三山五园地区的非遗传说大多具有较高的艺术价值，其故事立足于民众的现实生活，在表达手法上又借用夸张乃至幻想的形式展现出来，其中夹杂着浪漫主义、悲情主义等色彩，赋予了传说较强的艺术特征，也使得故事得以更好的传播。例如，三山五园地区的传说中有些关于建筑景观的内容，这些传说涉及建筑物的修建方法、风格样式以及修建过程等，较有名的有

---

① 甄玉金主编《北京老故事丛书：圆明园传说》，中国商业出版社，2004，第1页。

颐和园的"大戏台""佛香阁包花柱传说""磨砖对缝听鹂馆",香山的"无梁殿",圆明园的"李木匠修牌楼"等。这些有关建筑景观的传说,一方面向民众讲述了古建筑设计中的有趣故事,另一方面也向世人展示了这些建筑的美学文化价值,为我们当今研究这些古建筑遗产以及开展古建筑修复等工作提供了极具价值的参考,传说的文化价值由此可见一斑。

三是社会价值。三山五园地区的传说故事中,有一些专门反映节日、饮食、服饰等社会习俗,如香山传说"西太后醉题金匾"中提到,"每年农历九月九日重阳节,皇帝和皇后都会前去香山登高,以图吉祥"。① 颐和园"眺远斋的传说"记载,"清代时,京西有一座妙峰山,山上有一座娘娘庙,每逢四月初一都会召开庙会,而民间都会组织花会前去朝山,非凡热闹,场面壮观"。② 还有圆明园传说中"素菜李的故事",颐和园传说中"柳叶汤的故事"等,介绍了民间饮食习俗。这些传说故事形象地记述了不同历史时期民众的生活细节,具有浓郁的生活气息,展现了民众的生活风貌,对了解当时的社会具有较强的借鉴作用,对今天开展民俗研究具有重要的参考价值。

三 三山五园地区传说面临的问题解析

流传在香山地区的曹雪芹传说、故事是珍贵的活态文化,但随着时间流逝,这些民间口传文化正在消逝,③ 这是曹雪芹传说研究者的感慨,这种情况在一定程度上反映了三山五园地区其他传说的基本发展现状。通过开展三山五园地区传说现状的实地考察,结合线上线下的问卷调查,发现当前三山五园地区的传说在传承发展中面临一定危机,存在着宣传力度不够、知晓人数少、社会传播力弱、资金投入相对欠缺等问题,具体分析如下。

---

① 户力平主编《北京老故事丛书:香山传说》,中国商业出版社,2004,第124页。
② 彭哲愚、张宝章编《颐和园圆明园的传说》,河北少年儿童出版社,1985,第20页。
③ 李铁成主编《曹雪芹西山传说》,中华书局,2009,第3页。

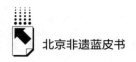

（一）宣传力度不够，社会面认知不广泛

在 2021～2022 年，我们项目组专门针对三山五园非遗传说的现状进行了社会调查。通过到香山、圆明园、颐和园等实地考察，项目组对周边居民及游客进行随机问卷访谈，同时结合网络开展线上问卷调查，对得到的数据进行分析，有如下发现。（1）在香山调研过程中，调查对象以游客以及香山公园的工作人员为主，总体参与人数有 42 人，调查结果显示，有 78% 的人是本地游客，有 22% 的人是外地游客。了解香山传说的人仅占调查人数的 10%。在对香山传说的了解兴趣度上，仅有 50% 的人有些许兴趣，有 7% 的人完全不感兴趣，还有一些人未表态。（2）在圆明园调研过程中，参与调查的人数为 43 人，大部分为本地学生以及上班族。关于圆明园的传说故事，调查中有 37% 的人对某一传说如景观类"香妃与西洋楼""十二生肖水钟"等故事较为了解，除此以外，多数人对其他传说知之甚少。（3）在曹雪芹传说调研中，总共有 40 人参与问卷，其中有 30% 的人对曹雪芹传说有所了解，有 42% 的人表示听说过一些，28% 的人完全不知晓。针对在本地开展调查，参与调查的对象多为本地人的情况，我们发现了解三山五园地区相关非遗传说的人整体较少，不到 50%，情况不容乐观。（4）通过网络开展面向全国各地民众的调查问卷中，总参与人数为 88 人，其中南方城市的人数占比为 80.68%，除北京以外的北方城市人数为 10.23%。在南方城市人数占比较多的情况下，有 53.41% 的人完全没听说过与三山五园相关的非遗传说。在了解传说兴趣度上，有 69.32% 的人有些许兴趣，而有 15.91% 的人表示完全没有兴趣。在谈及原因上，有超半数人都认为是缺乏宣传，不了解还有这些非遗传说的存在。将调查情况用图表表示出来，如图 1 至图 3 所示，可以更为直观地反映出这些传说面临的传承状况。

由上可见，有相当一部分人不太了解三山五园地区非遗传说的存在，对其内容知之甚少。尽管在北京地区的调查人群中，多数参与调查的人是北京本地市民，但他们对这些非遗传说也了解不多，有的仅仅略知一两个故事，有的只是听说过有传说非遗事项，但对更多的内容则很少知晓，甚或完全不

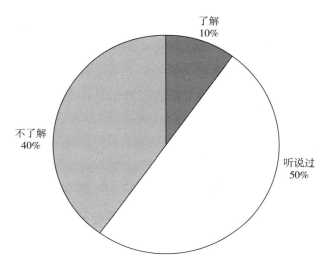

图1 对香山传说的了解程度

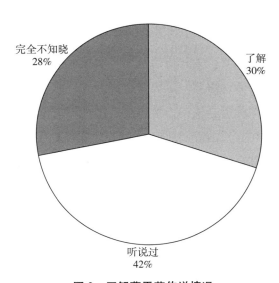

图2 了解曹雪芹传说情况

知。无论如何，通过调查，我们形成了一个很深的印象，即三山五园地区的非遗传说面临传承的危机，尽管这些传说都已被列入市级甚至国家级的非遗

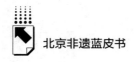

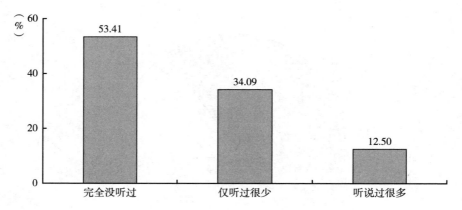

图3 对三山五园非遗传说的了解程度

名录，但在实际的发展中亟须加大宣传，扩大社会影响面，为其发展寻求传承人群。

（二）资金投入不足，制约着非遗传说宣讲活动的开展

传说类非遗项目，要扩大其传播范围，增强社会影响力，需要宣讲活动的开展，而组织宣讲活动需要一定的资金投入。目前，从整体来看，政府对这些传说类非遗事项的资金扶持力量有限，这在一定程度上制约了这些非遗传说的宣传推广。在与三山五园地区非遗传说传承人的交谈中，我们了解到传承人在每个周末都会到社区进行讲解，但参与社区听讲的多是一些年长的人，且人数也不多，因此这种类型的讲解所带来的宣传效果是非常有限的。传承人也想举办一些稍微大型的宣讲活动，但限于资金不足等因素，举办大型活动相当困难。因此，三山五园地区的非遗传说要获得更大的发展空间，既需要政府加大资金支持，也需要社会力量参与扶持。

（三）传说传承方式有待创新，对外传播效果不理想

在实地调查中，我们发现在三山五园地区的一些景区内，有专人进行导览和解说，选择这种方式的大多是跟团游客，解说员的讲解不仅有助于游客

了解景区内容，而且有利于宣传景区文化。传说故事大多生动有趣，很容易引起人们的兴趣，如果选取其内容融入解说词，可能会使得解说更加生动有趣，也于无形之中对这些非遗传说进行了对外传播。但从现有的景区解说词来看，将传说故事融入景点开展宣传的还相对较少，甚至有些解说员自身对景区相关的非遗传说也知之甚少，这无疑是不利于传说的传承和发展的。除了解说员直接讲解外，现代景区管理中在官方网站或者公众号上会提供一些语音讲解，这种讲解方式更受年轻人或单独游客的青睐，但这种讲解与解说员现场解说存在着同样的问题，即解说词中加入传说故事的内容相对太少，这也在一定程度上反映出三山五园地区传说的对外传播还未引起足够重视，其传承方式有待顺应现代社会生活方式变迁而不断创新，进而促进其传播效果的好转。

四　三山五园地区非遗传说发展路径探索

通过对三山五园地区非遗传说的现状进行调查研究，针对存在的问题，探索其今后的传承与发展路径，从可行性的层面出发，我们认为可以开展如下探索。

（一）加大宣传力度，动员社会多方力量共同参与非遗传说的保护与传承

针对调查研究中发现的三山五园地区非遗传说的宣传不够广泛、社会认知面有限的情况，在今后的发展中，我们应着力加大宣传力度，这需要政府及官方媒体的支持，也需要社会力量的共同参与。一方面，积极动员相关学者及非遗传说的传承人、爱好者开展相关研究。通过学者及传承人、爱好者的研究，可以将三山五园地区的非遗传说内容不断丰富，拓展其范畴，并且学者们及传承人、爱好者们的研究还可以通过出版相关著作、论文或者传说故事集等研究成果，为后来的研究者提供参考，也为对三山五园地区传说感兴趣的民众提供了参考阅读资料。此外，相关学者及传承人等的研究还可以

从更为专业的非物质文化遗产保护的理论层面进行探究，为这些非遗传说的发展拓展路径。另一方面，将三山五园地区的非遗传说引入校园，推进非遗教育的发展。将三山五园地区的传说故事与学校教育相结合，具体实践方式如下：在校园里开办传说故事讲解兴趣班；通过社团组织，利用学生业余时间，举办故事分享会等。传承人充分发挥自身的优势，履行传承职责，可以与学校协商定期举办非遗传说故事讲述会，将非遗传说带进校园，讲给学生们听，这对培育传说的传承人具有非常重要的作用。例如，香山传说的传承人王钢老师，他与海淀区第四实验小学进行合作，拟建立一个民间文学传承基地，在传播非遗文化的同时，培养有意向的传承者。通过实践，他发现积极推进非遗校园教育对非遗传说的保护与传承具有非常重要的意义，这不仅有利于丰富学生的课余生活，减轻与释放学生的学习压力，也可增加学生了解传说故事的兴趣，使他们成长为传说故事的接受者与弘扬者。

（二）制定完善法规条例，增加资金投入，助力传说故事发展

北京市关于非物质文化遗产已经出台相关的地方性法规，比如《北京历史文化名城保护条例》《北京市非物质文化遗产条例》等，但这些保护条例等对于非遗传说故事的保护针对性不强。由于非遗所涉及的内容较多，且每项非遗都有其自身的特色，因此，在制定保护非遗条例时，如果能有针对性地制定相关政策，这对于非遗的保护来说是非常有利的。例如，北京市在2022年5月25日针对中轴线保护通过的《北京中轴线文化遗产保护条例》，① 就是一个不断探索的创新之举，这对推动中轴线遗产的保护、传承和发展意义重大。鉴于此，在针对三山五园地区非遗传说的保护问题上，相关部门也可制定专门的保护条例，从而更好地从法律层面为这些非遗传说的保护及传承发展提供保障，并且在实际运行中，加强执法的监督，真正发挥法律对非遗传说保护的积极作用。

针对当前三山五园地区传说保护投入资金不足的问题，一方面可由非遗

---

① http：//www.bjrd.gov.cn/rdzl/dfxfgk/dfxfg/202205/t20220526_2721515.html.

事项管理机构向相关部门反映实际情况申请适当增补支持经费，另一方面也可申请将资金规划列入相关条例进行定期拨发，还可以拓展思路，向社会组织申请基金帮扶，这方面已有成功先例可供借鉴，比如在 2022 年腾讯公益慈善基金会和北京曹雪芹文化发展基金会签署捐赠协议，捐赠 1000 万元用于定向发展曹雪芹研究。① 无论如何，三山五园地区非遗传说的保护及发展，需要政府及社会力量的支持。

（三）充分利用现代传媒方式，探索多元宣传路径，研发相关文创产品，促进传说的对外传播

传说作为民间文学的一种表现形式，具有内容富有趣味、语言生动形象等特点，是过去深受民众喜爱的娱乐文化事项之一。针对当前传播过程中，三山五园地区相关景观解说词或者网站、公众号等对这些非遗传说未予以充分重视的情况，要积极协调联络，有意识地将非遗传说融入这些对外传播的媒介，这不仅对保护传承三山五园地区的非遗传说事项具有非常重要的意义，而且对改善当前三山五园地区相关解说词或者网站、公众号的宣传内容极具积极作用。

随着社会的发展变迁，现代传媒方式不断更新，三山五园的非遗传说也要适应时代发展，在传播方式上不断探索新的发展路径。例如，依托三山五园地区的非遗传说故事这些主体内容，传说事项的传承人或者爱好者可以创建专门运营的公众号、视频号或者抖音平台账号，发布与传说相配的景观图片或者传承人讲述传说故事的视频、音频等内容，吸引广大的民众关注，进而扩大三山五园地区非遗传说的社会影响。值得一提的是，当前"曹雪芹传说"的传承人赵文岳老师已经开始尝试在微信公众号"拾遗听 69"讲述曹雪芹的传说故事，并分享相关图文故事资料，获得了一定程度的关注。这是推动三山五园地区非遗传说故事利用现代传媒方式传播的有益探索，其经验也值得借鉴推广。

---

① 《腾讯公益慈善基金会助力曹雪芹文化事业》，《曹雪芹研究》2022 年第 1 期，第 44 页。

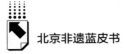
　　此外，还可以利用传说故事附带的文化特质，研发设计一系列的相关文创产品。近年来，文化创意产品越来越受到大众的喜爱，这也为传统文化艺术的新发展提供了新思路。在三山五园地区的传说中，许多的故事都可被借鉴用来设计成当下大众喜爱的文化产品，比如"香山枫叶书签""颐和园传说景观图扇""曹雪芹绘本"等，将研发的文创产品与传说故事相对应，通过售卖产品获得一定经济效益的同时，也于无形之中促进了三山五园地区非遗传说的社会宣传，对保护其发展与传承具有十分重要的意义。

　　总之，三山五园地区的非遗传说是珍贵的文化资源，也是北京市重要的非物质文化遗产。三山五园地区的传说来源于民间，是老百姓的智慧结晶，也是集体记忆的留存方式。三山五园地区的非遗传说具有重要的价值，在当前开发建设三山五园过程中，要充分重视这些非遗传说的保护及传承利用，不断探索新的发展路径，通过不断努力，让这些非遗文化永远散发光芒。

非遗数字化的北京实践

Beijing Practice of Intangible Cultural Heritage Digitization

B.7

北京非物质文化遗产在短视频
平台的开发与传播

赵晖 王耀*

摘 要： 北京作为我国的经济与文化中心，具有丰富的文化传统与文化样式，在全国乃至全球范围内都有较为深远的影响力，短视频这一新的媒介形式能够提升中国传统文化的影响力和竞争力，助力实现中华文化复兴，坚定文化自信。本文从"非遗"这一整体在短视频平台上传播现状入手，分析北京非遗在短视频平台已然形成的蓬勃发展态势，并依托"短视频+"的模式，从电商、直播、旅游、纪录片四个维度对北京非遗的衍生开发途径予以释义，最后通过三种非遗网络社群构建模式以及三种非遗文化身份认同方式对北京非遗的传播渠道和价值给出相应的建议。

关键词： 北京 非物质文化遗产 短视频 传播

---

* 赵晖，教授，中国传媒大学戏剧影视学院基础部主任，北京视协短视频工作委员会会长；王耀，中国传媒大学戏剧影视学院硕士研究生。

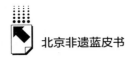

截至 2021 年 12 月，我国互联网用户规模达到 10.32 亿，其中，短视频用户数量达 9.34 亿，占互联网用户整体规模的 90.5%。① 以抖音、快手两大平台为代表的各大短视频平台目前已经形成了以娱乐为主，社交、电商为辅的多赛道格局。短视频已经成为互联网用户接收、分发信息内容的重要数字视频渠道，也逐渐形成了一种融媒体时代下互联网用户崭新的娱乐方式。

各大短视频平台正致力于依托各自平台的特性打造垂直化的视频内容，从而搭建以内容为链接点的网络虚拟社群空间。短视频用户可以通过点赞、评论、转发等虚拟社交行为引发短视频内容"破圈"效应。

不仅如此，短视频平台内容的多样性，也使得以戏曲曲艺、传统手工艺为代表的各类中国非物质文化遗产项目再次回归大众视野。融媒体时代，非物质文化遗产在短视频平台上的衍生开发与传播持续升温，短视频对非遗的衍生开发与传播，使得传统文化重新融入日常生活，并形成新的美学创新与表达。

皮影、兔儿爷、景泰蓝等具有北京当地特色的非遗项目，通过短视频平台将其制作工艺带到每一位短视频用户面前，揭开了其千百年来神秘的面纱。数字智能媒体赋能非遗，使得短视频平台成为北京非遗技艺传播的新阵地。

一 非物质文化遗产在短视频平台的传播现状

数字智能时代推动了多种样式的内容传播平台的发展，也为非物质文化遗产的传播提供了多样的传播途径。非物质文化遗产的传播一改往日的师徒传承制，而是以大众媒介为平台，打造了一个互联网短视频传播场域，实现了"点对点"的即时传播效果，有利于非遗技艺的大众化传播。

借助于短视频用户的广泛性、内容的全面性以及选择的多样性，历经上

---

① 《第 49 次中国互联网络发展状况统计报告》，中国互联网络信息中心，2022 年 2 月 25 日，http://www.cnnic.net.cn/hlwfzyj/hlwxzbg/hlwtjbg/202202/P0202 20311493378715650.pdf。

百年甚至数千年的非物质文化遗产得以跨越地域、跨越种族进行传播。同时，非物质文化遗产相关短视频平台的火爆也反作用于各大短视频平台，带动了各大短视频平台垂类内容的衍生开发。

例如在抖音平台上，以"北京""非遗"为关键词进行搜索，发现相关话题包含"老北京非遗""北京非遗传承""北京非遗抖起来""北京非遗"等。该类非遗短视频通过相应的话题形成短视频矩阵，充分发挥短视频的传播属性和社交属性这两大功能，不仅实现了非遗技艺的传播，同时也将各类非遗手艺人聚集在同一个内容圈层，调动了用户参与的积极性，有利于非遗在新媒体语境下释放创新的魅力。

（一）大势所趋——"非遗"已成各大短视频平台的热门议题

2021 新年伊始，快手大数据研究院与快手非遗学院联合发布《2020 快手非遗生态报告》。报告显示，截至 2020 年 12 月 31 日，在 1372 项国家级非遗代表性项目中，快手上国家级非物质文化遗产覆盖率高达 96.3%，总计 1321 项。[①]

2021 年 12 月 1 日，抖音发布《2021 抖音非遗戏剧数据报告》。报告显示，截至 2021 年 11 月，抖音平台上国家级非遗戏剧项目累计视频达 1292 万个，视频播放量更是同比增长 1 倍，累计达 600 亿次。2021 年 12 月，1557 个国家级非遗项目中，抖音覆盖率高达 98.84%（见表 1）。抖音已经成为弘扬非遗文化的最大短视频平台。[②]

通过梳理历年来抖音与快手的数据报告可知，非遗在短视频平台的发展势头正猛，唤醒了沉睡已久的中华文化力量，使得短视频成为传播中华文化、展现非遗之美的重要新媒体平台。

---

① 《1321 项！快手已覆盖 96.3%的国家级非遗代表性项目》，快手大数据研究院，2021 年 1 月 7 日，https：//mp. weixin. qq. com/s/WsxDT0E97Hxmpcm0MVGc1Q。
② 《最爱在抖音听戏的，居然是 TA 们》，抖音 App，2021 年 12 月 2 日，https：//mp. weixin. qq. com/s/FLO8YYwRuBcpvsbiG2oF-A。

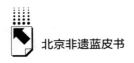

表 1   短视频平台的非遗项目覆盖率

时间	短视频平台	覆盖量	覆盖率(%)
2019 年 4 月	快手	989	72
2019 年 4 月	抖音	1214	88.5
2019 年 12 月	抖音	1275	92.93
2020 年 5 月	抖音	1318	96
2020 年 12 月	快手	1321	96.3
2021 年 6 月*	抖音	1525	97.94
2021 年 12 月	抖音	1539	98.84

注: *国务院于 2021 年公布第五批国家级非物质文化遗产代表性项目名录, 共计有 1557 个国家级非物质文化遗产代表性项目。

资料来源: 根据"抖音""快手"官方微信公众号相关数据整理。

近年来, "国潮" 已经成为新的内容流行趋势, 而非物质文化遗产作为 "国潮" 不可或缺的重要内容力量, 愈加受到广大创作者和用户的重视。非遗类短视频所呈现出来的爆发态势, 离不开相应短视频平台力量的扶持。2019 年初, 快手和抖音分别推出 "非遗带头人计划" 和 "非遗合伙人计划", 旨在助力优质非遗短视频内容的创作。截至 2019 年底, 两大非遗扶持计划下的短视频数量已经达到千万条以上, 其中抖音 "非遗合伙人计划" 相关短视频斩获了高达 1065 亿次的播放量 (见表 2)。非遗这一中华文化瑰宝通过短视频平台展现出其强大的文化号召力, 在短视频平台的流量扶持和内容加持下, 短视频为非遗文化的继承、传播、发扬提供了新的创作阵地。

表 2   两大短视频平台非遗计划对比

	快手"非遗带头人计划"	抖音"非遗合伙人计划"
发布时间	2019 年 3 月 27 日	2019 年 4 月 16 日
主旨	开发非遗文化和市场价值	发掘非遗的文化和市场价值
入驻非遗项目	989 项, 占比 72%	1214 项, 占比 88.5%
流量效果	1164 万条视频内容; 250 亿次播放量; 5 亿点赞量	2400 万条视频内容; 1065 亿次播放量
计划内容	在全国发掘 50 位"非遗带头人", 致力于培养非遗人才的创业能力, 进一步推动非遗活化和传承, 助力乡村振兴	面向全国招募 50 位"非遗合伙人", 力争在一年内至少帮助 10 位非遗传承人在抖音实现百万粉丝或者百万元收入

注: 统计数据均截至 2019 年底, 中国非物质文化遗产项目共 1372 项。

非遗扶持计划的成功，为非遗短视频的立体化传播注入了新的力量。2020 年 7 月 22 日，快手大数据研究院发布《2020 快手内容生态半年报》。①报告显示，快手非遗类短视频作者数超过 1050 万，其中戏曲类作者数中排名前三的剧种分别是京剧、黄梅戏和秦腔。在快手"云游非遗·影像展"专题活动中，共主推苏绣、铜雕、银饰锻造、面人郎、天竺筷、脸谱绘制、竹编和手工皮艺这八大品类，共有作品数 7.5 万+，总播放量达2.5 亿次，全网曝光近 5 亿。②非遗短视频展现出了蓬勃的生命力。

（二）有的放矢——多样形式助力北京"非遗"项目创新传承

北京作为历史文化名都，丰厚的历史积淀使其拥有百余项各具特色的非遗项目。2022 年 2 月 13 日，北京新闻中心举行北京历史文化保护专场新闻发布会。北京市文化和旅游局副局长、新闻发言人刘斌在会议上指出，京剧、昆曲、太极拳等 12 个项目入选联合国教科文组织"人类非物质文化遗产代表作名录"；景泰蓝制作技艺等 144 种入选"国家级非物质文化遗产代表性项目名录"；北京曲剧等 303 种入选"市级非物质文化遗产代表性项目名录"。北京非遗代表性项目数量位居全国前列。③

抖音作为短视频头部平台，一直致力于非遗文化的传播与弘扬。2021年，抖音联合北京市文化和旅游局、北京非物质文化遗产保护中心发起"北京非遗抖起来"话题活动，旨在推动北京非遗老字号项目单位及非遗传承人与新式媒介平台接轨，鼓励北京非遗技艺传承人及其项目单位拍摄制作非遗相关短视频，发扬工匠精神，宣传非遗项目，讲好非遗故事，传播非遗技艺，挖掘和阐释非遗项目所蕴含的时代精神与文化内涵，充分展示北京传统工艺的振兴成果，向大众展示北京非遗老字号与时俱进的创新精神，借助

---

① 《2020 快手内容生态半年报：快手直播日活 1.7 亿，全年 3 亿用户发布作品》，快手大数据研究院，2020 年 7 月 22 日，https：//mp.weixin.qq.com/s/-04mu Xiztn_ 7bDvuF86kaw。

② 赵晖、王耀：《融合媒体时代非物质文化遗产在短视频平台的衍生开发与传播》，《艺术评论》2022 年第 2 期，第 24~35 页。

③ 《北京非遗代表性项目数量居全国前列》，北京日报客户端，2022 年 2 月 13 日，https：//baijiahao.baidu.com/s？id=1724620900279249648&wfr=spider&for=pc。

短视频平台推动北京非遗项目不断跨界圈粉。①

如表3所示，截至2022年5月，"北京非遗抖起来"话题已斩获881.8万次的播放量。同时，弘扬我国国粹京剧的话题"我要笑出'国粹范'"自2018年发布以来，已经拥有了26.4亿次的播放量。由抖音联合中国民协皮影艺术委员会等共同发起的话题"皮一下很开心"相关视频播放量更是高达560.5亿次。除了官方话题外，以单项非遗项目为话题的短视频同样拥有可观的视频数量与观看次数，如以"北京老字号"作为关键词，就有"北京老字号""北京老字号紫光园""北京老字号吴裕泰""北京老字号布鞋"等多类话题，其中"北京老字号"话题共计达2535.0万次的播放量。在"长城"这一主话题下，播放量更是高达24.4亿次。其余各类北京非遗项目均在抖音上取得了较好的传播效果。

表3 抖音平台上部分北京非遗相关话题播放量

话题	播放量（万次）
#北京非遗抖起来#	881.8
#我要笑出"国粹范"#	264000.0
#皮一下很开心#	5605000.0
#北京老字号#	2535.0
#长城#	244000.0
#景泰蓝#	9987.6
#北京绒花#	1604.6
#兔儿爷#	1664.8
#京绣#	246.3
#老北京小吃#	3567.5

注：统计数据均截至2022年5月。

---

① 百合：《人民的非遗　人民共享——北京非遗：传承红色基因　致敬建党百年》，《中国文化报》2021年6月16日，https：//www.ihchina.cn/Article/Index/detail？id=23163。

二 北京非物质文化遗产在短视频平台的
创作现状及其衍生开发

（一）北京非物质文化遗产在短视频平台的创作现状

融媒体时代，互联网技术的高速发展为非物质文化遗产的传播提供了便捷、高效的新式路径。短视频凭借其短时长、高时效等特点，极大地降低了非遗项目的传播成本，相较于农耕时代的口口相传、言传身教等模式，非遗项目的传播效率有了大幅度的提升。

非遗项目通过短视频的形式得以呈现，一改往日的展览式静态呈现，将非遗技艺与音乐、戏剧、表演等多种艺术形式相融合，以更具象化的形式覆盖其制作全流程，实现了非遗项目的动态化与现代化传承。

皮影戏作为我国一项历史悠久的非物质文化遗产项目，代表着我国古人非凡的匠心以及独特的艺术底蕴，彰显了中华传统文化非凡的艺术价值。北京京西皮影戏区级传承人王熙创办的抖音号"王熙和皮影娃"，通过短视频的形式展示样式各异的皮影人物、演出片段以及幕后制作工序等，该账号目前已拥有粉丝4.7万人，视频共获50.6万点赞量。同样以展示功能为主的抖音账号"皮影袖珍晓爽"，其粉丝量更是高达53.8万人，累计获得425.2万点赞量。

除了该类以展示性为主的短视频账号外，还有许多非遗传承人通过短视频的内容展示"引流"，将视频内容与电商结合，打通售卖渠道。例如，京绣的传承人田鹏就借助短视频平台进行线上售卖。京绣归属于"燕京八绝"之列，是产生得较早的刺绣派别之一，多供奉于宫廷，常见于帝王侯爵的服饰上。北京的丝织业兴起于唐朝，在辽代进入发展高峰期，于明清时期开始兴盛。田鹏作为京绣第五代传人，细心钻研工艺、打磨技术，同时在传承的基础上大胆创新，增添了现代元素。结合北京冬奥会这一举国盛事，田鹏创造性地在京绣中融入冬奥元素，将冰球、滑雪等冬奥项目融入中国传统的百子图中，开发出具有时代特色的非遗文创产品。除了经营传统门店外，田鹏还利用短视频平台开设了网店，通过这一新媒体平台将京绣带到更多观众的面前，使得京绣得以在传播中弘扬与继承，同时也拓宽了京绣的销售渠道。

不仅是各类非遗传承人在短视频平台上传播弘扬相关非遗技艺，北京市相关官方政府组织也同样致力于非遗与短视频的项目"嫁接"。例如，门头沟区文化和旅游局于2021年10月开展"非遗在身边"短视频征集大赛，号召市民拍摄北京市非遗项目、非遗传承人、手工技艺等相关短视频，让非遗回归民间，在百姓中扎根。将思想道德教育与非遗传承保护实践活动结合起来，帮助广大群众更好地了解非遗文化，让广大群众感受非遗以及传统文化的魅力。

（二）北京非物质文化遗产在短视频平台的衍生开发

1. "短视频+非遗+电商"，加速非遗产品变现

抖音数据报告显示，截至2021年5月，已经有85位手艺人在抖音电商年入百万元，其中还包括10位非遗传承人，开通抖音电商的中华老字号有五芳斋、同仁堂等超过200家，非遗传承人带货总成交额与2020年同期相比增长了15倍。①

随着我国文化软实力的提升，中国传统文化近年来逐步重回大众视野，越来越多的年轻人已逐渐成为传承非遗文化的主力军。相关调查数据显示，2019年上半年，"中国风"这一关键词平均每分钟在电商平台被搜索805次，是2018年同期的2.5倍，而在这些搜索用户中有50%以上是"90后""00后"②。强大的"吸睛"能力，使"非遗"在短视频平台的变现能力节节攀升。

2021年6月11日，由北京市文化和旅游局主办、北京非物质文化遗

---

① 《〈抖音非遗数据报告〉发布，10位非遗传承人在抖音年收入超百万》，抖音电商，2021年6月11日，https://mp.weixin.qq.com/s/VPzQPLmxNfXxfaGWQKGizQ。
② 赵晖、王耀：《融合媒体时代非物质文化遗产在短视频平台的衍生开发与传播》，《艺术评论》2022年第2期，第24~35页。

产保护中心承办的 2021 年北京非遗购物节正式启动。活动期间，北京非物质文化遗产保护中心联合京东、抖音、手艺网等互联网平台，组织同仁堂、内联升等 18 家非遗老字号，药香、京绣、玲珑枕制作技艺等 20 位非遗传承人通过京东平台顶流直播、新品首发、国潮爆款推荐等方式，立足"新场景""新趋势""新消费""新体验"，联合线上线下 556 家店铺为消费者提供 1300 种非遗产品，构建起"吃、穿、用、藏"的生活场景购物模式。①

2. "短视频+非遗+直播"，搭建即时交互平台

非遗作为中华民族璀璨的文化瑰宝，是中国古人先进智慧的结晶，在美学和制作工艺上都是难以逾越的高峰。中华民族地大物博，各地区、各民族的非遗种类也数以千计，但是随着时代的发展，机械力量逐渐取代了手工工艺，致使许多非遗技艺濒危，面临无人可传的窘况。但是，借助于短视频的平台优势，许多非遗技艺重回大众视野，各类非遗项目不再被束之高阁，而是回归大众。许多非遗传承人与项目单位、政府部门纷纷涉足短视频及直播行业，借助于直播的即时性，搭建非遗传承人与热心观众的交互平台，让非遗在传播中传承，在互动中弘扬。

2020 年 5 月 12 日，《人民日报》联合快手推出"国货发光"大型传播项目非遗专场，特别开设"云上非遗馆"模块。北京非物质文化遗产保护中心携手京珐景泰蓝、瑞蚨祥、内联升、天福号等 8 家非遗老字号参与其中，通过直播的方式带领大家见证非遗技艺的传承与匠心风采、感受非遗背后所蕴含的历史文化底蕴，让广大观众能够关注非遗、了解非遗、爱上非遗，并能为非遗技艺的传播和弘扬贡献出自己的力量。据悉，本次"云上非遗馆"直播活动更是获得了超过 200 万用户的围观和助力。②

---

① 《"北京非遗 致敬百年"2021 年北京市文化和自然遗产日宣传展示活动启动仪式成功举办》，北京非遗中心，2021 年 6 月 12 日，https：//www.ihchina.cn/project_ details/23091。

② 《今晚开播！北京非遗中心携手 8 家非遗老字号参加快手云直播，推动"老匠心"的"新传承"》，北京非遗中心，2020 年 5 月 12 日，https：//www.sohu.com/a/394713669_ 120068158。

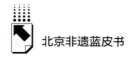

2020 年 11 月，2020 北京非物质文化遗产时尚创意设计大赛暨非遗一米体验活动和非遗大师课（第二期），于当月 19～22 日分四场在"西城非遗"快手官方账号进行了直播。此次直播，邀请到了口技传承人张适、北京雕漆代表性传承人马宁、曹氏风筝等代表性传承人刘宾，以及北京鬃人代表性传承人白霖。嘉宾通过直播平台，不仅对非遗项目传承背景、内容进行了详细介绍，同时现场还进行了项目技艺的展示，与网友进行了互动交流，让大家对西城非遗项目有了更深入的了解。①

3. "短视频+非遗+旅游"，带动北京文旅发展

非遗是一个地域的文化灵魂，不仅能展现出当地的文化底蕴和文化气质，更能够彰显我国古人的独运匠心。以非遗为主题的文旅项目开发，可以最大化地丰富地方旅游资源，提升当地文旅综合优势。随着短视频内容垂类的丰富，以"短视频+非遗+旅游"为主题的文旅类短视频在平台上能够快速走红，并且使得这些景点成为游客的热门打卡景点，因而带动当地旅游经济的快速发展。

2021 年 11 月 26 日晚，由北京市文化和旅游局非物质文化遗产处指导、宣传中心（旅游杂志社）承办，北京日报京直播推出的"北京非遗 魅力无限"主题直播活动在楠德艺术馆成功举办。本次直播活动有抖音、快手等 27 个媒体平台同步现场进行直播，共斩获 319.8 万余人次的观看量。"北京非遗 魅力无限"主题直播活动以北京非遗项目为引领，结合北京市文旅资源优势，针对北京市非遗文化旅游主题线路进行重点推介，在直播中共推出了 20 条非遗文化旅游主题线路，并展示了多项北京非遗项目。本次非遗线路发布活动紧紧围绕全国文化中心建设、首都"一核一城三带两区"总体定位，让非遗旅游贴近生活，让非遗传播跟紧时代，活动设计出的非遗旅游线路通过新媒体平台广泛传播，充分展现了北京文旅资源优势，用非遗

① 《回顾：精彩继续！"民间瑰宝·魅力之都"2020 北京非物质文化遗产时尚创意设计大赛暨非遗一米体验活动和非遗大师课线上直播》，发现北京，2020 年 11 月 24 日，https：//www.sohu.com/a/433963954_ 120209831。

为旅游赋能，助推"非遗+旅游"的深度融合。①

4. "短视频+非遗+纪录片"，架构非遗知识矩阵

中华传统文化历久弥新，非物质文化遗产更是如此，因此需要我们在传承中对各大非遗项目加以保护和弘扬。机械化时代的到来，使得许多非遗技艺濒临灭绝，许多非遗技艺面临"无人可传"的窘迫局面。但是在融合媒体时代，借助科技力量，许多非遗技艺能够以影像的方式被永久地留存下来，众多的非遗制作工艺以微纪录片的形式被记录在人类文明历史中，中华民族的璀璨文化正以新颖的声影方式被记录和发扬光大。

自 2021 年 11 月 16 日起，由北京市东城区文化和旅游局、西瓜视频、上乘优品联合出品的全镜见证非遗传承人真实情感的纪录片《非遗智造局》系列短视频正式上线。纪录片共 10 集，主题为"在故宫以东，遇见非遗之美"，从故宫以东出发，以东城区深厚的文化底蕴为基础，覆盖宝三跤场跤艺、史派八卦掌、果木挂炉烤鸭技艺、智化寺京音乐、传统西服制作技艺、刮脸剃光头技艺、中国剪纸技艺、花茶制作技艺、绒鸟绒花制作技艺、非遗美食等多种非遗元素以及故宫、钟鼓楼、天坛等地标建筑，全景展示了多位具备代表性的非遗传承人。② 截至 2021 年底，第一季共十期短视频自上线一个半月以来全网累计播放量破千万次。

2021 年 11 月 29 日起，由北京宣传文化引导基金资助、搜狐文化频道出品的 5 集系列短视频《心艺：京派非遗》陆续在搜狐文化频道和搜狐视频同步播出。京派非遗富有地域特点、民族特色、现代气息的新貌，既见证着传统工艺振兴，又讲述了国礼、奥运会会徽等当代故事，是北京作为世界历史文化名城最突出的体现。《心艺：京派非遗》走访拍摄了北派昆

---

① 《"北京非遗 魅力无限"主题直播活动引关注 27 个媒体平台同步直播 总观看量达319.8 万余人次》，有旅游看天下，2022 年 1 月 1 日，https：//mp. weixin. qq. com/s/emh2YCAvCNLHXB4vE5T5FQ。

② 《非遗智造局系列短视频上线｜在故宫以东，遇见非遗之美》，北京东城文旅云，2022 年 2月 23 日，https：//mp. weixin. qq. com/s/NIo6kgbeKGjz2bt9Lwc70A。

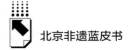

曲、景泰蓝、大漆和雕漆、玉雕等非遗传承人，通过记录这些非遗技艺焕发新生的过程，既见人见物，又见当代生活。非遗传承人数十年的坚守，既体现非遗独特的精神传承和人文风貌，又展示了非遗传承人关注疫情下的生活与行业，强调以创意性、趣味性、知识性、互动性来讲好当代的故事，引发受众的共鸣。①

三　非物质文化遗产网络社群的建构与文化身份认同

（一）非遗网络社群的建构

丹尼尔·米勒曾经说过，文化生产与文化消费互为主客体，文化意义是在文化生产与文化消费相互构建的过程中被创造出来的。②

传统媒介形态的局限性，使得非物质文化遗产在传统的传播过程中受到来自人员、方式、时效等多方面的限制。传统媒介形式下，非遗项目多以单一的展示型、教学型为主，传、受双方在媒介形态的阻隔下未能形成即时的交互关联。短视频的出现，打破了传统媒介形态下非遗制作者与受众之间的沟通壁垒，同时融合了网络电商、网络社交等多功能属性，为非遗项目的全产业链开发提供了有力的技术支持。

融合媒体时代，短视频成为一种全新的话语传受模式，突破了传统媒体的传播空间，打破了以往的单向度的内容传播机制，实现了全方位、立体式传播效果，建立了全新的非遗交互场域。

短视频作为近年来非遗传播的重要渠道，打通了非遗传承人与非遗粉丝两个群体之间的传播界限。在非遗网络社群中，用户不仅仅是内容传播的节

---

① 《北京宣传文化引导基金资助项目 | 〈心艺：京派非遗〉系列短视频上线》，搜狐文化，2021 年 11 月 30 日，https：//mp. weixin. qq. com/s/wnvmGuZ4BKEhbIwDoZ2fdw。

② 〔英〕丹尼尔·米勒：《物质文化与大众消费》，费文明、朱晓宁译，江苏美术出版社，2010，第 259 页。

点，同时也作为"二次传播者"，促进非遗相关信息内容在不同圈层内的传播。①

当前，依靠短视频平台进行非遗网络社群的构建主要有以下三种方式。

一是短视频平台的定向引流。短视频平台作为非遗社群的重要传播"基地"，势必要担负起相应的责任。为此，各大平台根据自身定位以及内容资源优势，开展相关非遗话题，如"北京非遗抖起来"；举办相关非遗活动，如"国货发光"大型传播项目非遗专场等，以官方力量扶持非遗传人进行内容制作，激励更多优质短视频的开发传播，以期达到传播、弘扬、继承、发展的目的。同时，依靠短视频的社交属性，通过其交互功能，增强用户的参与感，让非遗粉丝的身份从旁观者积极化身为非遗传承的中坚力量，实现其身份转变。

二是社交平台的裂变传播。融合媒体时代，要想使得视频内容实现最大化的传播效果，不能仅仅局限于单一平台，而应该做到全平台的内容分发，形成联动趋势，如可以将短视频内容同步到微博、小红书、微信公众号等多类型社交媒体平台，扩大短视频内容传播圈层。非遗短视频可以通过该类平台，将公域流量转变为私域流量，实现非遗内容的跨平台、跨性别、跨年龄的多维度传播，引发非遗短视频的"破圈"效应。

三是长视频平台的专业助力。长视频平台相较于短视频平台具有更为专业的内容制作流程和内容分发体制，因此，短视频的研制可以借助长视频的内容开发优势，取长补短，实现短视频内容的专业化创作，如爱奇艺、优酷、腾讯视频等长视频平台正布局涉足短视频赛道，通过与 MCN 机构合作，联合头部 KOL，打造高质量的非遗短视频，并通过长视频的强大号召力，扩大非遗短视频的传播宽度与广度，实现视频内容的全方位流转。②

上述三种"非遗"短视频网络社群构建类型均与短视频用户的主动参

---

① 赵晖、王耀：《融合媒体时代非物质文化遗产在短视频平台的衍生开发与传播》，《艺术评论》2022 年第 2 期，第 24~35 页。

② 隆颖：《短视频在非遗传播中的应用研究》，《福建江夏学院学报》2020 年第 3 期，第 91~100 页。

与紧密相连，在这些网络社群中，用户不仅是上一社群的接受终端，也是下一社群的传播起点。不仅如此，技术加持下的短视频内容分发呈现出精准化定位的趋势，即短视频平台在大数据的支持下，可以根据用户的感兴趣程度对其推送的内容进行靶向定位和精准投送，提升了非遗在网络社群的内容传播效率。①

在短视频这一庞大的虚拟网络社群中，用户作为中坚力量，为拓宽非遗的传播提供了多样的路径选择，也使得古老的中华文化在新时代焕发出崭新的生命力，实现了中华传统文化精神的现代化表达。

（二）参与式文化搭建文化身份认同感

融合媒体时代，结合詹金斯"参与式文化理论"分析得出，广大观众对非物质文化遗产项目的关注已经实现从单一的媒体关注，转变为多维度的立体关注。这一重大的视角转变，离不开短视频平台的助推作用。短视频简化了视频生产全流程的难度，实现了生产、传播、接受的一体化过程。

从接受视角而言，非物质文化遗产之所以能够在短视频平台呈现蓬勃的发展态势，主要可以分为内、外两个接受层面。一是内部层面，非物质文化遗产作为中华民族的文化瑰宝，其现代化的表达可以激发每个中华儿女内心的文化认同感和民族自信；二是外部层面，短视频的兴起，突破了以往传播方式的桎梏，使得非遗不再是"束之高阁"的艺术品，而是人人可以触及的中华民族传统文化。短视频平台赋予了非遗粉丝全新的接受身份，通过点赞、评论、转发等社交行为，积极参与到非遗的传播过程，实现了非遗粉丝的身份认同，提升了自身的"主人翁"意识。因此，强化了传承使命感的每个短视频用户，都能够在新时代语境下，最大限度地发挥自身的主动性和积极性。②

---

① 赵晖、王耀：《融合媒体时代非物质文化遗产在短视频平台的衍生开发与传播》，《艺术评论》2022年第2期，第24~35页。
② 赵晖、王耀：《融合媒体时代非物质文化遗产在短视频平台的衍生开发与传播》，《艺术评论》2022年第2期，第24~35页。

短视频主要通过三种方式构建非遗用户的身份认同感。

一是准入门槛低。短视频的出现大大地降低了视频内容制作行业的准入门槛，用户只需要一部手机，即可实现内容的拍摄、制作、分发。因此，屏幕前的观众一改往日被动的信息接受者角色，转变为主动的内容生产者、传播者。短视频用户可以通过点赞、评论、分享等互动功能，使得短视频内容的发布不再是简单的信息内容延伸，而是一种信息的隐喻，即通过用户交互行为构建了数字化的虚拟交流场域。在这个虚拟的信息交际圈层里，非遗传承人、粉丝得以实现即时的互动交际，成功构建了互联网生态下的虚拟非遗社群①。

二是契合用户观看习惯。一方面，随着信息化时代的高速发展，以"短、平、快"作为基本属性的短视频强势抢占了各大平台的用户市场。短视频以其"短时长"为核心竞争力，适应了现代人快节奏生活下产生的碎片化时间内的内容需求。用户可以在通勤路途、工作间隙、闲暇时刻，在较短时间内快速获取相应的信息或者满足娱乐需求。另一方面，短视频的内容不再像长视频一样"娓娓道来"，而是将内容高度凝练概括，以高密度的信息输出强势吸引用户的眼球。因此，短视频的出现让非遗粉丝不再需要花费大量时间去博物馆领略非遗的魅力，而是通过简短精美的短视频就能感受到非遗的别样风采，极大地提升了用户的接受能力和兴趣程度。

三是资源的合理配置。互联网时代，用户有限的注意力成为各大平台争抢的有限资源。在同一个短视频平台，"流量"同样也成为各个短视频创作者争抢的资源。如何获得更好的流量效果，首先需要从内容本身出发。非遗视频的点赞量、评论数是其传播效果最直观的体现，除此之外，还有内容完播率、转发量、关注量，这五个维度共同构成了热门短视频的判定指标。高点赞量、高评论数不仅是观看者对于非遗视频内容的认同，

① 赵晖、王耀：《融合媒体时代非物质文化遗产在短视频平台的衍生开发与传播》，《艺术评论》2022年第2期，第24~35页。

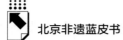

也是对创作者的认同。但是，数据时代不可避免的问题就是数据造假、流量造假。因此，各大短视频平台也推出了相应的机制，最大限度地避免出现"马太效应"。如快手就引入了"基尼系数"体制，使得每个创作者的内容都有均等的机会投送到相匹配的观看用户的首页，从而避免资源配置的两极分化①。

结　语

短视频是一次视频叙事话语的革命，它重新定义了媒介的内涵，使得媒介与我们的日常生活同构，短视频已经成为我们生活中不可或缺的一部分。非物质文化遗产作为中华民族的文化基因，深深地刻在了每个中华儿女的脑海中。短视频激活了非遗在智能媒体时代的现代化释义与表达，同时带领中华文化走出国门，在全球话语中留下惊鸿一瞥。②

北京非遗文化的传承创新是文化强国战略视域下的一项重要任务，③ 在互联网浪潮下，北京非遗项目应加速自身的转型升级，积极联合新媒体平台，借助短视频等新的媒介平台优势，结合北京当地的文化特色，培养优质内容生产者与传播者，推动北京非遗文化的传承和发展，激活北京非遗文化的强大生命力。

---

① 赵晖、王耀：《融合媒体时代非物质文化遗产在短视频平台的衍生开发与传播》，《艺术评论》2022 年第 2 期，第 24~35 页

② 赵晖、王耀：《融合媒体时代非物质文化遗产在短视频平台的衍生开发与传播》，《艺术评论》2022 年第 2 期，第 24~35 页。

③ 张家奇、李楠：《北京服饰类非遗在抖音短视频平台的推广机制研究》，《服装设计师》2020 年第 Z1 期，第 189~193 页。

B.8
北京非遗数字化传播效果研究报告

徐燕妮*

摘　要： 近年来，对非物质文化遗产的保护和传承已经逐渐成为国家文化
战略的重要组成部分，对非物质文化遗产的数字化保护也在不断
探索与实践中。本文以问卷调查的方式，探讨了北京市非遗数字
化传播情况及传播效果，并结合不同非遗类别的数字化传播数据、
不同媒介平台的传播效果进行了研究。研究发现，北京非遗数字
化传播效果存在明显差异，当下非遗数字化传播主要聚焦以图文
并茂的微信公众号和以短视频为主的抖音这两大新媒体平台。

关键词： 非遗数字化　新媒体技术　传播模型

　　非物质文化遗产潜隐着我国传统文化的基因，对非物质文化遗产的保护
既是弘扬传统文化，也为当下及未来搭建与传统文化对话的空间。当下，以
视听传媒形式对非物质文化遗产进行记录的方式成为广泛的传播渠道。2005
年，国务院下发的《关于加强我国非物质文化遗产保护工作的意见》明确
提出了要运用数字化媒体的方式对非物质文化遗产进行真实、系统和全面的
记录，这拉开了非遗数字化的序幕。随后，各个地方政府也相继出台了非遗
保护工作的相关意见。在这样的现实背景下，非遗学界也紧跟实践的步伐，
将非物质文化遗产数字化界定为"采用数字采集、数字储存、数字处理、
数字展示、数字传播等技术，将非物质文化遗产转换、再现、复原成可共

---

* 徐燕妮，北京联合大学艺术学院讲师，中国传媒大学电影学博士。

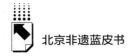

享、可再生的数字形态，并以新的视角加以解读，以新的方式加以保存，以新的需求加以利用"①。

2010 年以降，虚拟现实技术、增强现实技术、人工智能、3D 技术、计算机数据技术等新数字技术嵌入非遗数字化的保护、传播与利用的各个层面。伴随新媒体生态环境的变迁，非遗数字化传播的声音越来越强。尤其以微信公众号、抖音、微博和短视频主流平台设立非遗传播频道、非遗传播年报等活动为契机，业界拉开了非遗数字化盘点和总结的序幕。这也让越来越多的人了解到中国非遗手工、非遗音乐、非遗技艺等传统文化的存在样态和现状，为促进中国传统文化的国内外传播起到了举足轻重的作用。因此，对非遗数字化效果的盘点和研究，将助力非遗数字化有序、可持续的发展。

一　非遗数字化传播效果问题的提出

非物质文化遗产中潜隐着我国传统文化的基因密码，当下对非遗数字化的实践不断建构着大众的文化认同。2020 年，北京非物质文化遗产的数字化情况如何，在非遗数字化传播过程中，能否真实、完整地保存非遗的活态性质，已经成为亟须关注和解决的现实问题。2007~2021 年，北京地区分五个批次，申请了 120 项国家级非物质文化遗产项目。针对这些非遗项目在微信公众号、抖音、微博、腾讯视频、爱奇艺、哔哩哔哩等新媒体平台的传播现状进行数据采集，归纳出具体的数据，如表 1 所示。

从表 1 的数据中可以看出，北京非遗数字化传播完成的项目在各平台的占比均不到一半，对传播效果评价的指标比较单一，根据各个平台的传播特点，主要是以粉丝量、阅读量、点赞量和播放量来计算的。各种数字传播形式之间、非遗项目之间的关联性不强，这也是学界在进行理论研究时所遇到的主要问题。

---

① 王耀希：《民族文化遗产数字化》，人民出版社，2009，第 9 页。

表1　120项北京地区国家级非遗项目数字化传播平台数据统计

新媒体平台	微信公众号	抖音	微博	腾讯视频	爱奇艺	哔哩哔哩
存在项目(个)	26	56	22	48	15	24
不存在项目(个)	94	64	98	72	105	96
最高阅读量	2435					
最高点赞量		324.5万				
最高播放量				421.2万	8.4万	4.4亿
最高粉丝量		68.8万	13.3万			

　　由于数字技术的准入门槛过高,非物质文化遗产种类庞杂、流派繁多、继承人的演变较为复杂,因此,非遗数字化的实践呈现艰难复杂的态势。非遗数字化体系不完善、各个门类之间相互联系不多、非遗数字化传播存在文化壁垒,这都成为非遗数字化传播的难题所在。实际上,大众对非遗数字化传播的诉求始终未减。非遗数字化,是在大众诉求与有效传播之间找到的一条有效路径,既能满足大众的知识诉求,又能实现有效传播,向国内外的人们展示中华民族的文化遗产瑰宝,书写民族文化的基因密码,彰显大国文化底蕴、坚定文化自信。

　　目前,学界对于非遗数字化理论的研究在政策导向和技术驱动下稳步推进,但由于学科建设的薄弱以及学者们擅长的研究领域有所不同,很难形成一个具有普适性、得到广泛认可的非遗数字化理论体系。笔者选择从非遗数字化传播效果这一视角切入,以受众接受度为起点,尝试建构非遗数字化传播效果的评估体系,从而为非遗数字化的保护、传承与发展提供理论支撑,填补当下非遗数字化理论研究的空白。

二　研究设计

　　本报告参考 Robbins and Christopher(2010)的 TAM 技术接受量表和 Ramayah(2009)的 AIDMA 消费者行为量表等相关量表并进行适应性调整,设计了针对北京非遗数字化产品的调研问卷。

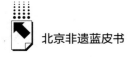

本问卷从四个部分评估用户对北京非物质文化遗产数字化的接受程度。同时，各分类题目选项中都设置了陷阱题，以剔除答题不认真的调查对象，从而提高问卷数据的有效性和真实性。

第一部分是对于数字化非遗产品的使用行为统计，这部分将会进行描述性统计分析，呈现出用户对北京数字化非遗产品的基本使用情况。

第二部分是对于数字化非遗产品的态度统计，这部分将作为用户对数字化与非数字化非遗产品的态度感知差异，来评估数字化对用户态度的改变，并从多个数字化技术类型中观察用户更倾向的非遗数字化传播方式。

第三部分是数字化非遗产品的接受效果测量。其中，一个矩阵量表是自变量量表，用以评估数字化非遗产品的特征，分为内容、技术、体验三个维度；另一个矩阵量表是因变量量表，用以评估数字化非遗产品的用户接受效果，分为认知、美感、价值三个维度（见图1）。

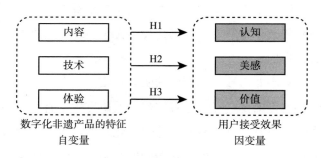

图1　研究假设示意图

H1：数字化非遗产品的内容质量与用户接受效果有关。

H2：数字化非遗产品的技术水平与用户接受效果有关。

H3：数字化非遗产品的使用体验与用户接受效果有关。

在后续分析中，本研究将通过自变量与因变量之间的相关性分析验证/证伪假设，并通过回归性分析发现影响非遗数字化接受效果（认知、美感、价值）的关键因素，以及各部分的解释程度与模型。

第四部分是基本人口统计学信息的收集。

三　北京非遗数字化传播现状

　　北京市非遗数字化的传播是走在全国前列的，不仅是地域优势，更是文化科技领先发展所带来的趋势。笔者将北京市 2007～2021 年所审批通过的五个批次共 120 项国家级非遗项目作为调研对象，针对数字化最为红火的新媒体、短视频端口进行数据调研，来梳理北京非遗数字化整体的传播效果。

　　图 2 显示，120 项北京地区国家级非遗项目中只有传统技艺，传统戏剧，传统体育、游艺与杂技，传统美术以及曲艺在微信公众号、微博、抖音、腾讯视频和哔哩哔哩门户全部实现传播，而其中能够达到均衡发展的就只有传统戏剧这一种类别。

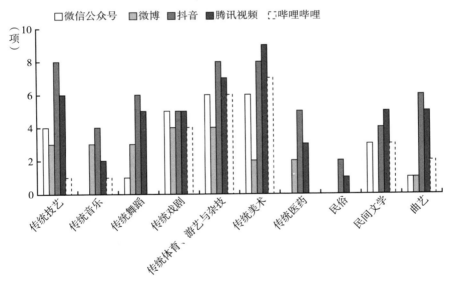

图 2　120 项北京地区国家级非遗项目数字化传播情况

　　图 3 反映了 120 项北京地区国家级非遗项目微信公众号设立情况，据图 3 反映，民俗、传统医药和传统音乐这几类非遗完全没有设立微信公众号。从整体上来看，非遗数字化在公众号传播建设方面还有很大的空间。

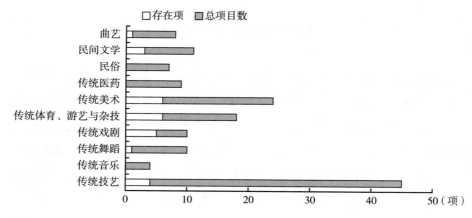

图 3　120 项北京地区国家级非遗项目微信公众号设立情况

从图 4 中可以看出，120 项北京地区国家级非遗项目在抖音平台上设立账号情况，几乎实现了所有门类的全覆盖。抖音作为时下最为流行的短视频平台之一，已然成为非遗数字化传播的主要媒介。

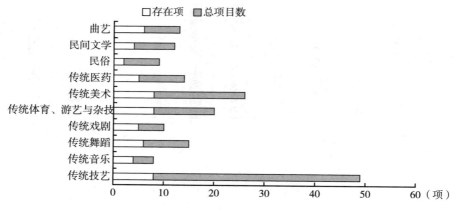

图 4　120 项北京地区国家级非遗项目抖音设立账号情况

据图 4 涉及的北京地区国家级非遗项目在抖音平台的设立情况，会发现其覆盖了全部门类的非遗项目。一方面，抖音以其双向互动模式，即用户既是信息的接受者，又是信息的传播者，实现了非遗数字化传播的双向互动；

另一方面，抖音以短视频的方式对北京市非遗项目进行了"科普"，传播内容的生动性、可视性、丰富性，填补了受众的碎片化时间。从信息传播的角度而言，抖音平台意识到了北京市非遗项目具有的巨大价值，涉及对中国传统文化的传播，因此，平台主动发力寻找合适的非遗传承人、立项资助项目，为非遗项目的传播搭建起良好的资源平台。从制作者的角度出发，相较于其他图文并茂、声画结合的形式，抖音现有的数字化短视频制作和直播等形式，对制作者的技术要求较低，其准入门槛的降低给予更多制作者主动参与的机会。

大众对传统体育、游艺与杂技的热衷程度最高，一方面得益于这一类别本身的大众性、娱乐性，另一方面在于，这一类别下的非物质文化遗产准入门槛较低，普适性强，老少皆宜。如空竹在中国有着悠久的历史，抖空竹也成为北京地区绵延至今的健身娱乐项目之一。这一项目兼具娱乐性与健身性，在北京各大公园随处可见抖空竹的人，老少皆宜。除此之外，围棋、象棋等非遗项目，在抖音、腾讯视频、哔哩哔哩等视频网站有固定账号，且播放总量过亿。如在哔哩哔哩网站，它们不仅有固定播放频道，而且围棋播放量达 2.3 亿次、象棋播放量达 4.4 亿次。这两大棋牌类非遗项目，已经成为大众日常生活的益智类娱乐项目。它们不受场地场所的空间限制，也不受天气气候的环境因素影响，两人对战的模式存在一定竞技性，能够满足大众的娱乐心理。象棋还蕴含着中国传统文化"仁义礼智信"的道德准则，"观棋不语真君子""当局者迷，旁观者清"等俗语，大众耳熟能详，饱含着中国人传统的生活态度、思维方式和人生哲学。

与具有娱乐性、亲民性、大众性的传统体育、游艺与杂技正好相反，有调查数据统计，传统技艺在各大平台的受众量、点击率最少。京作硬木家具制作技艺、北京宫毯织造技艺、内联升千层底布鞋制作技艺、蒸馏酒传统酿造技艺、王致和腐乳酿造技艺、全聚德挂炉烤鸭技艺等在各大新媒体平台均没有账号。究其原因，一方面在于这些传统技艺掌握在企业手中，具有商业性质，难以做到公开广泛传播；另一方面，掌握这类传统技艺并非一朝一夕之功，既需要设备支撑，也需要长年累月的学习、练习。同时，这些传统技艺并非人们日常生活的必需品，机械复制时代的工厂批量生产逐渐侵蚀着这些传统技艺。作为消费者的大众，并不会追溯商品是手工技艺制作还是批量生产，这些传统技艺正面临失传的现实困境，更遑论在新媒体平台上的传播。

（一）数据采集

受新冠肺炎疫情影响，本次数据采集全程以线上方式进行。本研究在预调研阶段共计投放问卷338份，剔除无效问卷后，保留200份有效样本，并通过SPSS进行了信度、效度、难易度、鉴别度测试，调整并删除了产生不良影响的问项，最终保留了26个量表问项，如表2至表4所示。

表2　本研究的自变量量表题项大纲

维度	问项	参考
内容	内容完整性	TAM技术接受量表 Robbins and Christopher（2010）
	内容丰富性	
	内容深度	
	内容更新频率	
	内容趣味性	
	内容影像质量	
技术	操作方便性	
	操作流畅性	
	操作多样性	
体验	新颖性	
	沉浸感	
	互动性	
	信息获取的难易程度	

表3 本研究的中间变量量表题项大纲

维度	问项	参考
认知	数字化非遗产品的内容呈现更规范	
	数字化非遗产品理解起来更容易	
美感	数字化非遗产品更具有美感	
	数字化非遗产品更能够感染人	AIDMA 消费者行为量表
价值	数字化非遗产品更具有文化深度	Ramayah（2009）
	数字化非遗产品更能体现文化独特性	
	数字化非遗产品更具有传承性	
	数字化非遗产品令文化空间保留得更完整	
	数字化非遗产品更具有社会意义	

表4 本研究的因变量量表题项大纲

维度	问项
对数字化非遗产品的好感度	我对数字化的非遗产品更感兴趣
	我觉得数字化的非遗产品更好
	我觉得发展数字化非遗产品是一件好事
	如果我能接触到数字化非遗产品,我会愿意尝试它

在正式投放阶段,本研究课题组向全国24个省（自治区、直辖市）共计发放问卷985份,最终收回有效问卷537份。受访者中,女性占55.49%,男性占44.51%;年龄分布主要集中在青年人,18~25 岁年龄段占比为25.88%,26~30 岁年龄段占比为30.54%,基本符合我国人口分布特征;受访者所从事的行业覆盖30 个目类。综上来看,样本选择具有代表性。样本问卷的制作、测试、发放和回收均使用问卷星平台进行,数据的检验、分析等通过 SPSS 完成。

（二）信度与效度检验

在剔除两道陷阱题目后,本研究基于清理完毕的数据对量表题目进行了信度与效度检验,结果如表5、表6所示。

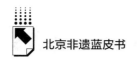

表 5　Cronbach 信度分析

项数	样本量	Cronbach α 系数
26	537	0.948

表 6　KMO 和 Bartlett 检验

KMO 值		0.961
Bartlett 球形度检验	近似卡方	12719.878
	df	325
	p 值	0.000

由表5、表6可见，本研究数据信度（Cronbach α 系数为0.948）、效度（KMO 值为0.961）均通过检验，可以被有效提取信息并做进一步分析。（详细信效度检验结果见附录）

（三）描述性数据分析

用户最经常观看的非遗文化类型排名前5的是（按频数高低排序）：传统体育、游艺与杂技，传统美术，曲艺，传统医药和民俗，传统技艺（见图5）。

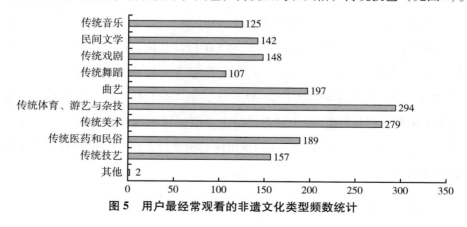

图 5　用户最经常观看的非遗文化类型频数统计

关于接触频率，38.73%的用户每周接触非遗文化产品若干次（但每天不止1次），26.44%的用户每周接触一次。此外，频率随机的用户占到

144

14.34%（见图6）。关于接触时长，一半以上受访者每次观看非遗产品的时长为15~30分钟，还有32.03%的用户观看时长超过30分钟（见图7）。

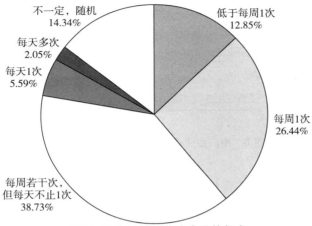

图6　用户接触的非遗产品的频率

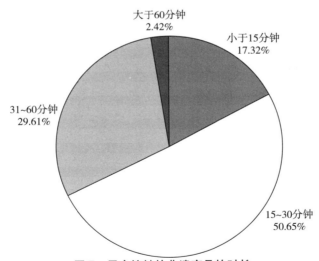

图7　用户接触的非遗产品的时长

在不同形态的非遗产品中，使用过如短视频/直播、综艺节目和纪录片的数字化非遗产品的用户较多，使用/观看线下实体的非遗产品的用户较少（见图8）。

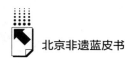
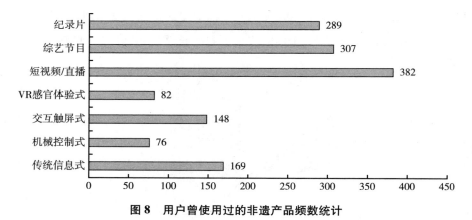

图8 用户曾使用过的非遗产品频数统计

关于使用非遗产品的媒介，在线上观看场景中，经常和总是使用手机的用户占比最多；在线下观看场景中，经常和总是前往博物馆、民俗文化馆的用户比例相近，与之相比，前往文化遗址的用户较少（见图9）。

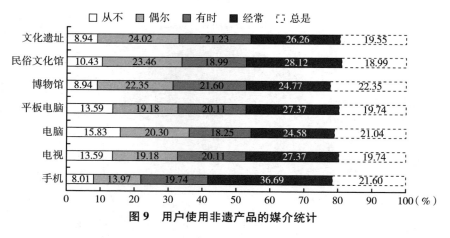

图9 用户使用非遗产品的媒介统计

在对不同形态的非遗产品满意度统计中，本研究发现，满意度①由高到低的产品形态依次是纪录片、短视频、综艺节目、传统信息式和直播。可见，在线观看的非遗产品满意度要高于线下实体的非遗产品（见图10）。

_____

① 对受访者在这一题目中选择"满意"和"很满意"的频率进行加总、排序。

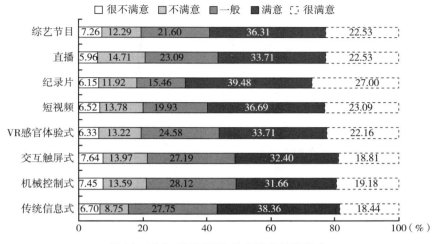

图10 用户对不同形态的非遗产品满意度

为进一步了解用户对数字化非遗产品的要求和期待，本研究从内容、技术和体验三个维度对"用户关注的数字化非遗产品特征"进行了调查。

数据显示，在内容方面，用户比较关注[1]数字化非遗产品的内容完整性、内容深度和内容丰富性（见图11），而对其内容更新频率要求不高；在技术操作方面，用户较为关注操作流畅性，较少关注操作多样性；在体验方面，用户最关注信息获取的难易程度和沉浸感，较少关注体验的新颖性和互动性。

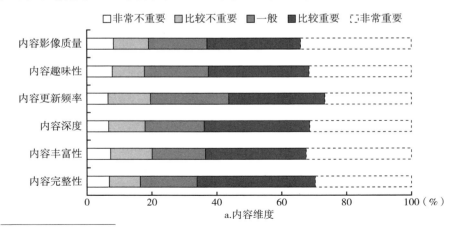

a.内容维度

---

① 对受访者在这一题目中选择"比较重要"和"非常重要"的频率进行加总、排序。

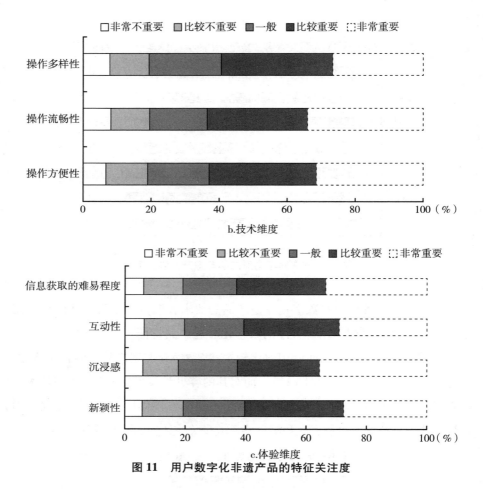

图11 用户数字化非遗产品的特征关注度

（四）相关性数据分析

本研究根据问卷采集的原始数据生成了三组新变量：其一，生成了自变量（接触时长、接触频率、内容特征、技术特征和体验特征）的平均值变量；其二，生成了中间变量平均值（用户对数字化非遗产品的认知、美感、价值）；其三，生成了因变量（用户对数字化非遗产品的好感度）平均值。本研究通过对这三组变量进行相关性分析来验证假设。分析结果见图12。

研究发现：（1）自变量（接触时长、接触频率、内容特征、技术特征

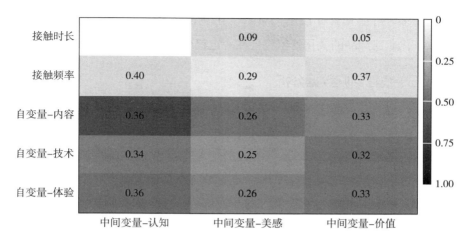

图 12　自变量与中间变量相关关系可视化

和体验特征）与中间变量（用户对数字化非遗产品的认知、美感、价值）均存在显著相关关系；（2）"接触时长"与中间变量中的"美感"维度具有相关关系；（3）用户"接触频率"与所有中间变量均无相关关系。值得注意的是，数字化非遗产品的内容质量高低与用户对其的认知、价值评价相关性较高，存在显著的正相关关系。这提醒我们提升非遗产品的内容质量或可能成为提升用户评价的关键。

　　进一步来看，本研究探究中间变量与因变量之间的相关关系，得到数据见表 7。

表 7　中间变量与因变量相关关系

	因变量-用户好感度
中间变量-认知	0.360 **
中间变量-美感	0.364 **
中间变量-价值	0.372 **

注：** p<0.01。

　　可见，用户对数字化非遗产品的认知、美感、价值评价与用户好感度存在显著相关关系。其中，"价值"维度的相关系数最高。这意味着，一方面，

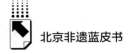

认知、美感、价值具有评估用户对数字化非遗产品的模型价值；另一方面，提升数字化非遗产品的文化价值将会在一定程度上影响用户好感度的变化。

（五）线性回归数据分析

为进一步考察三组变量间的影响关系，本研究对三组变量进行了线性回归分析，得到模型见图13。

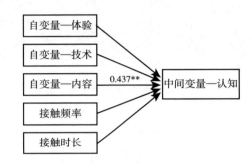

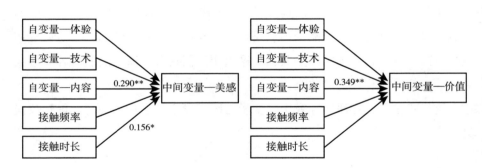

图13 自变量与中间变量的线性回归模型

注：* p<0.05，** p<0.01。

从图13可知：（1）在认知维度，模型公式为：中间变量—认知=2.078+0.016×自变量—体验-0.075×自变量—技术+0.437×自变量—内容+0.020×接触频率+0.064×接触时长，模型R方值为0.163，意味着自变量可以解释中间变量—认知16.3%的变化原因。（2）在美感维度，模型公式为：中间变量—美感=2.142+0.017×自变量—体验-0.021×自变量—技术+0.290×自变量—内容+0.008×接触频率+0.156×接触时长，模型 R 方值为 0.093，意味着自变量可以解释中间变量—美感 9.3%的变化原因。（3）模型公式为：中间变量—价值＝2.128+0.013×自变量—体验－0.023×自变量—技术+0.349×自变量—内容+0.001×接触频率+0.107×接触时长，模型 R 方值为 0.141，意味着自变量可以解释中间变量—价值 14.1%的变化原因。

其中，数字化非遗产品的内容质量对中间变量的三个维度都存在显著的正向影响，用户对非遗产品的接触时长会对用户的"美感"评价产生正向影响。

此外，有关中间变量与因变量的线性回归模型见图 14。

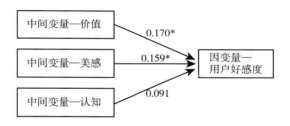

图 14　中间变量与因变量的线性回归模型

注： ＊ p<0.05。

模型公式为：因变量—用户好感度＝2.047+0.170×中间变量—价值+0.159×中间变量—美感+0.091×中间变量—认知，模型 R 方值为 0.155，意味着中间变量可以解释因变量 15.5%的变化原因。其中，数字化非遗产品的美感和价值指标将会对用户好感度产生正向影响。

北京非遗数字化传播呈现出多样态、多区块、多元化的特点，并伴随着新媒体生态环境与技术的变迁和发展，呈现出不断增长的新态势。但在传播过程中，目前仍没有完善的非遗数字化传播效果评价体系，因此不能够有效地评判非遗数字化传播的真实状况，亟须厘清非遗数字化传播评价效果体系，从而可以有效地对非遗数字化的传播进行评估，也为非遗数字化的保护、传承与发展提供策略。

非遗数字化传播效果评估不能单纯利用收视率、点击率和浏览量等单一传播媒体指标评估，应该建构一个符合新媒体语境、具有综合性和可执行性

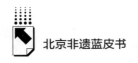

的整体评估体系，既要符合新媒体传播学的规律，又要符合非遗数字化传播的特点，有针对性地对非遗数字化的传播进行研究。

四　数据分析与建议

根据调查问卷的真实数据分析北京市非遗数字化传播，从传播渠道上看，主要依赖于线上新媒体平台，尤其以抖音、微信公众号两大平台为主；从传播内容上看，以传统体育、游艺与杂技，传统美术，曲艺，传统医药和民俗，传统技艺为主要表现内容的非遗项目更吸引受众；从不同形态的传播载体来看，受众更倾向于纪录片、短视频、综艺节目、传统信息式和直播；从传播接受主体来看，主要受众是18~30岁的青年群体。

当下，抖音平台以短视频传播为主，用户既是信息的接收者也是信息的传播者，尽管是视频制作与输出平台，但其对视频制作的准入门槛较低，在互联网时代，智能手机的普及让信息的生产与传播变得更加便捷迅猛。非遗数字化传播借助抖音平台进行传播，打破了传统的单向灌输式的传播模式，以点赞、留言甚至视频互动为主的双向沟通，让受众有了"说话的权利"，也有了传播非物质文化遗产的使命感。不同于抖音平台的视听传播形式，微信公众号的传播以图文并茂的方式介绍非遗项目，这主要得益于微信已经取代电话、短信等沟通方式，成为当下大众最主要的沟通方式。拥有庞大用户群体的微信平台，也成为非遗数字化传播的主阵地。

抖音、微信两大新媒体平台成为北京市非遗传播的主要平台，主要得益于接受主体的圈层性——青年群体。传播接受主体与传播内容之间呈现相互影响的态势，一方面，18~30岁的青年群体是使用智能手机，游走于抖音、微信之间的主要群体；另一方面，非遗数字化对于这一群体来说，是传统与现代的交集。非物质文化遗产所蕴含的传统文化基因密码，对于青年群体来说，既充满新鲜感，好奇于传统文化的不同形态表征，又在了解的过程中，以青年人的担当与使命，从情感维度自觉或不自觉地进行传播。

对于传播内容的喜好呈现出对娱乐性、实用性的倾向性。传统体育、游艺与杂技，曲艺，传统美术等类别有着天然的娱乐性，尤其是传统体育、游艺与杂技，还内蕴着奇观性，在新媒体平台的助推下，成为吸引大众的视听奇观。相对而言，传统音乐、民间文学、传统舞蹈三大类别，需要一定的文化底蕴、知识水平才能有效欣赏。同时，抖音作为短视频平台，每个视频时长维持在几分钟以内，在有限的时间内很难完成对传统音乐、民间文学、传统舞蹈的介绍，这也就切断了用户深入了解某一非物质文化遗产门类的信息途径。同时，传统技艺这一类别与笔者的预期效果呈现较大偏差，究其原因，诸如古法制作美食的传统技艺，对于快节奏的都市人而言，并没有空闲时间进行实践。工业化的批量生产也让这类技艺逐渐淡出大众视野。

受众更青睐于通过观看纪录片了解非遗。纪录片以其记录真实的动态影像，不仅能够完整详细地向受众呈现某一非遗类别，同时，纪录片的客观性、真实性，也让观众在镜头的缓慢诉说中体悟传统文化的影像修辞。尽管纪录片以真实客观还原非遗名录，但每一个镜头都蕴含创作者的主观思维，并非纯粹意义上的绝对客观。镜头与镜头之间的蒙太奇切换、场面调度的合理安排等，都潜藏着引导受众观看、调动起观众积极参与感的影像密码。在享受视觉盛宴的同时，观众也在不知不觉中完成了对非物质文化遗产深入了解的过程，甚至在观影结束后发挥认知的能动性，主动肩负起传播非遗类目的责任。这既是纪录片区别于短视频和直播的地方，也是纪录片所承载的情感召唤价值所在。除此之外，综艺节目天然具有的娱乐性也让受众增加了了解非遗的渠道。无论是纪录片、短视频、综艺节目还是直播，数字化传播相对于传统线下宣传，它的实时性、可传播性、可复制性，让非物质文化遗产有了动态发展、活态传承的可能。当然，线下传播，如博物馆、民族文化馆举办的展览，可适当融入数字化元素，以 VR、AI 等技术与传统展览结合，为大众打造具有沉浸式体验的互动项目，在现实生活中真实体验非遗项目，也能够实现大众对非遗数字化所承载的传统文化基因的深度体认。

总而言之，尽管北京市非遗数字化借助数字技术、新媒体平台等，依靠地域优势，对非遗数字化的传播走在全国前列，但从实际传播效果来看，并

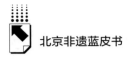
未达到预期效果。未来的非遗数字化传播，要兼顾线上线下两个渠道，不断开拓新的文化表达范式，深入分析用户心理，既要以潜移默化的形式将非遗深植大众思维，又要以有效的传播路径扩大传播范围，真正做到让非遗数字化成为书写民族文化基因、坚定文化自信的有效样本。

附录：

1. 完整信度量表

Cronbach 信度分析

名称	校正项总计相关性（CITC）	校正项已删除的 α 系数	Cronbach α 系数
我对数字化的非遗产品更感兴趣	0.466	0.948	
我觉得数字化的非遗产品更好	0.337	0.949	
我觉得发展数字化非遗产品是一件好事	0.481	0.948	
如果我能接触到数字化非遗产品，我会愿意尝试它	0.424	0.948	
内容完整性	0.827	0.944	
内容丰富性	0.735	0.945	
内容深度	0.700	0.945	
内容更新频率	0.686	0.945	
内容趣味性	0.730	0.945	
内容影像质量	0.753	0.944	
操作方便性	0.694	0.945	
操作流畅性	0.729	0.945	
操作多样性	0.706	0.945	0.948
新颖性	0.714	0.945	
沉浸感	0.718	0.945	
互动性	0.718	0.945	
信息获取的难易程度	0.687	0.945	
数字化非遗产品的内容呈现更规范	0.698	0.945	
数字化非遗产品理解起来更容易	0.586	0.946	
数字化非遗产品更具有美感	0.511	0.947	
数字化非遗产品更能够感染人	0.552	0.947	
数字化非遗产品更具有文化深度	0.514	0.947	
数字化非遗产品更能体现文化独特性	0.551	0.947	
数字化非遗产品更具有传承性	0.546	0.947	
数字化非遗产品令文化空间保留得更完整	0.578	0.946	
数字化非遗产品更具有社会意义	0.591	0.946	

注：标准化 Cronbach α 系数为 0.948。

2. 完整效度量表

效度分析结果

名称	因子载荷系数			共同度（公因子方差）
	因子1	因子2	因子3	
我对数字化的非遗产品更感兴趣	0.111	0.238	0.905	0.887
我觉得数字化的非遗产品更好	0.012	0.220	0.784	0.663
我觉得发展数字化非遗产品是一件好事	0.207	0.196	0.807	0.733
如果我能接触到数字化非遗产品,我会愿意尝试它	0.192	0.117	0.811	0.708
内容完整性	0.945	0.175	0.092	0.931
内容丰富性	0.845	0.157	0.100	0.748
内容深度	0.817	0.154	0.067	0.695
内容更新频率	0.791	0.173	0.051	0.658
内容趣味性	0.833	0.166	0.097	0.731
内容影像质量	0.843	0.186	0.106	0.756
操作方便性	0.852	0.096	0.068	0.740
操作流畅性	0.860	0.120	0.108	0.767
操作多样性	0.812	0.171	0.066	0.692
新颖性	0.823	0.164	0.076	0.709
沉浸感	0.854	0.137	0.062	0.752
互动性	0.820	0.136	0.143	0.711
信息获取的难易程度	0.838	0.089	0.093	0.719
数字化非遗产品的内容呈现更规范	0.220	0.913	0.136	0.900
数字化非遗产品理解起来更容易	0.209	0.762	0.108	0.636
数字化非遗产品更具有美感	0.068	0.804	0.142	0.671
数字化非遗产品更能够感染人	0.134	0.769	0.169	0.637
数字化非遗产品更具有文化深度	0.091	0.813	0.082	0.676
数字化非遗产品更能体现文化独特性	0.123	0.796	0.151	0.671
数字化非遗产品更具有传承性	0.124	0.797	0.130	0.668
数字化非遗产品令文化空间保留得更完整	0.221	0.757	0.064	0.626
数字化非遗产品更具有社会意义	0.220	0.743	0.129	0.618
特征根值（旋转前）	11.705	4.757	2.243	—
方差解释率/%（旋转前）	45.018	18.295	8.626	—
累积方差解释率/%（旋转前）	45.018	63.313	71.939	—

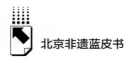
续表

名称	因子载荷系数			共同度（公因子方差）
	因子1	因子2	因子3	
特征根值（旋转后）	9.552	6.158	2.994	—
方差解释率/%（旋转后）	36.739	23.684	11.517	—
累积方差解释率/%（旋转后）	36.739	60.423	71.939	—
KMO值	0.961			—
巴特球形值	12719.878			—
df	325			—
p值	0.000			—

B.9
文化馆非遗资源的数字化保护与开发

—— 以北京数字文化馆与各区文化馆数字平台为例

贾志杰 *

摘 要： 2022 年，在新冠肺炎疫情防控常态化背景下，北京市和各区文化馆增加了数字平台的文化资源供应，文化馆非遗资源的数字化展示平台更为多元，非遗资讯发布渠道愈加丰富，数字档案的形式更加灵活生动，线上与线下互动促进了非遗传承方式的多样化，线上展演、云直播助力非遗融入现代生活。在推动文化馆非遗资源向公众开放、开发丰富的线上展演和体验活动和促成非遗资源的整合与共享方面形成了亮点。由于数字文化馆正处于建设中，以及数字化本身具有的局限性，现有平台的数字化记录和展示难以呈现非遗的全貌，各文化馆数字平台存在非遗资源整合度不足，以及数字展演强化了非遗的艺术性，弱化了生活性等问题。数字化记录与展示应重视感官体验，加大非遗数据库资源整合力度，并在平台中增设专栏，强化对传承人口述史的数字记录，鼓励民众讲述自己与非遗的故事。

关键词： 非物质文化遗产 文化馆 数字平台

"文化馆是通过政府设立，并向公众全面开放的一种具有公共文化服务于公共文化产品的公益性文化机构，其主要是负责组织、指导、开展、研究及辅导群众文化的艺术活动，其范围包括省市级文化馆与县级文化馆及群众

---

* 贾志杰，北京师范大学文学院中国民间文学专业博士研究生。

艺术馆等。"① 文化馆是基层文化服务的重要窗口，也是非物质文化遗产的主要申报单位，在非遗保护与传承工作中发挥着巨大的作用。在移动互联网时代，百姓文化需求的重心从线下向线上转移，尤其新冠肺炎疫情以来，线上的文化传播活动更加活跃，非遗的线上推广和传承活动更为频繁，文化馆的数字化建设和线上服务也在系统性推进。将数字化技术引入文化馆的资源建设和公共文化服务中，可以突破文化馆在场服务能力的限制，将文化的发展与科学技术融合，最终实现公共文化服务线上线下的联通与互动，这也正是数字文化馆建设的要求所在。②

一　非遗在文化馆数字服务平台中推广宣传的整体格局和发展态势

北京市首家数字文化馆——东城区第一文化馆，在 2017 年 3 月 1 日上线运营。为提升首都公共文化服务效能，北京数字文化馆于 2019 年 2 月 1 日正式上线运营。到 2022 年，北京市和 16 个区的文化馆数字平台都已建成，且都设有非物质文化遗产的推广专栏。线上服务平台已成为文化馆进行非遗传承和保护的重要渠道。

（一）文化馆数字平台更为多元

2020 年召开的北京市群众文化工作研讨会提出，数字化是未来文化馆发展的新方向，应进一步提高文化馆的数字化服务效能。因此，北京市和各区都十分重视数字文化馆的建设，到 2022 年，市、区两级文化馆都在一定程度上建成了数字服务平台，并且平台更加多元，从最初的网页端逐步发展为网页端与移动端齐头并进，在移动端又拥有 App、微信公众号、抖音号等不同的信息发布渠道，形成了一个多元的数字服务体系（见表 1）。

---

① 袁援：《探讨现代信息技术在文化馆的运用价值》，《神州》2014 年第 18 期，第 278 页。
② 王文戈、元程：《互联网+文化馆建设的方法论探析》，载于中国文化馆协会《增强活力 提升效能——2018 年中国文化馆年会征文获奖作品集》，光明日报出版社，2019，第 373 页。

表 1 北京市、区文化馆推送非遗保护与传承信息的数字服务平台

数字平台	行政区划	网页端	移动端		
			App	微信公众号	抖音号
市级	北京市	北京数字文化馆	北京数字文化馆	北京数字文化馆	北京市文化馆
区级	西城区	—	—	北京市西城区文化馆 北京市西城区第二文化馆	北京市西城区文化馆
	东城区	东城区第一文化馆	—	北京市东城区文化馆	
	朝阳区	—	—	朝阳区宣传文化服务平台	
	海淀区	北京市海淀区文化馆	海淀公共文化	海淀北部文化馆	北京市海淀区文化馆
	石景山区	石景山文化 E 站	石景山文 E	—	石景山文旅
	通州区	北京市通州区文化馆	—	北京市通州区文化馆	—
	房山区	房山区文化活动中心	房山区文化活动中心	北京市房山区文化活动中心	房山区文化活动中心
	顺义区	北京市顺义区文化馆	—	顺义区文化馆	—
	大兴区	—	—	大兴区文化馆	—
	怀柔区	—	—	怀柔文化馆	—
	延庆区	北京市延庆区数字文化馆	延庆区数字文化馆	北京市延庆区文化馆	—
	密云区	密云区文化馆	密云区文化云	北京市密云区文化馆	—
	昌平区	北京市昌平区文化馆	—	北京市昌平区文化馆	北京市昌平区文化馆
	平谷区	—	—	北京市平谷区文化馆	北京市平谷区文化馆
	丰台区	—	—	—	—
	门头沟区	—	门头沟文化云	北京市门头沟区文化馆	—

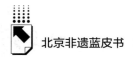
2022年5月，首都新冠肺炎疫情形势严峻，全市文化馆暂停线下开放，大幅增加了线上文化服务资源，市、区两级文化馆集中推出了多项与非遗有关的介绍、课程、展览、资讯、线下体验活动等信息。在疫情防控的背景之下，数字平台为非遗的传承与普及发挥了突出作用。

（二）数字平台互通互联，非遗资讯多渠道发布

随着媒体融合趋势的加强，除市、区两级文化馆数字平台之外，北京市和各区的非物质文化遗产保护中心、融媒体中心及文化和旅游局也在通过各自的数字平台推送非遗信息（如微信公众号和抖音号，见表2），介绍文化

表2　北京市和各区的非物质文化遗产保护中心、融媒体中心及
文化和旅游局移动端数字平台

行政区		微信公众号			抖音号		
		主办单位					
		非遗保护中心	融媒体中心	文旅局	非遗保护中心	融媒体中心	文旅局
市级	北京市	—	—	文旅北京	北京非遗中心	—	文旅北京
区级	西城区	西城非遗	北京西城	文化西城	西城非遗	北京西城	—
	东城区	非遗101	北京东城	北京东城文旅	非遗101	北京东城	—
	朝阳区	—	北京朝阳	朝阳文旅云	—	朝阳群众	—
	海淀区	—	海淀融媒 海淀发布	文旅海淀	—	海淀融媒 海淀发布	文旅海淀
	石景山区	—	北京石景山	石景山文旅	石景山区非遗中心	石景山融媒	石景山文旅
	通州区	—	通州融媒	文旅通州	—	通州发布	—
	房山区	—	北京房山	大美房山	—	北京房山	—
	顺义区	—	北京顺义	顺义旅游	—	北京顺义	—
	大兴区	—	这里是大兴	文旅大兴	—	大兴融媒	—
	怀柔区	—	怀柔融媒	—	怀柔非遗	怀柔融媒	—
	延庆区	—	北京延庆	美丽延庆	—	北京延庆	—
	密云区	—	生态密云	密云文旅	—	生态密云	北京市密云文旅
	昌平区	—	昌平圈	爱上昌平	—	北京昌平	—
	平谷区	—	幸福平谷	文旅平谷	—	平谷融媒中心	—
	丰台区	—	北京丰台	发现新丰台	—	—	—
	门头沟区	—	门头沟融媒	门头沟文旅	门头沟非遗	门头沟融媒	北京·门头沟文旅

馆的非遗资源和场馆活动。如北京市文化和旅游局官方微信公众号"文旅北京"在 2022 年 5 月 19 日推送了"线上不打烊！市文旅局统筹推出 7077 个数字文化资源丰富市民文化生活"的信息，集中介绍了北京市文化馆和各区文化馆提供的包括非遗在内的线上文化服务，并附有各数字平台的访问操作流程，实现了非遗资讯的互联互通。

非遗资讯的目的在于为市民提供查找非遗资源的渠道，时效性强，因此发布主体多选择在移动端，如微信公众号、抖音或快手等新媒体来推送信息。微信公众号内容以文字、图片、小视频为内容，市民可以方便、快捷地浏览，以获取非遗的资讯。抖音和快手除了发布资讯外，还会推送对非遗内容的介绍，如西城区融媒体中心官方抖音号"北京西城"，既有介绍老字号非遗传承活动的新闻资讯，也会推出《中轴西韵》《遇见非遗》等非遗系列宣传片，探访传承人，阐释非遗的文化底蕴。这种简短灵活、凝练生动的方式——小视频为市民提供了其喜闻乐见的文化快餐。

（三）多种媒介形式的应用，构建非遗数字档案

《北京市非物质文化遗产条例》第十三条规定："市、区文化和旅游主管部门应当综合运用图片、文字、录音、录像、数字化多媒体等形式，建立规范化的非物质文化遗产档案及相关数据库。"文化馆数字平台能够综合使用图片、文字、音频、视频等手段动态地记录和保存非物质文化遗产，并将其制作成开放、共享的文化资源，市民可随时上网查阅相关信息，如了解非遗的起源、特征、传承人、保护现状等。

文化馆作为非遗申报单位，掌握着本地区非遗项目的数量、类型、名录级别等信息。因此，在市、区文化馆的数字平台中，非遗的保存和记录占有很大空间，主要包括本市（区）非物质文化遗产名录的展示、非遗项目介绍、传承人介绍和非遗申报和保护的相关政策等。文化馆的数字平台同样也是向民众展示本地非遗资源的窗口，在东城区文化馆、海淀区文化馆、石景山区文化馆、顺义区文化馆、昌平区文化馆等网页平台中，都按照国家级、市级、区级三级名录设有非遗项目展示专栏，多用数百字的篇幅和若干张图

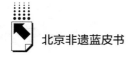

片组合的形式，介绍项目的发展历程和传承人的概况。在大兴区文化馆、朝阳区文化馆、通州区文化馆的官方微信公众号中，也推送了图文并茂的非遗介绍信息。门头沟区文化馆在其官方 App"门头沟文化云"中开辟了"非遗展示"空间，同样以图片和文字的形式为辖区内非遗项目建立数字档案，简短凝练，便于公众了解。

相较于用文字和图片展示本地区的非遗名录，视频形式是数字平台将非遗予以记录和档案化的独特之处。很多文化馆也制作了非遗纪录片，用视频的形式讲述传承人与非遗项目的故事。如房山区文化活动中心展示了系列非遗专题片《市井间的传承》，介绍了房山区国家级、市级、区级非遗项目 17 项，在视频下方都附有传承人相片和相关文字说明，内容翔实，形式生动。石景山区文化馆也在 2022 年 6 月制作了石景山区非遗宣传片，在此之前，又曾推出多期"非遗大课堂"线上展播的视频，在展播之后一直留在数字平台，成为供人们了解石景山非遗的数字资源。密云区文化馆在微信公众号中推送了"云艺微课堂"，以小视频、图片和文字的形式展示了密云区非遗项目，这些都是数字平台记录、保存和展示非遗的方式。相较于线下的档案化保存，数字平台中图文并茂、音视频并存的方式更为生动，也更易于为社会共享。

（四）非遗传承形式多样，线上与线下互动

《中华人民共和国非物质文化遗产法》第三十五条规定："图书馆、文化馆、博物馆、科技馆等公共文化机构和非物质文化遗产学术研究机构、保护机构以及利用财政性资金举办的文艺表演团体、演出场所经营单位等，应当根据各自业务范围，开展非物质文化遗产的整理、研究、学术交流和非物质文化遗产代表性项目的宣传、展示。"《北京市非物质文化遗产条例》第四十三条也规定："非物质文化遗产保护机构、研究机构，文化馆、博物馆、图书馆、科技馆等公共文化设施的运营管理单位，应当根据各自的业务范围，有计划地开展代表性项目的宣传、展示、研究、交流等活动。"为保护和传承非物质文化遗产，各级文化馆都会借助各自的场馆资源来举办多种

多样的活动，以多元形式进行非遗的传承和展示。在数字平台上线后，与非遗有关的活动从现实场馆举办转为线上、线下互动的方式，打破了单一的在场举办的方式，为市民参与体验非遗活动开辟了新路径。

在北京市数字文化馆平台中，关于非遗的信息集中在三个模块："汇资讯"，主要展示北京市各区文化馆举办的非遗展示活动，或公示非遗申报情况，如首都各区文化馆推出的"携手战疫，共克时艰"非遗传承人所做的防疫宣传；"看直播"，主要展示非遗专题纪录片或非遗项目的表演视频，如房山区非遗系列专题片；"订场馆"，主要推送各区文化馆线下举办的非遗展演活动信息，方便市民预约参观体验，如海淀区图书馆（北馆）举办的非遗人像面塑制作课程等。其中，"汇资讯"和"订场馆"都与文化馆在线下举办的活动有关，或是将线下活动整理为新闻资讯在线上推送，或是为其做宣传和指引，抑或是通知市民在线下做相关准备以便更好地体验线上的活动，再或是将文化馆的非遗展厅复刻到数字空间等。

首先，将自己举办的非遗活动整理成新闻资讯在互联网上广而告之已经成为很多文化馆的工作常态。如大兴区文化馆微信公众号在 2022 年 2 月 10 日推送了大兴区文化馆 2022 年非遗工作会的简讯，向外界公布了这一年大兴区非遗工作的思路、方向和规划。怀柔区文化馆通过抖音号发布了其举办的非遗进校园系列活动的视频剪影等。在数字平台发布与非遗相关的资讯可以方便、快捷地传递非遗申报、传承情况，让市民熟悉本地的非遗概况。

其次，为线下活动做前期宣传也是数字平台的功能之一。如平谷区文化馆在 2022 年 3~4 月期间举办的"心手相应，薪火相传"非遗项目培训班，在微信公众号上发布了招生通知和学院二维码，学院通过线上扫描二维码来报名，但要到文化馆线下学习。昌平区文化馆的特色资源之一——非遗地图，则是将非遗项目的传承地标注在昌平区地图上，点击对应的位置便可以看到非遗项目的文字介绍，并配有语音播报模式，人们可以顺着地图的指引到相应的村镇进行实地考察。

最后，线下准备材料进行线上体验的活动方式。海淀区文化馆在 2022 年春节期间举办了"非遗照亮冬奥之美"系列活动，活动通过抖音、哔哩哔哩等平台在线上举行，但会给报名成功的参与者通过快递的方式寄送实体材料包，为参与者在线下准备道具，在线上体验。而顺义区文化馆则在其网页平台设置了"非遗 VR 展厅"，将文化馆中的非遗展区整体以 VR 的方式呈现到网页端，市民可以点击鼠标来代替实体参观，在高清的画质和便捷的切换之间，足不出户便可获得观展体验。

以上都是各级文化馆通过线上与线下互动的方式进行非遗展示的方式，其中数字平台扮演着重要的角色，不仅为文化馆展示非遗提供了新途径，也使市民在参与非遗活动的同时丰富了自身的体验经历。

（五）线上展演、云直播助力非遗融入现代生活

根据《关于进一步加强非物质文化遗产保护工作的意见》的要求，为适应媒体深度融合趋势，应丰富传播手段，拓展传播渠道，鼓励新闻媒体设立非物质文化遗产专题、专栏等，支持加强相关题材纪录片创作，办好有关优秀节目，鼓励各类新媒体平台做好相关传播工作。利用文化馆（站）、图书馆、博物馆、美术馆等公共文化设施开展非物质文化遗产相关培训、展览、讲座、学术交流等活动。在传统节日、文化和自然遗产日期间组织丰富多彩的宣传展示活动。①

新媒体为社会带来了多种发展契机，近年来，直播行业异军突起，掀起了"网红""直播带货"等新风潮。在此环境下，非遗也乘上了"直播"的东风，不断推出"云展播""云直播"等活动，将传统文化与新技术、新经济模式融合在一起，成为数字平台举办非遗展览的新方式。如北京数字文化馆在 2022 年 7 月 19 日 20：00 以线上直播的方式播出"乡村网红"培育计划之《乡约》非遗特辑，邀请了来自贵州的女银匠潘雪、来自北京的口技大师方浩然、来自河南的剪纸艺人畅杨杨 3 位非遗传承人作为访谈嘉宾，讲述了短视频中的手艺人的故事，鼓励传承人将祖传记忆与网红经济联系起

---

① 中共中央办公厅、国务院办公厅印发《关于进一步加强非物质文化遗产保护工作的意见》，http：//www.gov.cn/zhengce/2021-08/12/content_5630974.htm。

来，更新了非遗的传承路径。房山区文化活动中心在虎年新春之际推出"新春非遗线上闹元宵"活动，邀请非遗传承人向市民展示布老虎制作技艺、北京灯彩、苏造肉制作技艺、葫芦烙画等非遗记忆，从正月初十开始，每晚 19：00 在电脑端、手机 App 和微信平台上同步播出。石景山区公共数字文化服务平台"石景山文化 E 站"则不定期推出非遗线上展播活动，市民可在活动期间线上观赏，如"我在线上话非遗"系列安全活动，通过传统文艺和原创作品相结合的形式，打造出内容丰富、形式新颖、题材感人的系列非遗作品。

在重大节日之际，非遗"云直播"更成为备受瞩目的文化盛宴。2022年文化和自然遗产日，海淀区文化馆承办了"走进青春海淀，绽放非遗光彩"线上非遗展播。密云区文化馆承办了以"连接现代生活，绽放迷人光彩"为主题的"喜迎二十大·璀璨非遗，密玉情牵"非遗云直播活动。朝阳区宣传文化服务平台主办了"连接现代生活，朝阳区文化和自然遗产日"活动，通过朝阳区宣传文化服务平台、BRTV 大家收藏抖音官方号、北京广播电视台《电视收藏》栏目、"北京时间"抖音号、快手视频号及西瓜视频等平台进行线上直播，探访朝阳区非遗项目，对话非遗传承人，共话非遗未来发展。

二　非遗保护的重点和亮点

（一）借助数字平台，推动文化馆非遗资源向公众开放

文化馆承担着收集、整理以及保护我国各民族民间文化遗产的责任。中共中央办公厅、国务院办厅印发的《关于进一步加强非物质文化遗产保护工作的意见》指出："加强档案数字化建设，妥善保存相关实物、资料。实施非物质文化遗产记录工程，运用现代科技手段，提高专业记录水平，广泛发动社会记录，对国家级非物质文化遗产代表性项目和代表性传承人进行全面系统记录。加强对全国非物质文化遗产资源的整合共享，进一步促进非物质文

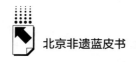
化遗产数据依法向社会开放，进一步加强档案和记录成果的社会利用。"

文化馆处于非遗搜集、采录和整理的第一线，在资料汇集方面具有优势，但在数据展示和社会利用方面，需要市民亲自到访参观则受到了局限，而文化馆数字平台的开发恰好可以弥补这一缺陷。非遗数据可以通过互联网传播至世界各地，为文化馆赋予了无限的展示空间，某一地区的非物质文化遗产可以成为全球共享的文化资源。

数字平台可以将文化馆的非遗资料进行数据化储存，以展示的形式进行保护，将馆藏资料及时转化为大众可接触、可利用的文化资源，切实将非遗的活态保护与传承结合起来，激发了非遗在当代社会中的生命力。数字平台也为非遗的展示形式留有创新空间，使得非遗项目可以文字、图片、音频、视频或多种形式组合的方式出现在大众视野，为非遗的创造性转化与创新性发展创造条件。

数字化提高了非遗资源的保存效率。北京市各级文化馆的数字平台都设有非遗专栏，专栏中有很大一部分空间所展示的都是本区的三级非遗名录的介绍，以及每个非遗项目的代表性传承人。有的文化馆还制作了专题纪录片以讲述非遗与传承人之间的故事。每一则充满地域特征的故事都随着互联网的传播突破了时间与空间的局限，走入了公共视野，成为全民共享的精神滋养，为非遗的传承、转化与利用注入了无限的可能。

（二）依托新传播手段，开发丰富的线上展演和体验活动

2022 年，通过点击手机屏幕来"云游非遗"，正成为体验非遗的新时尚。"同步时代发展的节奏，是非遗传承的重要课题之一。当非遗融入生活成为必需品，将让传统文化的传承之路更加行稳致远、越走越宽。新兴的网络平台通过优势资源和创意玩法，让非遗通过大众易于获取、接近、参与的方式触及网友，让传统文化更亲民、亲切地拥抱现代生活。"[①] 新媒体技术

---

① 刘淼：《"云游非遗·影像展"：以现代传播方式践行活态传承理念》，《中国文化报》2022
年 6 月 16 日，第 1 版。

的应用和网络直播的普及，令大众得以在足不出户的情况下便可饱览多彩的非遗技艺，聆听传承人和非遗专家的讲述，了解非遗背后的故事。

如前所述，北京数字文化馆、房山区文化活动中心、石景山区公共数字文化服务平台、海淀区文化馆、密云区文化馆、朝阳区宣传文化服务平台等在2022年都曾通过网页端或移动端等多元数字平台推出与非遗展示和体验相关的线上直播或展播活动。如今，直播和看直播都已成为人们日常生活中的组成部分，尤其在疫情期间，诸多线下活动都转移到了线上，开展非遗线上直播宣传活动，也是推动非遗融入时代、融入现代生活的举措，不仅能够让非遗"活"起来，还能使其"火"起来，让传统文化的体验成为生活时尚。

除了直播体验外，线上展览同样是文化馆进行非遗宣传的重要方式，包括制作非遗专题纪录片，如房山区文化活动中心、石景山区文化馆、密云区文化馆，其数字平台上都有系列纪录片向公众展示本地非遗文化；还包括其他新形式，如顺义区文化馆数字平台上设置的"非遗VR展厅"将线下的实体展馆复刻到网页中，向观众呈现。线上直播、纪录片和VR展览，都是既生动又新颖的体验方式，还能够与大众的线上生活相适应，是文化馆宣传和传承非遗文化的重要渠道，也是大众喜闻乐见的学习和体验非遗的新方式，是值得在未来进一步深耕的领域。

（三）聚合多元媒介，促成非遗资源的整合与共享

随着技术的不断进步，大数据应用发展势头十分迅猛，不同媒介形态之间相互融合，不同数字平台也在相互合作，加强资源共享，各文化馆的数字平台也不例外。

以北京市数字文化馆和各区文化馆的数字平台为例。北京市数字文化馆在推送本馆非遗活动的同时，也会在平台中推送各区文化馆的非遗相关信息。例如，在"汇资讯"板块中，推送了密云区文化馆在文化和自然遗产日举办的非遗云直播活动；在"看直播"板块中，转载了海淀区文化馆在2022年新春之际举办的线上"生龙活'虎'——冬奥主题非遗手工制作"

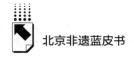

系列活动；在"学才艺"板块中，上传了房山区文化活动中心主讲的非遗微视频"百工录"；在"订场馆"板块中，转发了东城区第二文化馆要举办"非遗'心手相传'系列活动——文化馆里话非遗之春节"，并附有活动参与方式；"赶大集"板块则是网上商店，专卖各地文创产品，其中包括非遗作品；"文旅号"板块展示了北京市及下辖 16 个区的文化馆订阅号，市民可通过订阅号进入各区的文化馆数字平台查阅相关信息。

北京市数字文化馆集合了各区文化馆的资讯，也汇集了各区文化馆中与非遗有关的数据和信息。而在每个区内部，也有多个展示非遗文化的平台，如表 2 所示，在文化馆数字平台之外，还有非物质文化遗产保护中心、融媒体中心和文旅局等平台推送相关信息，各平台之间往往会资讯共享，相互推介，这也为非遗的传播拓宽了道路。

文化馆与其他部门借助多种媒介、多个平台共同推送与非遗相关的信息，能够扩大受众范围，增强非遗的影响力。将各平台中的资源汇集起来，则可以让大众在一个平台获得更多信息，为人们了解非遗文化提供便利，彰显数字平台资源整合的优势。

三 文化馆数字平台中非遗保护与开发的问题分析

（一）数字化记录和展示难以呈现非遗的全貌

非物质文化遗产是人们通过口传心授、身体力行习得和传承的，须全身心地参与才能领会其要义。尽管数字化保存和展示的形式已经突破了传统的文字、图片等静态呈现方式的局限，用视觉和听觉的形式展示动态的非遗技艺，大大丰富了人们对非遗的体验感，但非遗本身是立体的，需要用多种感官协同感知，视听之外的嗅觉、味觉、触觉及情感体验领域，是很难通过数字化保存与呈现来直接记录与传播的，这一点在饮食类非遗上体现得最为典型。以饮食制作技艺为例，其精髓不在于看和听，而在于对气味的感知、对火候的掌握和对味道的品尝，这些体验都是无法隔着屏幕来获得的。

目前，在北京市和各区文化馆数字平台上所展示的非遗项目都着重阐述项目的历史源流、传承人与传承谱系、主要特征和保护措施，内容较为宏阔，对技艺等具体操作和展演方式也缺乏深描，无法拍摄出非遗背后民众的质朴情感，以致无法向受众传达出精妙的体验感，同样也就无法展现出非遗的多重面向，最终呈现出的则是一个扁平化的、片面的非遗介绍。

（二）各文化馆数字平台非遗资源整合不足

如前所述，北京市和各区文化馆的数字平台已形成互联互通、相互融合之势，各平台之间共享着与非遗有关的数字资源，但这些资源多限于资讯的相互来往，如北京市数字文化馆推送各区文化馆的非遗展览或活动信息，指引公众到特定文化馆中查看具体信息，进行非遗体验。各融媒体号同样着重推送文化馆中举办的活动信息，使信息在各平台间流转，传递到社会中，为更多人所见，主要起到相互打广告的作用。

因此，文化馆数字平台中非遗资源的整合主要为资讯的整合，而各区文化馆所展示的非遗项目介绍、传承人信息、非遗宣传片等核心资源并未整合到一个统一的数字平台中，北京市数字文化馆主要汇集了各区的非遗资讯，而不是非遗的具体资料，公众若想了解某个非遗项目的具体信息，则仍需自行到相应数字平台中进行查找。如此一来，非遗资源分散在数个平台中，用不同的格式储存，以不同的形式开放，一方面不利于对全市非遗资源进行数字化存档和共享，另一方面不利于公众查阅、获取非遗数据，体验非遗乐趣。

（三）数字展演强化了非遗的艺术性，弱化了生活性

非遗是人们在生活中创造、传承、享用的文化资源，源于生活，用于生活，艺术性与生活性并存。而在文化馆数字平台中展示的非遗项目，尤其是视频展示形式，都是经过了专业人员的编导和技术处理，抽离了百姓生活，转化为纪录片，所展演的并不是生活原貌，而是人们精心设计后型构出来的视听艺术品。

脱域而去生活化的非遗展示，在相当程度上都受传衍场域、异质时空、观者口味与期待的影响。很多非遗项目经过影视化处理，原本的生活场景转变为拍摄现场，非遗技艺在摄影、录像、光影等技术渲染和控制下，传承人对外在世界与观者的理解、妥协甚至迎合，内在提升的欲望等，都影响着非遗项目的生活属性。① 在文化馆的线下体验活动中，观众与传承人之间尚且同处于一个空间中，可在与传承人的交流中获得生活的体验。但在数字平台中，公众与非遗展示者完全被通信技术所影响，所谓的展示在很大程度上受到媒介逻辑的制约，致使非遗成为视听艺术品，而使得其原有的生活性被弱化，甚至被剥离。

四 文化馆数字平台中非遗保护与开发的对策分析

（一）数字化记录与展示应重视感官体验

非遗首先是感官体验的文化，其次才是思和想的文化。无论是传承人对非遗的展示，还是大众对非遗的体验，都不应停留在将其视为知识的层面，而应该充分发掘其作为一种生活技能的属性，从视、听、嗅、味、触、情感等多重角度进行全面展示，还原非遗的本来样貌，使大众对非遗获得更为真切的体验。

针对这个问题，在文化馆数字平台中，可以从两个方面来进行提升。一方面，在创建与这些特殊感官体验密切相关的非遗项目数字资源时，应着眼特殊感官体验的间接记录，弥补数字技术难以实现的一些短板，如在展示烹饪技艺时，可以用镜头，或令讲述人对菜肴的嗅觉、味觉等特征进行细致的刻画，以获取更为完整的认知；另一方面，在展示与传播环节，也可引入数字建模、虚拟现实等新技术，提供更为全面而真切的感官体验。在当前技术

---

① 岳永逸：《本真、活态与非遗的馆舍化——以表演艺术类为例》，《民族艺术》2020 年第 6 期，第 81 页。

难以达到的情况下，文化馆可在线下设置模拟生活场景的非遗展示，在数字平台中发布相关信息，指引公众前往体验。随着技术的进步，未来或可在线上直接体验。

（二）以北京数字文化馆为例，加大非遗数据库资源整合力度

非遗资源的数字化存档和线上服务大众需要一个强大的平台来整合各方资源。在移动互联网时代和疫情防控常态化的背景下，人们的文化需求重心从线下向线上转移。北京数字文化馆的上线，为首都公共文化服务领域又增加了一条"高速公路"，是有效整合文化资源、深化全民艺术普及、延伸公共文化服务品牌影响力的生动实践。[①] 因此，北京数字文化馆可先行示范，突出文化馆特色，将各区文化馆中的非遗资料（包括申报资料、展示资料等）汇集到一起，进行全市非遗资源库的建设，充分打破分散在各个文化机构的资源库中的非遗资源的分割状态，用统一规定的文化资源格式规范，将这些资源整合加工，统一在一个平台上展示共享。[②]

非遗资源的整合，应着重对非遗项目内涵、传承人、文化意义等内部要素进行整合，而非对各文化馆中与非遗相关的新闻事件或活动资讯进行整合，应当以综合性数据库建设和方便公众查阅和体验为目的。在此前提下，将北京数字文化馆建设成为汇集北京市各文化馆数字资源的大平台，可以有效加大非遗资源的整合力度，为公众共享非遗资源提供便利。

（三）加强对传承人口述史的数字记录，鼓励民众讲述自己与非遗的故事

离开生活，非遗就失去了活力，完全沦为展品。应将非遗置于其原本生存的生活语境中去理解，不仅理解能看得见、摸得着的技艺与载体，更能深

---

① 《"北京数字文化馆"上线运营》，https：//baijiahao. baidu. com/s？id = 1624265505303
774036&wfr = spider&for = pc。
② 巩云霞：《数字化文化馆特色资源建设路径探析——以北京数字文化馆为例》，《今古文创》
2020 年第 6 期，第 60 页。

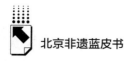

入理解人与非遗的关系。北京市和各区文化馆的数字平台所展示的非遗资料都只着眼于项目本身，剥离了非遗的生活属性，所以，应当在平台中增加传承人口述史、生活史等资料，其形式可以为文字、图片、视频。

在各级文化馆的数字平台中，直播或视频展播多是由平台制作，通过移动媒体等渠道向公众传播，但缺少公众对非遗的理解，尤其缺少传承人或其他民众在生活中运用和体验非遗的记录。如此一来，平台之中可听到文化馆的"声音"，却难以听到来自社会的具有烟火气息的"声音"。因此，各平台可以设置专栏，充分利用抖音、快手等新媒体，鼓励传承人或民众将自己与非遗的互动制成小视频上传到数字平台，亦可撰写小文章或拍照上传，分享非遗在生活中的角色，讲述自己与非遗的故事。如此一来，非遗就不会成为仅供人们参观的艺术品，而是依然存活在人们生活中的、生生不息的精神力量。

B.10
北京市非遗数字化资源保护
系统设计与研究

苏高峰*

摘　要： 北京市非遗作为首都历史文化的重要组成部分，在充分汲取各地精华的基础上，形成了技艺精湛的以宫廷艺术为代表的非遗作品，其鲜明特点有三：一是历史悠久，博大精深；二是多元融合，博采众长；三是雅俗共赏，民淳俗厚。北京市非遗发展过程中保护与传承是两大核心问题。在保护方面存在两个难题：一是对于传承人来说，部分技艺精湛的工艺作品往往只有一件孤品，随着时间的推移，不少非遗技艺面临传承难、研究不足的难题；二是专项资金的支持虽能解决短期困境，但很难解决长效发展机制问题。在此局面下，高校科研人员的加入，特别是对青年人才的培养尤为重要，应该以"新文科"框架为纲要，不断完善学科建设，加强非遗保护理论研究长效机制。在传承方面，版权保护困难、创新动能不足、产业化程度较低等问题尤为突出，应利用现代科学技术的数字化资源和网络优势，将非遗作品进行产业化升级，加强版权保护、提高产品附加值，进而反哺非遗保护效能，形成非遗保护与传承的良性发展闭环。

关键词： 北京非遗　非遗数字化　资源建设

---

* 苏高峰，北京联合大学艺术学院教师，主要研究方向为三维虚拟数字化。

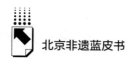

一　概述

北京市非遗作为首都历史文化的重要组成部分，在充分汲取各种艺术精华的基础上形成了技艺精湛的以宫廷艺术为特色的技艺表现形式，其特点鲜明。正因为技艺精湛，部分工艺类的非遗作品往往只有一件孤品，只能一人收藏，随着时间的推移，其技艺面临传承难、研究不足的困境。

近年来，北京市积极贯彻"保护为主、抢救第一、合理利用、传承发展"的工作方针，不断完善非遗保护传承机制，相继出台《北京市非物质文化遗产条例》《北京市传统工艺振兴实施意见》《北京市非物质文化遗产传承发展工程实施方案》等法规和政策文件。虽然政策法规对非遗的保护起到一定的促进作用，但是对于一些技艺精湛、工序繁复，在制作过程中需要火烧等复杂且危险的制作流程的非遗作品，让更多的人去实际操作是不太现实的。

随着科技的发展，数字化科技的不断成熟，对非遗技艺的发展、传播、以及保护起到了很重要的作用，如 VR、MR 等虚拟现实技术能够使用户群体以"沉浸性""身临其境"的方式再现真实场景，使景泰蓝技艺的传播变得更加生动有趣，吸引大众特别是年轻人参与其中。本文就景泰蓝工艺数字化保护系统的设计内容和框架逻辑进行分析。

二　相关研究现状

目前国内外对非遗数字资源开发的研究可以分为两个方面。

一是在价值导向上技术手段的资源开发。在《中国非物质文化遗产数字化保护与开发研究》[①] 一文中，黄永林、谈国新从在非遗保护中数字化技术的重要作用入手，论述了非遗数字化资源如何使用数字化技术深度开发。

---

① 黄永林、谈国新：《中国非物质文化遗产数字化保护与开发研究》，《华中师范大学学报》（人文社会科学版）2012 年第 2 期。

在《我国非物质文化遗产档案资源数据库系统建设研究》[①] 一文中，刘鹏茹和锅艳玲通过对非遗数据库系统建设进行相关调研的基础上，提出尝试通过数据库系统建设推动非遗的保护与传承，并设计相关系统内数据库功能模块，构建全国非遗数字化资源数据库系统的假设。

二是数字环境下进行的非遗数字化资源进行开发、数据保存的具体实践。在《动作捕捉技术对非物质文化遗产舞蹈的数字化保护》[②] 一文中，施蕾等基于动作捕捉技术探讨了舞蹈类非遗的数字化保护。在《恩施土家族堂戏的现状调查及非遗建档保护思路》[③] 一文中肖秋会等提出建立土家族堂戏特色数据库，并利用 VR 技术、全息影像技术立体还原堂戏的表演情景，优化用户体验。此外，魏鹏举[④]等从版权角度讨论了文化遗产数字化实践面临的挑战，提出文化遗产数字版权可以知识共享协议的方式得到合理认定，并对于不同保管类型的文化遗产的数字权益进行分别确权。

国外对艺术品的传播运行平台以网络形式发展，如主流的 OpenSea 平台在头像和艺术品的收藏、商业运作等方面，主要以以太坊的主链和侧链为主。Dieter Shirley 是 Dapper Labs 联合创始人、Flow 首席架构师、CryptoKitties 与 ERC-721 共同创造者。其团队的共同目标是通过消除访问障碍，让广大消费者认识到去中心化的好处，同时创造出有趣的娱乐体验，以吸引所有人参与其中。

三　非遗数字化资源开发中存在的问题

从数字化保护的角度来理解，非遗数字化主要是指通过数字技术的应

---

① 刘鹏茹、锅艳玲：《我国非物质文化遗产档案资源数据库系统建设研究》，《浙江档案》2017 年第 6 期。
② 施蕾：《动作捕捉技术对非物质文化遗产舞蹈的数字化保护》，云南艺术学院硕士学位论文，2015。
③ 肖秋会、张博闻、陈春霞等：《恩施土家族堂戏的现状调查及非遗建档保护思路》，《档案与建设》2020 年第 3 期。
④ 魏鹏举、魏西笑：《文化遗产数字化实践的版权挑战与应对》，《山东大学学报》（哲学社会科学版）2022 年第 2 期。

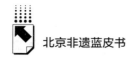

用，以数字、图文、影视等方式对非遗资源进行保存和记录，并以标准化的格式和规范化的流程实现传承与应用。主要包括以下几个方面。

（一）数字化资源基础数据的采集制作流程复杂

基础数据的采集主要有两种形式：一是以三维扫描的方式进行快速三维数据的实现，二是三维模型数据制作。

三维扫描数字化模式，是高度精确且高度自动化的立体扫描技术，在具体数据采集的实际案例中，对非遗手工艺作品等一些精巧细致的目标覆盖进行表面扫描，对目标的三维立体空间信息进行快速精准获取，结合数字视觉图像传达技术构建而成，并且具备高度的采样率、分辨率、精准率，同时具备非接触性、动态性特征。一个完整的三维扫描技术包括激光扫描仪、激光测量系统、便携式的三脚架、蓝线、便携式电脑数字化控制装置、数字测控软件、定标球及标尺、信息处理软件、基层 CCD 数字摄影与仪器内部矫正系统。本文以景泰蓝展示系统的数字化资源采集过程为例，阐述在景泰蓝手工艺作品三维扫描过程中，通过仪器对具有分辨率空间坐标的 X、Y、Z（左右、上下、前后）立体空间坐标轴的测量，坐标空间位置与扫描仪的位置、扫描仪姿态相互存在关联性，机位能通过仪器坐标系的点云图，运用数字图像化的方式展现出系统对目标物体表面的采样结果。三维扫描技术采集样点后所得到的原始数据，如激光束的水平方向采样值、扫描点之间的距离值、扫描点的反射、凹凸强度，可以快速地对目标体进行三维模型的创建。

数字化资源的效率优先是其最大的优势，但是缺点也比较突出，一是景泰蓝等工艺品的数字化资源需要的不仅仅是最后的呈现方式，对中间过程的演示，其表现会更加繁杂；二是运用方面，如果仅仅作为数据的查看是可以的，但是在具体传播应用中既要考虑准确性，也要考虑趣味性，所应用的方式是游戏引擎来进行制作，三维扫描的高精度属性，导致了数据本身所占内存较大，单个物体面数达到几千万甚至几亿，多个物体放入资源库等制作平台中，会导致创作者本身和体验者卡顿的现象，形成不好的体验效果；三是后期修复问题，因为目标体本身具有不规则性，所以在三维扫描过程中生成的模型会出现破面、重叠面、模型粘连、UV 分布不合理等情况，后期的数据修复难度较大，但是整体流程的掌握通过 3~5 天的培训可以实际上手操作，对操作对象来说门槛较低。

三维模型数据的制作相对于三维扫描数据来说自由度较高，特别是在趣味性互动资源制作角度，三维模型数据制作的平台主要有 MAYA、3Dmax、C4D 等多款主流模型制作软件，对目标体的造型可以根据设计者的构思进行自由调整，并且有效面数仅仅只有几千个面，对资源的占用较少，系统的空间及运行流畅度较好。但是在制作的过程中对设计制作人员的门槛要求较高。

充分考虑用户群体，一方面是行内专业创作人员的资料查询，另一方面考虑用户的体验感受。数字化传承的优势是自由度较大，所以趣味性的体验感受可以使技艺精湛的作品活起来，在景泰蓝作品的教学展览展示系统中利用 VR 数字化交互的特点与非遗传播和体验相结合（见图 1）。在非遗数字化的传播和体验过程中，要善于抓住人们对新鲜事物和未知领域具有好奇心的特点，趣味性是一个重要的抓手。在本次项目实施的过程中前期设定了四个功能，即拿来、回去功能，拿来后变大、变小功能；在其开发的过程中需要在两方面进行考量，一是大众的体验效果，一是艺术开发人员的理性逻辑和调试问题。艺术人员一般逻辑思维相对较差，感性思维较好，在开发制作中利用蓝图的形式进行开发，但是其逻辑内涵还是编程思维，只是将密密麻麻的字母、数字变成了可视化显示的方式来进行制作。以本案例中的部分功能实现为例来进行分析。

在执行的过程中，首先要进行实现的事件的设定，在此基础上进行按键或手柄感应体感的识别设定，前提输入事件只有设定了操作模式识别，后面事件才能进行调用写逻辑功能。

实施过程中进行确定游戏开始的设置是执行一次（Begin 事件）还是游戏开始时一直执行（Tick 事件），确定可实施类型后对输入事件进行设定。

在 Begin 事件前提下调取玩家控制器得到输入事件，设置其坐标位置（Location），接下来是拿到手柄的蓝图类型，设定操作循环，目的是可以反

图1 数字化展示截图

复按键实现效果，为了避免在体验中物体与物体之间交叉碰撞，也可以实现逻辑事件的发生，所以在代码中加入了判定条件，即当物体只有碰到左手（Left Hand）时才可以执行。

完成上面的设定，将手的功能实现后于物体执行预期效果的逻辑实现，因为在游戏体验的过程中是随时可以操作的，所以事件开始采用 Tick 事件，在这个过程中利用 Sequence 事件节点绑定多个逻辑事项，通过变量来设定"拿来""回去"效果的正确执行与否，如果是"拿来"的效果正确执行，在手部添加箭头坐标点，明确物体左手（Left Hand）的箭头在场景中的坐标位置，得到物体本身的坐标位置，删除掉单位时间内世界坐标的物体，进行实时更新数据，设置到手部坐标位置，达到"拿来"的效果。

执行"回去"的事件同样要先得到物体的坐标和物体原来的坐标位置，设置给目前的物体位置，在具体环境的执行中手部的位置与物体原先的位置最大长度距离为20米，在这个方位内进行互动，所以添加了距离判定条件，设置一个变量去执行这个条件，回到既定位置后保持原始大小不变。

前面我们提到了事件的输入设定，当按键时执行"拿来"的命令事件，当松开按键时执行"回去"的命令事件，作为总的命令事件开关逻辑，来实现上面"拿来""回去"的逻辑，达到通过按键使场景中的物体呼之便来、挥之便去的体验效果。

为了进一步增强趣味性，提高体验的娱乐性，在实施的过程中模仿了大闹天宫孙悟空的金箍棒的魔法效果，在这里进行了可以任意变大变小的体验理念的设定。

通过按键事件的输入，执行事件时，物体按照 15% 的比例减小，避免后期调节调试不容易发现的问题，设定物体至多可缩小到原来体量的千分之五，这既可以保证开发时较好预览，也可以保证体验者的最佳体验效果。

变大事件也是如此，当输入事件响应后，物体以 1.5 倍的大小设置给物体，实现变大的趣味效果。

一般一个完整的制作团队包括模型材质组、动画绑定组、灯光渲染组、特效组等多部门，按照每个模块的设定，不同组别从零基础操作到可以上手实践需要六到八个月的集中学习，从高校学生培养的角度来看，高校对此安排的课时量远远达不到，这就造成了高校科研人员对数字化资源开发建设的理论和实践的脱节问题，最需要关注的是数字化制作人员的数字化技能操作知识的学习问题及实践与理论知识结合的问题。

（二）数字化资源开发形式多样、杂乱无序

北京非遗的发展呈现多元化特征，主要有富有历史传承意义的工坊非遗传承人、现代化科普文化馆、博物馆、大专院校等不同的开发主体，在具体的实施过程中因受行业背景和开发目的的限制，自身所在的领域与交叉领域之间的障碍，对非遗数字化资源的认知程度存在差异，不同行业之间沟通难度大，且信息内容的接触不够全面深入，不能形成高效率的协同效应，这将引发以下问题。一是既容易使非遗数字化资源建设造成遗漏，又会产生重复建设的情况；二是非遗平台和数据库建设往往局限在一个方面呈点状聚集或线状分布态势，非遗数字化资源的静态呈现方式，特别是在相关网站的运用上与用户碎片化、个性化资源需求不匹配，对传播非遗文化价值作用有一定局限性，甚至部分非遗网站建设几乎陷入停滞状态，长时间不进行相应的更新。

数字化技术开发可以更好地赋予非遗文化、非遗作品等新的发展活力，数字化的应用是一把双刃剑，有好的一面，必定有不足的一面。一方面，开

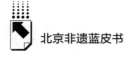

发结果往往受采集信息限制，高度依靠数字化的排序，更多的是数字化机械的模拟，缺乏对非遗活态化发展的感性考量因素；另一方面，在专项资金扶持方面相对短缺，数字化、多模态开发受到限制，数字化技术和服务滞后，这些弊端制约了非遗数字化资源的采集、存储、开发。数字化技术是近些年科技高速发展的结果，专业人才相对匮乏，大多数非遗保护人员缺乏数字化搜集、开发技能，在资金有限的情况下也缺乏先进设备对非遗数字化资源进行展示、开发。

为了保持平台的良性运转，只靠扶持资金的资助，虽然能解决短期问题，但是对长期的运营不利，应该进行商业化的运作，实现的收入反哺平台的运作和传承人的长期创作发展。

（三）数字化资源产业化运作模式薄弱

在数字化开发项目管理中，控制成本是一个重要的环节，通过控制成本投入可优化企业经营效率，在非遗数字化资源开发具体的实践过程中需要人力、物力、信息、技术等的投入，对成本投入的控制关系到后期开发效率，成本投入不够会导致项目进度不畅，效率不高，成本投入过多可能会导致开发后期资金链的断裂，无法持续开发。从长期的社会记忆保存和长期的民族文化传承方面分析，非遗数字化资源开发的成果不仅包含了当下的经济效益，长远的社会效益更是难以估量的。

经过行业状况资料的收集研究发现，多数非遗数字化资源平台处于不盈利的状态，虽然社会效益得到实现，但此类开发会导致开发人员的后继热情受到影响，开发形式趋于同质化，不利于非遗知识的创新、创造与共享。

四　非遗数字化资源保护系统的设计架构

（一）非遗学科建设与人才培养的理论实践

第一，非遗学科建设研究。在课程设置上，要凸显基础理论。一是凸显非遗学基础理论、认识论和方法论；二是突出非遗多学科融合和交叉的特点，突出各自的学科优势和特长，打破学科壁垒，整合教学资源，加强不同学科间的合作和研学，优化相关优势学科课程设置和学科间的资源调配。

第二，非遗数字化理论课程地域化实践研究。非遗数字化保护传承，需要专业人才实施科学保护。非遗保护传承仍面临缺乏专业力量指导等问题，在这个过程中，如果缺乏专业的知识和科学的方法，文化遗产很有可能面临"得而复失"的风险。因此非遗理论课程应该进行地域化实践，应调整重课堂教学、轻实践教学的模式，依托所在区域的非物质文化资源优势，突出和强调区域特色，形成课程特色。可采取"请进来"的方式，聘请非遗的传承人以及文化领域专家等担任兼职教师，参与非遗实践课的教育教学工作，将非遗学的教学、科研、实践等融为一体，形成合力。

（二）非遗数字化资源建设规范原则

首先，多元合作、加强顶层设计，实现资源共享。从开发主体来看，少量的开发主体无法达到最佳的经济效益和社会效益，图书馆、档案馆、博物馆、非遗保护部门、传承人等文化组织机构和个人在非遗数字化资源开发上要加强合作，打破单位或行业的界限，积极吸纳民间力量，鼓励社会组织积极参与，扩大文化产品消费群体，实现经济效益和社会效益双赢。根据调研，当前各部门中，图书馆在非遗数字化资源库等方面成果比较突出，在已有的基础上，加大与高校的合作力度，整合其他机构的非遗资料，特别是非遗传承人的技术实践，将专业化原则贯穿非遗数字化保护的始终，建设高水平、可持续发展的优质非遗数字化资源保护系统。

之所以强调要加强与非遗传承人的合作，是因为在调研过程中发现很多非遗传承人技术实践能力很强，但是在整体的文化底蕴、宣传、发行、归纳总结方面存在着明显的短板，如何将这些技术实践以较好的形式表达出来，这是亟须解决的重要课题。

其次，链条资源开发研究。强化统一数字化资源平台建设，形成链条式研发模式，且优质内容加入交易环节，延长数字化资源开发链条，使数字经

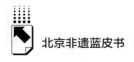

济和内容生产形成良性循环，在实体经济方面进行非遗数字化资源衍生品开发，与柔性生产相结合，充分发挥供应链的响应优势；在虚拟经济方面，更加注重交易的各个环节。

再次，经济收益运行模式。目前市面上新兴的数字藏品（NFT）形式的出现在某种程度上打破了非遗数字化资源建设的瓶颈，如在版权保护、商业运作、版权保护等方面有参考借鉴的价值，借鉴数字藏品的运行模式"去实""向虚"两条路径开发非遗数字化资源，推出为社会服务的免费非遗数据库，实现社会效益。同时，加强趣味体验、有偿服务的数据资源平台建设，研究开发主体成本投入与收益产出的平衡问题。由消费端拉动需求，小批量、个性化生产充分调动买家流量进行变现，实现长尾效应的累加优势。

最后，数字化资源开发标准体系与版权保护。要完善非遗数字化资源开发准则，明确北京文化特征的非遗信息资源分类规范。例如，同一种非遗技艺同时存在于北京的多个城区，如果各个城区实施不同角度、不同标准的数字化保护准则，则会产生多而乱的问题，因此，明确开发准则，出台分类规范将解决非遗数字化资源开发与保护工作缺乏可靠性和权威性的问题，同时增强其完整性和兼容性，提高数字化资源保护系统的资源共享能力。

由于复制成本低、流通性强，非遗数字化资源的版本和版权主体往往难以界定，导致管理主体模糊泛化、知识产权难以保障，需要相关监管部门加大监管力度，打击恶意炒作等歪风邪气，非遗数字化资源的开发要依法合规。

五　结语

由于北京处于特殊的政治文化中心地位，北京非遗形成了种类繁多、技艺精湛的特点，在非遗数字化保护工作的具体进程中，多点发展，参差不齐，数字化资源标准出现了很大的差异性，并且在非遗数字化资源保护方面主要集中在政府职能部门和学者手中，没有完整、系统的发展链条。非遗持有者的文化主体应该得到相应的关注，从文化主体的角度来深入思考非遗数字化准确定位问题也可以认为是"为了谁"的问题。从具体的非遗数字化的实施标准来看，当前非遗数字化工作所采用的原数据标准模糊不清，数字化资源的版权保护难，产业化运行程度不足等问题尤为突出。而非遗数字化资源保护系统的优势在于，不同目标的受众群体都可以方便地从非遗数字化保护系统成果中找到个人长处短项、与自身生长环境相关的共通点；也可以从中快捷地了解到自己相对陌生的其他区域文化和地方性知识；还可以使价值昂贵的工艺作品与更多的民众进行技艺分享，避免实践操作中危险环节接触，借助社会受众群体与数字化成果的互动过程，将多种类别的非遗科普知识推送给大众，让大众更好地了解其文化内涵，真正将非遗的现代传承环境和传承过程"虚拟化"，形成一个良性的闭环发展。

B.11
非物质文化遗产数字化的
现状、问题与建议

——以北京非遗数字化为例

高文谦*

摘　要： 如何有效开展非物质文化遗产的保护工作是政府和学界一直在推进与研究的课题。在数字时代，非遗数字化已经成为非遗保护的重要路径之一，使非遗在储存与保护、传播、传承、创新与发展四个方面实现了长足的进步，并在一定程度上重构了非遗的生态体系，但同时也暴露出一些在保护与开发、传统与现代、文化与科技方面的矛盾和问题。北京作为全国的文化中心与科技创新中心，其非遗数字化的先进经验能够对我国的非遗保护工作产生较强的辐射带动作用。本文在阐述非遗数字化的保护途径和作用机制的基础上，着重分析了北京非遗数字化的现状、成绩与不足，并提出加快非遗数据库建设、充分发挥数字化传播优势、提升传承人数字技能和进一步深化非遗保护与高校合作的对策和建议。

关键词： 非物质文化遗产　数字化　保护与传承

　　进入数字时代以来，如何有效开展非物质文化遗产（以下简称"非遗"）的保护工作，是政府和学界一直研究与实践的课题。一方面，社会环境变迁

＊ 高文谦，中华女子学院讲师，主要研究方向为数字媒体与文化创新。

给非遗存续的原生环境造成了极大威胁；另一方面，数字化浪潮也为非遗的保护、传播与发展带来了无限机遇。历史潮流不可抗拒，数字技术已经成为人类社会生产、生活中不可缺少的重要组成部分，加快非遗数字化建设、构建非遗在数字时代的生态体系，不仅是非遗保护、传承的内在需求，也是非遗传播与创新的必然要求。概括来讲，非遗数字化是在非遗的数据采集、数据存储、数据传输、数据处理、数据分析、数据应用等方面综合利用各类数字技术和手段，使非遗在保护、传承、展示、传播和创新等各个环节实现与数字技术的深度融合，促进非遗在数字时代的可持续发展。[①] 在这里，数据涵盖了非遗的各类信息，数字技术则贯穿于数字化的全过程，需要不断探索和实践其与非遗的深度融合方式，从而实现非遗的创造性转化和创新性发展。

我国非遗是中华优秀传统文化的瑰宝，也是坚定文化自信、赓续中华文脉的重要载体。国家历来高度重视非遗的保护工作，近年来陆续印发了《关于实施中华优秀传统文化传承发展工程的意见》《"十四五"非物质文化遗产保护规划》《关于推进实施国家文化数字化战略的意见》等重要文件，多次提出"加强数据库建设""适应媒体深度融合趋势""实施新媒体传播""实施文化产业数字化战略"等要求，为非遗的数字化建设提供了指导方针与政策支持。与此同时，在文化自信和民族复兴的大背景下，民间也逐渐兴起了非遗热潮，大量非遗爱好者、自媒体、非遗传承人和产业资本通过网络平台以直播、短视频、电商、文化纪录片等形式积极传播非遗，推动非遗文化及产品出圈出新，极大促进了非遗产业的发展。本文拟结合北京的非遗数字化现状开展研究，探讨数字技术助力非遗保护的新思路。北京作为全国的文化中心，其非遗数字化的先进经验能够对全国其他地区的非遗保护工作产生较强的辐射带动效应。

---

① 姚国章：《非物质文化遗产的数字化发展及关键技术应用》，《常州大学学报》（社会科学版）2021年第4期，第107页。

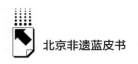

一　北京非遗的数字化实践

首都北京，拥有 3000 多年建城史和 800 多年建都史，积淀了大量珍贵的非物质文化遗产。截至 2022 年 2 月，北京市共有非遗资源 12000 余项，其中京剧、昆曲、太极拳等 12 个项目入选了联合国教科文组织"人类非物质文化遗产代表作名录"，同时有 144 个国家级非遗代表性项目以及 303 个市级非遗代表性项目。① 有人形容北京的非遗是"顶天立地"：顶天，是指以"燕京八绝"为代表的宫廷非遗，其技艺水平、艺术修养已经臻于极致；立地，是指许多发源于民间的非遗与百姓的衣食住行紧密结合在一起，如布鞋、烤鸭、象棋、太极拳等，至今仍活跃在人们的生活中。丰富的非遗资源既是北京作为全国文化中心的一张金名片，也对北京的非遗保护工作提出了更高要求。近些年来，北京市明显加快了非遗数字化的建设，主要表现在以下四个方面。

（一）建立非遗数据库和数字博物馆，完善非遗保护手段

2019 年北京市印发的《北京市非物质文化遗产条例》明确提出要建立全市统一的非遗数据库，并向社会公开；同年，"中国非遗音乐数字工程"在京启动，旨在通过数字技术录入和保护中国濒危的传统音乐，并向全世界推广和传播。2017 年，联合国教科文组织非遗大数据平台在京发布，该平台是联合国教科文组织与北京某文化机构共建，旨在服务全球的非遗数据保护。更早如中国非物质文化遗产网、故宫数字博物馆、国家图书馆中国记忆项目等网络平台，除了采用文字、图像、音视频等记录手段之外，还使用了3D 建模、虚拟现实等数字技术记录和展示了非遗文化及文物的方方面面，现已成为大众研究我国非遗的数字资源宝库。这些数据库将共同构建起北京乃至中国的非遗数字化体系。

---

① 冬奥新闻发布会：《北京多措并举做好历史文化保护，展示"双奥之城"深厚底蕴》，光明网，2022 年 2 月 13 日，https：//politics. gmw. cn/2022-02/13/content_ 35514276. htm。

（二）拓宽数字化传播渠道，加大非遗传播力度

随着非遗保护成为全民共识，北京市相关部门、社会组织、非遗传承人和民众都积极通过网络对非遗进行传播。2020 年，北京市文旅局携手中央广播电视总台国际频道，通过 12 种语言向海外网友传播北京的非遗文化；2022 年冬奥（残）会期间，北京市文旅局举办了以"文化中国"为主题的非遗展示，从云端向全国、全世界展示中华优秀传统文化的风采。此外，海淀区举办的"非遗云展厅——共抗疫情作品展"、西城区文旅局举办的"云上非遗"端午演出季、东城区非遗中心主办的"非遗美食月"线上直播活动等，都是通过各种网络平台对北京的非遗进行传播，丰富了市民的文化生活，获得诸多好评。对于民众而言，抖音、快手等短视频平台已经成为其传播、欣赏非遗的主要渠道。目前，抖音是我国最大的非遗展示与传播平台，截至 2021 年 6 月，抖音上的国家级非遗项目短视频数量已经超过 1.4 亿个，其中由北京申报的相声、象棋和京剧等国家级非遗项目当选"抖音最受欢迎十大非遗项目"的前三名[①]，而属地为北京的抖音用户如青年京剧演员果小菁的粉丝量达 270 万、"90 后"的国家级非遗口技项目传承人方浩然的粉丝量达 115.7 万、"95 后"的国家级非遗项目面人郎第三代传承人郎佳子彧的粉丝量达 11 万，他们的每一条视频都在以自己的方式传播非遗文化，讲述非遗故事。

（三）促进开启非遗电商时代，带动非遗经济发展

2020 年 4 月，北京市文旅局携手京东电商，首次为天福号、全聚德、荣宝斋等 13 家北京非遗老字号开通直播，开创了京东非遗电商直播的新局面。此后每年的"文化和自然遗产日"都被定义为"非遗购物节"，并推广至淘宝、抖音、唯品会等多家电商平台，引发了全民的非遗消费热潮。中国社科院舆情调

[①] 字节跳动：《2021 抖音非遗数据报告》，2021 年 6 月 11 日，https：//lf3-static. bytednsdoc. com/obj/eden-cn/uj_ shpjpmmv_ ljuhklafi/ljhwZthlaukjlkulzlp/data_ reports/2021_ douyin_ non_ heritage_ data_ report. pdf。

查实验室联合阿里巴巴发布的《2021非遗电商发展报告》显示，"过去一年，14个非遗产业带在淘宝天猫年成交过亿""淘宝非遗商品年成交额连续两年同比增长超过20%"。[①] 非遗电商时代的开启，推动了非遗产业链的一系列变革，打破了传统非遗的地域性限制，实现了非遗产品的全域流通以及传承人与群众的"面对面"交流，真正做到"见人见物见生活"，使非遗摆脱了"叫好不叫座"的窘境，有效带动了我国非遗经济的发展。

（四）"文化+科技"融合，助力非遗创新

"文化+科技"融合是我国文化产业发展的新业态，也是促进非遗创造性转化和创新性发展的重要手段。北京作为全国的文化中心和科技创新中心，在非遗创新方面也做出了积极尝试。在2022年的文化和自然遗产日，东城区文旅局与腾讯、京东联合发售了"燕京八绝之京绣"数字藏品，以科技赋能非遗，重塑了非遗的文化形态，在传统非遗价值的基础上赋予了全新的数字价值，是非遗创新的一次重大突破。此外，北京的各大博物馆、文化馆、艺术馆等场所，依托线上平台和线下活动联动，广泛应用人机交互、全息投影、虚拟现实等数字技术为观众还原展示非遗的真实影像，使非遗展现出超越传统认知的魅力与感染力。

以上是北京在非遗数字化建设的部分实践，虽挂一漏万，也足以说明数字技术对于非遗保护工作的巨大推进作用。作为一种新兴的技术手段，非遗数字化不仅是简单的技术应用，更是在数字时代重构非遗生态体系的文化科技创新。在当前阶段，研究数字化对于非遗的保护途径和作用机制十分具有必要性。

二　非遗数字化的保护途径与作用机制

根据联合国教科文组织《保护非物质文化遗产公约》中对于"保护"

---

① 文旅产业指数实验室：《2021非遗电商发展报告》，腾讯网，2021年9月28日，https://new.qq.com/rain/a/20211011a09f7800。

的释义："'保护'指确保非物质文化遗产生命力的各种措施，包括这种遗产各个方面的确认、立档、研究、保存、保护、宣传、弘扬、传承（特别是通过正规和非正规教育）和振兴。"[1] 本文将非遗保护工作归纳为四项基本内容：第一是储存与保护（确认、立档、研究、保存、保护），第二是传播（宣传、弘扬），第三是传承（传承），第四是创新与发展（振兴）。这四项基本内容各有侧重、相互协同，共同构建了非遗保护的完整链条。围绕这四项内容，对非遗数字化的保护途径和作用机制进行分析，能够比较系统地诠释非遗数字化的现实意义。

（一）数字化是非遗储存与保护的技术升级

纵观非遗保护的历史，从初期的文献、书籍记载，到之后的图片、音像记录，再到当前的数字拍摄、3D 扫描等数字化存档，非遗存储与保护的技术一直在跟随科技进步而升级。如今，传统的保护措施在安全性、便捷性、可视化等方面已经难以满足非遗保护工作和社会应用的需求，通过数字技术建立系统、全面、公开的非遗数据库已成为非遗保护工作的当务之急。首先，我国非遗传承人的老龄化情况严重，面临"后继乏人、人走技失"的困境，大量濒危非遗亟待抢救性记录，与此同时，经过多年的非遗保护工作，各非遗机构现已积累了海量的珍贵文献、图片、物品等实物资料，这些资料在时间长河中必然会发生老化甚至毁损。而非遗数据库的最大优势在于能够使实物资料摆脱物质形态的束缚，实现全面的数字化转化与保存。数字载体近于无限的存储空间、不受物理限制的存储方式、低廉的存储成本、稳定的存储保障，为人类文化提供了最好的归宿。[2] 其次，非遗保护的目的并不是将其束之高阁，而是要更好地应用于社会、服务于大众。非遗数据库的数据采集与处理技术可以对数量巨大、内容庞杂的非遗资源进行高效梳理和

---

[1] 联合国教科文组织：《保护非物质文化遗产公约》，联合国教科文组织官网，2003 年 10 月 17 日，https：//unesdoc. unesco. org/ark：/48223/pf0000132540_ chi。

[2] 刘慧琳：《数字人文：数据时代下的文化保护与传承》，《山西档案》2019 年第 5 期，第 75 页。

优化整合，实现非遗资源的去伪存真和去芜存精，保留文化本源的原真性和纯粹性，为非遗的社会化应用提供素材，并通过搭建非遗共享平台、构建可视化的非遗知识图谱，有效提高非遗资源的使用效率。最后，通过数字拍摄、3D建模、动态捕捉、全息投影等数字技术的深度应用，可以对非遗项目中的声音、动作、技艺、技巧等内容进行全方位的获取和记录、建模与复原，从而实现非遗形态的完整保存，这是传统的非遗保护手段无法达到的效果。

（二）数字化是非遗传播的时代机遇

2021年8月，国务院印发的《关于进一步加强非物质文化遗产保护工作的意见》第十四条指出，要"促进非遗广泛传播，适应媒体深度融合趋势，丰富传播手段，拓展传播渠道"[①]。随着移动媒体的普及，数字化传播特有的速度快、频率高、触点广、门槛低等优势彻底改变了传统的非遗传播方式，形成了传播主体大众化、传播渠道多元化、传播展示多样化和传播受众年轻化的新态势，极大强化了非遗传播的广度与深度。抓住数字时代机遇，充分利用数字技术推动非遗传播，将对我国的非遗保护工作产生深远影响。

非遗数字化传播所带来的最显著变化是打破了以往由政府主导、以纸媒体和电视媒体为主要传播渠道的单向传播，形成了"传播主体—传播渠道—传播展示—传播受众—传播主体"的完整闭环。具体而言，伴随着民族复兴和文化觉醒，非遗的传播主体从单纯依靠政府部门宣传，到逐渐吸引非遗传承人、爱好者、自媒体等社会人群自发参与，非遗的传播主体不断向民间扩散，广大群众现已成为非遗传播的主力军。根据传播学的"使用与满足理论"，去中心化的数字技术赋传播权于民众，使民众有机会通过抖音、快手、微信等多元化的传播渠道来创作及展示非遗文化，并借助短视频

---

① 中共中央办公厅、国务院办公厅：《关于进一步加强非物质文化遗产保护工作的意见》，2021年8月12日，http：//www.gov.cn/zhengce/2021-08/12/content_5630974.htm。

"个性化""去专业化""泛娱乐化"的传播优势吸引受众的关注。字节跳动发布的《2022 抖音非遗数据报告》显示，"过去一年，抖音上国家级非遗项目相关视频播放总数达 3726 亿次，获赞总数为 94 亿次，抖音视频覆盖的国家级非遗项目达 99.74%"，"抖音非遗创作者平均每天直播 1617 场"[①]，这种传播效果是以往依靠纸质媒体、电视甚至网站传播都无法企及的。可见，以短视频为代表的数字化传播为民众提供了极为便捷的创作、展示与观看渠道，使创作者、非遗和受众的交流不受时间与空间的制约，联结更加紧密。此外，渠道方还可以通过大数据来引导热点非遗的曝光量和频率，利用算法分发技术向用户持续投放相似类型的内容，最终形成传播矩阵。这是一种突破性的传播手段，值得相关非遗部门和机构加以关注并引导、利用。

同时，数字技术也丰富了传播展示的多样性。目前数字化的非遗展示大致可以分为三类：第一类是以抖音、快手为主要传播渠道的短视频展示，这类展示因创作者和创作目的的不同而表现出风格迥异、内容多样的差别，能够从不同角度表现非遗的方方面面；第二类展示主要应用于博物馆、文化馆等场所，通常要求真实再现非遗的原生态内容，因此较多运用数字影像、3D 投影等技术模拟非遗的真实状态，让观众感受到非遗的"活态化"魅力；第三类则是基于审美需求和感官体验的非遗创新展示，需要设计师深刻理解非遗的文化和内涵，运用数字技术和设计思维开展创作，使非遗在保留原有文化内涵、精神价值的前提下，展示出能够满足当代人群审美认知的场景，如北京冬奥会开幕式的二十四节气倒计时短片，以"中国式美学"惊艳了世人，也向全世界传播了古老的中国文化。这三类展示都是借助数字技术实现了非遗传播形式的创新。

在传播主体大众化、传播渠道多元化、传播展示多样化的共同作用下，非遗的传播受众逐渐呈现出年轻化的趋势。当代年轻人是伴随数字时代成长的一代人，他们具有强烈的文化自信心和民族自豪感，也热衷于在网络中追

---

① 字节跳动：《2022 抖音非遗数据报告》，2022 年 6 月 11 日，https：//www.sgpjbg.com/baogao/77502.html。

寻潮流和热点。数字化非遗所表现出的文化性、民族性、活态性等特质无疑符合年轻人的文化偏好，结合短视频平台以转发、点赞、评论为主的交互方式，能够充分调动年轻群体创作和分享的热情。据统计，在抖音的非遗创作者中，"90后"和"00后"占比已达到32%。至此，非遗的传播受众转化为传播主体，形成了一个完整、良性的非遗传播闭环，也为非遗的传承、发展奠定了坚实的群众基础，促使非遗更好地融入社会生活。

（三）数字化是非遗传承的助推器

传承人高龄化、后继乏人一直是我国非遗传承面临的最大困境，很多非遗都处于"人走技失"的边缘。在文旅部公布的第五批国家级非遗传承人名录中，传承人平均年龄为63.29岁，其中80岁以上的占9.8%，而40岁以下的仅占0.64%。[①] 为解决这一难题，国家已经采取了多项措施，"通过社会教育和学校教育，使非物质文化遗产代表作的传承后继有人"[②]，如北京市从2015年起就积极联合北京高校承办非遗传承人群研修研习培训班，这在一定程度上缓解了传承人断层的局面。然而想要彻底改善传承困境，拓宽非遗的发展空间才是破局的关键。如前文所述，数字化扩大了非遗的群众基础，提高了非遗的社会影响力，鼓励和吸引更多年轻群体加入非遗传承人群的行列，这种变化有助于推动非遗传承的可持续发展，主要表现在技法传承和文化传承两个方面。

传统的非遗技法传承是"口传心授，世代相传"，这是一种以师徒或家族为主体的传承活动，具有明显的地域性限制，这种方式已经无法适应当代年轻人的成长和生活需求，也难以满足全国广大非遗爱好者的学习和实践需求，而数字化传播则打破了地域性限制，使网络成为广大非遗爱好者研学非遗的便捷渠道。例如在非遗数据库和网络资源中储存有大量传承

---

① 鞠宏磊、何子杰：《非遗传承人遭遇短视频，何以摆脱"团团转"困境》，光明网，2022年1月8日，https：//news.gmw.cn/2022-01/08/content_ 35434606.htm。
② 国务院办公厅：《关于加强我国非物质文化遗产保护工作的意见》，2005年3月26日，http：//www.gov.cn/zwgk/2005-08/15/content_ 21681.htm。

人的音频、影像记录，爱好者们可以通过反复观看、模仿、实践来理解和掌握非遗的技巧、方法、规律等；在短视频和直播中，有传承人亲自讲解并示范非遗的技法，爱好者们可以通过网络与传承人直接交流沟通；如果有更高的需求，还可以通过抖音、快手等平台开通的"非遗课堂""非遗学院"进行更专业的付费学习。当然，这种学习还不能被称作严格意义上的"传承"，但是数字化传播促成了非遗技法的广泛流传，使民众对非遗技法有了更深层次的了解，有利于依靠广大民众的智慧和力量实现非遗的创新和发展。

同样，数字化也有助于促进非遗的文化传承。当国人深入赏析非遗时，常常会感受到非遗所蕴含的某种情感、力量和精神，这是因为非遗承载了中华民族的文化真谛和精神内涵，当人们与非遗发生交集时，就会激发起镌刻于骨血之中的民族文化与精神的共鸣。非遗的这种特质对于我国增强文化自信、提升民族认同具有重要意义，而数字化可以起到显著的推动作用。

（四）数字化是非遗创新与发展的重要动力

非遗之所以需要保护，是因为某些文化虽然在人们曾经的生产、生活中发挥过重要作用，但因无法跟上时代进步而逐渐淡出了人们的视野。每一次革命性的技术创新都会给社会文化和文明带来深远变化，如今世界已经进入数字时代，将数字技术与诞生于农耕时代的非遗深度结合，使非遗适应当代社会的运行方式，是非遗创新与发展的重要动力。事实上，近些年来政府一直在努力促进非遗的创新发展，"非遗+旅游""非遗+文创""非遗+展会""非遗+扶贫""非遗+品牌"等产业融合措施已经逐步拓展了一个万亿级的非遗消费与服务市场，极大带动了非遗经济的发展。在这里，数字技术更多的是作为一种传播手段起到展示与推广作用，前文已有阐释，此处不再赘叙，本段主要探讨的是基于非遗本体的形态与内容的创新。

通过数字技术对非遗的形态与内容进行创新，有助于推动非遗向文

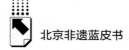

化数字产业转型升级。2021 年，元宇宙催生了数字藏品市场的兴起，非遗数字藏品便成为当年非遗数字化创新的现象级热点。作为一种创新的非遗载体，如北京工美集团发售的《京剧景泰蓝》《瑞兽赏盘》，被誉为"中国景泰蓝第一人"的张同禄大师创作的《盛世六和》，北京玉雕国家级非遗传承人杨根连大师创作的《福虎添翼》，京西皮影戏传承人王熙创作的《圆明皮影十二属》等数字藏品，一经推出便引发了众多非遗爱好者和收藏者的追捧。非遗数字藏品不仅具备一般藏品的稀缺性和真实性，更重要的是保留了非遗本身的文化价值和艺术价值，使非遗以数字资产的形态得以广泛流传和永久存续，为非遗的数字化发展开辟了一条全新路径。

此外，非遗与动漫、游戏等数字产业融合是非遗数字化创新发展的另一条重要路径。动漫和游戏产业都是国家大力推动数字文化产业高质量发展的重要分支，在我国分别有超过 4 亿和 6 亿的受众人群。在动漫产业中，如《大圣归来》《哪吒之魔童降世》《大鱼海棠》等优秀国产动漫电影都是取材于非遗故事，被人誉为"跨越千年的相遇"；《长恨歌》《桃花源记》《智保红香米》等优秀动漫短片则运用了皮影、木版年画等非遗技艺作为主要表现方式；由国家级非遗传承人伏兆娥创作的非遗剪纸动画《过年》，被译成 8 国语言向世界传播中国的春节文化。在游戏产业中，近期被央视点名表扬的国产游戏《原神》成为 2021 年度国家文化出口重点项目，现已在 35 个国家的游戏畅销榜排行第一。《原神》的成功得益于在游戏中应用了大量中国传统文化元素，包括京剧、傩舞、中秋节、春节、二胡、古筝、琵琶等非遗内容，将中国传统文化的精神内核贯穿于整个游戏剧情，向世界弘扬了仁义、诚信、英勇、友爱等中式人文精神，是近年来中国文化出海最成功的作品之一。目前，"非遗+动漫""非遗+游戏"的融合愈发受到产业资本的重视，通过深入挖掘非遗的文化价值、精神价值和审美价值，实现了非遗文化与数字产业的共生共荣，使数字产业的文化底色更加深厚，也赋予了非遗在数字时代创新、发展的强劲动力。

三　非遗数字化过程中的问题

数字化重构了我国非遗的生态体系，通过完善储存与保护、传播、传承、创新与发展一系列非遗保护链条，推动非遗保护从一项公益性的文化事业演变为由政府主导、多方社会力量参与的非遗文化产业开发。然而数字化归根结底是非遗保护的一种技术工具和发展路径，非遗独特的文化属性决定了数字化必须以维护非遗的存续力为核心目标，而非盲目追求经济效益或是缺少内涵的创新。随着非遗产业日益扩大，非遗数字化也逐渐暴露出一些问题。

（一）非遗传承人群的参与度较低

对于大部分非遗传承人而言，老龄化、专业性质等诸多因素造成他们数字素养与技能不足，使其难以在网络中获得足够的话语权来传播自身传承的非遗技艺和文化，也难以通过数字技术对非遗展开创新，从而导致非遗传承人群在非遗数字化建设中的整体参与度较低。如今的非遗数字化以广大群众、自媒体和非遗相关从业人员为主要参与者，由于其对非遗的核心技艺与文化内涵认知有限，存在无法准确表达非遗精髓的可能性。例如，一些非遗数字化展示项目片面追求感官的体验效果，忽略了对非遗文化和精神层面的挖掘，导致娱乐性大于文化性，最终仅局限于非遗的表层传播；又如，一些非遗设计和短视频作品是创作者根据自身对非遗的理解进行的元素提炼与再创作，极有可能因为理解偏差而造成内容表达的曲解，从而传达了异化的非遗文化；再如，在产业资本的驱动下，一些非遗数字化项目已经出现过度商业化的趋势，这严重违背了非遗本体的自然演变规律，势必会对非遗的传承发展造成不利影响。这些情况都需要非遗传承人以正统的非遗技艺和文化加以正确引导。

（二）热门非遗和濒危非遗的流量之争

"流量为王"是当前数字化传播的一个重要特点，能够对热点起到放大器和催化剂的作用，并且产生可观的经济效益。对于非遗而言，如京剧、相声等深受大众喜爱的项目能够相对轻松地获取流量，而产业资本也会有意识地制造热点、引导流量，以获取经济利益。长此以往，非遗传播的内容和重点便会发生偏移，热门非遗的流量会持续攀升、受众人群激增，同时对其他非遗产生"欺凌效应"，尤其是分流掉濒危非遗的流量与受众，使濒危非遗[①]更加弱势，甚至在网络传播中消失。例如北京的国家级非遗项目智化寺京音乐、天桥中幡、北京绢花等，如今均面临失传的危险，却难以在数字化传播中获得足够的流量扶持。实际上，热门非遗自身已经形成了相对完善的生态体系，在非遗保护链条中拥有的各类资源也能够保证其良好存续和创新发展，而濒危非遗才是需要大量投入资源和流量来加大保护力度的对象，否则非遗数字化就在一定程度上失去了意义。

（三）机械化产品倾轧传统非遗手工艺

数字化传播拓展了非遗的消费群体，促进了非遗文创产业在线上、线下的联动发展，这是非遗保护工作的一项重大成绩。但是当大规模机械化产品涌入非遗市场的时候，就应该警惕机械化对于传统非遗手工艺的倾轧威胁。如在北京的前门大栅栏、王府井等旅游景区，随处可见打着非遗名号、售价低廉的京绣、景泰蓝等机械化产品，普通消费者很难分辨其与非遗手工艺品的差别；类似情况在电商平台则更加严重，如今电商平台已经成为年轻群体购买非遗产品的主要渠道，然而各类非遗产品的价格迥异，严重干扰了消费者的选择。当机械化产品与非遗手工艺品处于同等竞争环境时，其成本优势极有可能造成"劣币驱逐良币"的局面，侵占非遗手工艺品来之不易的市场空间。不可否认，机械化生产并不等同于粗制滥造，也可以创造出大量的经济效益，但是其本身并非真正的非遗传承，无法带给消费者更多的审美体验、文化感悟或者精神引领。从长远看，它终将会破坏非遗匠人的生存环境，并削弱非遗的文化内涵和艺术价值。

---

① "濒危非遗"指在《国家级非物质文化遗产代表性项目名录》中带有"濒危"描述的项目。

非遗数字化暴露出来的问题值得我们反思，在数字化过程中如何提高非遗传承人群的参与度，如何加大濒危非遗的保护力度，如何把握好文化与科技、保护与开发之间的契合，需要非遗保护链条的各参与方在实践中共同探索与协作。政府要担当起非遗保护的整体主导职责，做好政策扶持和资源调配的保障工作；传承人要积极参与到非遗数字化建设中，传播自身非遗的正统技艺和文化，坚持守正创新，在确保非遗存续力的前提下努力寻求生产性保护的途径；产业资本和社会群体也要主动承担起传承中华文脉的责任，维护非遗的正确发展方向，努力提升非遗产业和人民群众的文化底蕴。各参与方应通力合作，使非遗数字化既能守住中华民族的文化基因，又能很好地融入当代社会生活，做到传承不泥古、创新不离宗。

四　对于北京非遗数字化的建议与展望

北京非遗是首都历史文化的重要组成部分，在全国乃至世界非物质文化遗产中都占有重要地位。充分发挥数字化优势、带动传统非遗的创新发展，对于北京的非遗保护工作来说十分必要。结合北京非遗的数字化现状，本文认为可以从以下几方面来布局和改进。

（一）加快建设全市统一的非遗数据库

2019 年初，北京市提出要建立统一的非遗数据库并向社会公开，如今在搜索网站输入"北京""非遗""数据库"等关键词，尚无法查询到相关结果；在北京市文旅局、档案馆、图书馆等部门的网站中可以查询到各自保存的非遗信息，但仍缺少配套的数字资源，也难以形成完整的体系，显然无法满足当前非遗保护和研究的需求。北京作为全国文化中心，建立标准化、高水平、全覆盖的非遗数据库对于全国的非遗保护工作都具有重要的指导意义。政府部门应加快非遗数据库的建设步伐，组织各相关机构协作共建，打破单位和行业的屏障，聚合碎片化信息，实现资源共享。数据库要实行标准化、规范化建设，具备可操作性的非遗信息分类标准和维护机制，形成可以

推广、复制至全国的统一标准。数据收集强调原生态资源的归拢与整理，注重收集历代非遗传承人及代表性作品的数字影像资料，以记录非遗项目的有序传承和活态流变。

（二）充分利用短视频平台的传播优势

目前，北京市非遗部门主要通过网站新闻和官方微信公众号来进行非遗文化的传播，如北京非物质文化遗产保护中心的公众号"北京非遗中心"、东城区非遗中心的"非遗101"、西城区非遗中心的"西城非遗"等，经统计，大部分推送文章的点击率在数百上下，传播效果较为有限。而在深受群众喜爱的短视频平台上，截至2022年8月，北京非遗部门的抖音官方账号"北京非遗中心""非遗101""西城非遗"的粉丝量分别为1290人、589人和9549人，相比同期上海的"非遗来了"153.6万粉丝、"四川非遗"61.3万粉丝和"深圳非遗"76.2万粉丝①等，还有很大的上升空间。粉丝数量直接影响着传播效率，建议相关部门高度重视拥有庞大群众基础的各类短视频平台，充分利用好平台的数字化传播优势，这将对推广和传承北京非遗起到事半功倍的效果。相关部门可以通过加大线上传播的力度、增加与短视频平台的非遗项目合作、提升非遗短视频作品质量等，打造北京非遗的金名片。

（三）尊重传承人的主体地位，提高传承人的数字技能

非遗传承人是非遗的传承主体，也是非遗保护的核心，对于其自身非遗具有公认的代表性、权威性和影响力，理应在非遗保护中发挥出与传承主体相对应的重要作用。截至2022年2月，北京市共有92位国家级非遗代表性传承人和242位市级非遗代表性传承人②，相关部门在非遗数字化进程中要高度尊重传承人的主体地位，广泛征求传承人对于数字化的专业意见和建

---

① 抖音粉丝数据统计时间为2022年8月30日。
② 冬奥新闻发布会：《北京多措并举做好历史文化保护，展示"双奥之城"深厚底蕴》，光明网，2022年2月13日，https：//politics. gmw. cn/2022-02/13/content_ 35514276. htm。

议，支持、鼓励传承人参与数字化建设，发挥其自身专业优势来引导和推动非遗数字化向好发展。对于数字素养和技能不足的非遗传承人，相关部门应适当提供数字资源与技术扶持，帮助传承人提高数字技能，如协助孵化各传播平台账号、拍摄并发布短视频等，与传承人共同推进非遗数字化建设。

（四）进一步深化非遗保护与高校合作

2021 年，教育部在普通高校本科专业目录中新增了"非物质文化遗产保护"专业，表明国家对于非遗保护工作的重视程度再度提高，高校作为我国人才培养和文化传承的主阵地，有责任、有能力培养更多的非遗人才。目前北京市已有多所高校开办了非遗专业和非遗课程，清华大学、北京服装学院等九所高校被纳入 2021 年度中国非遗传承人研修培训计划名单[①]，相关部门和机构应该充分利用这些高校资源，积极推动高校与非遗传承人、非遗老字号联合教学与共建非遗基地，以北京的非遗资源为重点研学对象，搭建好"产学研用"平台，为学生提供实践和实习机会，使学生真正融入非遗保护工作之中，与社会各界共同承担起非遗保护、传承与创新的重任。

五　结语

综上所述，数字化重构了非遗的生态体系，推动了非遗在储存与保护、传播、传承、创新与发展四个方面的长足进步。非遗数字化方兴未艾，北京在取得一些经验和成绩的基础上，仍然需要相关部门与社会各界加强对非遗数字化的理论研究与实践探索，进一步维护和促进非遗保护与数字技术的深度融合。我国著名民俗学家刘魁立先生曾说，"没有哪一个时代、哪一个民族，像我们今天这样，对非遗传承保护如此关切，做得如此认真；也没有哪一个时代、哪一个民族，像我们今天这样，把非遗传承保护同民族文化复

[①]　文旅部、教育部、人力资源和社会保障部：《中国非物质文化遗产传承人研修培训计划实施方案（2021—2025）》，https：//zwgk.mct.gov.cn/zfxxgkml/fwzwhyc/202110/t20211019_928411.html。

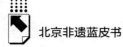

兴、民族文化建设结合得如此紧密"①。当前正值中华民族实现伟大复兴的关键时点，中国社会更需要确保民族文化和民族精神的传承与振兴，非遗数字化能够加快实现这一历史进程。

---

① 刘魁立：《让非遗在当代生活中重放异彩》，《中国纪检监察》2019 年第 17 期，第 60 页，
https：//zgjjjc.ccdi.gov.cn/bqml/bqxx/201908/t20190831_ 199672.html。

B.12
北京非物质文化遗产的数字化保护与发展

——以中轴线上的非物质文化遗产为例

吴亚蓝*

摘　要： 2022 年 5 月，《北京中轴线文化遗产保护条例》发布，指出要重视借助当下最新数字技术等现代科技手段保护、传承、传播中轴线的历史价值、文化价值、审美价值、科技价值和时代价值。本文则以中轴线上的非物质文化遗产的数字化保护为例，对数字技术在非遗保护方面的应用特别是区块链技术进行分析，并指出利用区块链技术制定联盟链，通过部署智能合约建立一个北京非物质文化遗产数据库正是当下所需的创新发展。以期既能助力北京中轴线申遗，又能为非遗数字化的保存、传承和传播提供借鉴与参考。

关键词： 区块链　北京中轴线　非物质文化遗产　数字化保护

一　概况

北京中轴线是北京城的生命线，而围绕在中轴线内外的有形和无形的非物质文化遗产则构成了这条生命线的血肉灵魂。根据历史资料记载，北京中轴线格局的形成可以追溯到忽必烈至元四年（1267），然后在明朝嘉靖三十二年（1554）定型。历史的连续性使得这条贯穿北京的中轴线在城市发展

---

* 吴亚蓝，北京联合大学数字媒体系讲师，主要研究方向为非遗的传承与传播。

史、建筑艺术史、中国传统文化等方面都留下了宝贵的历史文化遗产。为了保护好、传承好、利用好这份文化遗产，北京市在 2009 年首次提出中轴线申遗，2012 年中轴线被列入中国申报世界文化遗产预备名单，2017 年开始全面展开全方位、多层次的保护规划体系并稳步取得进展。随着 2022 年 5 月《北京中轴线文化遗产保护条例》（以下简称《条例》）的制定与出台，北京中轴线申遗工作进一步取得重要进展。《条例》明确指出相关文化遗产保护工作需坚持统一规划和统筹规划，在切实保护北京中轴线的完整性和真实性的基础上重视借助当下最新数字技术等现代科技手段保护、传承、传播中轴线的历史价值、文化价值、审美价值、科技价值和时代价值。世界文化遗产强调普遍价值的同时，也强调遗产对全人类的贡献。联合国教科文组织颁布的《保护非物质文化遗产公约》（2003）也突出了非物质文化遗产的重要性："非物质文化遗产与物质文化遗产和自然遗产之间存在'内在相互依存关系'。"所以此文将对中轴线上的非物质文化遗产的数字化保护现状和发展展开研究。北京中轴线所涉及的非物质文化遗产项目主要集中在东城区和西城区。表 1 归纳了截至 2021 年北京市东城区和西城区的国家级、市级和区级的非物质文化遗产项目总数。

表 1　截至 2021 年北京市东城区、西城区各级非遗项目总数

区域	国家级	市级	区级
东城区	36 项	64 项	188 项
西城区	40 项	79 项	224 项

二　北京中轴线的保护及相关非遗项目数据库建设研究和建议

北京中轴线的申遗计划在 2035 年前争取成功，目前已取得重大进展。《条例》的制定与出台，满足了《实施保护世界文化和自然遗产公约的操作指南》（2021 版）第 97 条规定，为北京中轴线申遗提供了重要动力。《条例》的正式出台为文化遗产保护工作提供了法律保障，有效确保长期、合法地保护文化遗产。北京中轴线作为国之脊梁，历史文化厚重璀璨，不仅拥有 700 余年历史，更是承载了内涵丰富的文化价值。《条例》明确指出中轴线相关的文化遗产保护工作需坚持统一规划、统筹规划，以切实保护北京中轴线的完整性和真实性。北京市文物局局长陈名杰明确提出保护工作在重视中轴线历史文化的过程中，更需要重视其与现代生活相结合，尤其是借助当下最新数字技术等现代科技手段保护传承、传播中轴线的历史价值、文化价值、审美价值、科技价值和时代价值，利用现代化技术讲一个完整、真实且生动的历史故事，从而加深和提高北京中轴线的大众认知程度和国际影响力。同时，《条例》的第十四条第八项也明确提出："对体现北京中轴线遗产价值的非物质文化遗产项目，进行调查和认定，推动其活态传承、融入生产生活、创造性转化与创新性发展。"

自申遗工作开始，学术界在提升北京历史文化价值的系统表达，讲好中国文明和文化传统的故事，借助数字技术保护、传承和传播中轴线等领域开展了多方面研究。杨利慧教授在中轴线上的非物质文化遗产的研究中强调，中轴线涉及的非物质文化遗产亟须进行全面整理和调查。挖掘和研究中轴线上的非物质文化遗产不仅有助于中轴线的保护、助力申遗，同时也是建设北京"历史文化名城"的一项非常重要的工作。北京市社会科学院开展的"北京中轴线历史文化街区文献整理与研究"、王彬的"北京中轴线建筑文化景观数字化影响保护探索"都提倡利用好新技术手段，比如建立信息数据平台，利用 3D、VR 等技术有效地讲好北京中轴线故事，同时助力申遗工作。2021 年底，由北京市文物局和腾讯联合发起的"数字中轴"项目重点利用大数据、云计算、游戏技术、人工智能、区块链、知识图谱等新技术深挖北京中轴线历史文化内涵，推动文化遗产数字化保护和传承。其中，区块链技术主要集中用于非遗数字藏品体系。不过，笔者认为，在进一步展开调查挖掘中轴线上的非物质文化遗产的同时，也应该进行数字化保护的建设，利用最新的数字化技术保护、传承与传播中轴线各类非遗项目。非物质文化

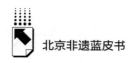

遗产数据库的建立对于非遗相关的学术研究具有重要作用。利用数字技术建立的数据库是指用文字、图片、音频、视频、三维信息等对非遗项目的核心内容进行采集，根据国家对非物质文化遗产的分类构建科学、合理的代表性项目分类体系，然后通过互联网平台等形式呈现数字化信息，实现非遗数据的保存、管理、交换和利用。目前非物质文化遗产相关的数据库主要以线上图书馆、档案馆和博物馆的方式建立。

近几年，我国非物质文化遗产数据库在云存储和网络访问等方面不断实践，并取得了一定的成果，例如由文化和旅游部主管的中国非物质文化遗产网收录并通过十类法将我国非物质文化遗产代表性项目名录分为民间文学，传统音乐，传统舞蹈，传统戏剧，曲艺，传统体育、游艺与杂技，传统美术，传统技艺，传统医药，民俗。基于此项权威和官方的数据库，其他省市也逐步建设非遗数据库互联网访问平台，目前已建立的非遗数据库主要以关系型数据库为主，例如福客民俗网下的中国非物质文化遗产名录数据库等。但目前建立的数据库数量不多，可供大众搜索信息和学习的信息较少，很多网站系统建立不够完善，且由于访问权限无法支持大众所需的浏览和数据搜索。北京东城区和西城区的非遗项目的数据就是分别通过选择地域和种类等分类条目在中国非物质文化遗产网以及北京市人民政府网上搜索信息，数据基本以文字、表格及图片方式呈现。目前还没有数据库系统、全面地将中轴线相关的非物质文化遗产统一采集、收录。

三　数字技术在非物质文化遗产中的应用

数字技术在全国非遗保护中的应用已经如火如荼地展开了，以人工智能（Artificial Intelligence，AI）、大数据（Big Data）、区块链（Blockchain）为主的热门技术手段应用在非遗保护中。人工智能主要通过智能收集、处理和整合非遗数据，智能化采集传承人制作的过程，并根据受众的别样性，智能化设置现实虚拟场景，有效提升受众参观体验率，加深受众对非遗的了解和学习，同时可激发受众在认识和学习非遗的过程中产生和展示创新活力。目前人工智能在戏曲音乐、蜀锦织造技艺等非遗领域已有较好的应用。

　　大数据具有数据容量、处理速度、数据形式、数据价值和数据真实性五大特点，因此有着不可忽视的经济和社会价值，将其应用在非遗领域能够有效促进标准化和规范化的发展、激发多种创新展示形式（如3D虚拟展示、数字影音等），还可通过高效改进数据和关联相关数据的技术特点为非遗创新带了更多机遇。目前大数据技术被联合国教科文组织青睐并广泛应用在其建设的国际非遗大数据平台，在非遗活态传承方面起着重要的作用。目前我国甘肃已开始启动并利用大数据技术在丝绸之路相关非遗中的实践应用。

　　区块链是信息技术领域的一个专业术语。2008年，中本聪在他的文章 *Bitcoin：A Peer-to-Peer Electronic Cash System* 中第一次详细描述了如何利用区块链等相关技术构建比特币电子现金系统，指出区块链就是一个公共账簿。此项技术是让数据可以同时存储在多个节点上（从而形成一个"区块"），多个区块相联结形成区块链。在存储信息的同时，数据将以密码学方式被保存。区块链上的信息不是由一个主体所控制，而是多个节点同时维护整个数据库。区块链的信息将会以公开透明的方式呈现给链上所有的节点，信息的任何一次变化将会被同时广播给所有节点，并以时间顺序的方式相连，因此任意节点想要更改区块链的数据不仅尤其困难，且因数据更改过程也同频公开，所以也具有不可篡改和伪造的特点。由于它分布式数据存储的技术，区块链也具有去中心化的特点，因此相较于传统数据库存在"单点故障"的问题，区块链的分布式存储技术将不会出现因为单个节点出现问题而造成信息的泄露和被篡改的风险。

　　与之前两个技术（人工智能和大数据）相比，区块链的应用相对新，并且可以由共同参与的成员一起维护一个特定数据库。值得注意的是，区块链具有不可篡改、删除、全过程留痕、可溯源、集体维护、公开透明、永久保存的特点。区块链分为公有链、私有链和联盟链三种方式。公有链允许世界上的任何一个人读取并下载完整数据。私有链只允许指定个人拥有查看和参与数据更新等权限，这一链接的安全性高，可有效保护数据，有效防御来自内部或者外部的安全攻击。联盟链允许多个联盟拥有参与、查看和使用数据的权利，也同样可以防范安全攻击，目前在我国非遗中的应用比前两种方式少。目前，区块链在非遗中的应用主要集中在三个方面：非遗技艺确权，作品溯源，数字化非遗的传承、传播和交易。苏州市姑苏区是第一个利用区块链技术保护和传承当地非遗的地区，其相对成功的实践经验逐渐被其他地区采用，例如云南少数民族的民间文学、传统舞蹈、传统技艺等。甘肃建立了音乐类非遗档案信息资源管理平台等。

比较以上三大技术的特点可知，区块链是快速发展起来的新一代数字技术，在现有案例中可见其对非遗的各个环节（创意、传承、传播、创意等）创造出更加多元的场景化应用，与非遗的融合度较高。尤其是在保护数据完整性、真实性方面能够更加契合北京中轴线保护、传承、传播的方针策略，既能够将过去（历史文化）和现在（现代数字技术）高度融合，也能将中轴线的影响力扩大到全球，对申遗工作和非物质文化遗产的保护工作都有着不可忽视的重要性。

区块链技术作为一种分布式、安全、可靠、加密的数据存储技术，针对企业、社会、政府、消费者等不同群体均有广阔的发展空间，应用前景十分广泛；智能合约是一种旨在以信息化方式传播、验证或执行合同的计算机协议。其允许在没有第三方的情况下进行可信信息传递，保证数据传播不可删除，以及不可篡改。区块链可将数据分布式保存在不同地方的服务器节点，确保数据的完整性和真实性。链上强时序存储方式方便以时间为轴线追溯历史关键节点。区块链技术在北京中轴线上的应用可实现其在数字世界里存在和展现，促进北京中轴线的数字化保护、传承和传播。建议基于区块链技术建立北京中轴线涉及的非物质文化遗产的数字化资源库展开探索，在学理层面，有助于从实证角度分析区块链应用切实创造非遗数字化价值的效用问题；在实践层面，有助于提升北京中轴线的全球影响力，助力北京中轴线申遗，同时也加强了对中轴线涉及的各类非遗项目的保护、传承和传播。

四 关于建立数据库的建议

建立以中轴线为核心的数据库可以从呈现中轴线格局的形成开始。研究并整理北京中轴线的整个发展历史，尤其是中轴线格局形成的重要历史时期，以及当时的历史遗存与城市发展印记，为大众呈现北京中轴线的不同区段的发展史和文化遗存，使得大众可以清楚地了解它们之间的差异性，看到它们之间的丰富性，同时纳入不同时期的非物质文化遗产信息。依据历史材料，确定四个重要时间点并致力于回应"谁来讲故事""为何讲故事""讲什么故事""故事讲怎样""如何讲故事"来整理数据。

①元建大都时的中轴线格局、所依传统（例如：南北中轴线的设计理念遵循《周礼·考工记》）；

②明北京城中轴线是在元大都中轴线的基础上进行了四个较大的创新和发展，四大改变的建筑物及所依传统，当时整个中轴线格局；

③明末清初时期所更改的殿名、建筑物改造（例如重修永定门）、背后的文化内涵，以及当时整个中轴线格局；

④民国时期，随着北京城市的现代化进程所变更的名称，建筑物改造（城墙开口为城市交通服务、人民大会堂和国家博物馆的修建），所依传统及整个中轴线格局。

厘清上述4个重要历史阶段中北京中轴线格局的形成过程，将每一次创新和发展背后的文化定位、文化内涵、文化价值、历史价值、非物质文化遗产项目等进行深度探索。利用前沿区块链技术，针对以上内容量身打造联盟链，通过智能合约赋能，包括但不限于文字、图片、音频和影像等数据。在此联盟链的基础上，打造一个分布式信息存储系统，将数据打包上链并分发到世界各地的服务器节点，信息传递过程中将会加密传输，确保传输过程不会被篡改。值得注意的是，联盟链中涉及的联盟及成员将集体维护所上链的信息，并实现数据信息随时更新，数据将按照时间顺序统一存储和管理，使所有数据利于检索查询、归纳整理和展示。

北京非遗与乡村振兴

Beijing Intangible Cultural Heritage and Rural Revitalization

B.13
乡村振兴中北京乡村非遗
发展模式研究[*]

石美玉[**]

摘　要： 乡村是众多非遗的原生地，乡村非遗是乡村文化"活"的灵魂，其所承载的历史、技术、文化等优秀"基因"对乡村振兴意义重大。北京乡村拥有数量众多、文化内涵丰富的非遗项目，激发乡村非遗的活力对乡村文化和产业振兴意义重大。本研究从非遗发展与乡村振兴协同发展的视角，通过对北京乡村典型非遗案例进行实地考察，研究非遗发展模式及其存在的主要问题，在此基础上从人才、文化、产业振兴等角度提出相关建议，以期推动北京乡村非遗的发展。

关键词： 乡村振兴　非物质文化遗产　北京

* 本文为国家自然科学基金面上项目（项目编号：72073011）和北京市社会科学基金重点项目（项目编号：19GLA003）的研究成果。
** 石美玉，北京联合大学旅游学院教授，主要研究方向为非物质文化遗产旅游。

习近平总书记指出："文化自信是一个国家、一个民族发展中更基本、更深沉、更持久的力量。"非物质文化遗产（以下简称"非遗"）承载了我国民族文化基因，是北京历史文化的重要组成部分。北京拥有 3000 多年建城史、800 多年建都史，拥有数量众多、文化内涵丰富的非遗项目。保护和传承好这些优秀的非物质文化遗产对凸显首都历史文化价值、建设全国文化中心具有重要意义。

乡村是众多非遗的原生地，乡村非遗是乡村文化"活"的灵魂，其所承载的历史、技术、文化等优秀"基因"对乡村振兴意义重大。在乡村振兴中，对非遗进行挖掘、保护和复兴，有利于激发乡土文化的活力，使乡村社会成为村民真正的精神家园，推动乡村文化振兴。同时，新形势下发掘和发扬根植于乡村大地的非遗资源，对以传承人为核心、以技艺技能为主要载体的非遗加以科学、适度的开发利用，对乡村产业振兴、人才振兴具有积极意义。总之，抓住乡村振兴这一历史机遇，推动非遗的传承与发展，不仅有利于弘扬优秀传统文化，更是实现乡村振兴的重要途径。

北京乡村拥有数量众多的非物质文化遗产，但城市化进程加快了乡村人口转移与乡村生活方式的转变，乡村非遗逐渐失去其原有的生存环境，大量的非遗开始衰落，自我发展能力弱。乡村振兴战略的实施，使乡村的自然资源、文化资源、人才资源等重新整合，对非遗发展既是机遇也是新的挑战。本文从非遗发展与乡村振兴协同发展的视角切入，通过对北京乡村典型非遗案例的实地考察，研究非遗发展模式及其存在的主要问题，在此基础上从人才、文化、产业振兴等角度提出相关建议。

一　北京乡村非遗基本特征

北京是我国政治中心、文化中心、国际交往中心、科技创新中心，也是世界著名古都和现代化国际城市。截至 2022 年，北京拥有国家级非遗 120

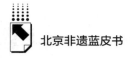

项，在全国 3610 项国家级非遗中约占 3.32%①，在全国 33 个省级行政区及新疆生产建设兵团、中直单位中排第 15 名，在 4 个直辖市中排第 1 名。

（一）乡村非遗级别普遍低

北京市有市级非遗代表性项目 293 项，主要集中在城区，其中西城区市级非遗代表性项目数量最多，约占 23.5%，其次是东城区、朝阳区和海淀区，城四区合计 198 项，约占市级非遗代表性项目总数的 67.6%（北京市市级非遗代表性项目中，两区联合申报的项目有 3 项）。② 郊区的非遗代表性项目不管是总数还是市级及以上非遗代表性项目的数量，均少于城区，主要以区级非遗代表性项目为主。北京市各区的市级非遗代表性项目分布情况如图 1 所示。

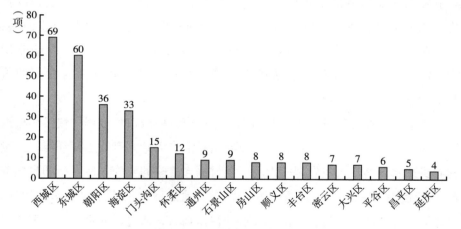

图 1　北京市各区市级非物质文化遗产代表性项目分布情况

资料来源：根据北京市和各区政府官网资料整理。

非遗与地方经济文化发展关系密切，一般靠近城市中心的区域人口密集，经济发达，创造出的非遗数量较多。随着城市的发展和地域的扩张，外

---

① 资料来源：中国非物质文化遗产网·中国非物质文化遗产数字博物馆，http：//www.
ihchina. cn/。
② 资料来源：北京市和各区政府官网。

沿区域也逐渐发展，但这些区域在历史上人口相对稀少，经济相对落后，因此非遗数量相比城区要少，非遗级别也普遍低。

（二）传统技艺类非遗较多

在国家级非遗中，传统技艺类非遗数量最多。同样，北京市的国家级非遗中传统技艺类有 41 项，占 34.2%。市级非遗中传统技艺类有 104 项，占 35.5%。北京市传统技艺类非遗丰富多彩，是长期历史积淀的结果。北京是世界著名古都，尤其金元明清均在北京定都，聚集了全国各地的能工巧匠，这些手艺人在北京落地生根，发展至今，造就了如今北京市传统技艺类非遗的繁盛局面。受此影响，北京乡村非遗中传统技艺类非遗占重要比重，并且不少传统技艺延续着宫廷文化特色。

二　北京乡村非遗案例分析

根据文献研究和实际调研发现，传统技艺、传统美术、传统医药类非遗普遍具备商品属性，与人们的生活关系密切，较易融入现代生活，较易创新开发，因此多为宜产型非遗。相反，民间文学，传统音乐，传统舞蹈，传统戏剧，曲艺，传统体育、游艺与杂技，民俗等非遗一般艺术性、观赏性、公益性较强，展示多为无形产品，有些非遗与现代生活距离较远，创新开发难度较大，多为非宜产型非遗。本文以传统技艺类非遗为主，再辅之以民间文学类非遗做比较研究，分析不同非遗的发展模式，探讨乡村非遗如何走向市场。

2022 年 4 月，本研究团队实地调研延庆区、密云区、顺义区，访谈乡村非遗项目 10 个，涉及传统技艺和民间文学两大类。访谈情况如表 1 所示。

（一）非遗级别和知名度普遍低

北京市非遗数量众多，但国家级、市级的非遗主要集中在城四区，郊区的非遗主要以区级为主。在本次调研的非遗中，除了顺义区的火绘葫芦和张

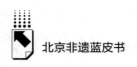
表 1　典型案例访谈情况

非遗项目	非遗门类	级别/地区	访谈对象（编码）	访谈对象身份	访谈日期	访谈时长
火绘葫芦	传统技艺	市级/顺义	NCG-JY-M	区级传承人，北京吉祥八宝葫芦手工艺品产销专业合作社理事长、北京市顺义区八宝葫芦文化创意产业促进会会长	2022年4月26日	2h
景泰蓝制作技艺	传统技艺	区级/顺义	HYJ-JY-M	区级传承人，北京市良山珐琅厂经理	2022年4月26日	1.5h
张镇灶王爷传说	民间文学	市级/顺义	ZY-WX-F	顺义区张镇人民政府	2022年4月26日	1.5h
贺氏酱猪脸技艺	传统技艺	区级/延庆	HYL-JY-F	区级传承人，北京妫水人家农业发展有限公司经理	2022年4月27日	2.7h
绳结编织技艺	传统技艺	区级/延庆	WYR-JY-M	区级传承人，"梧桐印记"工作室负责人	2022年4月27日	1.25h
葫芦烙画	传统技艺	区级/延庆	GSP-JY-F	区级传承人	2022年4月27日	1.2h
玲珑枕制作技艺	传统技艺	区级/密云	ZHP-JY-F	区级传承人，北京山缘民间传统手工艺品有限公司创始人，北京云艺手工艺品专业合作社发起人	2022年4月29日	2h
风筝制作技艺	传统技艺	区级/密云	XLY-JY-F	区级传承人	2022年4月29日	1.2h
剪纸技艺	传统技艺	区级/密云	SJD-JY-F	区级传承人，北京珈涤文化交流有限公司董事长	2022年4月29日	1.2h
密云三烧烧饼制作技艺	传统技艺	区级/密云	LGL-JY-F	区级传承人，北京吴家铺密云三烧餐饮管理有限公司法定代表人	2022年4月29日	1.4h

　　资料来源：根据调研资料整理。

镇灶王爷传说是市级非遗外，其他均为区级项目；除张镇灶王爷传说外，访谈的对象均为区级传承人。相对而言，区级非遗项目的知名度不如市级和国家级项目。传承人普遍反映，社会对民间工艺的了解不够，社会关注度不高，甚至在北京市范围内都没有知名度，更不用说在国内外的知名度，导致不具备市场影响力，市场效益低，总体发展艰难。

（二）传承人带动村民致富

在本次调查的十个非遗项目中，除了张镇灶王爷传说主要由政府推动之外，其他非遗均由传承人带领当地或附近村民开展非遗传承与开发。随着政府对非遗越来越重视，对传承人的关注与支持越来越多，不少乡村传承人通过不懈努力，获得了诸多社会荣誉，社会地位也逐渐提高，作为乡村能人的作用逐渐凸显。如火绘葫芦入选 2021 年度乡村文化和旅游能人支持项目，火绘葫芦传承人被评为"北京市高级农村实用人才"，同时，他还是顺义区政协委员，被评为北京市劳动模范；玲珑枕制作技艺传承人因带动农村妇女、残障人士发家致富，被中央组织部和农业农村部共同评定为"农村高层实用人才"，2018 年被授予北京市三八红旗奖章称号，同时，她还是密云区政协委员、密云区无党派民主人士、密云区民协副主席；密云三烧烧饼传承人获得全国五一劳动奖章、北京市三八红旗手奖章，也是北京市第十一次党代会代表、密云区政协常委、密云区私营个体协会党委委员等。随着传承人的社会地位不断提高，其社会资源也不断增加，这对其非遗活化有较大的促进作用。

从访谈中得知，大部分传承人是当地人，只有少部分人是从外地到北京生活、工作后，逐渐在当地传承和发展家族技艺，并申请为区级非遗传承人。这些传承人以中年人为主，有干劲，有情怀，愿意带动当地人走上致富之路。如火绘葫芦传承人自成立北京吉祥八宝葫芦手工艺品产销专业合作社以来，带动 200 余名农民走上了致富之路，成为乡村能人带动的楷模和典范。吉祥八宝葫芦手工艺品产销专业合作社也被评为"全国农民合作社示范社""北京市农民合作社示范社"。北京市良山珐琅厂经过近 20 年的发展，打造出了一种能留住人的人才发展模式，即招募在生产基地附近 10 千米以内居住的家庭主妇，探索出"小时工作计薪+产量提成"模式。另外，贺氏酱猪脸技艺、玲珑枕制作技艺和绳结

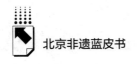

编织技艺等传承人也带动当地或邻近乡镇的村民，尤其是老人、妇女、残疾人，实现居家或就近就业。

（三）积极探索非遗产品创新

传统非遗进入现代市场，创新是必由之路。为此，不仅要开拓新的市场，还要不断地创新非遗产品。

1. 非遗核心产品创新

非遗核心产品是利用非遗的核心技艺生产出来的产品，蕴含着显著且完整的非遗文化价值。目前，乡村非遗传承人围绕非遗核心技艺开发了系列创新产品。如玲珑枕传承人针对不同年龄段、不同需求的顾客，设计出了不同大小、高度、花色、样式的玲珑枕，如孝亲枕、夫妻龙凤枕、儿童枕、旅行枕、中药枕、颈椎调理枕等；根据枕头的高矮长短分成入寝的枕头、抱枕、罗汉床上的罗汉枕和"财源滚滚"（拐枕），既可以起到保健的作用，又具有很强的实用性。玲珑枕造型独特、图案讲究，具有浓烈文化内涵的审美价值和文化艺术价值，现已成为中式家居寝具的文化亮点。

2. 非遗衍生产品创新

非遗衍生产品是非遗企业在进入现代市场的过程中，挖掘非遗文化元素，开发富有创意的衍生产品，如非遗文创产品、参观类产品、体验类产品、非遗进校园等。近年来，在顺义区张镇政府的积极推动下，灶王文化IP 得到开发，相继推出了 50 余款灶王文化特色文创衍生品，每年创造超过150 万元的产品价值。火绘葫芦开发了葫芦种植、参观游览、火绘葫芦体验等相关衍生产品。玲珑枕依靠其技艺开发了很多手工制作的小工艺品，如玲珑枕挂件、沙包、鼠标腕枕、健身球、葫芦香包、零钱包、钥匙坠等，还根据体验者的爱好和需求提供手工艺品体验。

（四）开拓线上线下销售渠道

目前，非遗线下销售渠道主要有三种。第一种是参加政府举办的非遗展销会，非遗进校园、进社区，这是绝大部分非遗采用的渠道。第二种是非遗与旅游融合，通过进民宿、进景区，或联合旅行社开拓旅游市场。如绳结编织技艺与三十多个景区开展长期合作，线下售卖绳结产品，形成了"绳结+文创"的线下销售模式，尤其是在节假日期间销售情况较好，最高年销售量可达百万元。第三种是传承人开设非遗工作室或非遗体验店，如绳结编织技艺在永宁古城的"梧桐印记"工作室。近几年，受疫情影响，旅游业严重受挫，游客量骤减，部分传承人无奈从景区中逐渐退出，工作室也受到影响，有些传承人被迫撤掉实体体验店。

在互联网时代，传统非遗触网是必然趋势。在调研中，传承人都表示，线上店铺、直播是很好的销售渠道，是消费者了解非遗的一种很好的方式。但不少传承人受其时间、精力，以及个人网络营销能力限制，还未能开拓线上渠道。只有少数传承人已尝试在淘宝开店铺，并坚持做直播。如今，玲珑枕的销售量50%依赖线上，30%依靠线下体验店，另有20%依靠老顾客定制。开店4年来，店铺粉丝量超过6000人，淘宝店日营业额最高可达8000元。贺氏酱猪脸技艺有"妫水人家"公众号，通过微店进行销售，并通过美团、途家和携程出售其民宿产品。火绘葫芦通过线上线下双渠道开展非遗宣传和普及，开设抖音账号，拍摄小情景剧，并在线下开展校园文化大讲堂。

（五）少数非遗有自创品牌

目前，大部分非遗传承人还没有品牌意识，只有少数非遗有自己的品牌，其中最为典型的是由政府打造的灶王文化品牌。从2017年举办首届北京·顺义张镇灶王文化节以来，已经举办六届，打造了可吃、可看、可购、可玩、可享的一站式文化大集，不仅将灶王文化和老北京非遗通过一系列活动进行展示、弘扬，打造具有顺义区特色的"灶王"新春吉祥文化品牌，同时整合旅游、非遗等京味儿元素，连接市场，带动消费，促进了顺义地区民俗旅游的发展，产生了良好的社会反响和一定的经济效益。还有一种是非遗传承人自己创建的非遗品牌。贺氏酱猪脸技艺第四代传承人创建了"妫水人家"餐饮品牌，2015年她回乡创业，在北京延庆的石峡村创建了四合

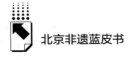

院餐厅，而作为餐厅"长城石烹宴"主菜的"石烹猪脸"吸引了众多追寻美味的食客。

（六）非遗产业链逐渐形成

以产业化促进非遗保护与传承，逐渐成为社会共识。本次调研的 10 个乡村非遗中，仅有四个非遗在积极推动产业化，并初具产业链的特征。如北京市良山珐琅厂从一家手工制胎作坊，发展成集景泰蓝设计、生产制作、工艺展示、精品鉴赏、科普教育、文化传播于一体的文化产业园区，创办的景泰蓝艺术馆、制作技艺展示区、景泰蓝体验区、工艺美术图书馆，全面展示了景泰蓝的历史沿革和传承发展、开拓创新的历史脉络。再如酱猪脸非遗依托石峡村资源，开设非遗餐饮、民宿、咖啡店，酒坊、茶坊、油坊，还配备图书馆等，已形成自己的产业链，服务项目比较齐全。

调研中发现，大部分传承人在从事非遗工作之前，从事过其他行业的工作，后来基于对非遗的满腔热情与热爱，返乡投入非遗传承与开发的工作中，开始了文化创业。从访谈中了解到，传承人之前的从业经历对非遗创业有重要的影响。如贺氏酱猪脸技艺和密云三烧烧饼制作技艺传承人都有多年从事餐饮行业的丰富经历，这对后来创办非遗企业和产业化发展起到了重要的作用。

三　北京乡村非遗发展模式

（一）非遗产品开发模式

乡村非遗活化的关键是非遗产品开发。通过调查发现，传承人结合非遗特点，除了开发非遗文创产品和旅游商品之外，还积极进校园、进社区、进景区、进民宿，开发适合现代消费者的产品，出现了不同的开发模式，其中典型的模式如下。

1. 非遗研学

调研中发现，绝大部分传承人开发了非遗研学产品。具体体现在如下两方面。一方面，非遗进入校园，成为北京中小学社会大课堂、非遗教育基地，还进入社区、残联服务中心、老年大学等，通过多种渠道传播当地优秀传统文化。例如，密云宿家剪纸积极与国际学校合作，通过外国孩子将剪纸手艺带到全世界，让手艺走出国门，向世界传递一张张文化和旅游名片。另一方面，积极开发研学旅游产品，吸引游客到非遗工坊、工作室学习和体验非遗。例如，延庆永宁古城的乡村非遗研学旅游项目种类繁多。2011年，延庆永宁古城首家手工艺品店铺向游客提供绳结编织技艺及葫芦烙画等非遗体验活动，并和协会共同开设巧娘工坊，提供延庆绳结、葫芦烙画等手工艺品的研学、交流和讨论，延续非遗手工艺的传承。

2. 非遗体验

乡村非遗知名度普遍低，消费者的低认知度直接影响其传播与产业化发展。而非遗体验有助于提高非遗知名度，也是重要的销售渠道。目前，有一定规模的非遗企业都开发了非遗体验产品。如密云三烧餐饮管理有限公司、良山珐琅厂有专门的非遗体验馆，让消费者能深入地了解非遗的历史渊源、文化特色及独特魅力。与此同时，非遗传承人之间也会通过合作方式，提供丰富多样的非遗体验活动。如妫水人家不仅有酱猪脸非遗美食、延庆年俗体验，还在酒坊、油坊打造非遗体验项目。此外，传承人作为延庆手工艺协会的会长，还积极吸引延庆的其他非遗项目在石峡乡情村史陈列室集中展示，目前有剪纸、布老虎、植物画、香包、灯笼制作、汉服体验等活动。

3. 非遗民宿

乡村非遗与民宿结合，既丰富民宿的文化内涵，增强客人的文化体验，又开拓了非遗传播和销售渠道，因此对传承人和民宿主人都是一个双赢的选择。非遗民宿主要有两种形式，一种是非遗传承人积极与当地民宿合作，寻找非遗新的渠道。如玲珑枕传承人与景区周边的民宿合作，由传承人提供玲珑枕，放置在客房中使用，让前来住宿的客人亲身体验玲珑枕。客房里也放置玲珑枕的宣传图册，客人可直接扫描宣传图册中的二维码购买。这样的方式有利于带动周边村民共同发展，也促进了乡村非遗旅游的进一步发展。另

一种是传承人自己经营非遗特色主题的民宿。如剪纸技艺传承人改造和装修300平方米的院子，将非遗手工艺融入民宿中，从而打造一家具有非遗文化特色的主题民宿。每个房间均以一个非遗主题布置，客厅等其他公共区域也用非遗文化装饰。非遗主题包含但不限于剪纸，还有密云其他的非遗项目。民宿内所有非遗产品为售卖品，同时向入住的客人出售剪纸材料包，在专业老师的指导下，让客人完成剪纸作品，达到寓教于乐的目的。

4. 非遗节庆

在本次调研的10个非遗项目中，有9个项目属于传统技艺类，其产品更多地以实物产品形式呈现，如非遗文创产品。只有顺义张镇灶王爷传说属于民间文学类，通过打造一个非遗文化节开发了系列产品。2017年，在顺义区委的高度重视和支持下，举办了首届北京·顺义张镇灶王文化节，从第二届开始由张镇人民政府主办，至今已经举办六届。文化节不仅宣传和传播灶王爷文化，也是各种非遗荟萃的舞台。文化节期间，有不同类型非遗技艺的展示，有美食大集、表演、文化发展论坛等交流活动，同时还推出灶王爷系列笔记本、十二生肖钥匙扣等灶王文化衍生品和"顺意好礼"特色旅游商品。6年以来，文化节举办时间由原先的3天延长到如今的14天；在形式上，文化节从线下节庆发展为如今适应疫情防控常态化形势下的线上节庆。如今，文化节已成为顺义本地乃至京津冀地区有一定规模与影响力的"灶王"新春文化品牌活动。

（二）非遗开发商业模式

不同的非遗项目在开发过程中，以传承人、企业及政府为核心，整合社会各种资源，采取不同的商业模式，产生不同的效果。

1. 非遗企业发展模式

本次调研发现，40%的传承人创办非遗企业，积极投入非遗产业化，相对而言其发展良好。其中，酱猪脸技艺传承人成立北京妫水人家农业发展有限公司，依托石峡村丰富的旅游资源，结合酱猪脸和延庆年俗两个非遗项目，大力发展乡村非遗旅游。为此，妫水人家挖掘石峡村的长城文化，带领村民成立长城讲解队，讲长城传说故事，每年过年的时候进行民俗表演。开发了10家特色民宿，让游客住在民宿，品尝独具特色的非遗美食贺氏酱猪脸，欣赏长城景色，体验非遗手工艺剪纸、布艺、糖画、面人、毛猴、灯笼制作，乡村生态、历史遗迹和民俗文化资源都推动了非遗旅游业的发展。如今，石峡村已形成较完整的非遗旅游产业链，除了民宿、餐饮外，还有酒坊、茶坊、油坊、咖啡店、村史陈列室、图书馆等。成立于2014年的北京吴家铺密云三烧餐饮管理有限公司是北京老字号企业，有4处分支机构，建立了"一馆、两线、三基地"，"一馆"即密云三烧体验馆，"两线"即快餐中央厨房流水线和密云烧酒灌装流水线，"三基地"即绿色有机原料基地、绿色有机科普教育基地和休闲度假、旅游商品基地。企业已实现工业化生产，员工最多时达到600人。其销售方式多样，具体有旅游景点专卖（故宫、北海、颐和园等）、餐饮连锁（紫光园等）、大型商超、早餐工程、企业团膳、农业源头食材供应、北京礼物专卖店等。密云三烧烧饼还通过品牌店加盟方式，将产品销往全国部分火锅店。

2. "非遗传承人+合作社+村民"模式

非遗传承人立足于乡村，通过建立专业合作社，带动村民开发非遗，其中较为典型的有火绘葫芦。传承人带领村民成立了北京吉祥八宝葫芦手工艺品产销专业合作社，不仅教村民种植、加工葫芦，而且定期举办葫芦种植和加工技术培训班，帮助村民提升技能。除此之外，还组织周边乡镇200多名残疾人学习种葫芦、加工葫芦，以"基地+农户""订单式加工生产"的方式帮助他们脱贫。2015年，创建了北京葫芦艺术庄园，建有文化体验馆和葫芦种植园，提供火绘葫芦体验、观赏、购买以及餐饮住宿，发展文化旅游和休闲农业。如今，北京葫芦艺术庄园先后获得"北京市休闲农业四星级园区""北京市旅游新业态采摘篱园""北京发展休闲农业乡村旅游先进单位"等资质和称号，成为具有一定品牌知名度和影响力的文化旅游园区。玲珑枕传承人于2010年发起成立北京云艺手工艺品专业合作社，2011年带领自发组织的20多名志愿者义务对不能离家的妇女和残障人士进行技术指导，入户的同时还帮她们处理家务。通过来合作社领取原

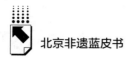
材料、居家制作的方式，让就业无门的失业居民、农村妇女、残障人士足不出户就能实现创收。自 2018 年起，合作社与通辽市库伦旗六家子镇胡金稿村、查干台村运用"传统工艺+合作社+居家式"扶贫车间模式，架起传统手工艺品玲珑枕制作对贫困户进行帮扶的桥梁，让贫困户足不出户就可获得收入。

3. 非遗工作室模式

非遗工作室是非遗传承人钻研技艺、研发创作、展示演出、体验互动、宣传交流的场所。目前各地都鼓励非遗工作室进景区、进社区、进学校、进商圈，作为当地文化交流与传播的重要窗口。延庆绳结编织技艺传承人带领残疾人和妇女通过自产自销、加工生产模式，进行计件加工生产，进旅游景区销售非遗。与此同时，传承人在永宁古城开设一个名为"梧桐印记"的工作室，作为非遗展示、宣传销售的重要窗口。但是，近年来受疫情影响，旅游业不景气，永宁古城客流量减少，除了周末之外，"梧桐印记"工作室平时基本不对外开放。密云风筝制作技艺传承人在自家老宅开了一间夏兰英风筝工艺坊，目前只有传承人一人，还没有徒弟或其他从业人员。

4. 政府主导、市场参与模式

研究发现，不同类型的非遗项目在产业化方面差异较大。如传统美术、传统技艺、传统医药类包含较多的宜产型非遗，这些非遗天生具备商品属性，成果多为有形产品，与现代人的生活关系密切，较易融入生活，较易创新开发，可以以市场运作模式活化发展。而民间文学，传统音乐，传统舞蹈，传统戏剧，曲艺，传统体育、游艺与杂技，民俗类包含较多非宜产型非遗，艺术性、观赏性、公益性较强，成果多为无形产品，部分非遗与现代生活距离较远，创新开发难度较大，更多采用政府主导方式保护传承。本研究中，顺义张镇灶王爷传说是民间文学类非遗，属于典型的非宜产型非遗。顺义区张镇人民政府以灶王爷传说为核心，专门打造了一个文化节。历届文化节均采用政府主办、市场参与的模式。

四　存在的主要问题

（一）知名度普遍不高，资源整合力度受限

一般情况下，非遗级别越高、品质越高，越能引起大众广泛的关注；知名度越高，越容易获得政府支持，介入的社会资源也会越多，非遗活化条件会越好。本次调研的非遗项目中80%属于区级非遗，非遗项目和传承人的知名度普遍低。大部分传承人反映，消费者对民间工艺的了解不够，不了解其魅力，因不了解，也就没有人喜欢它，自然就没有销售量，市场效益低，很难继续坚持下去。

（二）非遗文化价值挖掘不深

作为文化资源，文化价值是每项非遗最核心的吸引力。在独具特色的文化资本进入现代市场的过程中，非遗所包含的经济价值将不断被挖掘，成为非遗活化的重要驱动力。非遗的价值不仅体现在经济方面，还体现在文化价值和社会价值方面。因此，既要保护与传承传统文化的核心价值，又要利用遗产的变异性，不断增加非遗的综合价值。目前，乡村非遗虽已被评为区级或市级项目，但总体来讲文化价值挖掘程度不够，未能作为文化资本转化为有市场价值的文化产品，经济效益和社会效益低，直接影响了非遗的可持续发展。

（三）传承人市场开发能力有待提高

传承人是非遗活化中最核心的主体，其综合能力关系到非遗开发水平，尤其是传承人的市场开发能力对其影响显著。疫情以来，因乡村旅游受到较大影响，原先依赖旅游景区、民宿等旅游渠道的非遗产品，不得不开拓新的电商平台寻找发展之路。有些传承人开始以淘宝直播卖货方式为主销售产品，但在淘宝店经营中，存在部分产品没有照片，即使上传了照片，也不美

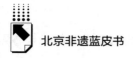
观，或没有讲解，直播方式简单，难以吸引消费者等诸多问题。不少传承人反映，非遗的线上销售和新媒体营销是必然趋势，并且很有兴趣尝试，但受限于个人能力、时间和精力等因素，还未使用电商平台，即使尝试，也还处在初始阶段，效果不理想。

（四）创意设计水平有待提升

非遗产品的生产经营包含研发设计、生产创作和品牌营销三大环节。与较为稳定成熟的生产创作相比，非遗产品的研发设计和品牌营销更为薄弱。其中，研发设计是生产经营的起始环节，只有通过创意设计开发出创新的非遗产品，才能更好地满足市场需求，实现非遗的再生产。景泰蓝制作技艺传承人认为，良山珐琅厂能延续到现在，最重要的原因是企业研发力度大，通过不断研发参观、体验类产品，让消费者了解他们的手艺，并且与他们互动，感受匠人的精神，很好地激发了购买欲望。当然传承人普遍认为研发设计很重要，并且也努力创新开拓，但现实中产品简单化、雷同化情况较严重，缺乏新产品，创意设计水平低下。如非遗体验是传承人和消费者较认可的文化体验和宣传的方式，但是目前非遗体验项目较少，体验方式较单一，文化挖掘力度不够，消费者体验感不足。

（五）非遗与旅游融合不够

作为优秀的文化遗产，如今非遗成为了重要的旅游资源，通过与旅游的融合重新迸发出新的活力，旅游开发已成为非遗活化的重要方式。非遗与旅游融合使非遗进入现代市场，从而促进非遗的保护和传承；非遗旅游进一步提升旅游品质，提高旅游产业综合效益。目前乡村非遗通过进景区、进民宿、非遗研学等方式，不断尝试与旅游融合，但是大部分非遗与旅游的融合情况并不乐观。虽然有些非遗已进入景区，但受景区流量减少、传承人人力成本高等诸多原因影响，被迫从景区退出。

（六）对政府的依赖性较大

政治、经济、社会、技术是影响非遗发展的主要外部环境。随着市场环境的变化以及各利益主体需求的多元化，非遗面临的机遇与挑战共存。访谈中传承人一致表示，政府对非遗的资金支持与政策倾斜对其发展至关重要。本次调研的非遗大部分为区级，中央及北京市的政策支持很难覆盖到区级层面。传承人反映，区政府对非遗的支持主要停留在授予头衔、设立非遗单位等方面，缺乏资金、人力、土地、宣传等方面的支持，从而非遗传承和发展面临很大的困境。

五　北京乡村非遗发展对策

（一）以传承人为核心培育乡村能人

在非遗高质量传承发展中，传承人是最为关键的主体。如上所述，传承人的市场开发能力和创意设计水平对非遗发展有重要影响。因此，应尽快培育一支以传承人为核心的乡村能人队伍，以乡村能人带动村民致富和非遗产业链的发展。首先，乡村传承人"走出去"，推荐其参加非遗传承人研修培训计划，或到北京高校或职业院校研修，着重提升创意研发和品牌营销水平，加强乡村传承人综合能力的培养，以适应非遗产业化发展的需要。其次，乡村能人"引进来"，鼓励文化和旅游从业者、相关院校毕业生、返乡创业人员投入乡村非遗发展中，培育新型职业非遗队伍。

（二）以非遗文化为核心打造乡村文化生活场景

非遗来源于乡村的生产生活，并且以乡村为基础传承发展，因此，每个非遗都烙上了深刻的乡土印记，与乡土社会有着千丝万缕的联系。非遗可持续发展必须扎根于乡村，并展示最有乡土气息的生活场景。为此，依托现有的非遗工坊、非遗工作室等生产空间，深入挖掘当地文化，通过传

承人与村民的共同参与，打造一个集传承空间、生产空间、展示空间与生活空间于一体的乡村文化生活场景，让人们沉浸式地感受和享受乡村非遗的魅力。

（三）以工作站为基础构建非遗合作共同体

非遗发展是一场社会群体共同参与的文化经济行为，尤其是目前传承人整体水平不高，短期内难以适应市场发展的情况下，更需要社会资源的介入，即通过与企业、政府、学校、社区等的合作共同促进非遗发展。为此，以乡镇为单位，依托乡村主要非遗资源，整合北京市各种社会资源，共建产、学、研、培一体化的非遗工作站，共同助力非遗产业化发展。此外，对实力相对弱的乡村非遗而言，单打独斗难以生存和发展，只有区级非遗之间、区级与市级及国家级非遗之间抱团取暖，构建非遗合作共同体，互帮互助，非遗才能持续发展下去。

（四）以产业融合为契机推动非遗产业链发展

非遗融入现代市场，应推动非遗"六次产业化"经营（1×2×3），加强乡村非遗与第一、二、三产业的相互延伸与融合，形成生产、加工、销售、服务一体化的完整产业链，使非遗创造出来的价值更多地在乡村内部循环。为此，发挥"非遗+"效应，大力延伸非遗产业链条，推动非遗与旅游、农业、工业、教育、影视等行业跨界合作，形成"非遗+"的新业态，如非遗旅游、非遗文创、非遗动漫、非遗影视等，构建非遗与其他产业共建格局，通过延伸非遗产业链和产业间形成的整体效应或集群效应来提高附加值。

（五）以产业化为目的构建非遗政策支持体系

目前，政府对乡村非遗的支持主要有，对传承人的认定，对中小学社会大课堂、爱国主义教育基地等的认定，提供宣传推广平台，主要偏重于非遗保护与传承方面。为实现非遗高质量传承发展，下一步应该以乡村非遗产业化为主要目标，针对乡村非遗制定财政税收政策、金融政策。

如对工商登记注册为企业或个体工商户给予创业补贴，小微企业创业担保贷款和贴息，将乡村非遗产品纳入文化和旅游惠民消费范围，鼓励金融机构开发适合乡村非遗企业特点的金融产品，加强对乡村小微企业的投融资扶持，等等。

B.14
文旅融合视域下北京市
非遗传统舞蹈研究[*]

莎日娜[**]

摘　要： 本文以文旅融合的思想为指导、以北京市现存非遗传统舞蹈为研究对象，分析其作为文化形态古朴尚武的外在表现和农耕文化发展需求的内在驱动力，作为文化资源所保有的传统文化价值和当代社会消费价值，探究其在城市化进程中的消融原因、在公共文化空间中缺失的原因以及被动走向市场的消极原因，并针对以上问题提出舞谱符号存档与数字技术结合、挖掘内涵与创新形式结合、回归大众健身领域等的解决策略。

关键词： 北京市非遗　传统舞蹈　文旅融合

古都北京，多元一体，集珍荟萃，作为北京民俗不可或缺的非遗传统舞蹈，在首都百年的历史风云变幻中淬炼和传承，承载着北京的既往与当下，现实与未来。当今中国文旅融合的政策背景，为各类非遗传统艺术标识了既定的发展方向。作为以身体为载体，并将身体形态和文化心理、文化传统交融共生的艺术，北京非遗传统舞蹈的文化形态、文化资源价值仍在被当下的政府政策影响、被生存空间变迁异化、被疫情不确定性冲击等社会现实塑

---

　* 本文为北京市社会科学基金项目"基于拉班理论的北京市非遗舞蹈研究"（项目编号：19YTC046）的阶段性研究成果。

　** 莎日娜，蒙古族，讲师，艺术学理论博士，任职于北京舞蹈学院人文学院，主要研究方向为舞蹈人类学、拉班动作分析、拉班舞谱。

造。保存基本形态、拓展公共文化空间和回归健身功能等文旅融合途径与手段的介入，可以为未来保留首都非遗传统舞蹈文化遗产探寻康庄大道。

一　作为文化形态的北京市非遗传统舞蹈

（一）形态古朴，尚武观念强烈

北京非遗传统舞蹈多脱胎于武术拳术，动作多具有对抗性以及空间方面的直接性，而舞蹈表演性相对不明显，从服装道具到伴奏的鼓、锣、镲等都体现着未被过度加工的原初形态。以海淀六郎庄五虎棍为代表，舞蹈表演结合各类棍棒道具的使用，四个梢子棍、四个棍，二二、二四对打等，技巧高、难度大；角色设置方面突出赵匡胤、郑子明、柴荣等武将的主体地位。昌平区涧头村高跷不仅要踩在高跷上做跳、转、翻、下腰等技巧动作，如遇到两档花会相遇，还要有跨人、跨桌子等表演，意在强调通过一般人不能够达到的技术技巧以实现超越对手的地位或将表演者和普通人相区别。而位于交通要塞的沙峪、永宁等地的竹马是表现萧太后征战打猎、昭君出塞等历史上民族交流交往的主题，表现形式中仍不乏武术动作。

身体动作是充满意义表达的载体，发生在外部的动作会被内部的情绪和冲动所反映。每一个内在思想都有一个外在运动，每一个外在运动都有一个内在思想。在内心的想法、感受和外在的行动之间有一种循环的关系，在内心体验和外在行动之间创造了一种持续的动态。[①] 北京非遗传统舞蹈古朴的形态和尚武的观念，实则是旧时北京底层民众的集体心理趋向：崇尚仗义疏财、疾恶如仇。在民俗舞蹈中秉持这种品行的人在没有政治权利的广大民众中可以被推举为意见领袖，就会获得更多的可以调配的社会资源，也就意味着获得更多的权力。传统的影响力在当今仍然发挥着惯性的作用，因此不难

---

① Yvonne Payne Daniel, "Tourism Dance Performances Authenticity and Creativity", *Annals of Tourism Research*, Vol. 23, No. 4, 1996, pp. 780-797.

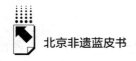
看到今天昌平区涧头村高跷和朝阳区小红门地秧歌形态不同但又有着相同的水泊梁山英雄好汉的角色设置。

（二）农耕文化的深刻烙印

农耕村落文化深深地镌刻在北京非遗传统舞蹈的形态中，这是非遗舞蹈生存环境形塑舞蹈的典型例证。昌平区涧头村高跷的抱月形姿态，因当地村落重视男女平等的观念而形成。当地居民认为，男孩像太阳，女孩像月亮。涧头高跷一般在大年初二、正月十五回娘家的日子表演，让嫁出去的女儿也能和家人团聚享受娱乐。正月十五也是月圆时节，因此在高跷表演中会呈现出起跳后向后弯腰，同时高跷向头部聚拢离地跳跃的抱月姿态。京西太平鼓生发的北京西部门头沟地区，是传统的北方古文化村落聚集区，具有浓郁的北方人文传统建筑风貌，呈现出以中街为轴、左右对称的院落群格局以及主要空间形态以线性空间为主的居住街区。这样的村落生活和院落格局形态，在一定程度上形塑了太平鼓表演的套路，例如"四方斗"的对称交叉、用四人或者八人队形的调度表现日常生活中抽屉抽拉的状态"拉抽屉"、用对称环形路线表现出走街串巷拉家常的"串胡同"、用头部向前顿点的动作模仿农家常见的"斗公鸡"等，通过主要呈现辐状的定向性动作完成自身与他人的沟通，你追我赶，互不相让，宛如京西地区居民豪爽直接的性格特征，不拐弯抹角、不揶揄、不奉承。这些当地民众文化生活的形态抽象形塑出了京西太平鼓的独特表演套路，经过百余年的传承在今天仍然保有鲜活的生活气息。

（三）文化交流互通对舞蹈形态的影响

北京地处中华民族政治文化交流交往的融合地带，农耕文明与草原文明互融共生，传统舞蹈的交流交融在北京地域范围明显地显现。北京市现存的非遗传统舞蹈，其本体形态大多可以在北京以外的其他地区看到相似的样态。昌平区花钹大鼓就是其中之一。元末明初，因长期处于饥荒、瘟疫、战乱等社会危机中，中原陷入了更黑暗动荡的时代。明代"饥民有田"政策的出台，使得后牛坊村因大量移民的到来而成为较大的村落。这一时期，村民热情地收留了"来自洪洞的老乡"——从山西逃荒到了后牛坊村的白胡子老人。老人深感村民的厚爱，把自己的独门绝技"雷音圣会·子弟花钹"传授给村民。从此，这档汉族民间艺术历经百年流传至今。至今，在山西洪洞流传的威风锣鼓和北京花钹大鼓的形态依然非常相近。白纸坊的太狮于明代由朱棣从安徽带入京城，具有明显的"北狮"套路风格。朝阳区小红门地秧歌是创始人芦姓家族的山东祖先从山东牛王庙学下来，芦家先祖先后转山东和东北地区，最后在北京定居下来繁衍生息，至今朝阳区小红门地秧歌多由满族群众表演①；而在长江流域广泛存在的传统舞蹈形式——扑蝴蝶也是北京海淀区苏家坨地区的代表性非遗舞蹈。

二　作为文化资源的北京市非遗传统舞蹈

北京市非遗传统舞蹈，在本体之外其蕴含的资源价值要素，如文化价值的稀缺性、独特性和差异性，以及复制和传承能力及其所具有的经济效益价值等，是其作为文化资源进入文旅融合领域的内在机制。

（一）文化价值

以北京市非遗舞蹈为例：昌平区花钹大鼓"勺钹""挠钹""对钹"等动作两两相对的和谐美感和北京城中轴线对称空间美学相互映照，蕴含着吉祥圆满、平衡对称的老北京传统美学观念；通州区运河龙灯在我国存量丰厚的非遗龙舞中因其雌雄两列双龙分别由男女表演的形式而独树一帜。"盘龙钻玉柱""双挑龙把""盘龙窝"等套路阵形丝毫未因女性表演者的参与而减弱，始终表现着平等交互的人际关系。通州地区位于北运河交通要塞，自古漕运发达，男女协同参与捕捞、水运等劳作的群体协同机制造就了通州民俗文化中男女平等的观念，反映在民俗文艺活动中就是男女角色的对等配

---

① 杜洋：《小红门地秧歌》，中国科学技术出版社，2014，第5~10页。

合。而当人际空间中出现主导，实则是隐藏在舞蹈空间队列这个显性层面背后的社会组织关系使然。北京市海淀区非遗舞蹈扑蝴蝶，是典型的在空间上个人主导的非遗舞蹈。该舞蹈三人一组，捻蝶者双手握装饰有五彩缤纷蝴蝶的藤条，其余二人手持扇子做扑的动作，其行进路线高低起伏，全由捻蝶者决定。在扑蝴蝶这个舞蹈的实际组织过程中，捻蝶者不仅是主角儿，更承担着导演、传承的身份。这个舞蹈的队形路线、角色特点、锣鼓点等也都由老一代捻蝶者传承给下一代。

北京市非遗舞蹈中所蕴含的人和自然、集体的互动，以及沉淀在其中的传统观念、价值理想、生活企盼等，都以一种润物细无声的方式影响着北京市非遗传统舞蹈走向文旅融合的方式和途径。

（二）消费价值

文化资源传承的一个重要的内在动力，就是其消费性。文化具有显著的社会功能，大众的文化消费导向就具有一定的社会性。[①] 北京市非遗传统舞蹈的消费性并不存在于舞蹈本身，而是存在于与舞蹈相关的一系列民俗活动中。旧时的北京传统舞蹈汇集的香会分为武会和文会，以著名的妙峰山香会为例，武会以表演为主，而文会名目繁多，有献四季鲜花的"献花老会"，为佛敬献月饼与蜜供的"供碗老会"，为沿途所设茶棚贡献茶叶的"茶叶老会"等，为香客们提供衣食方便，这个过程中经济往来活动成为必不可少的项目。

现代社会香会已经剔除其封建迷信因素，脱胎为传统舞蹈百花齐放的"花会"。20世纪80年代，北京妙峰山香会活动开始复苏，香会组织中的文会，因为烧香拜佛的信仰逐渐萎缩，而表演性强的武会保留了下来。从90年代开始，妙峰山主管部门从旅游开发的角度开展了重建庙宇、修建公路、通水通电等工作，使得这个民间花会从原有的体现民间世俗以博取社会声望

[①] 申维辰：《评价文化：文化资源评估与文化产业评价研究》，山西教育出版社，2012，第9~19页。

为目的快速地转向对市场利益的追逐。从 1983 年开始，首届龙潭湖民间花会展演举办，北京各档花会都以参加龙潭会花会展演为荣。当代的龙潭湖庙会、地坛庙会等，已经成为北京节庆经济必不可少的部分。① 舞蹈表演为庙会增加了吸引游客的亮点，受邀参加的传统舞蹈表演队伍都会获得主办方、政府部门或资助方的劳动报酬，结合庙会游客的消费共同构成了北京非遗传统舞蹈在当代社会活动中的经济价值。

三 文旅融合背景中北京市非遗传统舞蹈的困境与对策

（一）形态的消散与保存

北京市传统非遗舞蹈的普查和调研，最为全面的当数《中国民族民间舞蹈集成（北京卷）》，编纂者于 20 世纪 80 年代初开始收集整理北京地区的民俗舞蹈，详细记录了当时北京地区民俗舞蹈的套路、配乐、服装、基本造型姿态等。这是第一次较为全面的北京民俗舞蹈的档案记录。自《中国民族民间舞蹈集成（北京卷）》编纂完成至今已有 40 余年，其中一些舞蹈因为鲜明的动态特征、完善的传承制度被较好地保存下来，如昌平区花钹大鼓、京西太平鼓、朝阳区小红门地秧歌等。而一些舞蹈因为其审美风格和现代社会相去甚远、传承人老龄化严重等问题濒临消失。因此，对现存北京非遗舞蹈的保护仍是不可忽视的工作。现代传媒技术手段可以用口述、影像记录的方式对非遗舞蹈进行保存，然而还有一种更为符合人体动作的记录体系——拉班舞谱。

拉班舞谱是科学记录人体动作的方法，能够记录人体主要动态，而非静态姿势。首先，运用拉班舞谱记录北京市各区县现存的非遗舞蹈形态，结合表演者（传承人）口述史访谈记录非遗舞蹈的发生发展历史、表演空间、

---

① 吴效群：《妙峰山——北京民间社会的历史变迁》，人民出版社，2006，第 229~242 页。

相关重要人物及事件等与非遗舞蹈本体相关联的诸多要素，形成较为全面的文本档案。其次，运用拉班动作分析理论对北京市非遗舞蹈所蕴含的身体表现规律、空间运用特征、力效呈现、形塑状态、身体动作与精神文化的主题二元性做出阐释，从而完成预期研究目标。因此拉班舞谱记录方式从根本上解决了《中国民族民间舞蹈集成（北京卷）》等文献中文字表述在还原动作时的不确定性、静态图片不能展示动作动态发展的问题，也弥补了研究对象的影像记录因拍摄角度或技术受限等问题造成的记录不全面的缺失。

国际方面将拉班理论运用于本土舞蹈的研究多以拉班舞谱记录的方式实现永久保存为起点，继而通过拉班动作分析阐释其文化内涵，在教育、演艺、传媒等领域实现多样态保存与传承。拉班舞谱记录是欧美国家保存各自传统舞蹈的基本方式，美国纽约舞谱局记载了一些年代久远的经典舞蹈，如 *The Study of Water*（1930）、*Green Table*（1925）等，这些作品因拉班舞谱永久存档并能够随时复排，至今仍然被世界各大舞蹈团体演出。*Holidays in Israe*（Janos，1984）介绍了以色列节日庆典中的诸多传统舞蹈，其中一些舞蹈在历史中失去了生存空间，而拉班舞谱的存档使后人还可以重拾这些古老民族的舞蹈记忆。*Ten Folk Dance*（1980）系列丛书记录了希腊、德国、英国等国家的民间舞，因舞蹈活泼欢快、记谱简洁易学，被欧美一些高校舞蹈教师选定为授课教材实现了教育传承。*Hula Pahu Hawaiian Drum Dances*（Adrienne L. Kaeppler，2004）、*The Japanese Bon Dance In Hawaii*（Judy Van Zile，1986）是分别研究夏威夷群岛的宗教仪式舞蹈和日本 Bon 节庆舞蹈的人类学著作，这两部著作认为拉班理论是舞蹈本体研究的基本方法，并使用拉班舞谱记录和拉班动作分析开展研究。

进入 21 世纪，随着数字技术和全球互联网的发展，拉班理论以符号为载体的文本表述方式及舞谱生成软件 Labanwriter 的研发提供了运用数字技术生成舞蹈数据库的可能性，为实现舞蹈的永久保存、精确还原以及通过互联网向世界范围的传播提供了可行的途径。*Old Hungarian Dance Style*（2011，János Fügedi）记录了匈牙利民间舞的拉班舞谱形式，并且其成果已生成数据库，该数据库包含了匈牙利数百种传统舞蹈的拉班舞谱主题集成

（Motif Collection）和视频集成（Film Collection）。这一研究为非遗传统舞蹈的数字化保存提供了可参考的模式。

拉班舞谱的记录方式对北京市非遗舞蹈进行存档保存，是对舞蹈本体研究的全面系统记录。在文档（影像）记录保存的基础上，在尊重传统舞蹈艺术主体性的前提下，延伸和拓展赋有时代意义的相关文化研究、文旅融合策略研究等，能够使非遗传统舞蹈获得更长久的生命力。

（二）公共文化空间的缺失与探索

公共文化空间是具有文化特征的、能够为市民所享有的平等开放的空间。北京市目前建设成了市、区、街道（乡镇）、社区（行政村）四级公共文化服务体系。社区村落是公共文化空间的末梢，更是孕育非遗舞蹈的原初环境。社区村落的自然地理、族群历史文化深刻地形塑着舞蹈形态，而社区中的节日庆典是承载非遗舞蹈的基本载体。自《北京市非物质文化遗产条例》颁布以来，北京各区相继为属地非遗传统舞蹈项目建立了非遗项目传承基地，使得非遗舞蹈的基本生存场域发生了变化。如 2013 年"花钹大鼓"传承基地成立、2017 年"涧头高跷"传承基地建立等。根据走访调研，这些传习基地多设立于村镇党政办公场所，便于行政管理，其主要功能在于为保存表演道具、服装、图像资料展示等提供相对有保障的物理空间，为非遗舞蹈的排练提供了固定场所，在很大程度上解决了场地缺失的问题。然而笔者也发现，传承基地的实践功能尚未被全面地开发出来。传统舞蹈需要通过身体动作被表现、被外化和被实践，传承非遗传统舞蹈最好的方式就是进入身体实践领域。鉴于这一点，传承基地应该成为非遗舞蹈实践的最基本单元，社区村落中非遗舞蹈的爱好者、表演者，甚至普通村民都可以成为实践者。但传承基地因为没有固定的课程、活动等无法进行系统性的教学和培训。非遗舞蹈作为身心合一的艺术形式，除了物理空间外，固定时间、固定场所、固定套路的舞蹈动作共同构成的心理空间仍然被社区族群所需要。

此外，诸如博物馆、图书馆、画廊、艺术区、文化馆、科技馆等城市公共文化空间，既是现代都市人所热衷的生活方式，其本身也是旅游目的地，这些也是非遗传统舞蹈得以被社会认知和接受的另一个重要场域。然而这样的场域空间还未成为非遗舞蹈的载体。幸运的是，一些致力于文化传承的高校基于深厚的艺术学科基础和产学研融合的社会力量，已经在探索公共文化领域非遗舞蹈现身的途径和方法。北京舞蹈学院中国民族民间舞系与朝阳文化馆、中国美术学院公共空间艺术系、韩国203图表信息研究所在遥望翰境（北京）文化创意有限公司合作，于2020年11月7日在北京市朝阳区798艺术中心玫瑰之名正式开展"无界之舞——北京舞蹈学院中国民族民间舞发展艺术展"。此次演出借由影像装置与中国非遗传统舞蹈肢体开展对话，使传统与现代、艺术与科技、舞蹈与美术交融共生，为观众带来了沉浸式的观演体验。观众既可以转起手绢、举起花伞、打起锣鼓亲身体验非遗舞蹈的魅力，也可以通过数字技术观看非遗舞蹈集成。北京舞蹈学院为非遗传统舞蹈走向公共文化空间服务探索出一条可行的道路。

（三）亟待走向旅游演艺市场

非遗传统舞蹈的文旅融合首要的途径就是走向演艺市场。这样的例子不胜枚举，"印象"系列为当地旅游业带来的经济效益无法估算。而各大旅游景点结合旅游卖点宣传的舞蹈形式演出在"印象"系列模式成功之后被大量复制，如西安华清池表现历史的实景演出《长恨歌》《12·12》，作为云南旅游鲜明特点的杨丽萍《云南映象》舞团驻场演出等均已成为吸引游客的重要手段。

2004年开演的《功夫传奇》，一直是北京旅游文化的一张名片。天桥地处北京文化交流的中心，世界各地文化交融荟萃，剧院林立，有着高质量的观演市场，高水平的文艺演出层出不穷。然而北京本土传统舞蹈却未能走上旅游演艺市场的舞台，究其原因有以下几点。

第一，北京地区非遗传统舞蹈的表现形式并不具备足够的吸引力。花红柳绿的服装、男扮女装的扮相、简单的动作和现代社会的审美相去甚远，使得北京地域的舞蹈形态和其他地区舞蹈形态相似，观众期望通过旅游演艺舞蹈体验到其他文化的需求无法得到满足。第二，北京非遗传统舞蹈没有经过专业舞蹈的提升，并未形成独特的舞台舞蹈表演语汇。无论是"印象"系列中广西少数民族舞蹈、藏族舞蹈、海南黎族舞蹈，抑或是《云南映象》中云南各民族舞蹈，都是经过我国专业舞蹈教育打磨和提炼，早已完成了从原生形态到专业舞台舞蹈的蜕变，加之实景场地大规模的舞美技术配合，使得舞蹈语汇能够具有足够的艺术张力，成为旅游演艺舞蹈艺术的表达手段，从而达到文旅融合的目的。第三，缺乏具有代表性的主题。大型旅游演艺项目需要鲜明的故事线索、扣人心弦的故事情节，通过音乐、舞蹈等展现旅游目的地的历史文化、风俗民情。

受新冠肺炎疫情影响，旅游演艺市场一直沉寂，无法恢复常态，各类文艺演出逐渐走向线上开展云展演，使得北京非遗传统舞蹈的处境更加捉襟见肘。近三年来，以《百年正阳门》《京宴》等为代表的京味儿文化舞蹈作品逐渐显现，但是其舞蹈语汇仍然没有吸收本土非遗舞蹈的典型语汇。

北京市非遗传统舞蹈因其内在的属性和历史发展际遇，需要舞蹈艺术工作者整理和深入挖掘非遗传统舞蹈的文化底蕴，挖掘出符合旅游演艺舞蹈形式的非遗舞蹈语汇。从内在的文化内涵这个核心竞争力到外在的舞蹈表现形式，都能够契合旅游演艺的文化样态规模。

（四）健身功能的回归与整合

舞蹈产生之初就是基于族群内部某种明确实际目的的活动，或作为宗教仪式，或作为知识传播，或用来增强族群凝聚力，或是自娱自乐的手段。保留较多原初形态的非遗舞蹈大多都具有这样的特质。阴康氏之乐、五禽戏等都是历史上著名的用于养生的舞蹈。非遗舞蹈在历史更迭和代际传承的过程中，其形态和功能随着社会发展变化，但舞蹈强健体魄、锻炼筋骨的最基本功能始终被保留了下来。在当下北京非遗舞蹈的生存空间发生巨大变化且旅游演艺化尚不明确的环境中，与大众文化生活的结合，或许是北京非遗舞蹈大有可为的领域。

北京市非遗舞蹈的形态古朴，动作简单，强身健体的功能非常明显。首先，北京非遗舞蹈形态古朴、动作丰富、易把握规律。上下半身动作整合明显，双脚多以"跳、踢、滑"为主，手持道具做出各类动作，同时配合着锣鼓点的高低起伏，将全身部位参与动作中，调动全部的身体能量。其次，道具丰富、娱乐性强。大鼓、花钹、羊皮鼓、棍棒等这些道具形制大小不一，适合各个年龄阶层和性别的群众参与。道具的使用还具有播放音乐所不具备的优势，舞者可以跟随自己和集体的身体动律打出节奏，众人的共同节奏会形成较强的人体动作力效场域，而集体的力效对于团体内的每一个人都会产生积极的影响。最后，非遗舞蹈产生和生存的空间是自然村落，村落中的戏台、中央广场等是非遗舞蹈传承的场域。虽然当今传统自然村落和现代城市的边界不断模糊，非遗舞蹈在形成之初就承载的连接社区人际关系的功能在今天仍然被需要。只是旧时的田间地头被城市小区、广场、公园所取代，然而这其中的娱乐健身、人际交流的功能仍然发挥着重要作用。

目前，北京相关部门主导的健身项目已经在开展：中国舞蹈家协会组织策划的"百姓健康舞"项目，以教材为最终项目形式，涵盖藏族舞蹈、安徽花鼓灯、维吾尔族舞蹈、中国古典舞等舞种，面向全社会进行舞蹈普及活动，为提高广大人民群众身体健康水平而打造普及性强、娱乐性强，针对群众自发性舞蹈活动的社区舞蹈教材。北京文化艺术活动中心于2000年起编创了两套"北京新秧歌"，包含《花棍秧歌》《扇花秧歌》《琴台古韵》《炫舞民风》等作品，结合符合现代大众审美的方法改进了传统秧歌模式。两个项目的实施为系统的健身舞蹈提供了可参考的组织和实施框架。然而在舞蹈形态层面，即使是北京本土策划和组织编创的"北京新秧歌"项目，也未能将北京本土的非遗舞蹈涵盖在内。《北京市全民健身条例》的出台，使得北京市民的健身活动有了明确的保障，政策还特别强调了以多种形式促进全民健身事业的大力发展。北京市舞蹈专业院校的数量堪称全国第一，教育和科研实力雄厚、舞蹈编创人才济济，依托北京丰厚的非遗舞蹈文化资源，通过社会组织、院校合作等多种形式，编创策划以北京非遗舞蹈为主要表现形式的舞蹈教材面向社会推广，使北京非遗舞蹈立足传统、面向新时代、展现新风采。

四　结语

　　八百年古都北京坐拥众多历史文化遗产，非遗传统舞蹈是其中熠熠生辉的鲜活存在。充满生活智慧和承载集体文化记忆的传统舞蹈从历史中走来，为具有北京地域特色的文艺活动提供了源头活水。文旅融合的赋能、艺术乡建的推动、大众休闲的需要，这些时代赋予的非遗传统舞蹈的变异，需要以多层多元的研究途径和方法对其本体的生存际遇、意义重构、功能变异做出新的阐释，同时更需要探索出传统舞蹈形态与当下演艺、休闲健身的耦合机制、高质量发展优势，让历久弥新的非遗舞蹈，乘蹈厉之志，展时代风采。

B.15
北京民间手工艺与乡村旅游的融合发展策略*

朱利峰**

摘　要： 民间手工艺是激发乡村文化内生力、培育乡村旅游吸引力的重要抓手。本报告通过典型乡村的田野调查，结合政策研究和问卷分析，指出北京民间手工艺在乡村旅游中的特点与存在的现实问题，指出"十四五"时期，北京作为国际消费中心城市，乡村旅游进入高质量发展新阶段。民间手工艺与乡村旅游是双向赋能的融合关系，民间手工艺项目、手工艺人、手工艺品和景区、游客五要素之间呈现"多元交互"的融合机制。针对乡村旅游的供给侧结构性改革，倡导重点开展"非遗工坊"与"非遗传习所（点）"一体化建设的思路，提出建设民间手工艺展示、传习、创新转化基地和乡村特色工坊，以"一村一品""一户一艺"优化乡村旅游空间布局，鼓励城乡双向反哺的策略建议。

关键词： 民间手工艺　北京乡村　文化旅游　融合机制

一　引言

截至 2021 年底，北京市 2188.6 万的常住人口中，居住在城镇的人口为

---

* 本文为北京社科基金一般项目"北京民间手工艺在乡村旅游中的作用机制研究"（项目编号：21YTB018）的阶段性研究成果。

** 朱利峰，博士，北京联合大学艺术学院副教授，硕士生导师，中国工艺美术学会非物质文化遗产工作委员会副主任委员。

1916.1 万人，居住在农村的人口为 272.5 万人，城镇化率为 87.55%；而在北京 16410.54 平方公里的总面积中，郊区面积占全市面积的 93.5%。① 作为全国文化中心和国际交往中心，不论是人口占比还是面积占比，乡村对于满足北京居民乃至国内国际游客的休闲度假需求都拥有巨大的承载力和广阔的市场前景。在文化和旅游深度融合的当下，根植于民间的非物质文化遗产（以下简称"非遗"），特别是产生于民间的手工艺类非遗项目，具有强烈的地域性、历史性、民族性，携带着独特的生活方式、风尚习俗和风土人情，是人类历史的"活化石"，是农耕文明的"基因库"，亦是蕴含乡土智慧和民俗文化基因的最具生态性、生活性、生产性的艺术表达，其文化性、多样性、活态性特征的挖掘与融入为乡村旅游发展提供了丰富的资源，能够在激发乡村文化内生力和培育乡村旅游吸引力方面发挥重要作用。近年来，各地的文化旅游建设促进了手工艺体验项目和相关旅游纪念品的快速发展；手工艺体验项目和相关旅游纪念品亦助推了旅游的文化建设，二者的融合发展所取得的效果有目共睹。但也出现保护传承与创新发展、多样性与批量化等新矛盾新问题。鉴于非遗与旅游日益融合的现实，民间手工艺与乡村旅游二者的融合发展是当下不可忽视的研究方向。

二 国内外研究趋势

通过梳理国内外已有相关研究成果可以发现，国内外针对民间手工艺与乡村旅游的融合发展研究，主要包括技艺保护、乡村振兴、手艺扶贫、产业开发等几个角度。

（一）国内研究

国内研究指出，文化与旅游的融合成为乡村建设新的发力点。在乡村文化的细分领域，民间手工艺作为乡村非物质文化遗产的显性要素成为乡村旅

---

① 来源于北京市统计局，http://tjj.beijing.gov.cn/。

游的重要文化内容。从技艺保护角度，吕品田认为手工艺生产性保护切合非遗技艺存在的形态和活态传承特点，手工劳动实践是维护文化多样性的生产力基础；[①] 宋俊华、王开桃提出，手工艺的消费需求要通过中间环节的传导才能影响到生产，[②] 但未明确指出与旅游产业融合的重要意义。从乡村振兴角度，王建民指出多样性和差异性是乡村振兴的重要考量，要避免千篇一律和"一刀切"的做法；[③] 马知遥等指出，活跃于乡村的非遗技艺具有公共文化属性和活态性、共享性。[④] 从手艺扶贫角度，潘鲁生所倡导的"手艺农村"从"民间文化生态保护"入手，探讨手工艺发展与农村文化建设的关系，强调手艺扶贫要重视文化规律。[⑤] 从产业开发角度，徐艺乙肯定传统手工艺与生活的相互依赖关系，倡导合理利用手工艺重建健康生活方式；[⑥] 杭间从系统性角度提出"中国传统工艺当代价值"的研究向度，强调手工技艺与现代设计的结合；[⑦] 孙梦阳构建了非遗旅游产业开发的利益平衡模型，直观呈现了政府、传承人、企业、专家和消费者五大主体的利益平衡关系。[⑧] 上述研究的理论构建较为充分，根据中国实际勾勒出非遗技艺活态传承、生产性保护、扶贫策略、利益平衡与社会治理等当代性与价值论融为一体的理论评估路径，涉及非遗技艺的保护与传承、传统工艺振兴路径研究等，为手工艺体验与旅游产业的融合发展提供了间接依据。

（二）国外研究

国外乡村旅游发展较早，在文化与旅游业的融合发展方面具有较多理论

---

① 吕品田：《重振手工与文化多样性维护——兼谈基于文化多样性维护的文旅深度融合》，《中国非物质文化遗产》2020 年第 2 期，第 83～88 页。
② 宋俊华、王开桃：《非物质文化遗产保护研究》，中山大学出版社，2013，第 150 页。
③ 王建民：《民族地区的乡村振兴》，《社会发展研究》2018 年第 1 期，第 22～31 页。
④ 马知遥、刘智英、刘垚瑶：《中国非物质文化遗产保护理念的几个关键性问题》，《民俗研究》2019 年第 6 期，第 39～46、157～158 页。
⑤ 潘鲁生：《美在乡村》，山东教育出版社，2019，第 208～227 页。
⑥ 徐艺乙：《传统手工艺的创新与创造》，《贵州社会科学》2018 年第 11 期，第 79～83 页。
⑦ 杭间：《系统性的涵义：万物皆"设计"》，《装饰》2021 年第 12 期，第 12～16 页。
⑧ 孙梦阳：《非物质文化遗产旅游开发利益平衡模型研究》，《商业研究》2015 年第 9 期，第 171～178 页。

与实践经验的探索。美国学者罗伯特·芮德菲尔德（Robert Redfield）指出，手工技艺作为乡民中的文化小传统是以活的文化形态流传和延续的。① 帕特里克·迪伦（Patrick Dillon）的手工艺文化生态模型从关联性参与和共构性参与阐释手工艺实践的参与模式，即人、自然、社会、文化各种变量的交互作用，指出手工艺实践的参与性特征。② 加拿大学者乔治·万达（George Wanda）指出乡村旅游主要依靠当地的文化要素和象征符号发展起来，包括文物、语言、民俗、建筑、遗产和自然景观，这些独特的乡村文化被商品化，吸引游客前来参观游览。③ 日本学者鸟丸知子的贵州苗族织染绣技艺调查④和英国学者罗伯特·莱顿（Robert Layton）的民间传统手工艺发展研究，⑤ 为我们提供了宝贵的田野调查经验。这些基础资料虽没有关于民间手工艺与旅游产业融合发展的直接研究，但都具有重要参考价值。

综上，现有研究普遍关注宏观层面的定性研究或对个别区域的田野调查，针对民间手工艺与乡村旅游融合发展的实证性研究尚属空白。北京丰富多彩的民间手工艺项目与乡村旅游的融合创新是一个系统性问题，本文拟在调查、访谈、实践等实证研究的基础上，提出北京民间手工艺类非遗与乡村旅游融合发展的机制和对策建议，服务北京推进全国文化中心建设。

三 政策研究

从政策层面看，针对乡村旅游、民间手工艺、非遗等几方面，各级政府

---

① 〔美〕罗伯特·芮德菲尔德：《农民社会与文化：人类学对文明的一种诠释》，王莹译，中国社会科学出版社，2013，第 95 页。
② Patrick Dillon, "Craft as Cultural Ecologically Located Practice: Comparative Case Studies of Textile Crafts in Cyprus, Estonia and Peru", *Craft Research*, (2019): 8-33。
③ George Wanda, "Commodifying Local Culture for Rural Community Tourism Development: Theorizing the Commodification Process", *Canadian Association for Leisure Studies*, (2005): 1-4。
④ 〔日〕鸟丸知子：《一针一线：贵州苗族服饰手工艺》（第 2 版），蒋玉秋译，中国纺织出版社，2018，第 7 页。
⑤ 〔英〕罗伯特·莱顿：《技与艺——基于中国视角的艺术人类学相关理论探讨》，李修建、罗易扉译，《民族艺术》2017 年第 4 期，第 109~117 页。

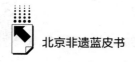

部门近几年也密集出台了不少相关规划、意见和通知，极大地增强了相关从业者的信心，促使市场更快速地向这些领域敞开怀抱。

（一）宏观政策与规划

2021年《中华人民共和国国民经济和社会发展第十四个五年规划和2035年远景目标纲要》（以下简称"'十四五'规划"）提出，要"推动文化和旅游融合发展，创新旅游产品体系，改善旅游消费体验，推进文化遗产旅游"。以2022年2月22日发布的《中共中央 国务院关于做好2022年全面推进乡村振兴重点工作的意见》暨"中央一号文件"来看，2022年特别指出不仅要"持续推进农村一二三产业融合发展"，更"鼓励各地拓展农业多种功能、挖掘乡村多元价值，重点发展农产品加工、乡村休闲旅游、农村电商等产业。……培育优势特色产业集群，……实施乡村休闲旅游提升计划。支持农民直接经营或参与经营的乡村民宿、农家乐特色村（点）发展。将符合要求的乡村休闲旅游项目纳入科普基地和中小学学农劳动实践基地范围"。在挖掘乡村多元价值与教育研学方面，民间手工艺类非遗是乡村休闲旅游绕不开的重要内容。

（二）地方性规划与意见

早在国家"十四五"规划提出"推进文化遗产旅游"之前，2017年发布的《北京城市总体规划（2016年—2035年）》第101条提出，"全面实现城乡规划、资源配置、基础设施、产业、公共服务、社会治理一体化，提高服务品质，发展乡村观光休闲旅游"。2017年8月16日北京市农村工作委员会等13个政府部门就在《关于加快休闲农业和乡村旅游发展的意见》中更具体地提出"支持发展乡村非遗旅游，传承北京地方乡土文化"的发展任务。鼓励北京巧娘协会、玩具协会、工艺美术协会等专业社会团体与民俗旅游村、休闲农业园区"结对子"，提升经营水平，形成一批高水准文化艺术旅游创业就业乡村。作为非遗中数量最为庞大的类别，无论是项目传承人的展演、游客的参与体验，还是相关工艺品的加工制作与售卖，作为中华

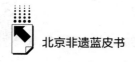

优秀传统文化的重要组成部分，民间手工艺理应成为代表北京乡土文化最典型的文旅融合重要抓手。

（三）重点内容逐步明确

2021 年 1 月 27 日，北京市第十五届人民代表大会第四次会议批准的《北京市国民经济和社会发展第十四个五年规划和二〇三五年远景目标纲要》提出"推进乡村振兴促进城乡融合。加强美丽乡村建设，注意保住乡村味道，留住乡愁"。"打通城乡人才培养交流通道，进一步提升农村人口知识水平和职业技能。培育乡村旅游、生态旅游、精品民宿等绿色产业，提供更多二、三产业就业岗位。发展乡村共享经济、创意文化等新业态，积极引导专业人才下乡创新创业。"2021 年 9 月 8 日，《北京市"十四五"时期文化和旅游发展规划》指出："打造文化遗产保护传承利用的典范之城。推进中华优秀传统文化传承弘扬。深化中华优秀传统文化教育，促进中华优秀传统文化融入生产生活……推动红色文化与历史文化、民俗文化、生态文化融合发展。加强非物质文化遗产保护传承……推进非遗活态传承……促进非遗展示传播，支持非遗展示中心、传承工作室等建设，持续拓展非遗展示空间。"这两个文件更加强调了乡村文化传统、非遗作为乡村吸引力要素的重要性，并明确了非遗展示传播是发展的重中之重。

（四）方向定位更加具体

2022 年 4 月，文化和旅游部、教育部、自然资源部、农业农村部、国家乡村振兴局、国家开发银行联合印发《关于推动文化产业赋能乡村振兴的意见》，旨在从创意设计、演出产业、音乐产业、美术产业、手工艺、数字文化、其他文化产业和文旅融合等八个重点领域着手赋能乡村振兴，围绕文化产业重点领域，制定企业、人才、项目、用地等方面政策举措，引导文化产业机构和工作者深入乡村对接帮扶和投资兴业，充分发挥文化产业多重功能价值和综合带动作用，助力乡村经济社会发展，助力实现巩固和拓展脱贫攻坚成果同乡村振兴有效衔接，推动乡村产业兴旺、生态宜居、乡风文明、治理有效、生活富裕。其中第五大重点领域手工艺赋能乡村振兴，提出鼓励非物质文化遗产传承人、设计师、艺术家等带动农民结合实际开展手工艺创作生产，推动传统工艺实现创造性转化和创新性发展，把"指尖技艺"转化为"指尖经济"。① 接下来的 2022 年 6 月，文化和旅游部、教育部、科技部、工业和信息化部、国家民委、财政部、人力资源和社会保障部、商务部、国家知识产权局、国家乡村振兴局等十部门印发《关于推动传统工艺高质量传承发展的通知》，深化推进中国传统工艺振兴，推动传统工艺高质量传承发展。主要目标是到 2025 年，传统工艺高质量传承发展工作机制不断健全，保护传承体系更加完善，优秀传统手工艺得到有效保护，传承发展模式初步建立，行业发展活力明显增强，传统工艺在培育传统文化产业、促进乡村振兴、服务经济社会高质量发展、弘扬中华优秀传统文化、促进民族团结等方面的作用进一步发挥。② 这些在手工艺领域针对性和指向性越来越强的意见和通知，使得乡村旅游从业者有了更加明确的方向，在发展乡村文化可激活的内容定位上，有了更具体的落地性指南。

四　田野调查与问卷研究

（一）田野调查

为了更全面地掌握北京民间手工艺与乡村旅游融合发展的具体情况，研究团队多次到郊区乡镇开展田野调查。调查范围主要涉及密云、怀柔、延

---

① 文化和旅游部、教育部、自然资源部、农业农村部、国家乡村振兴局、国家开发银行印发《关于推动文化产业赋能乡村振兴的意见》，文化和旅游部政府门户网站，https://www.mct.gov.cn/whzx/whyw/202204/t2022 0406_ 932312.htm，发布时间：2022 年 4 月 7 日。

② 文化和旅游部、教育部、科技部、工业和信息化部、国家民委、财政部、人力资源和社会保障部、商务部、国家知识产权局、国家乡村振兴局《关于推动传统工艺高质量传承发展的通知》，文化和旅游部政府门户网站，https://zwgk.mct.gov.cn/zfxxgkml/zcfg/gfxwj/202206/t20220628_ 934244.html，发布时间：2022 年 6 月 28 日。

庆、昌平、门头沟、房山、大兴、通州、平谷、顺义 10 个郊区的数 10 个乡镇村，以及一些手工艺人的社会实践活动。

1. 密云区

密云区调查了古北口镇的热点旅游景区古北水镇。古北水镇有作坊街和汤市街两条主街，作坊街两侧设有司马小烧酒坊、酱菜馆、永顺染坊、剪纸店、皮影戏馆；汤市街两侧设有珐琅居、建昆堂花灯铺、宝兴隆鞋庄、篦梳坊、风筝文化馆、年画坊。景区内客流量较大，展示项目多，体验项目少，仅染坊开设体验项目，其他均为场景展示与商品售卖。市场较为成熟，商品和体验项目均有标准定价，经营状况较好。

密云区非物质文化遗产项目玲珑枕制作技艺代表性传承人朱会萍家住石城镇北石城村。该村位于云蒙山景区入口，具有乡村旅游资源的流量优势。近几年，村集体为全体村民开发了乡村别墅，鼓励村民做民宿接待。朱会萍将自己的别墅打造成玲珑枕展示厅和巧娘工作室，让游客在住宿过程中能体验到玲珑枕文化，并每天坚持用 4 小时开展淘宝直播，推广自己的手艺和产品。在村口的自家老宅院里，朱会萍还将玲珑枕的历史文化以及各种类型做了系统梳理，用来做研学旅游展示和手工艺课程体验。同时，作为密云区的文化能人，多年来朱会萍坚持以手工艺扶贫助老，在密云区及内蒙古等地乡村开展手工艺技能培训，发展老年人和残疾人从事玲珑枕的手工制作，从而增加农民收入。接下来，她计划将村里的两处宅院升级改造为主题民宿和非遗工坊，兼有非遗传习的乡村文旅融合功能。

溪翁庄镇金叵罗村近几年成为网红旅游村，该村的手工艺基于金叵罗农场的生态有机作物重点发展特色餐点制作和手工艺体验。例如在飞鸟与鸣虫农场的生态露营体验中，提供手工窑烤面包和农场自制果酱；西口研食社将本地食材与西式点心的做法相融合，以金叵罗小米为主要原材料制作成手工小米酥，并组织村民参加乡村甜品的研发培训；"馍法时光"的网红女主人何大姐带领来研学的孩子们动手体验制作红豆卷、七彩馍、野菜包，不仅让他们吃到放心好吃的食物，还能够了解食物制作的知识；葫芦 DIY 小院儿作为村里的 DIY 手工坊，除了制作葫芦灯等工艺品，还可以做木工、捏泥

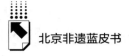

巴、画石头、画麻包、学布艺、学编织、做泡菜。几乎每一个经营户都或多或少地以手工艺制作体验为特色。

2. 怀柔区

怀柔区九渡河镇红庙村是一个仅有 50 户 124 人的小村子，在宫灯技艺传承人闫万军带领下，全村从事灯笼制作，使红庙村成为远近闻名的"灯笼村"。考虑到制造业附加值有限，红庙村积极输送村里的灯笼手艺人到中小学、水长城景区等地开展培训教学，既传承老手艺，又促进村民增收、妇女就业。近几年，村里盘活村委会场地，建设了"红庙村传统手工艺传承培训基地"，并引进了葫芦镶嵌、毛猴、风车、吉祥鼓、吉祥燕、手工编织等民间手工艺项目，以"小而精"的模式，面向社会开设学生大课堂、游人体验、亲子活动等，逐步实现传统制造业向文旅服务业转变，带动村集体和村民增收。2018 年建设的红庙村乡情村史馆，拥有来自全国各地的 1000 多件藏品，近 100 个品种，均出自民间手工艺大师之手，可以直接用来展示或作为教学所用的教具。目前该村已经形成手工艺村落品牌，具备比较成熟的手工艺体验游接待能力。

怀柔区庙城镇高两河村于 1979 年建有高两河彩绘厂，主要以生产纯手绘釉上粉彩瓷器为主，以生产中国红瓷器和影视道具瓷器为特色。多年来共培养周边手工瓷艺匠人 500 余人，其中女工匠 400 余人。2015 年开始，设计建设了手绘粉彩瓷器制作流程参观学习园区和陶艺体验园区，目前拥有粉彩瓷器设计制作工作室、瓷器展厅、窑房，手工拉坯体验、陶艺泥塑捏塑体验、釉下彩陶花盆学习体验等各类手工学习体验教室 5000 平方米，将高两河彩绘厂建设成北方地区最大的釉上粉彩瓷器制作技艺参观学习交流体验基地。整个厂区占地 10 亩，全方位展示了纯手绘釉上粉彩瓷器制作工艺的流程、各类瓷器展品，还可体验手绘瓷艺等，可同时接待 500 人参观、学习和体验。该厂在淘宝开设了店铺，利用电商平台销售手绘瓷器。

3. 延庆区

延庆区永宁镇老街曾经以手工艺店坊聚集为特色，但如今多数店铺、作坊都已经租赁给其他日用百货经营者，以百货、日杂、食品售卖为主。火烧为延庆区级非遗项目，受延庆本地人欢迎。豆腐、山楂糕和炸咯吱也较有特色，但缺少品牌化经营。古镇旅游缺少整体规划，街巷历史风貌特色不明显。

延庆区旧县镇盆窑村有着几百年的烧窑传统，曾经的特色产品是黑陶。现在很多靠山老宅院里都还有古窑址，只是已经不再生产，村里人的手艺传承已经断绝。民宿经营者为了配合其精品民宿的文化体验，利用村内公共文化空间投资建设了黑陶工坊，聘请老艺人在现场制作陶瓷，开设体验课程，销售一些普通的陶瓷文创产品。受民宿游客数量限制，节假日流量尚可，平日里工坊难以正常经营，原创产品也没有销售渠道。

八达岭镇石峡村的酱猪脸技艺是延庆区级非遗项目，市区很多游客慕名而来。妫水人家餐厅的经营者贺玉玲是该项目传承人，同时也是区政协委员和巧娘协会会长，经营村内石光长城精品民宿，周边的其他工坊如酒坊、油坊、海棠工坊均是民宿和餐饮游客的配套体验项目。贺玉玲坚持每晚做直播，通过直播平台展示延庆的各种民间手工艺。

4. 昌平区

王麻子剪刀起源于清顺治年间，是中华老字号品牌，其传统锻制技艺被评为国家级非物质文化遗产。自 1956 年开始，北京王麻子剪刀厂在昌平区沙河镇以及南邵镇张各庄村设立生产基地，王麻子剪刀成为北方人家中必备的工具，21 世纪初，被北京市旅游发展委员会评为"游客心中北京十大必购旅游商品"之一。但受到产业疏解的影响，作为加工制造业的剪刀锻制生产环节于 2021 年整体搬迁至广东，王麻子优质的文化品牌资源随着产业转移流向外省。

昌平区小汤山镇大柳树村的北京御笔坊，邻近龙脉温泉度假村，是一个集传承毛笔技艺、生产各种现代学生用笔、庆典纪念毛笔定制于一体的传统手工企业，自汉代传承至今已经有六十七代，2011 年被商务部批准为中华老字号品牌。公司内设有毛笔博物馆，在临街处开展制笔体验，书画交流、培训等活动，具有较好的研学旅游基础条件和较为系统的课程体系。近年来，御笔坊积极开展手工技术扶贫，在贫困地区为乡村旅游增添文化底蕴，

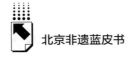
带动旅游产业的创收。

5.门头沟区

门头沟区王平镇韭园村有区级非遗项目韭园酱菜腌制技艺，该技艺以传统手法和酱油渍的技巧将新鲜蔬菜制作成酱腌菜。自明代开始，经数百年传承、改良，形成了流传至今的完整韭园酱菜腌制技艺。该技艺持有者为韭园酱菜厂，在工厂大门旁设有门市部，对外零售各种酱菜。酱菜厂周边的京西古道、马致远故居吸引大量游客前来参观。但酱菜厂并未设置参观体验环节，与周边的乡村旅游没有互动。

位于王平镇的金润琉璃艺术空间利用供销社旧址建设而成，是一个以琉璃文化创意制作为主题的小型文化园区。园区共有两层，空间开阔，一层布置有老百货陈列、老图片展示、传统琉璃瓦件和琉璃创意工艺品；二层有区级琉璃釉烧制技艺传承人刘婷赫开设的琉璃制作工坊和体验教室，游客可以在此亲自动手参与琉璃工艺品的制作。这里经常接待机关、企事业单位和学生研学的手工体验活动和手工艺培训。

门头沟最热门的斋堂镇爨柏景区主要以传统村落建筑和民风民俗体验为主，手工艺品售卖和体验活动均不够丰富。

6.房山区

房山区大石窝镇北部山区蕴藏丰富的汉白玉、艾叶青、明柳、芝麻花、青白石等石料，当地的汉白玉石雕技艺是市级非遗项目。镇里建有占地2400亩的大石窝中华石雕艺术园，是北京地区最大的石雕主题公园，整个公园以石雕为游览特色。石神、石鼎、石桥、十二生肖等各种雕塑均以当地石材为原材料精雕细琢而成，充分突出了北京石雕技艺的艺术特色。目前该镇还有很多石雕企业供应北京及周边的汉白玉雕刻建筑构件，还有一所石雕学校，由市级传承人刘鹏担任校长并培养石雕艺人。

周口店镇黄山店村是北京的乡村旅游名村，该村的坡峰岭景区和精品民宿每年吸引数十万游客，但除了景区门票和住宿、餐饮消费外，村里没有其他更吸引人的游乐内容。为了吸引景区的游客进村消费，已经搬空的老村又开辟了多个品牌的精品民宿，并引进烘焙、芳香馆等手工体验项目。近年来开始在村内步行街核心地段建设非遗工坊，计划设置陶瓷、印染、金工等多项手工艺项目供游客体验，2021 年已经完成环境设施的基础建设。

7. 大兴区

位于大兴区魏善庄镇前苑上村的钧天坊古琴艺术中心，由当代斫琴与演奏兼擅长的国家级非物质文化遗产代表性项目"古琴艺术"代表性传承人王鹏于 2001 年创办，是涵盖古琴研发与制作、古琴艺术教育、展览演出、美学空间设计等方面的多元化古琴生态基地。该基地以钧天坊古琴博物馆为中心，除了详细介绍古琴的斫制流程以及随处可见的古琴馆藏外，还营造了可供演出与教学的公共文化体验空间，是大兴区文化旅游的胜地。

礼贤镇王庄村曾经是远近闻名的手工艺村，村委会着力发展手工研学游，开设手工艺社会大课堂。几年前引进了小蚂蚁皮影、葫芦工艺、金丝岩彩、易拉罐工艺品制作四项手工艺项目，分别建立了小蚂蚁皮影艺术馆、敏捷易拉罐艺术馆、金丝岩彩画工艺画实践基地、北京海月星源葫芦工艺工作室。村委会为四家手工艺团体提供公共的教学体验场地，串联起创意艺术展示、非遗展演、中小学生社会实践、亲子 DIY 体验、教学培训、衍生产品开发的产业链。2020 年之前经营良好，能够为村庄带来较大流量和相对稳定的旅游收入。近几年受疫情影响，参观体验人数骤减，目前仅剩小蚂蚁皮影艺术馆和北京海月星源葫芦工艺工作室勉强维持。

王庄村隔壁更加靠近南中轴线的龙头村拥有民间店坊众多的历史文化资源，村内很多人爱好手工艺。村委会积极探索乡村振兴新路径，在建设精品民宿的基础上，依托王庄村的手工艺资源特别设计了皮影小院、易拉罐小院等特色文化小院，吸引游客在村中体验民间手工艺，并利用闲置宅院开办了村集体手工灯笼厂，培训村中留守女性参加灯笼制作，解决了数十位村民的就近就业。灯笼厂也专门开辟了体验教室，为游客和企事业单位团建提供灯笼手工制作体验。但目前龙头村的整体环境仍为典型的居住型乡村，旅游配套设施尚未健全。村集体和村民在灯笼厂成功创收的鼓舞之下，均有强烈的意愿投身于手工艺特色产业发展，正在积极谋划以手工工坊集群为特色的乡

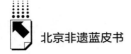

村文化旅游配套建设。村里的剪纸、编织、木工、绘画等手艺人都愿意拿出自家院落供非遗工坊和主题民宿共享使用。

8. 通州区

通州区邻近大运河漕运故道，曾经很多乡村中都有手工艺人会聚。近年来随着北京城市副中心的东移，通州的城镇化进程显著加快，数十万公务员的涌入为通州的乡村旅游带来巨大的发展机会。

宋庄镇小营村目前仍有十几户手工豆腐加工户，其豆腐品质和味道广受好评，在周边形成了豆腐加工的村落品牌。村委会有意愿发展乡村旅游，但村中基础设施不够完善，缺少吸引游客的乡愁乡韵。豆腐加工户缺乏品牌意识，所提供产品比较单一，应由村集体进行统一的品牌规划，完善与手工豆腐相关的产业链条和住宿、餐饮、娱乐等旅游配套。小营村中心位置有北京市工艺美术大师王慧茹的漆韵坊雕漆文化品牌，租赁村民闲置房屋开设了雕漆加工厂和工艺品陈列室。在承接雕漆产品生产、带动周边村民参与加工的同时，为慕名而来的游客提供研学课程，开展较小规模的技能培训和雕漆体验活动，一定程度上为小营村的乡村旅游增添了浓重的北京味道。

张家湾镇西定福庄村有一家北京唐人坊文化发展有限公司，其创始人唐燕建立了唐人坊文化创意园，毗邻北京环球影城主题公园。创意园包括绢人生产车间和唐人坊人偶艺术博物馆，所推出的产品既传承传统的"北京绢人"手工制作技艺，同时也批量生产她受日本 BJD 娃娃启发所设计的 Q 版"唐娃娃"。"唐娃娃"体积小、易携带，更受消费者欢迎，适合作为旅游商品，不仅打开了旅游市场，还提升了依靠产业来养活传统工艺的造血功能。博物馆定期举办绢人、扎染、掐丝珐琅等各种生动有趣、寓教于乐的 DIY 手工活动，营造出浓郁的传统文化体验氛围。

9. 平谷区

平谷区大兴庄镇韩屯村曾经是从事金属首饰加工生产的手工艺人聚集村落，随着产业疏解和手工艺人老龄化，村内的手工艺家族由过去的 8 家减少到 1 家，目前仅剩金属錾刻工艺传承人张东明还在坚持金属器皿的加工生产。其村中场地宽裕的金属工艺加工厂于 2022 年春拆迁，搬迁到场地紧凑的镇里继续经营，致使供游客参观体验的空间缩小，经营受到了比较大的影响。

10. 顺义区

良山景泰蓝公司坐落于顺义区舞彩浅山特色小镇张镇良山村，企业负责人胡玉江是区级景泰蓝制作技艺传承人。该公司从事景泰蓝制作的技术工人都是村里的村民，他们经培训上岗。公司将厂房的生产车间与景泰蓝工艺体验基地相结合，建有景泰蓝艺术博物馆、景泰蓝匠人制作流程区、景泰蓝体验区、办公区，集产品设计、手工制作、工序参观、手工艺体验、展品陈列于一体，打造了完整的文化旅游配套设施，于2020年12月被认定为北京市首批文化旅游体验基地。游客可以参观、了解景泰蓝传统文化和制作工艺，观看景泰蓝制作流程，还可以体验制作掐丝工艺，是"舞彩浅山"旅游线路上的文化亮点。

木林镇陀头庙村居住着北京市级砖雕技艺传承人张彦，他在村内成立了北京德明阁古建筑装饰中心，集北京砖雕产品研发、人才培养、生产、销售于一体。除了传承传统的京雕技艺外，还在北京砖雕的基础上积极寻求创新，自主研发出中国微型古建筑系列产品，以鲜活的创意图案来突出京味儿古韵的文化内涵。他开发的"北京袖珍砖雕系列旅游纪念品"和"古建筑装饰砖雕系列产品"，填补了北京微型古建筑产品的空白。在自家的工作室里，张彦还经常接待慕名而来的游客，给他们讲解北京砖雕文化，传播砖雕技艺知识。

11. 手工艺人社会活动

北京市各区均有一些手工艺组织、协会、民间团体，各区的巧娘手工艺协会也已经完成与区妇联组织的脱钩。在北京市以及各区、乡镇举办的各种节庆、市集活动和研学旅游过程中，均有这些民间手工艺组织和手工艺传承人的身影，他们在丰富乡村旅游活动内容的同时传播传统手工艺。参加节庆、市集活动的展演，在乡村里从事旅游研学指导，到社区、学校举办讲座或授课，是乡村手艺人维持生计的重要方式。

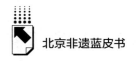
（二）问卷研究

在田野调查的基础上，笔者还发放了"民间手工艺在乡村旅游中的作用机制调查问卷"。调查问卷的主要内容涉及调查对象的个人基本信息、乡村旅游的出游基本信息、乡村旅游纪念品消费偏好，以及乡村旅游体验项目消费偏好四个板块，共20道问题。其中个人基本信息主要是对调查对象的基本特征进行统计分析，从而判断出关注乡村旅游的主要人群类型；乡村旅游的出游基本信息是通过对调查对象的行为特征进行分析，从而判断出乡村旅游的频率、动机、内容及目的等；乡村旅游纪念品消费偏好以及乡村旅游体验项目消费偏好是通过调查对象的喜好特征进行分析，为确定乡村旅游中的民间手工艺市场定位提供依据。通过对收回的660份有效问卷进行数据提取，获得了一系列有价值的信息。进一步将这些数据进行对比分析，就能够较全面地掌握民间手工艺在乡村旅游中的作用。

1. 调查对象的个人基本信息

调查问卷第一板块单选题反映的是调查对象的个人基本信息，主要涉及性别、年龄、文化程度、职业、居住地、收入等内容（见表1至表6）。

表1数据显示，调查对象的男女比例为33.11∶66.89，从性别上看，关注民间手工艺的女性大幅度高于男性，突出了女性对手工艺的热爱。

表1　调查对象的性别对比情况

单位：%

性别	男性	女性
数据	33.11	66.89

本次问卷将年龄分为18岁以下的未成年人、18~30岁的青年人、31~45岁的中青年人、46~60岁的中年人，61岁以上的老年人共5个区间。表2数据显示，从年龄上看，乡村旅游消费者中，18~60岁区间的青年人到中年人更愿意配合手工艺问卷的调查，且这部分人总占比超过92%。

表 2　调查对象的年龄分布情况

单位：%

年龄段	18 岁以下	18~30 岁	31~45 岁	46~60 岁	61 岁以上
数据	0.49	25.74	33.11	33.61	7.05

表 3 数据显示，受访者的学历层次比较综合，多数学历较高，可见乡村旅游的游客文化程度普遍偏高，绝大部分为知识分子。

表 3　调查对象的文化程度

单位：%

文化程度	高中及以下	高职高专	大学本科	研究生及以上
数据	10.49	13.28	44.26	31.97

表 4 数据显示，调查对象来自各行各业，从职业上看，参加乡村旅游的多以工作稳定的企事业单位职员、个体及自由职业者、学生和退休人员为主体，这说明对于乡村旅游和民间手工艺正面支持的群体主要为固定收入人群。

表 4　调查对象的职业分布

单位：%

职业	企事业单位职员	个体及自由职业者	学生	退休人员	农民	其他
数据	46.89	17.70	14.92	9.51	3.61	7.37

从居住地来看，表 5 数据显示外地游客占到一半以上，凸显出北京市作为全国政治中心、全国文化中心、国际交往中心、科技创新中心这四个中心的独特属性。居住在北京市城区的游客是郊区游客的近 3 倍，可见北京乡村旅游对于本市的居民也具有强大的吸引力。

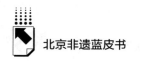

表5 调查对象的长期居住地点

单位：%

居住地点	北京以外地区	北京市城区	北京市郊区
数据	50.98	36.39	12.62

表6数据显示，在所有参与调研的受访者中，月收入6000元以下的占比最大，而较高收入人群的占比也并不低。

表6 调查对象的月收入情况

单位：%

月收入	6000元以下	6001~10000元	10001元以上
数据	44.10	29.84	26.07

2. 调查对象乡村旅游的出游基本信息

第二板块问卷是对乡村旅游中出游频率、动机、关注点、时间选择、交通方式等基本信息的调查（见表7至表11），其中除了出游频率是单选题之外，其余均为多选题。

表7数据显示，调查对象从不去乡村旅游的人数极少，不足3%，绝大多数人每年都或多或少到乡村旅游，虽然频率不同，但可看出乡村旅游对于当下消费人群具有足够大的吸引力，已经成为生活中不可或缺的旅行选择。

表7 调查对象每年赴乡村旅游的出游频率

单位：%

出游频率	从不(0次)	很少(1~3次)	偶尔(4~6次)	经常(6次以上)
数据	2.89	52.62	26.46	18.03

表8数据显示，调查对象到乡村旅游的出游动机中，休闲娱乐是最主要动机，其次少部分人是到乡村走亲访友，健身探险和购买农副产品都不是乡村旅游的主要动机。

表 8　调查对象的出游动机

单位：%

出游动机	休闲娱乐	走亲访友	购买农副产品	健身探险	其他
数据	68.85	32.62	10.82	7.87	2.95

表 9 数据显示，调查对象在乡村旅游中，对乡村的自然风光最为关注，其次是乡村的历史文化，这两方面占据了乡村旅游的主流。而手工艺、非遗展演和餐饮所占比重均超 26%，住宿以及农耕文化也有一定的吸引力。

表 9　调查对象的乡村旅游关注点

单位：%

旅游关注点	自然风光	历史文化	手工艺	非遗展演	餐饮	住宿	农耕文化
数据	68.20	56.07	32.95	28.69	26.39	15.41	11.15

表 10 数据显示，在出游时间上，调查对象的乡村旅游时间选择节假日出行最为普遍，而乡村旅游的周末二日游要多于周末一日游，也有少部分选择在工作日错峰旅游。

表 10　调查对象的乡村旅游时间选择

单位：%

时间选择	节假日	周末二日	周末一日	工作日
数据	56.39	37.21	27.05	11.80

表 11 数据显示，调查对象的乡村旅游出行方式以自驾游占绝大多数，其次是铁路客运和公路客运，也有少部分人选择徒步和骑行。

表 11　调查对象的乡村旅游交通方式

单位：%

交通方式	自驾	铁路客运	公路客运	徒步	骑行
数据	81.64	25.74	23.93	11.80	10.33

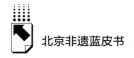
3. 调查对象乡村旅游纪念品的消费偏好

第三板块问卷是对乡村旅游纪念品的产品类型、品牌、设计风格、手工艺品特性、价格等方面的消费偏好调查，均为多选题（见表12至表16）。

表12数据显示，调查对象喜欢的乡村旅游纪念品类型中，手工艺制品占比最高，土产特产也很受欢迎，乡村文创产品是近年来消费量快速上升的乡村旅游纪念品类型，而且几乎所有乡村旅游纪念品都有文创化的趋势，排在最后的是特色加工食品和民族民间服饰，但这些类别也都具有较高的关注度。

表 12　调查对象喜欢的乡村旅游纪念品类型

单位：%

纪念品类型	手工艺制品	土产特产	乡村文创产品	特色加工食品	民族民间服饰
数据	66.07	57.54	45.25	38.52	30.66

表13数据显示，调查对象喜欢的乡村旅游纪念品品牌，以老字号品牌最受人信任和推崇；国潮品牌通常指国内本土潮流品牌，往往带有中国特定的设计元素，这类品牌在城市中早已形成主流，而乡村的旅游消费者也主要是城市人群，自然也就成为乡村旅游的主要品牌类型；乡潮品牌是乡土气息较为浓厚的地方性创新品牌，与国潮不同的是，乡潮品牌更强调地方性乡土元素的突出表达，此类品牌的受欢迎程度超过了国潮品牌。

表 13　调查对象喜欢的乡村旅游纪念品品牌

单位：%

品牌	老字号品牌	国潮品牌	乡潮品牌	其他品牌
数据	69.67	54.10	57.05	2.30

表14数据显示，调查对象喜欢的乡村旅游纪念品设计风格中，乡土特色、简约朴实和传统中国风的设计最受欢迎。而精致典雅和个性时尚也有一定的受众，卡通呆萌的设计受众最少。

表 14　调查对象喜欢的乡村旅游纪念品设计风格

单位：%

设计风格	乡土特色	简约朴实	传统中国风	精致典雅	个性时尚	卡通呆萌
数据	65.08	61.97	54.75	27.87	20.33	5.08

表 15 数据显示，调查对象看重的乡村旅游手工艺品诸多特性中，文化性是首要的考虑因素，地域性以及所用材质占有重要比重，实用性、创新性和装饰性紧随其后，也属于重要因素，消费者对于乡村旅游纪念品的价格、收藏性和生态性考虑相对较少。

表 15　调查对象看重的乡村旅游手工艺品特性

单位：%

特性	文化性	地域性	实用性	创新性	装饰性	生态性	收藏性	材质	价格
数据	68.52	41.80	30.66	30.66	19.67	12.79	13.93	37.70	14.26

表 16 数据显示了调查对象能接受的乡村手工艺品价格区间，绝大多数接受 100 元以内，对于 500 元以内的消费也有较高的接受度，而超过 500 元之后，消费意愿呈现断崖式下跌。这一数据表现对乡村手工艺品的定价和成本控制具有重要的指导意义。

表 16　调查对象能接受的乡村手工艺品价格区间

单位：%

价格	100 元以内	101~500 元	501~2000 元	2000 元以上
数据	67.21	58.03	8.85	3.77

4. 调查对象乡村旅游体验项目的消费偏好

第四板块问卷是对乡村旅游中体验项目的文化类型、体验意愿、具体体验项目等方面的消费偏好调查，其中除了体验意愿是单选题之外，其余为多

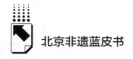

选题（见表 17 至表 20）。

表 17 数据显示，调查对象在乡村旅游中喜欢的文化类型最突出的是民间手工艺制作，民间音乐表演、民间花会表演、民间戏曲表演等也比较受欢迎。

表 17　调查对象喜欢的乡村旅游文化类型

单位：%

文化类型	民间手工艺制作	民间音乐表演	民间花会表演	民间戏曲表演	其他
数据	84.43	43.44	37.05	33.93	1.64

表 18 数据显示，绝大多数调查对象在乡村旅游消费中表达出对民间手工艺项目的体验意愿，表明乡村旅游过程中，民间手工艺制作体验能够吸引最多的游客参与。不愿参加体验的不足 2%，其原因主要是觉得项目不够成熟、服务体验差，聚集的人太多，不愿意排队。

表 18　调查对象乡村旅游消费中对民间手工艺项目的体验意愿

单位：%

意愿	愿意	不愿意
数据	98.03	1.97

表 19 提取了当下乡村旅游中比较常见的 7 个手工艺体验项目，数据显示，调查对象在乡村旅游中最愿意体验的手工艺项目是与乡土文化最为契合的陶瓷手作、植物印染和手工编织，剪纸刻绘和食品制作的体验意愿也比较强烈，金工首饰和制香这类在城市中司空见惯的项目则排在最后。还有部分受访者提出希望体验到植物压花、面塑、内画鼻烟壶等北京特色手工艺项目。其中，除了陶瓷手作项目具有较高的技术门槛之外，其余的植物印染、手工编织、剪纸刻绘、食品制作均在乡村具有深厚的发展基础，尤其是乡村有大量的巧娘群体精通这些手艺。这也为乡村建设融非遗展示、传播、传习、体验、售卖于一体的非遗体验馆（非遗传习所）奠定了技艺和人才基础。

表 19　调查对象在乡村旅游中希望体验的具体手工艺项目

单位：%

项目	陶瓷手作	植物印染	手工编织	剪纸刻绘	食品制作	金工首饰	制香
数据	47.38	45.57	43.28	35.08	32.13	16.23	15.90

表 20 数据显示，调查对象在乡村旅游中最希望植入手工艺体验项目的空间类型是非遗体验馆，可见乡村非遗体验馆的配套建设应作为乡村旅游的必备项目；其次是希望植入民俗户、市集、文创店和民宿等空间类型。

表 20　调查对象在乡村旅游中希望植入手工艺体验项目的空间类型

单位：%

空间	非遗体验馆	民俗户	市集	文创店	民宿	生产车间
数据	60.98	39.18	37.05	32.30	24.43	9.02

（三）田野调查结合问卷研究的综合分析

通过田野调查和以上调查数据、消费意愿的统计分析，掌握到绝大多数北京人每年都会利用节假日到乡村休闲旅游，游客对乡村旅游的内容偏好主要倾向于自然风光和历史文化游览。而从宏观上看北京市的乡村旅游资源，除了北部和西部生态涵养区的山区拥有较多观赏性强的自然风光，并保存了包括长城、西山皇家园林、永定河、寺庙、红色文化等在内的历史文化遗产资源之外，东部和南部的平原乡村在自然资源和人文资源方面均相对较少，乡村旅游的发展也相对滞后。

现实中，北京的乡村旅游大多还停留在依托自然生态资源、历史文化遗产和农业景观的初步利用阶段。民间特色手工艺资源的利用以食品制作类最为突出，如延庆区的火烧、酱肉，门头沟区的酱菜，密云区的花馍、甜品、果酱，通州区的豆腐等。

作为区域文化资源颇具地方特色的民间手工艺，在与乡村旅游的融合过

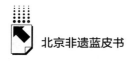

程中还没有得到充分利用。尤其是位于东部和南部的平原乡村，自然风光只有森林景观和少部分耕地，缺少自然山水；建筑翻新较快，传统乡村风貌虽有一定保存，但历史文化遗存极少，村庄的形态记忆缺失。调查问卷中占比最高的自然风光和历史文化游览项目在这些平原地区显然不占优势。所幸大运河以及永定河辐射区在历史上对北京城市建设贡献集中在物资供应和人才引进方面，这其中最重要的一点是，围绕东部、南部的郊区乡村，产生了大量的手工艺匠人和移民聚集地，这些匠人、移民中很多都有精湛的手工技艺。时至今日，即使在产业疏解的背景之下，仍有大量以手工制作为主要生产方式的产业分布在交通便利、场地开阔的东部和南部平原乡村，如顺义区张镇良山村的良山景泰蓝厂、木林镇陀头庙村的砖雕厂，通州区宋庄镇小营村的王慧茹雕漆工作室，大兴区礼贤镇龙头村的龙头盛世灯笼厂、瀛海镇的北京二锅头酒业股份有限公司等。

五 北京民间手工艺在乡村旅游中的特点

（一）民间手工艺与北京广大乡村的生产生活息息相关

中国传统乡村社会的兴旺根植于百业并存，传统农民在现代职业化农民出现之前，始终是百工百匠的身份，掌握着丰富的生产劳动技能。民间手工艺曾是男耕女织的乡土社会百工百业中最为重要的经济类型之一，一度以乡村手工业形态遍布千家万户。北京具有3000多年建城史和800多年建都史，在数千年的城市发展进程中，随着中央集权政治体制的稳固发展，北京作为全国的政治中心和文化中心，汇聚了全国各地的手工艺人和手工艺技法，在明清两代逐步形成了代表全国最高标准的宫廷技艺而使得北京成为全国手工艺"京工精作"的集中展示城市。直到百年前清廷被逐出故宫，宫廷技艺离开了为皇家服务的土壤，开始散落民间。但毋庸置疑，当代北京民间手工艺是宫廷技艺"京工精作"的延续和发展，综合反映了北京乃至全国的手工艺风貌。

（二）民间手工艺资源分布城乡失衡，呈现"城强乡弱"的两极分化

21 世纪以来，以玉雕、景泰蓝、雕漆、烤鸭、仿膳等技艺为代表的手工艺项目是北京皇家文化和市民文化的缩影，与北京发达的城市旅游结合较好，在市区的旅游线路中，有"百工坊"和前门老字号店铺、景泰蓝厂、全聚德烤鸭等游玩和餐饮体验项目；而以面人、砖雕、剪刀锻制、白酒酿造、果脯制作、板栗栽培等为代表的市级手工艺项目，以风筝扎制、皮影制作、灯彩制作、金属錾刻、陶瓷彩绘、巧环玩具、民间剪纸、缝纫刺绣、酱菜酱肉等为代表的更多区级项目，虽活态化遍布在乡村之中，与乡村的生产生活、民生日用、就业创业息息相关，却并未引起乡村旅游从业者的足够重视。

北京的民间手工艺主要涉及非物质文化遗产名录中传统美术和传统技艺两大类。在国家和地方性非遗名录中，手工艺类非遗项目始终占有最大比例。截至 2021 年，在五批国家级非物质文化遗产代表性项目名录和北京市级非物质文化遗产代表性项目名录中，北京地区的手工艺类非遗项目总计有国家级 59 项（含扩展项目），占到全部类别 120 项的 49.17%；市级 138 项（含扩展项目），占到全部类别 302 项的 45.7%。然而其中仅有 9 项国家级、19 项市级项目分布于 10 个郊区（见图 1）。这种资源分布失衡，分布状况"城强乡弱"的局面，使得乡村手工艺发展动力不足，城乡两极分化严重。面对日益壮大的乡村旅游市场，亟待通过宏观调控、政策倾斜、机制完善来调节民间手工艺的城乡资源平衡。

（三）民间手工艺产业正从劳动密集型制造业转变为高附加值文化产业

手工艺作为一种艺术化的生产，为劳动者带来获得感和幸福感。随着中国全面进入小康社会，人们对工作的选择不仅考虑物质层面，也考虑精神层面的需求。伴随着乡村的经济发展和民营企业转型升级，一些散落在民间的

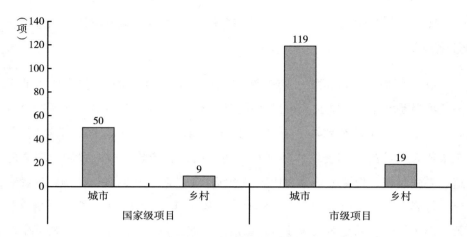

图 1　北京民间手工艺类非遗项目资源的城乡对比

手工艺正从劳动密集型制造业转变为高附加值的文化产业，传统工艺的价值不仅仅体现在产品中，更与美丽的自然风光、淳朴的乡愁乡韵一起，成为发展乡村旅游、赋能乡村振兴的无形资产①，这一点在北京体现得尤为突出。

2015 年 4 月 30 日，中共中央政治局审议通过《京津冀协同发展规划纲要》。纲要指出，推动京津冀协同发展是重大国家战略，核心是有序疏解北京非首都功能，调整经济结构和空间结构，探索人口经济密集地区优化开发的模式，促进区域协调发展，形成新增长极。② 在规划中，明确了北京市"全国政治中心、文化中心、国际交往中心、科技创新中心"的定位。近年来，北京市立足新发展阶段，坚持以首都发展为统领，坚定不移地疏解非首都功能，严控非首都功能增量，优化提升首都功能，按照党中央、国务院批复的《北京城市总体规划（2016 年—2035 年）》，并依据国家《市场准入负面清单》等，北京市人民政府于 2018 年和 2022 年先后发布了两次《北京

---

① 陈岸瑛：《手工艺赋能乡村振兴的优势与潜能》，《中国文化报》2022 年 4 月 11 日。
② 傅志华、石英华、封北麟、于长革：《"十三五"推动京津冀协同发展的主要任务》，《经济研究参考》2015 年第 62 期，第 89~100 页。

市新增产业的禁止和限制目录》①。该禁限目录中，民间手工艺所归口的"制造业"首当其冲，农副食品加工业和食品制造业成为限制类产业，酒、饮料和精制茶制造业，木材加工和木、竹、藤、棕、草制品业，造纸和纸制品业等成为禁止类产业。这种以工业制造为统一管理标准的行政法规，在完成疏解任务的同时，也使得本来从事相关产业的大量乡村劳动人口闲置。北京过去在民间基础深厚的雕刻类、烧造类、金属加工类等劳动密集型手工艺产业企业完成了向北京周边省份的疏解转移，仅剩一些小规模工艺品加工企业和作坊散落于乡村之中。在禁限目录的规范下，这些保留下来的手工艺企业和作坊，也快速萎缩甚至消失。过去为民生而生产制造的民间手工艺产品，现在不得不向乡村旅游产品的方向转换，与乡村旅游进一步融合，更多地承载起非遗传习、美学体验、教育研学的社会功能。民间手工艺产品的品类也从过去生活实用的实体产品扩展到为乡村旅游研学游学而配套的教育体验产品。产业和产品类型的转换，使北京的民间手工艺向高附加值文化产业方向快速迈进。

六　北京民间手工艺在乡村旅游中存在的问题

北京的民间手工艺在乡村旅游发展中还存在着诸多问题，如产业发展水平低，多数企业和民间作坊仅从事手工艺品的生产制造，空间和人才利用方式单一，没有融入乡村旅游；产品雷同，缺乏设计创新和品牌竞争力；从业者收入低，缺乏技能提升空间；等等。

（一）文化挖掘不充分，利用方式单一

虽然城郊各区镇文化和旅游管理单位、民间组织以及传承人群体都在积极探索民间手工艺项目在乡村旅游中的融入，但绝大多数民俗旅游乡村所展

---

① "禁止"是指不允许新增固定资产投资项目，不允许新设立或新迁入法人、非法人组织及个体工商户；"限制"主要包括区域限制、规模限制和产业环节、工艺及产品限制。

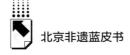

示、表演的手工艺项目在文化内涵挖掘方面囿于传统，缺乏与当代生活的衔接和对乡村旅游消费者的了解，对项目的利用尚停留在基础展演和产品摆摊售卖的初级利用水平，呈现方式和表现形式比较单一。

有些景区为了吸引客流而命名了"手工馆""非遗馆"等互动体验空间，但因为缺少特色项目和专业人员而改变了空间功能，沦为售卖方便食品的杂货铺。

（二）产品雷同，缺乏深度

通过前述对乡村旅游中民间手工艺的调查分析，能够发现到乡村旅游的游客对于乡村手工艺品的价格消费预期比较低，但对乡村手工艺品的要求偏高，既要有地域特点、乡土文化和历史文化内涵，又要做工精细、设计感强、有创新，这对乡村手工艺旅游产品的设计提出了较高的要求。当前北京广大乡村中偶有一些作坊和店铺销售手工艺类旅游工艺品，但多数产品为批量化、同质化生产，致使产品雷同现象普遍，辨识度不高，缺少特色和设计创新，亦缺乏在地性的文化深度和旅游商品设计的成熟度。

（三）乡村内生产品研发能力不足，品牌意识薄弱

民间手工艺项目大多缺少有效策划和品牌支撑，没有与旅游项目良好结合。当前民间手工艺项目开始逐渐在少部分乡村旅游中形成一定规模，并有广泛发展的趋势。一些诸如延庆石峡村的"妫水人家"、房山黄山店村的"麦子的光芒"、密云金叵罗村的"馍法时光"等小规模的特色工坊或家庭作坊品牌也在逐渐形成。但这些品牌通常都是外来企业投资或者由专业的策划团队扶持，乡村自有品牌的内生产品研发能力不足，能够将非遗项目与乡村旅游项目完美衔接并良好运营的品牌也并不多见。北京乡村旅游业态多注重基础设施的硬件建设，而在文化软实力的经营策划方面重视不够，表现乏力。这对于拥有丰富非遗资源的北京乡村而言，距离"高水准"的文化艺术旅游创业就业乡村还有相当大的差距。

（四）从业者的潜力未得到有效释放

乡村中民间手工艺传承人群及相关从业者的旅游知识比较欠缺，绝大多数是在家庭作坊中自学成才，对于家族传承的传统技艺及其产品制作还处于自发学习、自我发挥的初级阶段，虽然能达到"能工巧匠"的水平，但是距离"乡村旅游能人"的综合型人才还有一定差距。而且绝大多数的手艺人因为要专心于手工技艺的生产劳作，参与在地性展演尚可，却并不适于参与到品牌宣传和产品售卖的乡村旅游过程中。民间手工艺传承人群及相关从业者的教育培训缺乏以乡村旅游开发为目的的针对性。人才向城市流动，在地就业创业收效甚微。当前广泛开展的各种集中性节庆、市集活动，导致手艺人忙于在各乡镇之间往返走穴，疲于奔命，荒废了手艺，付出与收益难成正比。因此，手艺人并未真正享受到乡村旅游带来的红利，从业者的个人潜力以及集体创新力都没有得到合理释放。

总结上述问题的原因，主要体现在民间手工艺传承人在旅游经营过程中的身份转变带来经营和传承的困惑，收益与付出不对等影响到传承人参与旅游发展的积极性。此外，民间手工艺在乡村旅游中的商业运营机制不够健全、人才提升机制不够完善、投资结构不尽合理、城乡融合机制效果不显、政策保障机制落实不到位，也是制约发展的重要因素。

七　北京民间手工艺与乡村旅游的融合机制

《北京市"十四五"时期文化和旅游发展规划》指出要"建设非物质文化遗产特色村镇、街区，全面推进非遗在社区工作。建设集传承、体验、教育、培训、旅游等功能于一体的传承体验设施体系"。"十四五"时期，手工艺体验与旅游产业的融合发展将愈发多元化，各具特色的旅游目的地需要找到适合自己的手工艺体验游发展模式，建立可持续的融合发展机制。文化产业与旅游产业具有天然耦合性和互补共赢性[①]。在乡村发展旅游，产业融合是最突出的特点，文化与旅游二者之间的融合与协同创新是高质量发展的必然结果。具体到民间手工艺与乡村旅游的融合关系表现为二者的"双向赋能"，而民间手工艺与乡村旅游二者的融合机制，则可以表现为手工艺项目与人（手工艺人与游客）、物（手工艺品）、环境（景区）的"多元交互"。

（一）融合关系

民间手工艺与乡村旅游表面上虽呈现"文化+旅游"的二元关系，但实际中却远非 1+1=2 的简单公式。民间手工艺项目包含人与物这两个重要因素，以手工艺人和手工艺品为主要内容，作为乡村特色文化产业的代表；乡村旅游包含人与环境这两个重要因素，以景区和游客为主要内容，作为手工艺消费重要的中间环节。二者的融合关系不是简单相加，而是民间手工艺项目为乡村旅游的文化建设提供可持续内容，乡村旅游反过来为民间手工艺的文化振兴提供发展空间，达到"双向赋能"的效果（见图2）。

图2　民间手工艺项目与乡村旅游的"双向赋能"融合关系

文旅融合过程中，民间手工艺的活态民俗价值通过技艺传习、展演、体验性消费、工艺品售卖得以实现，其实现方式成为手工艺传承和稳定客源的重要媒介。手工艺项目通过与乡村旅游的融合，兼具非遗保护传承、扶贫就业、产品生产销售、非遗研培、旅游体验等多重功能，能够有效提升职业化手工艺人的创收能力。

[①]　黄细嘉、周青：《基于产业融合论的旅游与文化产业协调发展对策》，《企业经济》2012 年第 9 期，第 131~133 页。

（二）融合机制

基于民间手工艺与乡村旅游的融合关系，进一步拆分二者的主要内容之后，通过民间手工艺项目、手工艺人、手工艺品和景区、游客五要素建立起来的融合机制，呈现出"多元交互"的现象（见图3）。

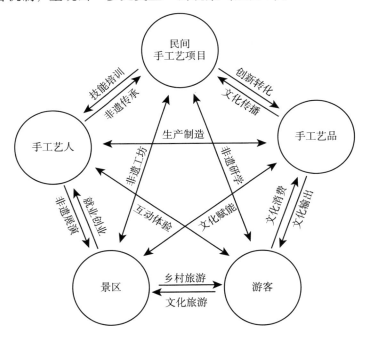

图3　民间手工艺项目与乡村旅游的"多元交互"融合机制

1. 构建乡村"文化+旅游"产业生态

景区和游客共同构成乡村旅游的初始生态，需要进一步与本地乡土文化融合才能形成完整的乡村文化旅游产业生态。民间非遗，尤其是手工艺项目，是乡土文化特色化项目的最直接呈现。北京自古以来就是全国民间手工艺汇集之地，许多食品和民间工艺品的制作都展现出活态性的京味儿文化，是北京文化生态多样性的具体体现。要想追求乡村旅游的高质量发展，就要挖掘民间手工艺多样性的文化资源，通过景区与非遗工坊或非遗传习所

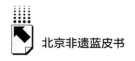

（点）的一体化建设，将民间手工艺的生产、销售、展示、互动体验、研学游学项目统一纳入乡村特色旅游线路之中，展现一村一品、一户一艺的乡村面貌，实现传统文化传承和文化振兴。

2. 挖掘本地化素材，开发适用于乡村旅游的在地手工艺项目

手工艺项目的本地化能够为景区提供非遗工坊或手工体验馆等非遗传承所（点）的体验空间，为游客提供非遗研学旅游的特色项目体验。立足于乡村各具特色的民间手工艺项目，通过技能培训，使手工艺人的职业技能得到有效提升；越来越多的村民重拾民间手工艺技能，亦是对富有在地性文化特色之非遗项目的文化传承。通过手工艺人的技能培训、手工艺品的创新转化，形成与景区、游客、手工艺人和手工艺品的多向支撑。

3. 培养本地化手工艺人

乡村的手工艺生产需要雇用本地人才能保障相关项目保护、传承的系统性。发展乡村旅游和特色文化体验项目，也增强了本地化手工艺项目的生命力和可持续性。通过对本地人在手工艺方面的职业技能培养，不仅要传承好手工技艺，更需要传授乡村旅游服务技能，乃至营销、直播等综合技能，让具有匠人精神的乡村手工艺人变身旅游能人。掌握综合技能的手工艺人或手工艺人家庭不用背井离乡就能赚钱养家，并且享受一家团聚的欢乐生活，提高收入的同时获得劳动的尊严，提升幸福感和获得感，实现生活富裕的根本目的。

4. 开发本地化手工艺旅游产品

在乡村，自然遗产、物质文化遗产和非物质文化遗产皆可成为旅游产品。这其中，自然遗产和物质文化遗产受保护程度较高，可塑性较低。而非物质文化遗产因其活态化属性受保护程度较低，但可塑性极大。手工艺人通过对旅游消费中民间工艺品的生产制造，完成了从非遗项目到手工艺品的创造性转化和创新性发展，以及通过手工艺品对乡土非遗项目的文化传播。首先，手工艺类非遗是乡村文化创意的源泉，通过恰当的文创设计和在地制造，能够让游客享有独具特色的乡土文化旅游产品，形成具有竞争力的品牌认知。其次，手工艺旅游产品不仅带来作为商品属性的物质消费，还包括融

入乡村旅游过程中与人和环境的互动体验，用来满足游客的精神消费。游客在非遗传习所（点）中研学、游学等沉浸式体验与学习互动，感受乡村旅游中艺术化的日常生活，能够形成体验性消费，实现乡村旅游体验经济产业兴旺的基础支撑。

八　北京民间手工艺与乡村旅游融合发展的对策建议

北京作为国际消费中心城市，"十四五"期间乡村旅游进入高质量发展新阶段。北京应在乡村旅游中利用好手工艺生产空间，重点开展"非遗工坊"与"非遗传习所（点）"的一体化建设，使手工艺在促进就业增收、助力精准脱贫的基础上，更具加强非遗保护传承、巩固拓展脱贫成果、赋能乡村文旅融合等多元的社会功能。《北京市"十四五"时期文化和旅游发展规划》提出"推进非遗活态传承"，开展"非遗+旅游"合作，"利用市场化手段促进非遗保护"。在北京突出绿色发展，建设全国文化中心以及国际一流和谐宜居之都的新形势下，本文针对北京传统技艺类非遗在乡村旅游中的上述现实问题，提出一系列使二者融合发展的对策建议，旨在助力非遗保护工作、乡村振兴战略以及文化和旅游的深度融合，助推乡村旅游的供给侧结构性改革，支持乡土文化的创造性转化与创新性发展。

（一）在有条件的乡村建设民间手工艺展示、传习、创新转化基地

民间手工艺在乡村旅游环节中需要打造多业态运营模式的现代化传习基地。基地由教育展示和创新转化两个模块组成。其公益属性和产业带动引导性强，有望成为北京新的文化地标和产业高地，建议由村集体与有运维能力的院校、企业合作建设，村集体出资建设硬件并引入相关项目运营团队，院校和企业负责挖掘在地手工艺产业资源，形成文化展示、体验窗口。

基地建设以手工艺非遗项目为优先，在挖掘在地手工艺资源的基础上，结合新业态成立村集体合作社进行统一规划管理，适当引入全国范

围内与之相关的非遗项目。基地的教育展示模块应包括非遗师资培养基地、非遗研学体验基地、非遗教育培训基地、非遗研究与传播中心。创新转化模块应具备"非遗+"相关资源集聚区,吸引设计、内容产业、公关、投融资、学术机构等相关资源入驻,对民间手工艺进行再创作、再创新,通过市场化和产业化举措,让非遗走进生活,实现其商业价值转化;还应搭建非遗展演售卖区和非遗跨界赋能成果展示体验区,带动区域流量,形成"非遗+"赋能餐饮、家居、时尚、快消、地产、科技等领域的成果集成展示体验中心。

(二)完善政策机制,建设乡村特色工坊

以往乡村非遗旅游的相关政策意见重在行政指导,并没有就如何利用非遗提升经营水平提出具体措施,缺乏管理规范。因此,基于市文旅局"支持非遗展示中心、传承工作室等建设,持续拓展非遗展示空间""促进中华优秀传统文化融入生产生活"的指导意见,建议完善相关政策机制,制定评价标准,开展乡村特色工坊建设,鼓励各村发展集展示、体验、销售于一体的"在地性"乡村特色工坊,将非遗展示空间拓展到乡村旅游中。优先推进特色工坊经营户改造,重点支持利用自有家庭作坊发展家庭式的活态特色工坊。同时支持合作社式、创客式特色工坊建设,激活乡村手艺人及其相关从业群体的创业热情。鼓励乡村旅游发展以在地性的特色工坊为基础,以当地自然景观和特色文化体验为内容,打造集非遗体验、特色餐饮、精品民宿、休闲娱乐于一体的乡村旅游共生社区。深入挖掘京郊传统技艺文化和乡俗民情,在"怀柔长城人家""延庆世园人家""门头沟小院""房山庭院"等一批精品乡村民宿的基础上,叠加特色工坊品牌,打造文化旅游共生社区示范村。树立北京乡村文化旅游标杆,凸显北京推进全国文化中心建设的特点。

基于乡村特色工坊这一新业态,建议联合北京市传统技艺产业从业企业、个体经营户和研究机构成立乡村特色工坊联盟。以联盟为平台,定期开展乡村特色工坊经营户培训,举办乡村绝活技能大赛,以此提升从业人员的

岗位技能和服务水平，培养乡村文化和旅游能人。搭建投资平台，鼓励社会企业、创业者参与特色工坊的商业运营。搭建创业平台，鼓励合理利用"京工精作"的手工艺非遗资源进行乡村文艺创作和文创设计，提升从业者创新创业能力，以自身旅游品质和文化内涵提升驱动北京乡村高质量发展。搭建互联网平台，鼓励自媒体营销，培育特色工坊成为网红打卡地，促进居家就业、就近创业和就业增收，拓宽乡村旅游相关产品传播推广及销售渠道。搭建产学研平台，鼓励研究院所和社会团体、乡村志愿者开展驻村实践，对北京非遗与乡村旅游融合发展的具体路径与方法进行实践探索和经验总结，从理论和实践的双重通道上探索、完善非遗与乡村旅游融合发展的作用机制和路径方法。

（三）以"一村一品""一户一艺"优化乡村旅游空间布局

深入挖掘每一个乡村的旅游消费潜力，以北京三大文化带为基础建设中国长城文化艺术之乡、中国西山永定河文化艺术之乡、中国大运河文化艺术之乡。结合其边塞文化、山地文化、流域文化、红色文化、农耕文化等特色特产，实施"一村一品"计划。在乡村工坊建设上强调"一户一艺"特色，支持利用"京工精作"的北京手工艺非遗资源赋能乡村旅游业态。以文塑旅、以旅彰文，在京郊乡村推出一批各具鲜明特色的非遗主题精品旅游线路、沉浸式体验环境、研学旅游产品和乡村文创产品，形成"一村一品""一户一艺"示范村镇格局，使不同的非遗体验项目形成多点穿插，优化乡村旅游空间布局。支持民间手工艺资源有机融入乡村景区、度假区，建设具有"新京作"文化特色的非物质文化遗产特色景区。切实为非遗传承人创富，激活乡村非遗从业者的内生动力，强化乡村旅游资源的吸引力，调动基层传承人的生产积极性，拉动乡村旅游经济。用好民间手工艺资源，凸显手工艺中的京味儿文化，讲好北京故事，服务好北京推进全国文化中心建设。

（四）鼓励城乡双向反哺

北京作为国际消费中心城市，乡村旅游的主要消费者是城市人口。针对

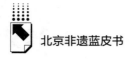
北京传统技艺类非遗项目"城强乡弱"的情况，应启动城乡联动的双向反哺机制。广泛吸纳城市创业者将符合城市人审美趣味的传统技艺项目带入乡村旅游场域，同时也使城市创业者在乡土文化的滋养中重新定位其传统技艺的社会价值，制定出符合文旅融合时代民间非遗在地保护、活态传承的文化生态资源开发路径，使之为北京乡村文旅融合开启新的发展思路。反过来，乡村非遗资源的深度挖掘也能够以"乡潮"为潮流的乡土文化新形态返回到城市更新建设中，反哺北京新型城市和新工业建设，为文化北京增添活力。

B.16
西山永定河文化带非遗传承、
保护现状与活化利用对策研究

董琦琦*

摘　要： 北京作为全国文化中心高度重视非遗的传承、保护与利用，持续
推进"三个文化带"的非遗建设工作。西山永定河文化带非遗
传承、保护与利用是做好"首都文化"这篇大文章的重要抓手，
被赋予了前所未有的战略意义。西山永定河文化带非遗项目存在
传承断代、保护与利用信息化水平不高，融入当代生活不足等问
题。在接下来的工作中，应健全跨区联动机制，加强带状整体与
块状区域的联系，通过跨界、跨域、跨业融合，为非遗项目提供
新的传承平台、传播场域、展示途径、销售渠道，带动西山永定
河文化带区域经济的良性循环，助力传统非遗的创造性转化、创
新性发展。

关键词： 西山永定河文化带　非物质文化遗产　传承保护

作为全国文化中心，北京向来重视对非物质文化遗产的传承、保护与利
用，2003 年启动了北京"民族民间文化遗产保护工程"；2005 年组织了全
市非遗项目普查，至 2007 年底，普查非遗项目 12623 项，其中 3223 项纳入
了《北京市非物质文化遗产普查项目汇编》（20 卷本）；另编辑出版了《北

* 董琦琦，北京联合大学教授、硕士生导师，北京市青年拔尖人才、北京市骨干教师，中国社
会科学院博士后、中国人民大学博士。

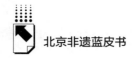

京市非物质文化遗产保护资源汇编》（12册）、"北京市非物质文化遗产丛书"（10册）、《北京非物质文化遗产传承人口述史》（20册）、《北京志·非物质文化遗产志》、《北京非物质文化遗产图典》；抢救性征集了一批年事已高的代表性传承人的优秀作品，目前征集到319件，已入藏首都图书馆。

北京市非物质文化遗产建设取得丰硕成果的同时，持续推进大运河文化带、长城文化带、西山永定河文化带"三个文化带"非物质文化遗产的传承、保护工作。西山永定河文化带是北京的文明发源地，人与自然天成的景观比邻而居，历史文脉及其赖以依存的环境共同构建的时空体系，记载了从旧石器时代到新中国成立以来北京城市变迁的过程。西山永定河文化带既有古人类遗址，又有众多国家级、市级文保单位，各区县还有丰富多彩的非物质文化遗产。作为做好"首都文化"这篇大文章的主要抓手和空间承载区，西山永定河文化带非遗的传承、保护与利用是在国家和北京市非遗的顶层设计和规划框架内进行的。

一　西山永定河文化带非遗传承、保护和利用的实际工作进展

西山永定河文化带范围广延，涉及延庆、昌平、海淀、石景山、丰台、门头沟、房山、大兴8个行政区，由此决定了该文化带非遗的传承、保护、利用显现出鲜明的区域特色。各区根据《中华人民共和国非物质文化遗产法》（以下简称《遗产法》）和《北京市非物质文化遗产条例》，着手从非遗调查、非遗项目名录完善、非遗活态传承等方面开展实际工作。

（1）各区人民政府及文化主管部门组织非遗普查，对非遗予以认定、记录、建档，建立健全调查信息共享机制。西山永定河文化带有国家级非遗项目30项、市级非遗项目76项，基本覆盖《遗产法》所列十大类别，民间文学、传统舞蹈、传统戏剧占据比例最高。除了纳入国家级和市级名录的项目外，各区还调查到了大量区级及尚未纳入名录的非遗项目。各区将体现辖区优秀传统文化，具有历史、文学、艺术、科学价值的非遗项目列入名

录，不断完善地方非遗项目名录体系，并积极申报国家级、市级非遗项目。除了个别区外，绝大多数区都公布了 5 批（昌平区）、6 批、7 批（怀柔区）区级非遗名录，还有一些区公布了 8 批（门头沟区）非遗名录。

（2）拓展多样化的传承渠道。①为了更好地传承、保护、利用国家级非遗项目琉璃烧制技艺，2019 年，门头沟区文旅局发布了"琉璃重生计划"和琉璃文化创意产业园规划设想，对琉璃渠村 700 年老瓦厂明珠瓦厂的古老官窑进行升级改造，创立新的御窑工坊、琉璃研习基地，将老旧厂区打造成集琉璃保护性生产、琉璃文化推广、琉璃体验式旅游、文化创意办公于一体的琉璃文化创意产业园。②自 2012 年起，北京非物质文化遗产保护中心持续开展《北京非物质文化遗产传承人口述史》编辑出版工作，至 2018 年底，已完成 20 册，旨在通过整理非遗代表性项目传承人口述记录，全面呈现传承人对非遗项目的实践与传承经历。2017 年出版的《北京非物质文化遗产传承人口述史——琉璃烧制技艺》系琉璃烧制技艺传承人蒋建国口述作品。2018 年内完成的 5 册涉及长城文化带八达岭长城传说、西山永定河文化带京西太平鼓等项目的 5 位代表性传承人。③积极开展非遗进校园活动，将非遗项目纳入校本课程，或与非遗传承人结对共建、开设非遗传承课，努力构建长效合作机制。如门头沟龙泉务村社区党支部与龙泉务小学、龙泉务村委会联合开展"非遗大讲堂"活动，丰富了当地居民的公共文化生活。

（3）搭建展示平台，让非遗走进大众视野，实现非遗"日常生活审美化"，增强了非遗项目的表现力和百姓对非遗项目的体验度。以文化和自然遗产日等节庆活动为契机，通过一镇一品乡村大舞台，广泛宣传非物质文化遗产。2021 年 9 月 19 日，第三届"西山之巅·永定之耀"西山永定河文化带非遗民俗大会暨中秋游园会在北京举办。2019 年，门头沟区举办了斋堂古村落百戏节。门头沟区大胆创新，对童子大鼓与京西太平鼓两种民间艺术进行创编融合，区文委还大力扶持了一批乡村文艺团体，对蹦蹦戏、山梆子戏进行包装，以当代人民喜闻乐见的形式上演。

（4）科普非遗项目知识。自 2021 年 6 月起，人文之光网隆重推出由北京市社科联、北京市社科规划办组织制作的科普系列动漫短片《社科小普带你看西山永定河文化带》，短片共 12 集，集知识性与趣味性于一体，讲述了西山永定河文化带天造地设的自然景观和源远流长的历史文脉。第九集《非遗之花》重点介绍了西山永定河文化带以妙峰山庙会、京西古幡会、京西太平鼓等为代表的非物质文化遗产项目。

（5）数字化方式促进非遗保护、传承、利用科学化、大众化、年轻化。2022 年初，中国文化传媒集团自主知识产权系统"中传云"用来对非遗传播数据进行科学监测，综合测算非遗活力值用作指标评估。抖音、快手、哔哩哔哩、微博、酷狗等平台设非遗展播专区。电商平台助力非遗创新发展，非遗产品在电商平台热销，找到了新的传承渠道。大众，尤其是青年一代，基于对传统文化的认同，积极选购非遗产品，对消费趋势产生直接影响。

（6）建设各类非遗博物馆。门头沟区文化委建设永定河文化博物馆、古幡会博物馆，打造永定河文化展示先进阵地，面向全国推广"永定河文化"品牌。2020 年西山永定河文化带非遗创新发展系列推广活动在北京燕京八绝博物馆举行。

（7）以非遗项目为载体开展对内学术交流、对外文化交流。①2019 年 8 月 27 日，中国民俗学会中国香文化研究中心主办的首届"京西古香道文化"国际学术交流会暨中国民俗学会中国香文化研究中心成立五周年庆活动在北京市石景山区天泰山慈善寺隆重举行，现场首次集中对中国香文化研究中心成立五周年学术成果及香文化创意产品进行专题展览，是石景山区展示京西香文化底蕴、创新非遗传承保护、提升区域文化影响力的重要平台。②石景山区以第五批非遗项目"和香制作技艺"为载体多次参与国家层面的文化交流活动，在 2018 年中非论坛上为国家领导和参与国的元首夫人展示唐开元宫中香仪式；在 2019 年世界园艺博览会"北京日"开幕式活动中，展出古道凝香系列线香产品和古朴典雅的香袋、香珠、香扇等文创产品。

二　西山永定河文化带非遗传承、保护、利用现状及存在的主要问题

西山永定河文化带非遗经过持续建设，取得了显著成效，但就建设现状而言，仍存在一些不足。

（1）西山永定河文化带非遗普查、非遗项目名录补充有待进一步完善。西山永定河文化带时空边界错综复杂，非遗的认定、记录、建档任务艰巨，一些非遗项目尚未纳入区级名录，非遗项目的散佚与流失存在风险，人力投入、资金扶持待匹配跟进。

（2）西山永定河文化带区级非遗项目名录依据《遗产法》规定的十大类别进行分类，特色不突出、优势不明显，缺乏辨识度，导致大众对西山永定河文化带各区非遗项目概念模糊、印象不深刻，单一以十大类别为整理单位的非遗项目名录体系待突破。

（3）针对西山永定河文化带非遗的条例和管理办法的研究制定缺乏适应性，克服行政区划界限、突出带状整体优先性的具体解决方案明显不足。健全西山永定河文化带非遗传承、保护、利用机制，正确处理传承、保护与利用的关系，平衡"点—线—面"非遗项目权重的条例和管理办法有待完善。

（4）西山永定河文化带非遗传承、保护、利用的信息化水平待提升，覆盖8个行政区的非遗代表性项目名录、非遗代表性项目代表性传承人、文化生态保护区、非遗生产性保护示范基地的信息专属平台待建立。

（5）部分非遗项目出现传承断代、青黄不接的局面。西山永定河文化带的非遗项目与当地传统文化紧密关联，是文化带区域文化特色的重要载体与媒介，历史悠久，且至今持续发生着各种异变。非遗来源于文化带的民间生活，以传承人为中心，通过口传身授的方式代代相传，具有活态传承的特殊属性。一些非遗技艺本就小众，又加之传承人年龄增长、技艺后继无人，人亡技失的危机始终存在。2006年，门头沟区龙泉务村童子大鼓进入北京

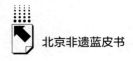
市非物质文化遗产项目名录，但碍于会的人员年龄偏大，表演花钹的孩童学习任务重、练习时间少，龙泉务村童子大鼓已经出现青黄不接的发展势头。诸如此类的非遗技艺传承代际问题值得关注。

（6）生活环境发生变化，导致部分非遗项目失去生存空间。非物质文化遗产包括民间文学，传统音乐，传统舞蹈，传统戏剧，曲艺，传统体育、游艺与杂技，传统美术，传统技艺，传统医药，民俗十大门类，除了民间文学，传统体育、游艺与杂技，民俗外，其他门类均曾经或至今仍有其商业生存模式，只是时移世易，有的商业模式消失了，如传统音乐、传统舞蹈等；有的商业模式退化了，如传统戏剧、曲艺等；有的商业模式虽然还在，如琉璃烧制技艺，但碍于生产成本高、市场需求小，特别是门头沟区生态涵养区定位的更新，使得包括琉璃在内的一些非遗代表性项目丧失了生存竞争力。目前，基于西山永定河文化带非遗商业属性的挖掘，探查非遗商业发展模式的对策有待增加。

（7）西山永定河文化带非遗传承、保护、利用融入当代生活不够，除少数代表性非遗项目外，许多非遗项目并不被大众所知，其文化价值、经济价值、社会价值、教育意义等发挥不充分。非遗建设如何适应网络化生活、圈层化交往、个性化表达、兴趣化消费，需认真思考。

（8）西山永定河文化带涉及区县大部分位于京郊，非遗项目与旅游、商业、体育等业态融合的路径待持续创新。北京明珠瓦厂是全国唯一一家拥有700年官窑历史的企业，5年前为故宫大修烧制最后一批琉璃瓦后，熄灭了窑火。老瓦厂的改造、琉璃文创园区的建设虽然受到门头沟主管部门、故宫专家、金隅集团的大力支持，但非遗文创产业的开发仍旧任重道远。琉璃渠村目前还是以居住功能为主，并没有过多标杆性的产业开发，带动周边经济发展的作用有限。

（9）在非遗项目普查、非遗项目名录完善、非遗项目资料汇编的基础上，非遗项目研究力度不够，非遗项目背后文化内涵的挖掘与阐释、文化品牌的凝练待加强。

（10）目前在非遗项目传承、保护、利用实践中，政府仍旧发挥着主导作用，相较于通过非遗推动西山永定河文化带公共文化建设的长远目标而言，参与非遗事业的群体力量是远远不够的。未来西山永定河文化带非遗传承、保护、利用如何从政府主导向全社会参与过渡需认真思考。北京市文化主管部门曾委托北京学研究基地开展"北京西山永定河文化带非遗保护与公共文化、艺术活动建设项目"研究，此类具有现实意义的热点问题应设专人、专项继续深入讨论。

三 西山永定河文化带非遗传承、保护、利用的对策建议

西山永定河文化带研究方兴未艾，现以问题为导向，就提升西山永定河文化带非遗建设水平提出几点建议。

（一）明确目标

（1）西山永定河文化带非遗传承、保护、利用是服务于文化带总体规划的，后者决定了文化带非遗发展的格局与视野，应深刻认识西山永定河文化带非物质文化遗产传承、保护、利用与西山永定河文化带建设的关系。健全跨区联动机制，加强带状整体与块状区域的联系，注重文化带凸显整体价值的文化生态保护区建设，弥合各区非遗项目散点分布、共通性挖掘有限等不足，提升文化带非遗的综合性功能和定位，为非遗发展提供战略平台。

（2）西山永定河文化带非遗传承、保护、利用应落实乡村振兴战略部署。非遗在提升西山永定河文化带乡村文化影响力、探索乡村产业模式转型、带动乡村致富、助力乡村振兴方面释放巨大潜能。在已有建设基础上，西山永定河文化带非遗应进一步凝练文化品牌，让非遗承载的乡村文化更具辨识度，以节庆活动、文艺展演等为契机，引导大众参与特色乡村非遗项目体验活动，增强非遗项目的表现力，也可以邀请非遗传承人现场示范，让民间音乐、传统戏剧、曲艺等非遗项目更加可感。非遗文创产品应进一步借力互联网平台扩大推广，如门头沟区文化创意产业促进中心与北京市文化创意

产业发展服务有限公司签订了合作意向书，带有皇家琉璃瓦元素的金属手镯、迷你版"九龙壁"书挡、螭吻胶带座、蒲牢扩音器等琉璃文创产品登陆故宫文创商店，琉璃承载的历史文脉通过线上消费方式真正诠释了"活态传承"的应有之义。琉璃文创产品的上线虽然与大规模的产业发展存在着距离，但琉璃渠村却因为传统琉璃烧制技艺与当代消费者的接触开启了乡村振兴的探索之旅，为西山永定河文化带其他非遗项目助力乡村振兴提供了借鉴经验。

（3）西山永定河文化带非遗传承、保护、利用应仔细研究响应"一带一路"倡议登上国际舞台的非遗项目案例，积极发挥特色资源优势，助力西山永定河文化带成为全国文化建设示范区，向世界传递中华优秀传统文化。在文化和旅游部公布的"一带一路"文化产业和旅游产业国际合作重点项目名单中，成都熊猫灯会、新疆特色民族风情服饰、中医药、自贡灯会、杂技等非遗项目领先入选，不仅拓展了非遗项目的发展空间，而且极大程度地提升了地方文化的国际影响力。西山永定河文化带非遗建设可效法以上成功做法，提升非遗项目的认定级别，制定非遗项目国际化发展的实施方案，开辟国内外文化交流的新阵地。

（二）传承保护举措

（1）规范西山永定河文化带区级非遗项目的认定，补充新的非遗项目，创新非遗项目名录分类方式，完善多层次、多元化的非遗项目名录体系，参加高级别的非遗项目申报。在现有通行的十大类别分类方式的基础上，拓展以区域、区域民间文化来源、非遗表现形式的亲缘关系、文化品牌近似性等为单位的分类方式，为大众理解非遗项目提供新的角度。

（2）开展文化典籍、民俗、口述史的整理、出版、阐释工作，推动西山永定河文化带非遗纸媒资源库建设，防止非遗资源的散佚与失传。

（3）与田野调查、遗产抢救同步，科技转化应用于非遗数字资源库建设的力度需加大。活态传承的属性决定了一些非遗项目无法以物化的形式保存，摄影、摄像作为电子档案生成的有效手段有利于非遗项目的动态推广，符合当代人的信息处理方式、审美习惯，应持续采纳。

（4）对西山永定河文化带非遗项目实施分类保护，根据非遗项目的存续状态制订适应性保护方案，给予不同力度的政策及经费扶持。加强对非遗传承、保护、利用的效果评估，对非遗项目建设的各项反馈数据进行科学监测、分析，总结趋势变化，为非遗传承、保护、利用的制度建立、机制健全建言献策。

（5）对濒临失传的非遗项目或濒临消亡的非遗传承人实施全方位保护，口述实录、作品征集、视频、音频、文字建档尽可能齐备。注重传承人梯队建设，制定非遗传承人研修、研习、培训计划，完善名家师承、青年传承、娃娃继承的非遗代际传承发展机制。加快集展示与体验于一体的非遗展示园区、展示馆的建设，让仍旧依托自家作坊生产制作的非遗项目入驻常态化的传承场所。

（6）加强政府部门的管理资源、项目保护单位的传承资源与高校、科研机构研究资源的深度融合，健全政府支持，文保单位、高校、科研机构共建的"管理—传承—研究"机制。在非遗项目研究中应以博大精深的中华生态思想、中华传统生态文化为源头活水，全面赋能西山永定河文化带非遗文化内涵的挖掘与阐释。

（三）活化利用方式

"非遗+"模式以非遗项目为主体，通过跨界、跨域、跨业融合，实现非遗项目的活化利用，激发非遗项目本身蕴含的商业价值，为非遗项目提供新的传承平台、传播场域、展示途径、销售渠道，优化非遗产业发展结构，带动西山永定河文化带区域经济良性循环，同时，助力传统文化的创造性转化、创新性发展。

（1）非遗旅游。以西山永定河文化带代表性非遗项目为点位，规划非遗旅游线路，打造一批高品质的非遗旅游景区、非遗旅游镇（村）、非遗旅游度假区等。西山永定河文化带涉及8个行政区，非遗项目丰富多彩，如京西太平鼓、妙峰山庙会、千军台庄户幡会、颐和园传说、圆明园传说、香山传说、卢沟桥传说、永定河传说、八大处传说、西斋堂山梆子戏、苇子水秧歌戏、琉璃渠琉璃烧制技艺等，以上民俗、民间文学、传统戏剧、传统技艺、传统舞蹈应被纳入精品文化旅游线路，将树立环保意识和弘扬地方文化结合起来。覆盖西山永定河文化带的非遗主题文旅活动亦是疫情防控常态化背景下的应时、应需之举，旨在充分开发文化带非遗项目，通过文明旅游、安全旅游，保证北京市民的身心健康。

（2）非遗消费。2020 年 6 月 13 日，文化和自然遗产日当天，正值《北京市非物质文化遗产条例》实施一周年。北京市文化和旅游局推出"非遗伴您'逛京城·游京郊'暨京城非遗老字号购物节"活动。受疫情影响，一些非遗老字号停工停产，北京非遗中心联合京东等电商平台，组织非遗老字号开展线上复工复产促消费活动，收获了良好的社会效益和经济效益，电商平台也借此成为非遗产业发展的新渠道。2021 年监测数据表明，非遗活动举办主体已经从以政府部门为主导向行业协会等社会组织以及电商等市场化力量参与过渡。《2021 非遗电商发展报告》显示，非遗借助电商平台掀起了国潮，线上购买非遗文创产品不仅是当代年轻人的一种消费方式，而且是传统文化传承的重要路径。西山永定河文化带的一些区级非遗项目影响力有限，应参考以上做法，组织专人、设专项研究，制订适应性消费实施方案。

（3）非遗体验。非遗保护、传承、利用的数字化发展势头在今天愈发强劲。2022 年，随着 5G、AI、VR、AR 的推广，数字影音、虚拟成像、3D 扫描、动作捕捉等手段与古老的技艺碰撞，赋予传统文化以时代元素和更加时尚化、年轻化的表现形式。西山永定河文化带涉及的区主要位于京郊地区，非遗建设提升的空间很大，应加强与核心区非遗体验的经验交流，借鉴相关成功案例。2022 年文化和自然遗产日，东城区策划"非遗正当时 青春风华茂"系列活动，依托新兴媒介开展了丰富多彩的线上活动，设置"非遗焕新 云游东城""非遗之城 玩转快手""非遗青年 东城有我""非遗献礼 作品云集"等板块，覆盖了东城区最新发布的第七批区级非遗代表性项目。《东城非遗云游趣图》同步上线，汇集东城区主要街道及代表性非遗项目，通过手绘地图，打卡故宫、天坛、智化寺等 20 余个非遗点位，并展示景泰蓝制作技艺、智化寺音乐、全聚德挂炉烤鸭制作技艺等 30 多个非遗项目，大众参与热情高涨，高效快捷地领略了非遗传承人的风采。东城区的非遗体验创新实践值得学习，西山永定河文化带非遗的活化利用亦可发起非遗直播活动，向大众展示征集到的各级各类非遗项目。

（4）非遗教育。策划不同规模的西山永定河文化带节庆活动，设计不同类型的非遗项目展示区。组织以非遗项目为主题的社区公益服务活动，在大、中、小学不同学段开展非遗审美教育活动。用好北京的文博场馆，举办文化创意和科技创意深度融合的西山永定河文化带非遗展。建设覆盖西山永定河文化带各区的非遗网络服务体系，惠及民生，科普非遗知识。

B.17

精品民宿非遗化：北京西山永定河
文化视域下的一种产业模式研究

阮海云　卫东海*

摘　要： 精品民宿业是乡村振兴战略的新尝试。党中央、国务院对乡村发展战略部署始终一以贯之。北京市大兴区是北京的南大门，是京津冀战略通衢之地，既有永定河、凤河人文资源厚重的原生态乡村，又有在城市化进程中融入城市的转型乡镇，还有随大兴国际机场崛起的现代新市镇。随着文旅产业的融合发展，民宿产业精品化和特色化赋予了产业新的发展动力。本文以永定河畔、凤河两岸的北臧村镇、长子营镇等10多家"精品民宿"为考察重点，着重分析"十四五"期间和后疫情时代乡村民宿产业发展的现状以及存在的问题、困难和不足，进而从政策措施、产业动能、非遗软实力、竞争力等方面提出高质量发展精品民宿的建议与措施。

关键词： 乡村振兴　精品民宿　非遗竞争力

一　新时代的宏观审视

民宿在本质上是为游客提供自然风光、乡土文化、精神享受和居家氛

* 阮海云，博士，副教授，硕士生导师，现任教于北京联合大学艺术学院（北京非物质文化遗产学院）；卫东海，博士，主任记者，北京市大兴区文化遗产保护协会会长，北京联合大学艺术学院客座教授。

围等综合体验的小型文旅设施。民宿不仅是山光水色旅游地点的专属产业，也是推动乡村建设特色旅游业的亮点。随着群众生活质量的提高和北京"四个中心"建设的加强，北京市民对精神文化、生活态度的认知与选择也向着多样化、多方面、高层次的方向发展。推动非遗性民宿和旅游产业有效融合，能带来更大的社会效益和经济效益，是振兴乡村经济的新样态。

精品民宿在首都南部大兴崛起，动力源在于乡村振兴战略的深入实施。北京大兴永定河流域的乡土资源在西山永定河文化带建设映衬下，日益彰显出文化竞争力底色。那么，随之而来的问题是，到底什么是精品民宿，它和农家乐、普通民宿在内涵上又有哪些区别和联系。精品民宿不是农家院那样简单的餐饮住宿场所，而是一种极高层次的以文化消费带动饮食和住宿，进而延长文旅战线，结合民宿所处的人文自然景观和生态环境资源，"大剂量"植入经营管理者可调度的非遗元素和非遗资本的产业。精品民宿中的"精品"二字，不是强调高级奢华的设施，而是强调融合当地生产活动的风土人情非遗化和馆藏文化的非遗表现形式。

大兴国际机场的动力源效应外溢，永定河流域精品民宿的崛起标志着文旅发展新时代"黄金发展期"的到来。永定河畔、凤河两岸的北臧村镇、长子营镇自然风光优美、原生态文化旅游资源丰富，但是文化旅游产业融合程度不高，且在文旅融合模式、旅游文化创新、文化产品开发等方面还比较欠缺，有待于深度发掘文化产业的功能与作用。探索打造集民宿、馆藏和非遗化文创于一体的旅游产业，推动"民宿+非遗"成为实力担当的文旅产业新样态，使旅游民宿产业、非遗传承、馆藏资源焕发出新的生机与活力，是普通民宿产业向精品民宿转变的必由之路。

进入新时代，坐拥大兴国际机场的"天下首邑"大兴区肩负比肩世界先进城市发展水平、彰显国家形象的历史重任。北臧村镇、长子营镇紧紧跟随北京西山永定河文化带建设步伐，以精品民宿产业聚合起"风生水起"的国际文化交流效应，发展势头良好，但相较于沿海发达地区和川渝滇地区，无论在规模还是质量方面，仍然存在很大的差距。

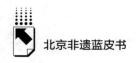
二 从"农家乐"到"民宿产业"再到"精品民宿"

2018 年 1 月 2 日正式发布的《中共中央　国务院关于实施乡村振兴战略的意见》明确提出要建设一批设施完备、功能多样的休闲观光园区、森林人家、康养基地、乡村民宿、特色小镇。这个意见表明了乡村民宿产业发展成为实施乡村振兴战略的重要途径之一。2019 年 7 月，文化和旅游部"全国乡村旅游（民宿）工作现场会"在成都召开，乡村民宿发展水平成为评定乡村旅游重点村的标准之一，这标志着乡村旅游进入民宿时代的发展理念突破。民宿经济作为最有潜力的乡村振兴增长点已为实践所证明。2021 年飞猪旅行公布的 OTA "十一" 旅游消费数据显示，本地游、近郊游、乡村游是后疫情时代的主要旅游选项。①

民宿兴起和发展的深层市场需求逻辑体现在居民休闲消费升级和对逆城市化生活方式的向往。传统的乡村旅游和观光旅游难以满足城市人群的消费需求，而民宿作为新兴的住宿业态，强调个性化、多元化和文化特质，契合了现代人回归自然、体验乡土文化、感受家的温馨的渴求。在旅游大众化并由观光旅游向休闲度假旅游过渡的转型期，游客消费的多样化、个性化和高品质化需求对旅游行业提出新的要求：重视旅游形式和内容的文化内涵，大力发展非遗模式引导下的文旅产品。

大兴区近年来崛起的精品民宿，以后发优势把民宿文化改写成文化集合体。乡村民宿在一定程度上可以理解为农家乐和家庭旅馆的升级版，这是因为与民宿在业态上普遍认同的五个特点相同：一是选择地点基本位于乡村旅游目的地或其周边地域，民间意象深刻；二是由民房改造或新建，以家庭式经营管理为特色，民户位置不变；三是依托当地良好的生态环境或有特色的乡土文化，突出乡村田野的野趣味道；四是具有一定的文化主题萌芽，如美食、休闲娱乐、田园康养等；五是硬件设施和服务活动分别通过设计艺术和

---

① 宁军：《后疫情时代乡村民宿产业高质量发展策略》，《当代旅游》2022 年第 5 期。

视觉表达体现出文化特色。但精品民宿又有别于"升级版"，不同之处在于：精品民宿更多强调民宿消费的文化性，将非遗活态传承、馆藏静态非遗元素等作为重要消费构建，以非遗文化的介入拉动民宿可持续发展，强调非遗传统文化传承、个性不可复制、多元样态精神享受超越感官刺激。

大兴区民宿发展与全国的总体情况基本一致，大体分为萌芽初期、起步探索、初步发展、整合转型四个阶段。大兴作为历史上的"天下首邑"，文化厚实，田园风光如画，处于永定河"北京湾"腹地，民宿产业在近 40 年的时间里，先后完成了"三级跳"，特别是精品民宿的崛起，可圈可点。以北臧村镇和长子营镇为例，其精品民宿在短短三年时间内如雨后春笋般地发展起来。这首先得益于国家政策的高度支持。北京市政府针对民宿行业相继出台了很多扶持政策，对民宿行业进行了统筹部署；市文旅局以及市区相关部门对民宿行业准入资质、消防安全等情况做了具体规定；区、镇政府出台红利政策，合力推动民宿事业的发展。整体而言，精品民宿的发展特点表现在以下几个方面。

一是民宿发展呈现集群化态势。精品民宿不断向永定河—凤河流域的村庄集中。目前，永定河—凤河流域民宿旅游性质逐渐从比较传统的接待性转换成了品牌性，民宿行业的集群化逐渐成为现阶段民宿发展的主要特征。

二是投资手段多样化。随着网络技术的发达，很多电商平台越来越多地关注民宿行业，丰富了民宿的运营模式。此外，众筹等融资手段的出现更好地解决了民宿行业发展中的融资问题，有利于行业的迅速发展。

三是政策扶持，企业加入。为使民宿行业更加规范，大兴区出台了很多相关政策加以扶持，为民宿发展提供了政策保障。在此基础上，不同类型企业的入驻，提升了民宿运营水平和规范性，进一步激活了民宿投资市场。

三　大兴区精品民宿现状及特色

永定河—凤河流域传统乡村聚落有优美的田园风光和丰富的人文内涵，农业文明时代的烟火气正好契合了城市居民的心理预期。目前，大兴区的精品民宿主要集中在两个原生态镇——北臧村镇和长子营镇。这里的传统村落最大限度地保留了原有生活景象和时代风貌，文化资源和旅游资源丰富，非遗资源和馆藏资源数量也相当可观。镇政府和村委会对于乡村民宿的开发理念是既重视城市居民对原生态乡村的心理渴求，又重视游客的感官直觉体验。据统计，目前发展成熟的民宿有 20 多家，均在北臧村镇。其中，正在建设和审批中的精品民宿也有 20 多家，主要集中在长子营镇。预建设呈现增长趋势，而且每一处民宿各有特色，非遗元素和非遗资源转化味道浓郁。本文选取已经成熟的 7 家民宿和正在加速建设的 4 家民宿进行整体描述（以下案例中，除了"元丰大观"民宿属于青云店镇以外，其他民宿均属于北臧村镇和长子营镇镇域，文中不再做特别标注）。

（1）"当归小院"：位于诸葛营村诸葛营路 41 号，占地面积约 500 平方米，集休闲、康养、娱乐、美食于一体。正餐为"谭家菜"，历史悠久、名声远扬，搭配养生"五道酒"。"谭家菜"由谭府第六代传人亲自掌勺；"五道酒"由前大兴中医院院长根据祖方改良。小院的徽派门楼融中国风俗文化之精华，白墙灰瓦、精制浮雕、回廊亭榭、鱼儿嬉戏，集山川风景之灵气，有远离尘嚣之感。

（2）"养心居"：位于八家村，环境优美，交通便利，为在都市繁杂喧闹中游走的人们打造了一个复古、舒适、静谧的修身养性之所，可以让人们沉浸在古色书香的意境之中，寻找一份心灵的安宁。家庭影院、室内高尔夫、养生室、茶室、书房等设施，既可养心，亦可健体；既可独享清幽，又可感受家庭的温馨。周边绿树环绕，清新优雅，游客有更多拥抱自然的机会，静心、养德、感受自然、感悟人生。

（3）"隐喧境"：位于六合庄村，如陶渊明的诗"结庐在人境，而无车马喧"一般。"隐喧境"民宿整体采用小米智能家居系统，打造出智能、舒适、静谧的环境，游客既能够在此享受悠闲和便捷的生活，又可以进行商务谈判和亲朋好友聚会等活动。此外，为使游客获得更加舒适和实用的民宿体验，"隐喧境"还建设了娱乐设施。

（4）"上林泊舍·忘言"：位于桑马房村。民宿结合当地的自然和人文景观建设了假山花池、休闲凉亭、休息室、会议室、多功能厅、娱乐室、餐厅等设施，内部环境安静优雅、格调优美，可以承办商务谈判、亲朋聚餐等活动。为使游客有更多餐饮选择，该民宿引进了多元化的餐饮项目，菜系涉及川菜、粤菜、闽菜及东北地方菜等特色菜系。此外，游客还可以进入采摘园采摘鸭梨、雪花梨、丰水梨、苹果梨、草莓等水果，也可以到农田掰棒子、刨花生、挖红薯，体验收获的乐趣。

（5）"知鱼乐庭"：名字取自"子非鱼，安知鱼之乐"，寓意知鱼之乐，乐在其中。知鱼乐庭位于风景秀丽的永定河畔，大兴区北臧村镇桑马房村警民街西平房一条一号，占地面积约 600 平方米。小院为老北京样式院落，集休闲度假、亲子互动、休闲养生、朋友小聚于一体，白墙灰瓦，精品绿化，假山流水潺潺、鱼儿嬉戏等。这里是休闲、康养、娱乐、团建、品美食的好去处。该民宿的理念是：放下城市的喧嚣与浮躁，静下心来体会平凡，归于平凡。在这里，人们可以摆脱城市的压力与烦恼，使心情平静、心灵安宁，找到渴盼已久的归属感。

（6）"诸葛美庐"：位于诸葛营村西，毗邻永定河绿色港湾。开门即见生态次森林和湿地公园，满眼郊野绿荫，处于一片安详静谧之中，是集餐饮、住宿、沙龙、研学、雅集于一体的郊野精品民宿。正如诗赞曰：粉墙黛瓦西莲渡，虚门掩竹腹有书。治漯河川新民宿，悠哉诸葛在美庐。

（7）"乡里乡居"：位于镇西大营村内，占地面积 1500 平方米，建筑面积约 950 平方米。高大、漂亮的徽派门墙在路边显得既庄严又气派。整个院落从外向里分为餐饮、洗浴、住宿三个功能区。该民宿定位：为市民打造一个具有南方徽派特色的高端休闲和消遣的去处。

（8）"元丰大观"：名字取北宋神宗、徽宗年号，寓意馆藏历史文化。位于青云店镇沙子营村，是一家以非遗传承和馆藏文化引领为亮点的在建民宿。馆藏包含《钱币上的草原民俗》《宋徽宗瘦金体书法品鉴》《我家宝贝我作主》等 11 项馆藏研究成果，现已成为"博鳌世界钱币论坛暨钱币博览会组委会民俗组合钱币学术研究基地"，集心性休养、历史熏陶、民俗于一体，契合周边原生态，让人们放松身心、增厚历史底蕴。该民宿还是中小学

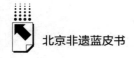

生体悟历史、感受传统民俗的特色馆藏基地。

（9）"凤河伊甸园"：位于留民营村，占地面积18亩，建筑面积3000平方米。留民营素有"中国生态农业第一村"之称，2008年8月，萨摩亚国家元首埃菲曾经视察这里。该民宿以书画艺术为特色，园内鸟语花香、绿树成荫、亭台楼阁、小桥流水，园林景观与自然景致和谐统一、相映成趣。艺术长廊熔中外艺术交流的外国元首、政界军界精英、书画界前辈、艺术界大咖艺术品展示于一炉。赏心亭、半辟凉亭，既有远观之赏心悦目，又有近坐之悠然自得，十二生肖汉白玉石雕环绕其间；怡然亭、清华山、金碧楼台带着古拙的民俗气息；百米绿色长廊彰显风华地、家在文园间。

（10）"大槐树"：位于下长子营村，因所在地村内有一棵500余年的山西移民种植的大槐树而命名，多条公交线路贯穿，交通便利，所在地200米内便有凤河流经，环境优美，是休闲、放松、体会原生态的不二之选。同时，该民宿以《凤河岸边长子营》《沧桑凤河的故园家山》《凤凰·大槐树·乡愁》三部学术专著为支撑，是将"凤河传说"非物质文化遗产项目视觉化展示的特色民宿。"凤河传说"非遗研究成果的转化，让游客感受到凤河底蕴，穿越时空，古今对话，置身历史场景，去除闹市压抑，休养心性。

（11）"晋善晋美"：位于下长子营村。名字凸显"晋"字，寓意山西的古老文明在这里传承与发扬。明清时期，山西大移民，"山西有多少县，大兴有多少营"。"七十二连营传说"丰富了"凤河传说"非遗项目。该民宿位于下长子营村村委会北100米，政府街南100米处，公共交通便利，周边垂钓、采摘等休闲文化一应俱全，是一家以山西多项"非遗"美食为亮点的特色主题民宿。"晋善晋美"将山西美食在京南这块移民热土上演绎，让游客不出京就可以品尝山西美食、了解移民历史。

大兴区北臧村镇、长子营镇后起的精品民宿是深入研究文旅市场供给侧结构性改革后的成果，在吃、住、体验、购买、娱乐、精神享受等方面与历史文化、非遗文化紧密融合，更加贴近文旅市场的时代需求。具体表现为以下几个方面。

一是紧扣个性化体验需求。在旅游消费和体验方面，越来越多的游客注重个性化和高端化，尤其是年轻游客，由于价值观念的变化，他们更看重特色和品质，而不是一味追求经济实惠。因此，在游客想要有深度体验的背景下，体现个性的定制式旅游应运而生。如"乡里乡居"则紧紧围绕二锅头酿酒工艺非遗特色展开文化体验。

二是获得"对话"和"回归"心理的满足。在物质生活资料充裕的今天，人们在城市生活久了，不免产生回归自然的愿望，产生对精神生活的渴求，而到乡村做短暂的旅游就是其中很好的方式之一。利用当地非遗资源，打造"乡村居住+非遗体验"的特色民宿，能实现游客"回归自然""对话乡村"的心理期许。①

三是选择文化底蕴承载的发展模式创新。永定河、凤河流域农副产品是北臧村镇和长子营镇的一大代表性元素，为了更好地提升游客的旅游体验，在民宿主题的设计上突出农业生态文化，在建筑结构的设计上强调房屋的独特性，将民宿打造成可供游客休闲度假的精品乡村小院。如北臧村镇的"北臧大厨"就是一个非常好的品牌，它将永定河生态文化与北京市丰富的菜肴文化结合起来发展民宿产业，既能够为附近居民提供就业机会，又能够为游客提供特色体验。此外，还增加了民宿经营种类，不仅有常规的餐饮和宴会服务，还扩展到商务洽谈、活动接待等业务。

四是注入非遗元素特色化的精神享受。在京畿地区旅游经济不断升温的今天，文化特色必定成为旅游的核心要件。目前，大兴区国家级、市区级非遗项目已达45项之多，在未来五年内申报非遗项目的数量还会增加。例如，传说、民俗类的有"永定河流域的传说""沙河村挂灯习俗""永定河民生习俗"等7项；戏剧、音乐类的有"白庙村音乐会""道教北京韵""牛骨数来宝"等8项；民俗舞蹈、杂技类的有"太子务武吵子""沁水营神叉老会"等5项；武术表演类的有"吴式太极拳（北派）""梁式八卦掌""青云店少林花会"等8项；中医理疗、文化生活、手工工艺、艺术品制作类的有"杨氏脏腑点穴指针疗法""曹氏风筝""李氏柳编""北派玉雕"等

---

① 王慧：《"民宿+"：让民宿不只是民宿》，《贵州民族报》2022年3月25日，第B02版。

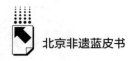

11 项；餐饮食材类的有"大兴西瓜种植技术""大兴南路烧酿制技艺""南海子五色韭"等 6 项。这些非遗项目的核心价值和边际效应都能够在精品民宿的个性化、特色化以及文化内涵的开掘上得到充分的运用和延展。

四　现存的问题及面临的挑战

从大兴区民宿产业现状看，制约乡村民宿行业发展的因素主要有以下几个方面。

（一）市场定位

永定河—凤河流域精品民宿市场定位研究依然不突出、不系统，无法形成文化集散地的品牌效应。虽然区内相关部门及有关镇街已经有意识树立永定河流域精品民宿文化品牌，也尝试举办了不少相关的文化活动，为两岸的乡村旅游注入了新的文化内涵，获得了一定效益，但是，高端文化要素如非遗、馆藏文化非遗化的挖掘和培育仍然缺乏宏观层面的系统规划和顶层设计，欠缺具有国际化视野、有深度影响力的文化品牌项目。

（二）政策集成

职能部门之间、流域各镇村之间还没有形成文旅互促、综合发展的向心力与凝聚力，欠缺可持续发展的合力；工作统筹力度不够，对永定河、凤河流域文化建设与开发进行深入而系统的研究不足；区域可持续发展的研究成果转化速度慢，不能为决策提供及时准确的依据。

（三）经营视域

基层村社"走出去、请进来"的工作欠主动，缺乏具备理论视野与实证高度的研究预期，缺少具有社会影响力的学者、专家参与。产业融合谋划不足，未充分利用民宿、旅游、乡村建设、产业发展等多领域的人才资源对永定河文化的多元发展进行共同谋划。内外联动统筹不够，需进一步加强与有影响力的文化、经济团体机构合作，携力推动文旅产业的建设与开发。另外，民宿分布很不均衡，目前主要集中在永定河畔、凤河两岸村落，其他村庄分布较少。这是民宿产业发展的一大短板。

（四）运作模式

同国内许多地方的民宿类似，由于经营者没有很好地区分乡村与城市、民宿与酒店的本质特征，仍然把二者等同起来，民宿经营模式依旧局限于酒店的运营思维框架，看到了区域景点的吸引力，却忽视了文化内涵的特色优势。因此，北臧村镇和长子营镇目前的民宿经营模式仍然较为单一，有待于充分挖掘和利用好非遗文化资源，以提升人们的旅居体验感和获得感。

（五）品牌打造

由于起步晚、发展时间短，资源要素没有很好融合，因此，北臧村镇和长子营镇目前还没有可以称得上是精品的民宿，没有形成品牌效应。北臧村镇和长子营镇的大多数民宿是以老百姓的民居为基础改建而成，经营者没有相关的知识与经验，服务质量不高、发展速度缓慢、眼光不够长远、产权分配不均衡等因素导致民宿产业的发展和民宿品牌的打造受到了较大阻碍。

（六）创新高度

综观当下大兴区精品民宿的文创产品配合问题，集中体现为创意不明显、特色不突出。文创产品重在文化创意，产成品既要有厚重的历史文化内涵，其设计过程还要体现当下的人文关怀，也就是需要将理性与感性结合起来，实现生产与销售的统一。目前，影响文化创新意识和创新质量的因素链条是：文创人才的短缺导致核心创意不足，核心创意不足导致文创市场供给质量跟不上。[1]

---

[1] 吴超、陈莉、张毅：《贵州"民宿+文创+旅游"文旅产业新样态研究——以酒文化、牙舟陶、乡村游为例》，《西部旅游》2021年第7期。

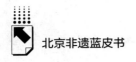
五 发展路径的建议与对策

为了适应社会的发展需求，民宿行业需要有足够强大的抵抗风险的能力，以更加正规化、标准化和舒适化的面貌走上更加健康的发展道路。

（一）精准施策，政策集成发力

红利政策是民宿旅游市场旺盛的根本原因。要制定当地民宿发展专项规划，确保民宿产业发展的协调性与可持续性；对符合区域发展规划和行业标准的民宿全面实现"备案制"，解决经营者的"合法身份"问题；针对区域发展不平衡和差异化现象，研究制定民宿产业扶持政策；出台中长期民宿行业可持续发展规划和具体实施办法，避免急功近利、拔苗助长的短视行为；建立科学合理的民宿产业风险预警机制，有效应对疫情防控常态化状况。①

（二）配套设施，构建如意环境

大兴区镇村两级相关部门都必须和村民积极沟通合作，加快基础设施建设步伐，根据实际情况尽快完善停车场、公厕、游客服务点、自驾游补给站等公共服务设施以及所涉道路沿线景点标志和民宿村指示牌等。配套设施的跟进能够让游客以更愉快、更便捷的方式体验乡村风光、乡土文化和居家气氛，更能够促进乡村民宿旅游业资源获得全面利用，从而发挥出更大的价值。

（三）锻造格局，提升服务理念

村委会以及相关部门在吃透基本政策以提升民宿旅游服务质量的前提

---

① 宁军：《后疫情时代乡村民宿产业高质量发展策略》，《当代旅游》2022年第5期。

下，需要着重考虑民宿游客的黏性问题。[①] 在正式运营之前，需要向民宿旅游行业参与者和服务人员提供相关教育培训，以增加必要知识，转变不适应时代发展的观念，树立长期服务以及高品质服务的理念，提高经营服务水平，增强对行业发展和市场变化的把控能力，提升服务满意度，确保游客在消费的同时体验民宿特有的温暖与淳朴。同时，需要加强行业自律，多渠道鼓励民宿行业协会为乡村民宿的高品质、特色化发展出谋划策、真抓实干。

（四）高点站位，厚植文化重量

目前，大兴民宿产业发展已经进入快车道，在已有行业规模和服务水准的基础上，需要重点关注民宿旅游的文化内涵建设，重视特色化发展。在"多彩大兴"的品牌打造和深度发展的道路上，需要有"地方特色+乡村体验"的个性化民宿的加入。以"乡里乡居"民宿的非遗项目"北京二锅头清香型高度酒"植入为例，经营者不仅可以为游客提供饮酒服务，还可以提供酿酒服务，游客根据专业人员的讲解和引导，亲身体验酿酒工艺。在这个特殊的参与过程中，游客感受到的不仅仅是短暂离开城市的喧嚣，更是享受了一种特别的体验乡村生活方式的时光，有益于游客的心性休养。[②]

（五）培育标杆，打造强势品牌

北臧村镇、长子营镇、青云店镇的精品民宿目前缺乏知名品牌 IP。通过镇文旅部门以及相关投资企业等多方合力谋划，在乡村特色基础之上赋予品牌以文化内涵，只有这样，才能打造真正具有永定河、凤河文化特色的民宿品牌，成为"网红打卡地"，从而在文旅市场稳占一席之地。后疫情时代是民宿行业发展的考验期、反思期，同时也是红利期，因此，应抓住机遇培

---

① 赵永红：《乡村民宿旅游对乡村振兴的作用及发展策略》，《当代旅游》2021 年第 24 期。
② 吴超、陈莉、张毅：《贵州"民宿+文创+旅游"文旅产业新样态研究——以酒文化、牙舟陶、乡村游为例》，《西部旅游》2021 年第 7 期。

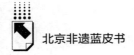
育标杆品牌，将各级各类学校和机构的文化传承、研学考察等活动作为民宿行业的一个强势发展点①，促进经济和文化双赢局面的形成。

（六）借智引智，提速数字经济

智慧旅游业已经成为旅游业的新业态。精品民宿可以依托大数据建立的"青云古镇""云上幽州台""凤河岸边长子营"系统平台，建设资料信息库，建立健全数据共享机制，获取可利用信息，推动精品民宿及旅游业共同发展。

实践证明，互联网对旅游做全面宣传的效果是显著的，开发数字民宿，实现游客的数字化旅游是精品民宿的发展趋势，利用"元宇宙"等新型技术②推动精品民宿非遗化的发展进程是可行之法。

六　结语

时代的发展和物质生活水平的提高使旅游业的总体趋势呈现多层次、个性化和高品位的特点，民宿精品化应运而生。精品民宿作为民宿产业的升级版，作为振兴乡村战略中一个非常重要的文旅产业亮点，在内涵构建、品牌策划、要素整合、发展模式确立的过程中，非遗和馆藏文化的注入与融合、非遗个性的特色挖掘、品牌创新的集群拉动等都是极其重要的基础支撑。乡村民宿精品化、精品民宿非遗化是宣传区域特色文化、提升区域旅游品位、塑造区域旅游形象、实现游客个性化体验的重要途径，是实现"以文彰旅，以旅促文"、助推京郊"文旅+"多产业高质量、高品位融合发展的有效模式。

---

① 宁军：《后疫情时代乡村民宿产业高质量发展策略》，《当代旅游》2022年第5期。
② 宁军：《后疫情时代乡村民宿产业高质量发展策略》，《当代旅游》2022年第5期。

B.18
中国重要农业文化遗产地
非物质文化遗产发展探析

程佳欣　孙业红*

摘　要： 本文以中国重要农业文化遗产地的非物质文化遗产资源为研究对象，基于文献史料与数据统计，对国内乡村地区非物质文化遗产的现状进行了系统的归纳，分析了农业文化遗产地的非物质文化遗产资源数量规模及分类情况，并据此提出我国重要农业文化遗产地非物质文化遗产资源的保护与利用方向。结果表明：对农业文化遗产地中蕴含的非物质文化遗产项目进行梳理，增强遗产地群众的文化自觉，并大力发展农业文化产业以引领遗产地乡村旅游发展，是农业文化遗产地非物质文化遗产得以保护与利用的重要路径。

关键词： 农业文化遗产　非物质文化遗产　乡村　保护

一　引言

非物质文化遗产是以人为本的活态文化财富，保护、传承与开发利用非物质文化遗产是一项重要的课题，它直接关系人民群众对高质量、有特色文

---

*　程佳欣，北京联合大学硕士研究生，主要研究方向为农业文化遗产旅游；孙业红，北京联合大学教授，博士生导师，主要研究方向为遗产旅游、可持续旅游、农业文化遗产动态保护、旅游资源开发与规划。

化需求的满足程度，也关系中华民族文化的传承。① 2003 年《保护非物质文化遗产公约》指出，非物质文化遗产是文化遗产的各种实践、表演、表现形式、知识和技能及其有关的工具、实物、工艺品和文化场所，且能够直接或间接促进文化多样性的发展和人类创造力的提升。② 2021 年 8 月《关于进一步加强非物质文化遗产保护工作的意见》强调，在有效保护的前提下，推动非物质文化遗产与乡村旅游融合发展、高质量发展。深入挖掘乡村旅游消费潜力，支持利用非物质文化遗产资源发展乡村旅游等业态，以文塑旅、以旅彰文，推出一批具有鲜明非物质文化遗产特色的主题旅游线路、研学旅游产品和演艺作品。

联合国粮农组织对全球重要农业文化遗产的界定是："农村与其所处环境长期协同进化和动态适应下所形成的独特的土地利用系统和农业景观，这种系统与景观具有丰富的生物多样性，而且可以满足当地社会经济与文化发展的需要，有利于促进区域可持续发展。"农业文化遗产与一般的农业遗产存在差别，是一种活态的遗产，强调对农业知识、生态环境、社会经济效益进行全方位保护，以便农业文化遗产地实现可持续发展。③④ 农业文化遗产地是特殊的乡村地区，富有文化教育价值，且适合开展以休闲度假、学习传统农业知识、了解地方文化为目的的乡村旅游。同样，农业文化遗产地也拥有多种类型的非物质文化遗产资源，包括传统音乐、传统舞蹈、曲艺、传统技艺、民俗、传统医药、传统美术等。农业文化遗产地的非物质文化遗产资源的类型及分布情况决定了其保护与发展的不同路径。本文通过梳理六批共138 项中国重要农业文化遗产地的非物质文化遗产资源，分析总结国内农业

① 丁元竹：《"十四五"时期非物质文化遗产系统性保护相关政策措施研究》，《管理世界》2020 年第 11 期，第 22~35 页。
② 宋俊华：《非物质文化遗产概念的诠释与重构》，《学术研究》2006 年第 9 期，第 117~121 页。
③ 闵庆文、孙业红：《农业文化遗产的概念、特点与保护要求》，《资源科学》2009 年第 6 期，第 914~918 页。
④ 吴灿、王梦琪：《中国农业文化遗产研究的回顾与展望》，《社会科学家》2020 年第 12 期，第 147~151 页。

文化遗产地的非物质文化遗产分类情况、资源类型以及分布特征，提出农业文化遗产地非物质文化遗产的保护和利用的方向与途径。

二　相关研究评述

农业文化遗产是一种新的遗产类型，是一个全新的概念。[①②] 农业与旅游业、居民与游客、农业从业者与旅游业从业者、景区与遗产地等都是农业文化遗产所涉及的研究对象。[③] 我国第一篇与农业文化遗产相关的论文发表于 2006 年 7 月，[④⑤] 本文对截至 2022 年 6 月已发表的论文进行检索，以"农业文化遗产"为主题在中国知网进行检索，可以得到有效（剔除重复、与主题不符、非学术性文章）中文文献 1312 篇；以"agricultural heritage"或"agricultural heritage system"为主题在 Web of Science 核心合集进行检索，可以得到有效英文文献 1378 篇。我国农业文化遗产研究主要集中在概念梳理、保护与利用机制、功能与价值、旅游资源与旅游开发等方面，[⑥] 大致分为三个阶段。[⑦] 起步探索阶段重点关注了农业文化遗产含义与概念辨析；应用实施阶段鼓励交叉学科理论融合，农业文化遗产研究案例增多，研究成果数量迅速增加；创新扩展阶段丰富了农业文化遗产研究理论与学科体系，乡村振兴逐渐成为研究热点。农业文化遗产植根于乡村，是

---

① 闵庆文：《农业文化遗产旅游：一个全新的领域》，《旅游学刊》2022 年第 6 期，第 13 页。

② 闵庆文：《全球重要农业文化遗产——一种新的世界遗产类型》，《资源科学》2006 年第 4 期，第 206~208 页。

③ 闵庆文：《农业文化遗产旅游发展需要处理好六个关系》，《世界遗产》2018 年第 Z1 期，第 38 页。

④ 孙业红、闵庆文、成升魁等：《农业文化遗产旅游资源开发与区域社会经济关系研究——以浙江青田"稻鱼共生"全球重要农业文化遗产为例》，《资源科学》2006 年第 4 期，第 138~144 页。

⑤ 王献溥、于顺利、陈宏伟：《青田县传统稻鱼共生农业系统成为全球重要农业遗产的意义和保护对策》，《安徽农学通报》2006 年第 13 期，第 18~20 页。

⑥ 焦雯珺、崔文超、闵庆文等：《农业文化遗产及其保护研究综述》，《资源科学》2021 年第 4 期，823~837 页。

⑦ 但方、王堃鼍、但欢等：《农业文化遗产研究热点及趋势分析》，《世界农业》2022 年第 5 期，第 108~118 页。

乡村产业发展之本，乡村振兴战略可以对农业文化遗产的开发利用提供推动力和建设思路。乡村文化振兴是乡村振兴的重要组成部分，[①] 乡村文化在中华民族文明史上占有主体地位，非物质文化遗产集中反映了乡村文化，而村庄则承载着乡村文化。我国许多传统村落都蕴藏着丰富多样的农业文化遗产资源。在当前大力实施乡村振兴的战略背景下，对农业文化遗产地进行全面系统的调查研究具有深远的意义。非物质文化遗产保护不仅是实现农业文化遗产地可持续发展的关键路径，而且有望为乡村带来社会效益与经济效益，也将是助推乡村振兴的精神支撑与物质保障。因此，对农业文化遗产地的非物质文化遗产的相关研究进行梳理的意义重大。

（一）非物质文化遗产的分类

在联合国教科文组织的第三十二届大会上，《保护非物质文化遗产公约》（*Convention for the Safeguarding of the Intangible Cultural Heritage*）对"非物质文化遗产"的中文译名进行了最后认定。在此之前有"非物质遗产""无形文化遗产""口传与非物质遗产""人类口述与无形遗产""人类口头与非物质遗产""口述与无形遗产""传统民间文化""民间传统文化"等多种表述名称。[②] 非物质文化遗产是活的遗产，语言、文学、音乐、舞蹈、游戏、神话、礼仪、习惯等都是非物质文化遗产的表现形式。有关非物质文化遗产的分类，不同机构和学者提出的观点都不甚相同。明确非物质文化遗产的类别有助于进行针对性的调查、研究、保护与开发，促进非物质文化遗产研究体系的完善。

联合国教科文组织在 2003 年第三十二届会议上通过的《保护非物质文化遗产公约》把非物质文化遗产划分为五类，分别为口头传说和表述，表演艺术，社会实践、礼仪、节庆活动，有关自然界和宇宙的知识和实践，传

---

① 吕宾：《乡村振兴视域下乡村文化重塑的必要性、困境与路径》，《求实》2019 年第 2 期，第 97~108、112 页。

② 梁保尔、马波：《非物质文化遗产旅游资源研究——概念、分类、保护、利用》，《旅游科学》2008 年第 2 期，第 7~14 页。

统手工艺技能。我国国家级非物质文化遗产代表性项目名录将非物质文化遗产分为十类，分别是民间文学，传统音乐，传统舞蹈，传统戏剧，曲艺，传统体育、游艺与杂技，传统美术，传统技艺，传统医药，民俗。苑利和顾军提出了非物质文化遗产的"七分法"，将非物质文化遗产分为民间文学、表演艺术、传统工艺美术、传统生产知识、传统生活知识、传统仪式及传统节日七类。① 周耀林等对非物质文化遗产的分类从宏观、中观、微观三个角度进行了重构，其中二级类别为民间文学、民间音乐、民间舞蹈、传统戏剧、曲艺、杂技与竞技、民间美术、传统手工技艺、传统医药、民俗。② 张敏根据非物质文化遗产的社会文化生活属性将其分为七个主类，分别是语言文字类、传统艺术类、传统技艺类、传统体育类、民间知识类、民间信仰类、民间习俗类，并根据学科、表现形式和功能等因素继续细分，提出了一种四级分类体系。③

本文参照国家级非物质文化遗产代表性项目名录将非物质文化遗产分为十大门类，分别为民间文学，传统音乐，传统舞蹈，传统戏剧，曲艺，传统体育、游艺与杂技，传统美术，传统技艺，传统医药，民俗。

（二）国内乡村地区非物质文化遗产现状

农业是确保国民经济与社会稳定发展的基础产业，而中国作为世界农业大国，其农业发展更是源远流长。中华民族以不同资源条件的自然环境为基础，在历史的长河中严格遵循人与自然和谐发展的原则，用自己的思想智慧和辛勤劳动创造了种类繁多、具有生态和经济双重价值的土地利用系统。这些系统把自然遗产、文化遗产和非物质文化遗产等特征充分地表现出来，使人们能够更深刻地了解农业文化，进而使我国优秀的传统农业文化能够

① 苑利、顾军：《非物质文化遗产分类学研究》，《河南社会科学》2013 年第 6 期，第 58～62 页。

② 周耀林、王咏梅、戴旸：《论我国非物质文化遗产分类方法的重构》，《江汉大学学报（人文科学版）》2012 年第 2 期，第 30～36 页。

③ 张敏：《论非物质文化遗产的分类》，浙江大学硕士学位论文，2010，第 32～39 页。

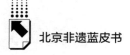
得以传承和发展。农业文化遗产地是特殊的乡村地区，重视并加强对我国非物质文化遗产的保护，深入研究农耕文化本质内涵，使其在保护自然生态环境、推动农业产业可持续发展以及农业文化遗产合理开发利用等方面发挥十分重要的作用。

以"乡村"和"非物质文化遗产"作为检索词在中国知网进行检索，可以得到有效中文文献共 307 篇，其主要集中在非物质文化遗产传承、乡村振兴和乡村旅游等主题上。与乡村地区非物质文化遗产有关的论文最早发表于 2006 年。① 目前学者对乡村地区非物质文化遗产的研究多以某个地区村落作为案例，依托理论基础，分析当地实际情况，最终提出当地非物质文化遗产保护与利用的具体措施。②③④⑤⑥ 还有学者以具体的非物质文化遗产项目为案例，结合项目所在地的社会、经济与文化环境，分析该非物质文化遗产项目未来的发展对策。⑦⑧⑨⑩⑪ 从理论方面入手，系统阐释乡村非物质文

① 乔晓光：《中国多民族乡村的文化资本与新农村建设》，《美术观察》2006 年第 6 期，第 12~13 页。
② 李华：《让非物质文化遗产为乡村振兴赋能——以东莞市麻涌镇为例》，《文化月刊》2022 年第 4 期，第 67~69 页。
③ 唐黎、汪凤玲：《乡村振兴战略下闽南村落非物质文化遗产保护研究——以厦门市翔安区金柄村为例》，《中南林业科技大学学报》（社会科学版）2022 年第 1 期，第 100~106 页。
④ 李彪、黄亚丽、刘飞：《饮食类非物质文化遗产介入乡村振兴研究——以自贡市为例》，《四川旅游学院学报》2022 年第 2 期，第 15~19 页。
⑤ 裘杰、鲍静：《乡村振兴视域下村镇非物质文化遗产的发展思维——以宁波鄞州区为例》，《国际公关》2022 年第 2 期，第 40~42 页。
⑥ 熊敏、田逸飘：《非遗资源背景下民族地区乡村文化振兴路径研究——以大理剑川为例》，《重庆文理学院学报》（社会科学版）2021 年第 6 期，第 36~45 页。
⑦ 许沁玮：《基于 SWOT 与 PEST 分析乡村振兴产业下非物质文化遗产发展趋势——以陕西鄠邑区面塑为例》，《收藏与投资》2022 年第 5 期，第 188~190 页。
⑧ 王素涛、刘颖：《传承非物质文化遗产助力乡村振兴——以潮汕粿文化为例》，《特区经济》2022 年第 5 期，第 123~126 页。
⑨ 艾伟武：《"两山"理念视域下戏曲类非遗活态传承助推乡村振兴研究——以云和包山花鼓戏为例》，《丽水学院学报》2022 年第 3 期，第 7~14 页。
⑩ 谭萌：《公共生活视域中非物质文化遗产发展与乡村振兴的耦合机制——基于"撒叶儿嗬"个案的讨论》，《西北民族研究》2021 年第 4 期，第 110~123 页。
⑪ 李亚楠、平锋：《乡村振兴战略背景下非物质文化遗产的传承创新研究——以天琴艺术为例》，《广西民族研究》2021 年第 5 期，第 157~164 页。

化遗产保护与传承的价值、方法和手段，构建非物质文化遗产学科体系也是研究的重要方向。①②③④⑤⑥⑦

三 农业文化遗产地非物质文化遗产资源概况

（一）样本选取

本文选取农业农村部公布的六批"中国重要农业文化遗产"为统计样本，共138项。由于农业文化遗产系统申报多以县、市为申报单位，故本文主要统计138项农业文化遗产所在县（市、区）的国家级非物质文化遗产项目。以138项农业文化遗产所在范围为关键词，利用中国非物质文化遗产网·中国非物质文化遗产数字博物馆官网查询整理当地非物质文化遗产资源。本文共统计出138项农业文化遗产系统所在地，共计418项国家级非物质文化遗产项目。

（二）农业文化遗产地非物质文化遗产资源概况

全国重要农业文化遗产共138项，关联国家级非物质文化遗产418项，其分布广泛，涉及北京、天津、河北等28个省（区、市）。按照"民间文

① 敖晓红、房建恩：《乡村非物质文化遗产活化发展问题及对策分析》，《文化产业》2022年第14期，第86~88页。
② 杨洪林、顿山：《非物质文化遗产保护视野下乡村振兴的文化治理转向》，《文化遗产》2022年第3期，第16~23页。
③ 陈志娟、李治：《传承非物质文化遗产 助推乡村振兴发展对策研究》，《农业经济》2022年第5期，第65~67页。
④ 毛海骁、许晓蒙：《乡村振兴视域下非物质文化遗产的保护与传承》，《文化创新比较研究》2022年第8期，第82~85页。
⑤ 谭艳薇：《非遗文化与乡村旅游的作用机制研究》，《旅游纵览》2021年第16期，第182~184页。
⑥ 田磊、张宗斌、孙凤芝：《乡村非物质文化遗产与旅游业融合研究》，《山东社会科学》2021年第5期，第123~128页。
⑦ 匡卉、郑欣：《乡村文化建设中的非遗战略及其传播现象》，《中国农村观察》2021年第1期，第40~50页。

学，传统音乐，传统舞蹈，传统戏剧，曲艺，传统体育、游艺与杂技，传统美术，传统技艺，传统医药，民俗"十大非物质文化遗产门类，本文对农业文化遗产地的 418 项非物质文化遗产资源进行分类。

结果显示，农业文化遗产地拥有传统技艺类的非物质文化遗产资源数量最多，有 95 个；其次分别是民俗类 61 个，传统美术类 56 个，传统音乐类 48 个，传统戏剧类 37 个，曲艺类 32 个，传统舞蹈类 30 个，民间文学类 28 个，传统医药类 17 个，传统体育、游艺与杂技类 14 个，如图 1 所示。说明农业文化遗产地的非物质文化遗产资源类型多样，数量较为丰富。

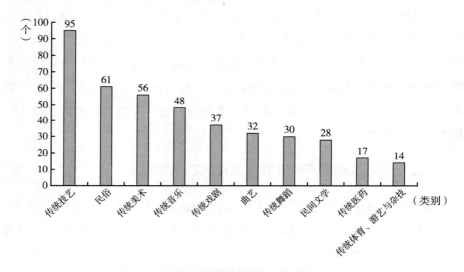

图 1　农业文化遗产地非物质文化遗产分类

资料来源：根据中国非物质文化遗产网·中国非物质文化遗产数字博物馆官网数据整理。

在全国 28 个省（区、市）中，拥有 10 个及以上国家级非物质文化遗产资源的农业文化遗产系统分别是浙江杭州西湖龙井茶文化系统（35 个）、江苏吴江蚕桑文化系统（26 个）、吉林延边苹果梨栽培系统（17 个）、江苏高邮湖泊湿地系统（16 个）、浙江绍兴会稽山古香榧群（16 个）、广东潮安凤凰单丛茶文化系统（13 个）、广东佛山基塘农业系统（13 个）、广西桂西北山地稻鱼复合系统（12 个）、浙江宁波黄古林蔺草—水稻轮作系统（11

个）、安徽黄山太平猴魁茶文化系统（11个）、广东岭南荔枝种植系统（10个），如表1所示。我国农业文化遗产地有着丰富多样的非物质文化遗产资源，结合遗产地的实际情况和自身发展条件，对农业文化遗产与非物质文化遗产进行挖掘、保护与利用，有利于发扬我国优秀的传统文化并促进乡村地区社会、经济和生态的可持续发展。

表1　农业文化遗产地非物质文化遗产数量统计

省（区、市）	系统名称	非遗数量（个）	非遗类别
北京	平谷四座楼麻核桃生产系统	1	民俗
	京西稻作文化系统	6	传统医药、传统技艺、传统美术、传统舞蹈、民间文学
天津	天津津南小站稻种植系统	1	民俗
	天津滨海崔庄古冬枣园	0	
河北	河北宣化城市传统葡萄园	0	
	河北涉县旱作梯田系统	2	民俗、传统戏剧
	河北宽城传统板栗栽培系统	1	民俗
	河北迁西板栗复合栽培系统	0	
	河北兴隆传统山楂栽培系统	0	
山西	山西稷山板枣生产系统	3	传统舞蹈、传统技艺
	山西阳城蚕桑文化系统	2	传统美术、传统技艺
内蒙古	内蒙古敖汉旱作农业系统	0	
	内蒙古阿鲁科尔沁草原游牧系统	3	传统音乐、传统技艺、民俗
	内蒙古伊金霍洛旗农牧生产系统	0	
	内蒙古乌拉特后旗戈壁红驼牧养系统	1	传统体育、游艺与杂技
	内蒙古武川燕麦传统旱作系统	0	
	内蒙古东乌珠穆沁旗游牧生产系统	3	民间文学，传统体育、游艺与杂技，传统技艺
辽宁	辽宁阜蒙旱作农业系统	4	传统音乐、传统美术、传统医药
	辽宁桓仁京租稻栽培系统	2	传统技艺、传统舞蹈
	辽宁鞍山南果梨栽培系统	3	传统戏剧、曲艺
	辽宁宽甸柱参传统栽培系统	0	
吉林	吉林延边苹果梨栽培系统	17	传统音乐，传统舞蹈，曲艺，传统体育、游艺与杂技，传统技艺，民俗

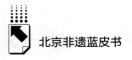

续表

省（区、市）	系统名称	非遗数量（个）	非遗类别
吉林	吉林柳河山葡萄栽培系统	4	传统医药、传统美术、传统技艺
	吉林九台五官屯贡米栽培系统	1	传统医药
	吉林和龙林下参—芝抚育系统	1	曲艺
黑龙江	黑龙江宁安响水稻作文化系统	1	传统美术
	黑龙江抚远赫哲族鱼文化系统	0	
江苏	江苏吴中碧螺春茶果复合系统	1	传统技艺
	江苏无锡阳山水蜜桃栽培系统	5	民间文学、传统音乐、传统戏剧、传统美术
	江苏兴化垛田传统农业系统	3	传统音乐、传统技艺、民俗
	江苏泰兴银杏栽培系统	1	传统舞蹈
	江苏高邮湖泊湿地系统	16	传统医药、传统技艺、传统美术、曲艺、传统戏剧、传统音乐
	江苏宿豫丁嘴金针菜生产系统	1	传统技艺
	江苏启东沙地圩田农业系统	7	传统医药、传统技艺、传统美术、传统音乐
	江苏吴江蚕桑文化系统	26	民俗、传统医药、传统技艺、传统美术、曲艺、传统戏剧、传统音乐、民间文学
浙江	浙江青田稻鱼共生系统	4	民间文学、传统舞蹈、传统美术
	浙江杭州西湖龙井茶文化系统	35	民间文学，传统音乐，传统舞蹈，曲艺，传统体育、游艺与杂技，传统美术，传统技艺，传统医药，民俗
	浙江宁波黄古林蔺草—水稻轮作系统	11	传统医药、传统技艺、传统美术、曲艺、传统戏剧、民间文学
	浙江云和梯田农业系统	1	民俗
	浙江仙居杨梅栽培系统	2	传统美术
	浙江黄岩蜜橘筑墩栽培系统	3	传统戏剧、传统美术、传统医药
	浙江绍兴会稽山古香榧群	16	民间文学，传统戏剧，曲艺，传统体育、游艺与杂技，传统技艺，传统医药，民俗
	浙江湖州桑基鱼塘系统	5	传统技艺、曲艺、传统戏剧
	浙江德清淡水珍珠传统养殖与利用系统	2	民俗、民间文学
	浙江安吉竹文化系统	2	传统舞蹈、传统技艺

续表

省(区、市)	系统名称	非遗数量（个）	非遗类别
浙江	浙江开化山泉流水养鱼系统	5	民俗、民间文学、传统舞蹈、传统戏剧、传统医药
	浙江庆元香菇文化系统	1	传统技艺
	浙江缙云茭白—麻鸭共生系统	4	传统体育、游艺与杂技,传统技艺,民俗
	浙江桐乡蚕桑文化系统	3	传统体育、游艺与杂技,传统技艺,民俗
安徽	安徽黄山太平猴魁茶文化系统	11	传统音乐、传统舞蹈、传统戏剧、传统美术、传统技艺
	安徽寿县芍坡(安丰塘)及灌区农业系统	2	传统技艺、民俗
	安徽休宁山泉流水养鱼系统	3	传统技艺、传统音乐、传统舞蹈
	安徽铜陵白姜生产系统	0	
	安徽太湖山地复合系统	1	传统戏剧
福建	福建福州茉莉花种植与茶文化系统	9	传统音乐、传统戏剧,曲艺,传统体育、游艺与杂技,传统美术,传统技艺,民俗
	福建尤溪联合梯田	2	传统戏剧、传统技艺
	福建安溪铁观音茶文化系统	3	民俗、传统技艺、传统美术
	福建福鼎白茶文化系统	3	民俗、传统技艺
	福建松溪竹蔗栽培系统	2	曲艺、传统技艺
江西	江西万年稻作文化系统	1	民俗
	江西崇义客家梯田系统	0	
	江西南丰蜜橘栽培系统	1	传统舞蹈
	江西泰和乌鸡林下养殖系统	3	传统技艺、传统戏剧
	江西横峰葛栽培系统	0	
	江西广昌传统莲作文化系统	1	传统戏剧
	江西浮梁茶文化系统	1	传统技艺
山东	山东岱岳汶阳田农作系统	7	民间文学、传统音乐、传统舞蹈、传统戏剧、民俗
	山东枣庄古枣林	1	传统戏剧
	山东乐陵枣林复合系统	0	
	山东夏津黄河故道古桑树群	0	
	山东章丘大葱栽培系统	1	民俗

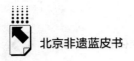

续表

省(区、市)	系统名称	非遗数量（个）	非遗类别
山东	山东莱阳古梨树群系统	1	传统体育、游艺与杂技
	山东峄城石榴种植系统	0	
河南	河南灵宝川塬古枣林	2	民间文学、传统美术
	河南新安传统樱桃种植系统	0	
	河南嵩县银杏文化系统	0	
湖北	湖北赤壁羊楼洞砖茶文化系统	1	传统技艺
	湖北恩施玉露茶文化系统	4	传统戏剧、曲艺、传统技艺
湖南	湖南新化紫鹊界梯田	1	传统体育、游艺与杂技
	湖南新田三昧辣椒种植系统	0	
	湖南新晃侗藏红米种植系统	1	传统戏剧
	湖南花垣子腊贡米复合种养系统	3	民间文学、传统医药、民俗
	湖南安化黑茶文化系统	1	传统技艺
	湖南保靖黄金寨古茶园与茶文化系统	2	传统美术、传统音乐
	湖南永顺油茶林农复合系统	3	民俗、传统技艺、民间文学
	湖南龙山油桐种植系统	2	传统音乐、民间文学
广东	广东潮安凤凰单丛茶文化系统	13	民俗、传统技艺、传统美术、曲艺、传统戏剧、传统音乐
	广东岭南荔枝种植系统	10	传统舞蹈,传统体育、游艺与杂技,传统美术,传统技艺,民俗
	广东佛山基塘农业系统	13	传统音乐,传统舞蹈,传统戏剧,传统体育、游艺与杂技,传统美术,传统技艺,民俗
	广东海珠高畦深沟传统农业系统	1	传统音乐
广西	广西龙胜龙脊梯田系统	1	民俗
	广西隆安壮族"那文化"稻作文化系统	0	
	广西恭城月柿栽培系统	1	民俗
	广西横县茉莉花复合栽培系统	1	民间文学
	广西桂西北山地稻鱼复合系统	12	民俗、曲艺、传统技艺、传统舞蹈、传统戏剧、传统音乐
海南	海南琼中山兰稻作文化系统	2	传统音乐
	海南海口羊山荔枝种植系统	7	传统音乐、传统戏剧、传统美术、民俗、曲艺

续表

省（区、市）	系统名称	非遗数量（个）	非遗类别
重庆	重庆万州红桔栽培系统	1	曲艺
	重庆石柱黄连生产系统	3	传统音乐、传统舞蹈、传统技艺
	重庆大足黑山羊传统养殖系统	2	传统美术、民俗
四川	四川石渠扎溪卡游牧系统	1	传统舞蹈
	四川名山蒙顶山茶文化系统	0	
	四川苍溪雪梨栽培系统	0	
	四川江油辛夷花传统栽培系统	1	民俗
	四川盐亭嫘祖蚕桑生产系统	0	
	四川郫都林盘农耕文化系统	1	传统技艺
	四川宜宾竹文化系统	1	传统技艺
	四川美姑苦荞栽培系统	5	民间文学、传统音乐、传统美术、民俗
贵州	贵州从江侗乡稻鱼鸭复合系统	5	民间文学、传统音乐、传统技艺、传统医药
	贵州花溪古树茶与茶文化系统	0	
	贵州锦屏杉木传统种植与管理系统	1	传统美术
	贵州安顺屯堡农业系统	4	传统戏剧、传统技艺、民俗
云南	云南红河哈尼稻作梯田系统	9	民间文学、传统音乐、传统舞蹈、民俗
	云南普洱古茶园与茶文化系统	2	传统音乐、传统技艺
	云南广南八宝稻作生态系统	0	
	云南剑川稻麦复种系统	3	传统音乐、传统美术、民俗
	云南双江勐库古茶园与茶文化系统	0	
	云南腾冲槟榔江水牛养殖系统	2	传统戏剧
	云南漾濞核桃-作物复合系统	0	
	云南文山三七种植系统	2	传统戏剧、传统舞蹈
陕西	陕西佳县古枣园	1	传统音乐
	陕西蓝田大杏种植系统	2	传统音乐、民俗
	陕西临潼石榴种植系统	0	
	陕西凤县大红袍花椒栽培系统	0	
	陕西汉阴凤堰稻作梯田系统	0	
甘肃	甘肃迭部扎尕那农林牧复合系统	0	
	甘肃皋兰什川古梨园	0	
	甘肃永登苦水玫瑰农作系统	1	传统舞蹈
	甘肃岷县当归种植系统	5	民间文学、传统音乐、传统舞蹈、传统技艺、民俗

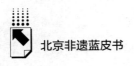
省(区、市)	系统名称	非遗数量(个)	非遗类别
新疆	新疆奇台旱作农业系统	1	民俗
	新疆哈密市哈密瓜栽培系统与贡瓜文化系统	3	传统音乐、传统舞蹈、传统美术
	新疆吐鲁番坎儿井农业系统	7	传统舞蹈、传统美术、传统技艺、传统医药
	新疆伊犁察布查尔布哈农业系统	9	传统音乐、传统舞蹈、曲艺
宁夏	宁夏灵武长枣种植系统	0	
	宁夏盐池滩羊养殖系统	0	
	宁夏中宁枸杞种植系统	2	传统舞蹈、传统技艺
西藏	西藏乃东青稞种植系统	0	
	西藏当雄高寒游牧系统	0	

资料来源：根据中国非物质文化遗产网·中国非物质文化遗产数字博物馆官网数据整理。

（三）保护与利用

文化和旅游部于 2021 年 5 月印发了《"十四五"非物质文化遗产保护规划》，对"十四五"期间非物质文化遗产保护工作提出了总体要求。中共中央办公厅、国务院办公厅于 2021 年 8 月发布了《关于进一步加强非物质文化遗产保护工作的意见》，这是新时代保护非物质文化遗产的纲领性文献。2021 年 12 月，国家乡村振兴局综合司、文化和旅游部、人力资源和社会保障部共同印发了《关于持续推动非遗工坊建设助力乡村振兴的通知》，以促进乡村振兴，强化非物质文化遗产保护。传承农业文化遗产地非物质文化遗产并开发利用其资源价值，已经成为农业文化遗产所处乡村地区的一个重要发展趋势。

农业文化遗产具有复合性、活态性以及战略性的特点，[①] 因此农业文化

---

① 闵庆文、孙业红：《农业文化遗产的概念、特点与保护要求》，《资源科学》2009 年第 6 期，第 914~918 页。

遗产地非物质文化遗产的保护也需要符合复合性、活态性、战略性等内在特征。

第一，明确农业文化遗产地所包含的非物质文化遗产项目名称、类型及数量等情况。启动遗产地整体保护式调查和申报，继续开展乡村地区非物质文化遗产普查摸底，并进行申报建档工作，将乡村非物质文化遗产资源登记在统一名录中，梳理各种非遗之间的历史文化与地理联系，提出因地制宜的保护和利用方案。

第二，强调农业文化遗产地社区居民在非物质文化遗产保护中的作用，提高民众的文化自觉。农业文化遗产系统的构成与农民密不可分，农民既是农业文化遗产的保护者，也是其保护对象。因此，应随着社会经济的发展和生活水平的提高，通过组织教学活动增强农民作为主体的文化自觉，鼓励农业文化遗产地农民参与到非物质文化遗产的挖掘、传承与利用中，在非遗传承人的带领下发扬农业文化遗产地的农业知识、农业技术以及地方农业民俗、歌舞、手工艺、饮食等非物质文化。

第三，规划科学可持续的农业文化产业，通过产业发展，拉动农业文化遗产地乡村旅游发展。大力发展文化产业，是切实推进区域文化保护和传承工作的重要途径。具有地方特色的乡村非物质文化遗产存在着大量未被发掘的优秀文化资源，但当前农村地区非遗文创设计并未得到充分重视。结合农业文化遗产地自身的非物质文化资源特征，设计代表当地特色的工艺美术品和文化创意产品。此外，农业文化遗产地可以发展乡村旅游，建设非物质文化遗产小镇、包含介绍农业知识与技术的非物质文化遗产保护中心、数字博物馆，开放非遗传承人工作室。打造开放式、体验式旅游园区，集中吃、住、行、游、购、娱等多种功能，吸引城市游客，满足其文化生活需求，在为当地居民提供文化休闲场所的同时增加就业机会，进而调动农村居民对非物质文化遗产继承与保护的积极性。与乡村旅游结合所带来的良好经济效益及社会效益为进一步促进非物质文化遗产发掘工作奠定重要的经济及人力资源基础。

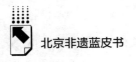
四 讨论

　　非物质文化遗产作为人类智慧与民族特点之魂，凝聚着我们民族文化的多样性与创造性。重点研究农业文化遗产地的非物质文化遗产资源，可以使非物质文化遗产的历史文化价值、审美价值和经济价值更加生动具体地被表现出来。其保护和传承有利于农业文化遗产地社区对历史记忆的理解与传承以及对传统农业知识与技术的保留，在农业文化遗产生物多样性保护、农业生态及农村环境保护以及农业景观保护等方面都具有积极的促进作用。本文梳理了六批共138项中国重要农业文化遗产地的非物质文化遗产资源情况，总结分析了国内农业文化遗产地的非物质文化遗产分类标准，从宏观角度提出了农业文化遗产地非物质文化遗产保护与利用的方向。未来的研究还可以将具体农业文化遗产地或所在省市作为案例，深入挖掘当地非物质文化遗产资源，并根据当地情况因地制宜提出相应的建议，有助于构建和完善乡村地区非物质文化遗产研究体系。

B.19
从乡村文创系统设计看
非物质文化的传承与发展*

——以大兴区礼贤镇龙头村为例

周　茜**

摘　要：　乡村文创系统设计是将乡村优势特色资源在现代消费文明中重塑文化和美学的创新价值体系，以系统性思维对乡村进行艺术性的创意设计并服务于乡村振兴，使村民生活与新时代生活方式、科技、商业市场相结合，从而建立乡村非物质文化文创理念的价值系统并使其传承与发展。以乡村文创系统设计思维创建与孵化设计并驱动乡村品牌发展，立足于非物质文明的社会创新及城乡融合的价值体系，将农耕文明、工业文明和信息文明进行系统性融合的非物质文化创新发展。

关键词：　乡村文创　系统设计　非物质文化　传承与发展

在推进乡村振兴战略的进程中，乡村建设从"硬件"设施、公共服务逐渐走向"软件"产业并进行乡村系统升级。乡村资源为文创设计提供实践和研究工作保障，文创系统设计以创新方式推动乡村产业与非物质文化持续发展，通过系统性及科学性的设计理念和方法进行多维度介

* 本文为北京社科基金一般项目"北京民间手工艺在乡村旅游中的作用机制研究"（项目编号：21YTB018）的阶段性研究成果。

** 周茜，北京联合大学讲师。

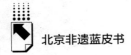

入。如果乡村振兴缺乏系统性战略，政策及资金等资源会将乡村文创推向同质化并缺少创新性及文化内涵，不能满足村民的物质、精神、生理和心理的需求。对于室内外环境艺术规划工程和乡村艺术创作作品，更重要的是将乡村资源通过系统设计理念方法赋予乡村社区文化等来实现社会效益和经济效益。

一 乡村文创系统设计

（一）乡村文创设计

乡村文创设计包括服务对象、价值目标和理念方法。全球的乡村设计实践如日本的地方创生、欧洲的社会创新设计等，都以乡村为对象进行系统创新探索。乡村本土资源包括有形的自然风貌、土特产、传统手工艺、建筑群等物质文化和无形的乡土风俗、礼仪等精神和制度文化。乡村文创设计之初就是以民族志等视角进行田野调查深入挖掘乡村文化基因，在现代乡村文明中则是以文化表达和美学构建创新的价值体系建设。农耕文明和手工文明、乡土文明与现代消费文明和信息文明的转变是时代的重要转变。

（二）乡村系统设计

乡村系统设计是采用系统性的设计策略创造乡村价值体系。

日本千叶大学的宫崎清教授提出"人、文、地、景、产"乡村系统设计的理论体系，以乡村文脉、视觉形式、空间环境、价值传播等创新形式，在乡村生产、生活等方面进行价值重塑。

乡村系统设计立足于文化、经济、社会的系统思维，如传统的生产方式与现代的科技力量融合形成极为复杂的子系统。

系统设计分为物理、逻辑两大认知维度。物理系统是指具象的物理介质或虚拟物化的产品技术框架、功能结构、工艺流程等生产要素的整体关系设计。逻辑系统泛指人类社会大系统，包括国家、社会、经济、产业的组织架构、治理模式、资源配置、效率评估的整体战略设计。两大维度的系统设计交叉融合生成的新模式、新状态。系统设计以产业视野重新审视乡村的时代价值与意义以及现象背后的社会、经济、产业所发生的系统性。

（三）乡村系统设计与产业文化

乡村资源转化为文化要素需要合理的策略和路径，因此乡村文创系统设计的重要做法是以系统设计思维与创意策略对乡村生活方式进行调研与实践，注重与科技、产业进行结合，建立乡村文化与当代生活方式的产业文化。同工业设计的标准化和批量化特点、商业与生产相比较，乡村文创设计更具复杂性和多样性。乡村系统设计是将乡村资源转化为消费服务和产业文化的有效路径，通过田野调研，将选取的乡村资源作为素材进行文创、品牌、体验交互等设计，在乡村旅游、民宿、IP、市集等新型业态下与体验、美学、数字、共享、服务等经济有效结合，为乡村振兴提供整体系统设计方案。

二 以大兴区龙头村系统设计为例

乡村文创设计的系统性表现在乡村振兴的乡村产业、文化、组织服务等方面，系统性乡村振兴战略解决了乡村典型性问题。本文通过分析典型案例，阐述了以系统设计方法融合设计与创新的路径。

（一）大兴区礼贤镇龙头村概况

礼贤镇龙头村始建于明朝，村北原来有一道由永定河泛滥淤积而成，占地十余亩、高四五米的沙岗，横卧如龙，人称"龙身"，后来沙岗前建了一座庙，庙前有两个泉眼，如同"龙眼"，由此得村名"龙头"。悠久的历史赋予了龙头村深厚的文化底蕴和传承传统文化的历史责任。龙头村结合美丽乡村建设和机场周边村庄改造要求，深挖村庄文化内涵，将"龙头"文化、民间艺术等特色元素融入乡村建设。龙头村有着地理位置的优势，并以大兴

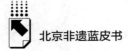

国际机场投运为契机因地制宜积极发展乡村旅游业民宿、采摘园等特色产业，让村民感受到经济发展带来的效益。村建设深入挖掘乡村非物质文化，成立北京龙头盛世民俗文化发展有限公司，生产制作龙头村代表性传统灯笼工艺品。龙头村村庄设计改造融入文化元素，自 2018 年以来为满足机场周边村庄住宅降噪保温需求、强化美丽乡村建设成效，先后完成了 323 个住宅院落屋顶"平改坡"改造，形成了统一的红顶灰墙徽派建筑风格。在村庄建设过程中，紧抓"龙"的文化精髓，将龙头、龙纹作为村庄吉祥如意的标志，在村庄内以不同形态表现中华图腾文化，文化墙绘有九龙图案，村庄建筑物使用龙头标识，"龙头"特色独树一帜。

（二）大兴区礼贤镇龙头村文创系统设计模式

1. 龙头村产业情况

龙头村发展特色传统灯笼产业，成立了北京龙头盛世民俗文化发展有限公司，建立了村办灯笼制作基地，组织村里部分赋闲在家的女性村民制作传统灯笼工艺品，在灯笼制作中将具有民族色彩的传统工艺与现代科技相结合，产品畅销全国各地。节日期间，龙头村家家户户的门前都会悬挂起本村制作的大红灯笼，呈现一派喜庆祥和的景象，也寓意着龙头村的发展红红火火。村办灯笼制作基地利用"信息化+手工制造业"，为村民就业拓展了新渠道，促进了村内劳动力的就业，村民经济收入稳步提升。同时村内还因地制宜发展特色采摘产业，建成百亩富硒生态园，探索实行"租种一分田"和"共享农场主"农业经营管理新模式，与乡村旅游、民宿经济协同发展，带动村集体经济持续发展壮大，大力发展手工业。

2. 龙头村文创设计系统策略

对龙头村文创产品设计案例进行系统策划，主要步骤包括项目准备、产品需求和产品策略定位、概念生成、设计和视觉化呈现、原型测试和改进、产品服务系统生成和实施阶段。

准备阶段：调研龙头村的社会文化、经济环境、村民用户价值观需求、行为习惯等，对文创产品的情感诉求、资金、技术、项目目标、项目时长、限制因素、决策和利益相关者等进行整理。通过观察法、用户访谈、建立角色档案等研究方法收集龙头村资料并对反馈数据进行整理分析。

用户需求和文创产品策略定位阶段：确定项目设计目标进行策略定位，通过对数据进行统计分析并找出需求和机会点，运用鱼骨分析法、PEST 模型构建、量化需求等研究方法。

文创产品概念生成阶段：在概念构思阶段，团队中的项目策划人员、利益相关者共同研究前期数据、项目进展情况并确定项目概念。协同创新是产品系统服务设计的核心理念之一，团队运用头脑风暴、身体风暴等方法，通过草图、思维导图等实践方法进行概念构思。

对文创产品视觉化设计的概念选择、组合和优化方案进行评估阶段：筛选概念生成阶段产生的大量想法，从可行性和可用性的角度进行评估。选择和运用产品服务系统方法，分析顾客与服务交互的接触点图表、服务蓝图、系统地图、顾客旅程图等，通过方案表达、情绪板、构建模型等实践方法进行产品系统及视觉化设计。

3. 龙头村乡村文创系统性设计模式

（1）乡村文明形态

乡村中多种文明形态系统共生共存，非物质文化文明形态包括制作生产的模具流程的工程师、传统农事活动和手工艺活动的劳动者、具有时代知识生产的新匠人等。独特的文明形态系统体现在消费文化的多元性上，将乡村手工艺品通过文创系统策略进行富有美学内涵、适应新乡村消费产业的再设计。

龙头村文创系统策略融合创新为乡村产业的转型升级、资源的活化带来更多可能性，对村里闲置资源储物的空间进行多种功能设计开发，将地方乡土文化、农耕元素与时尚要素融合，构成体验场景的文创体验区。对乡村第一、第二、第三产业链单链的产品和服务进行产业升级，通过三次产业融合及品牌塑造的方式进行产品生产和服务，促进土地、资本、技术、劳动力等生产要素的合理供给与有效利用，并运用美学、体验经济的创新策略推进资源优势向质量和效益优势转变，提升乡村文化产业价值链。

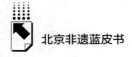

（2）龙头村非遗项目

调研发现，龙头村扎灯笼有一两百年手工艺传承的历史，村民建造灯笼厂，结合本村特点、优势制作灯笼并发扬传统文化、传承文化。但是会扎灯笼的手工艺人已不多，而且存在技术相对落后、工艺跟不上时代潮流的短板，因此村民若想靠做灯笼创业发展产业，必须学习新技术、新工艺。调研还发现，龙头村不仅有灯笼，还有葫芦烙画。葫芦烙画是一种古老的传统工艺美术品，也是非物质文化遗产。龙头村还有依托村庄周边的小蚂蚁袖珍人皮影艺术团、敏捷易拉罐艺术馆、金丝岩彩画工艺画实践基地、北京海月星源葫芦工艺工作室等特色文化体验场地。同时，龙头村还特别设计了皮影小院、易拉罐小院等特色文化小院，让游客体验民间工艺，感受传统文化带来的时代魅力。

（3）教育实践介入龙头村系统设计

乡村系统设计的理念、方法需要相关学科研究针对乡村社会问题提出解决方案，如民俗学、社会学、旅游经济学等学科对乡村设计提供重要建议。将文化、美学等设计要素赋能乡村产业文化发展。教育实践设计工作针对龙头村的经济、社会、文化等资源，引入社会创新、服务、体验、系统等新兴的设计，将乡村资源设计素材通过系列品牌文创设计赋能乡村产业振兴，针对产业乏力等现实问题，从定义问题到设计原型的构建实现反馈与效果评估等。

三 从乡村文创系统性看非物质文化形态的传承与发展

当今，先进知识新型服务越来越重要，社会发展从"硬件"模式转变为"软件"模式，同时物质与非物质的产品形态也将改变乡村文创系统设计的观念和方法。

（一）非物质文化形态

1. 物质与非物质形态

物质与非物质的产品形态作为一种新的系统设计方法论，改变了设计的观念和方法。物质的社会化是改造自然创造人类需要的人造物质世界。物质产品的价值由原材料和体力劳动价值转变为经济和社会价值。

物质性形态包括日常用具等，设计的物质形式，是现代化大批量生产的工业制成品，通过对产品的功能、构造、原理、材料、形态、色彩等实现产品的物质功能，物质材料是产品结构、形式和使用功能的体现。

非物质形态重新定义了设计功能性和物质性之间的关系。英国学者阿诺德·汤因比说，人类将无生命的和未加工的物质转化成工具，并给予它们从未有的功能和样式。功能和样式是非物质性的，通过物质被创造成非物质的。

2. 物质与非物质转变过程

替代性形态是设计的载体发生了技术变化，产品形态在专门性与普遍性、单一性与多样性、批量化与标准化、独创性与合作性等之间进行转变。非物质产品的文化含义不再是一种物质形态，而是从一种形式和功能的文化转向一种非物质和多元再现的文化。

（二）从乡村文创系统性看非物质文化形态的传承与发展

乡村文创非物质文化形态的系统设计体系，体现在社会创新的乡村农耕文明走向工业文明和信息文明过程中进行的系统性思考，进而评估乡村振兴的传承与发展。

意大利学者埃佐·曼奇尼作为社会创新设计的主要倡导者，尤其强调社会创新"满足社会需求，能创造出新的社会关系或合作模式"的可能性。

1. 乡村文创系统性的非物质文化形态的价值重构

乡村文创设计的社会价值通过系统性和融合性创造新的社会关系，进行意义、情感和功能的价值重构。在内循环经济和后疫情时代，通过设计体验发挥原生态、手工艺文化的优势并实现乡村价值的延伸，进而为城市消费提供高品质的乡村旅游等文创产品。乡村文创在乡村振兴的政策导向下，融合乡村文化、现代科技等成为乡村产业升级的重要方向。

2. 乡村文创系统性的非物质文化形态的情感价值

文创产品不仅以价值实用性和工具理性为乡村建设准则，科学技术、人

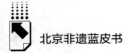

文、物质与非物质文化形态同等重要，乡村文创系统研究物质和精神文化的综合性，运用人文科学知识等围绕村民进行研究。文创产品形态不仅是科学技术的物化形式，同时具有人的情绪、意念和文化素养，是科学与艺术的融合。非物质文化形态以隐喻的方式唤起村民的情感，从文创设计语言中寻求非物质形态的感情价值。

3. 乡村文创系统性的非物质文化形态的信息发展

乡村文创系统性通过信息调研收集整理，进行策略研究，开展设计活动等，以信息化设计语言传递信息。非物质产品系统设计采用数字化、信息化手段有效服务于社会，而计算机数字产品在复杂的设计系统中起着重要作用。在乡村文创系统越来越复杂的网络关系中，其非物质形态的信息具有发展价值。

四 结语

中国乡村建设基于非物质文化形态的发展，在乡村基础设施、公共服务等硬件基础上，乡村文创系统设计以非物质文化研究、培训推广、实验等方式进行重构。乡村作为中国文化生长地，蕴含丰富的设计资源，系统设计思维指导乡村建设实践，建立乡村非物质文化与文创的价值系统使其传承与发展。创建与孵化设计驱动乡村品牌，系统性立足于非物质文明的社会创新及城乡融合的价值体系，进而将农耕文明、工业文明和信息文明进行系统性融合的非物质文化创新发展。

参考文献

陈庆军、袁诗群：《乡村设计的内涵、特征及价值立场》，《工业工程设计》2022 年第 1 期，第 59~65 页。

舒湘鄂：《工业设计的物质与非物质形态》，《包装工程》2004 年第 4 期，第 104~106 页。

陈庆军：《乡村设计的三个特征》，《中国设计理论与国家发展战略学术研讨会——第五届中国设计理论暨第五届全国"中国工匠"培育高端论坛论文集同济大学设计创意学院会议论文集》2021年6月，第141~148页。

童慧明：《BDD，系统设计的中国当代发展目标》，《装饰》2021年第12期，第17~24页。

B.20
北京乡村非遗旅游的开发实践*

——以门头沟区斋堂镇为例

钟伯雄**

摘 要： 北京非物质文化遗产资源丰富、种类众多，旅游产业十分发达，本文以北京市门头沟区斋堂镇的非遗旅游开发为案例开展研究，总结发现将非遗资源融入当地的旅游开发能够有效帮助非遗的传承保护、有利于提升斋堂镇的文化魅力、有助于改善当地居民生活质量。但同时也存在古村落破坏、保护主体边缘化、村民保护意识薄弱、文化内涵挖掘不足等问题，希望通过加大政策和资金支持、提高全民保护意识、注重文化挖掘与文脉传承、加强宣传与传播等措施，为今后乡村非遗旅游开发的具体实践工作提供参考。

关键词： 北京非遗　乡村旅游　斋堂镇

一 引言

非物质文化遗产是中华优秀传统文化的重要组成部分，是中华文明不断被传承的生动见证。21世纪以来，我国对非物质文化遗产保护工作的关注度越来越高，"非遗+旅游"的发展模式也越来越得到各方面的重视，北京市"十四五"文旅发展规划就提到，开展"非遗+旅游"合作，利用市场化

* 本文系北京社科基金一般项目"北京民间手工艺在乡村旅游中的作用机制研究"（项目编号：21YTB018）的阶段性研究成果。

** 钟伯雄，北京联合大学艺术学院（北京非物质文化遗产学院）讲师。

手段和现代科技促进非遗保护。① 非遗传承和保护工作也逐渐与文化强国、区域发展、乡村振兴等国家重大战略紧密相连，而旅游产业的带动，也为非遗传承保护工作提供了有力支撑。

斋堂镇位于北京市门头沟区西部山区永定河畔，镇域面积近 400 平方公里，下辖 30 个村居。斋堂镇文化底蕴厚重、文物古迹众多、物产资源丰富、生态风光秀美，素有"京西重镇"之称。斋堂镇是全市古村落最集中的地区之一，乡土建筑多为明、清时期建筑，种类十分丰富，由其构成的古村落也较为完整。其中爨底下村、灵水村相继被住建部、国家文物总局联合评为"中国历史文化名村"，同时斋堂镇还拥有 6 个中国传统村落。区、镇有关部门调研的结果显示，目前斋堂镇保护相对完整和具有传统民居风格的古村落共有 17 处。此外，斋堂镇还有北京市级非物质文化遗产 2 项，区级非遗项目 7 项。如此丰富的自然和文化遗产资源，助力旅游文化休闲产业逐渐成为斋堂镇的旅游主要产业和形象名片。

近年来，斋堂镇利用丰富的非遗资源，大力推进非遗旅游开发，重点打造了三个文化节：柏峪燕歌戏文化艺术节、红色斋堂文化艺术节、桑峪三月三民俗文化艺术节。依托文化节的开展，向游客传播当地的文化传统，这为北京市非遗保护的乡村旅游开发实践提供了具有重要价值的参考经验，也是北京市探索非遗保护与旅游产业融合发展的重要尝试和组成部分。

二　北京市非遗旅游开发概述

北京有着丰厚的历史传统，积淀了大量珍贵的非物质文化遗产，其中有国家级非遗 144 项，市级非遗 303 项。不仅在中心城区拥有深厚的历史文物、古建遗址等旅游资源，在郊区也同样拥有丰富的自然和文化遗产资源。《北京城市总体规划（2016 年—2035 年）》（以下简称"总规"）提出建设"四个

① 《北京市文化和旅游局关于印发〈北京市"十四五"时期文化和旅游发展规划〉的通知》，北京市人民政府，http://www.beijing.gov.cn/zhengce/zhengcefagui/202110/t20211025_2520206.html，2021 年 9 月 8 日。

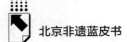
中心"的城市战略定位，其中文化中心建设提出要充分利用北京文脉底蕴深厚和文化资源集聚的优势。① 总规高度重视历史文化名城保护，以更开阔的视角不断挖掘历史文化内涵，拓展和丰富保护内容，进而建立了四个层次、两大重点区域、三条文化带、九个方面的历史文化名城保护体系。其中门头沟区是生态涵养区规划组成部分之一，京西特色历史文化旅游休闲区是其功能定位之一。

丰富的非遗资源给北京的非遗旅游提供了坚实的基础，北京市对非遗与旅游的融合发展也极为重视。2019年6月，《北京市非物质文化遗产条例》正式实施，为北京非遗保护工作奠定了法律保障基础。该条例提出，鼓励旅游业经营者利用非物质文化遗产资源开发旅游线路、旅游项目和旅游商品。② 此外，《北京市推进全国文化中心建设中长期规划（2019年—2035年）》提出，坚持政府主导、社会参与，促进非遗与相关产业融合发展，推动非遗活态传承、融入生产生活。③ 2020年发布的《北京市非物质文化遗产传承发展工程实施方案》提出，推动非遗与旅游融合发展，加强对非遗资源的挖掘阐发，提高传承实践水平，坚持以文塑旅、以旅彰文，坚持宜融则融、能融尽融，为旅游业注入更加优质、更富吸引力的文化内容，为非遗保护、传承、发展、振兴注入新的更大的内生动力。④ 这些文件和政策的出台，均为非遗保护、旅游开发以及两者的融合发展提供了坚实保障和依据。

（一）旅游开发类型

1. 节事旅游开发模式

传统节庆民俗是非遗展示的重要平台，同时也是非遗旅游的重要载体。例

---

① 《北京城市总体规划（2016年—2035年）》，北京市人民政府，http：//www. beijing. gov. cn/gongkai/guihua/wngh/cqgh/201907/t20190701_ 100008. html，2017年9月29日。
② 《北京市非物质文化遗产条例》第五十条，北京市人民政府，http：//www. beijing. gov. cn/zhengce/dfxfg/201905/t20190522_ 61850. html，2019年2月13日。
③ 《北京市推进全国文化中心建设中长期规划（2019年—2035年）》，北京市人民政府，http：//www. beijing. gov. cn/gongkai/guihua/wngh/cqgh/202004/t20200409_ 1798426. html，2020年4月9日。
④ 《北京市非物质文化遗产传承发展工程实施方案》，中医药非物质文化遗产网，http：//www. ichtcm. com/zhengce/difangzhengce/431. html，2020年7月29日。

如，北京市举办的最具代表性的"三大文化节"：2021 年"北京长城文化节"举办的飞驰中的"一城三带"——"流动的博物馆"活动，在展览地点所在区域周边专门设置非遗展示专区，为公众提供体验非遗制作、饱览非遗文艺演出的机会；2021 年"北京（国际）运河文化节"举办大运河非遗论坛、"嗨！运河"文化派对等学术交流、展览展示、文艺创作、公众参与多方面的活动；2021 年"北京西山永定河文化节"设置非遗展示区展示西山永定河文化带代表性非遗技艺，观众不仅能一睹非遗传承人的精湛技艺，还能参与亲手制作的体验活动，成为非遗的亲近者和参与者。此外，极具北方特色的各大庙会、民俗活动，如北京西山民俗文化节等，以及融合新媒体的新兴传播方式，如京城非遗老字号购物节等，都成为非遗旅游的重要窗口。传统民俗节庆活动在旅游开发过程中成为非遗项目广泛的传播平台，也是推动非遗旅游宣传的亮点。

2. 体验活动开发模式

针对北京非遗知名度高、保存品类多等特点，在建设非遗工坊、乡村精品民宿中，"零距离"沉浸式体验游成热门。例如，"非遗 10＋密约之旅"是北京第一个沉浸式非遗体验项目，汇集了全市优质非遗资源。参与该项目的游客可以到北京珐琅厂体验景泰蓝制作技艺；到东来顺涮羊肉华龙街店参观东来顺涮羊肉制作流程、品尝东来顺羊肉；到北京玉尊源玉雕艺术有限责任公司参观北京玉雕制作流程；到北京红桥市场品鉴茉莉花茶，体验北京扎燕风筝制作技艺、泥人张彩塑技艺、鼻烟壶内画技艺、传统扇面裱糊技艺、堂前燕毽子制作技艺、北京剪纸技艺、毛猴制作技艺，还可以品尝厨子舍清真菜民间宴席制作技艺代表性传承人制作的北京特色点心（豌豆糕、驴打滚、糖卷果、芸豆卷等）；最后还可以边聆听天坛传说边观赏天坛祈年殿美景。与 10 个非遗项目和代表性传承人"零距离接触"，可赏、可玩、可吃、可品。参观结束时，还会得到代表性传承人签名的"非遗 10＋密约之旅"证书，在深度体验中感受传统文化的魅力。

在延庆石峡村建有一座非遗手工艺体验馆，由妫水人家公司打造，主打明朝风情民俗和餐饮。该公司在着力发展餐饮和民宿项目的同时，将长城文化、非遗手工艺、传统民俗融入其中，组织了上百位手工艺匠人，可以体验

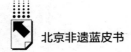

的非遗手工艺项目包括做布老虎、捏面人、编中国结、剪纸、做糖画等。

3. 主题线路开发模式

当前，打造非遗旅游专线也是针对文化挖掘体验的一个重要方向，包括传统戏曲曲艺专线、传统手工技艺专线、京味儿美食专线、医药养身专线等具体项目类，也包含中轴线、长城、京西古村落等旅游线路类。例如，2020年，围绕"非遗传承　健康生活"主题，在文化和自然遗产日及端午节期间，全市各区均有针对性地推出了"非遗+旅游"线路，初步统计有各类线路及活动百余项，其中京郊旅游线路约50条。① 非遗资源与旅游的深度融合，有利于促进旅游业的发展，让广大游客在游览北京的同时感受非遗魅力。

此外，"中国名片"——北京城市中轴线非遗主题旅游线路，入选首批全国12条非遗主题旅游线路。以"内和外安，天人合一"为理念，将北京非遗融入其中，让游客深入感受首都北京的京味儿文化和古都风韵。

再如，"通武廊"非遗体验旅游，主要包括3条线路和14个非遗项目。通州线路：唐人坊→玉成轩工作室→通州特色美食（小楼、仙缘豆腐乳、大顺斋、饹馇饸）→赵云亮细金坊→熊氏珐琅艺术馆；武清线路：可乐马古典家具博物馆→创意米兰生活广场→南湖绿博园景区；廊坊线路：香河景泰蓝珐琅制品厂→香河县渠口镇云鹏工艺品厂→香河县武术协会通臂拳研究会。通过连接京津冀三地非遗主题的专线开发，吸引大量游客参与其中并感受中华优秀传统文化。

（二）非遗资源特点

1. 存量大、种类多

在长期的历史发展进程中，人们不仅创造了长城、故宫、运河等大量物质文化遗产，为世界所瞩目，同时也创造了以"燕京八绝"为代表的宫廷技艺，以风筝、绢人、兔儿爷为代表的民间艺术以及众多老字号品牌技艺等

---

① 《2020年文化和自然遗产日北京市非物质文化遗产系列活动拉开大幕》，中国非物质文化遗产网，https：//www.ihchina.cn/project_details/21125/，2020年6月14日。

丰富的非物质文化遗产。

北京有京剧、昆曲等 12 个项目入选联合国教科文组织"人类非物质文化遗产代表作名录",同时,还有景泰蓝制作技艺等 144 个国家级非遗代表性项目,北京曲剧等 303 个市级非遗代表性项目。北京的非遗代表性项目数量位居全国前列。此外,全市共有 92 位国家级非遗代表性传承人,242 位市级非遗代表性传承人。

2. 文化传承有深厚的土壤

北京有着 3000 余年的建城史和 800 余年的建都史,历史悠久,文化积淀深厚。北京非遗充分汲取各地之所长,逐渐形成一批以"燕京八绝"为代表的宫廷艺术。此外,在民间还有着深厚传承基础的各类庙会民俗活动(妙峰山庙会、厂甸庙会、东岳庙庙会、丫髻山庙会),与百姓生活息息相关的文化艺术形式(京剧、评剧、相声、岔曲),老字号品牌(206 家)涵盖传统技艺、茶酒餐饮、医药保健等各门类,拥有深厚的历史文化内涵和旅游资源。

此外,历史上辽、金、元、清等少数民族政权曾在北京建都,促进了民族文化的融合。同时,作为历代都城,北京政治文化中心的历史地位也促进了各地区文化乃至西方文化的交流融合,出现了极具民族特色的蒙镶、受西方文化影响的钟表修复技艺等非遗项目。

三　门头沟区斋堂镇的实践

(一)门头沟的非遗资源和旅游发展

门头沟区地处北京西部山区,是具有悠久历史文化和优良革命传统的老区,是集自然风光、文物古迹、古老民风于一体的经济发展区。[①] 积极打造新城文化艺术品交易功能区和斋堂古村落古道文化旅游产业集聚区,成功举

---

① 《门头沟区历史沿革》,北京市门头沟区人民政府,http://www.bjmtg.gov.cn/bjmtg/zjmtg/lsyg/201811/1000248.shtml,2022 年 5 月 26 日。

办北京永定河文化节等大型活动，成为国家全域旅游示范区创建试点。门头沟区现存古村落 33 个，这当中有中国历史文化名村 3 个，其中斋堂镇拥有 2 个；国家级传统村落 12 个，其中斋堂镇拥有 6 个；北京市级传统村落 14 个。全区拥有国家级非遗 5 项、市级非遗 10 项、区级非遗 60 项。

丰富的旅游资源和有利的区位条件，带动了门头沟区的旅游快速发展。近五年，门头沟区旅游综合收入均名列 5 个生态涵养发展区前列。[①] 2020 年文化和自然遗产日，门头沟打造"非遗旅游季"，推出 3 条非遗旅游路线，涵盖门头沟区内古道、古村和古寺，串起京西大地文化风韵。第一条非遗旅游路线是古道之旅，分为古军道、古香道和古商道。第二条非遗旅游路线是古村山韵之旅，主要包括灵水村、黄岭西村、爨底下村和柏峪村。第三条非遗旅游路线是古寺、古刹寻幽之旅，包括戒台寺、潭柘寺、八奇洞。未来将进一步推广这 3 条旅游路线，将孤立的非遗点位串起来，打造京西非遗游览体系。

（二）斋堂镇概况

斋堂镇位于门头沟区西部深山区，地域广阔，地形复杂，资源丰富，被称为"京西重镇"。斋堂镇有古寺、古村、古道等文物百余处，是北京市的文物大镇。全镇现有 113 处不可移动文物，占全区总量的 23.6%，其中 3 处为国家级文物保护单位，占全区总量的 60%；2 处为市级文物保护单位，占全区总量的 22%；108 处为区级文物保护单位，占全区的 22.6%。这些具有较高历史文化、艺术、科学价值的文物，是斋堂镇独特的旅游资源和重点保护的对象。

作为拥有众多传统村落的古镇，斋堂镇还在不断发展。近些年，在充分总结分析其优势及存在的问题和挑战后，斋堂镇围绕古村落的开发规划也做了诸多工作，尤其是在文化挖掘、遗产保护方面。《北京市门头沟区斋堂镇

---

① 《门头沟区 2017-2018 年旅游接待情况统计分析》，北京市门头沟区人民政府，http://www.bjmtg.gov.cn/mtg11J008/wwgzdt52/201902/3bbde25449b0430f99b81ed3a2765ead.shtml，2019 年 2 月 18 日。

土地利用总体规划（2006-2020）》① 提到，落实分区规划要求，将斋堂镇定位为"京西古村落文旅休闲名镇"，切实发挥带动深山区发展的辐射型小城镇的重要作用，设立建设生态文明示范镇、京西古村落传承地、京西文旅目的地、山区民生共享服务芯四大发展目标。《北京市门头沟区斋堂镇总体规划（2006-2020）》② 强调塑造山水城镇特色，以及传统历史文化特色，提升镇区的品牌认知度、形象影响力、文化凝聚力，从而提高城镇的竞争力。《北京市门头沟区国民经济和社会发展第十四个五年规划和二〇三五年远景目标纲要》③ 提到，要推进门头沟新城休闲旅游目的地和斋堂镇历史文化旅游目的地"两核"建设，打造京西特色文化旅游示范高地，聚焦打造以斋堂镇为核心的古村古道文化休闲名区。

2022 年 3 月，《关于对〈门头沟区加强历史文化名村和传统村落保护发展的指导意见〉④（征求意见稿）》明确指出，在保持街巷原有肌理、传统村庄风貌的同时，更加注重物质文化遗产和非物质文化遗产的保护传承，大力挖掘地区文化资源，梳理村庄文化要素，传承弘扬地域文化。适度有序发展乡村旅游、休闲度假等保护性旅游产业，把门头沟的历史文化名村和传统村落建成美丽乡村的亮点和市民休闲的首选之地，以文化促发展，以旅游促增收，切实让地区发展成果惠及百姓。例如，灵水村近年来先后完成了举人村博物馆、三元堂举人院、武举人古宅院、碾房复建、魁星楼、举人文化雕塑广场、文昌阁修复等工程，对灵岳寺村 57 套院落、杨家峪村 45 套院落进行了恢复，

① 《〈门头沟区斋堂镇国土空间规划（2020 年-2035 年）〉公示》，北京市门头沟区人民政府，http：//www.bjmtg.gov.cn/mtg11J202/gh32/202104/742aca85c75245cd8d9d0caa2360b0eb.shtml，2021 年 4 月 27 日。

② 《北京市门头沟区斋堂镇总体规划（2006-2020）》，北京市门头沟区人民政府，http：//www.bjmtg.gov.cn/mtg11J202/ghjh/202012/7f8317bc5a8446ebb3acfa542fc6ea5e.shtml，2020 年 12 月 18 日。

③ 《北京市门头沟区国民经济和社会发展第十四个五年规划和二〇三五年远景目标纲要》，北京市门头沟区人民政府，http：//www.bjmtg.gov.cn/bjmtg/c102667/202207/27aab3953403470c806c96f717d8a6cf.shtml，2021 年 5 月 10 日。

④ 《关于对〈门头沟区加强历史文化名村和传统村落保护发展的指导意见〉公开征集意见的公告》，北京市门头沟区人民政府，http：//www.bjmtg.gov.cn/bjmtg/zwxx/jdhy/202204/8eb933ecaf424dc2b8f859e497328570.shtml，2022 年 3 月 11 日。

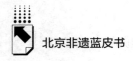

通过对接社会资本，有效保护古村落，改善村民生产生活条件，促进古村落传统文化的活态传承，也为下一步的适度旅游开发奠定了基础。

（三）斋堂镇非遗旅游的具体实践效果

斋堂镇有着丰富多彩的民俗文化活动，拥有市级非遗2项、区级非遗7项，其中，柏峪燕歌戏、西斋堂山梆子戏、灵水村秋粥节习俗、斋堂转灯场习俗、桑峪三月三民俗都是该镇独具特色的民俗文化资源，是宝贵的文化财富。非遗资源融入当地的旅游开发具有重要意义。

1. 有效帮助非遗传承保护

非遗资源是经过历史长期提炼留存下来的精华，是中华优秀传统文化的代表，将非遗资源融入斋堂镇的旅游开发中，可以有效地传承保护当地非遗。例如，被誉为"戏曲活化石"的市级非遗项目柏峪燕歌戏，也曾面临后继无人、即将失传的困境。在政府及各部门的大力支持和帮助下，老艺人们倾力付出，成立了柏峪燕歌戏剧团，建设柏峪燕歌戏剧场，并将燕歌戏的传承发展与当地爨柏景区的旅游相结合，连续两年举办柏峪燕歌戏文化艺术节，通过创编新剧、定期演出，有效帮助这一民俗瑰宝的保护传承。如今柏峪燕歌戏剧团已有演职人员43人，能够上演20个完整曲目，是活态传承燕歌戏的成功案例。[①]

2. 有利于提升斋堂镇文化魅力

非遗资源融入斋堂镇文化旅游的展示舞台，能让游客更加深入地了解当地独具特色的人文风情和文化底蕴，也让许多传统习俗和工艺得到传承与保护。例如，京西桑峪村的三月三民俗文化节已经连续举办六届，历史悠久的桑峪古村，曾以桑蚕业为标志的五行八作蓬勃发展。每年三月三，桑峪村的族人们都会相聚在一起，共同祭奠始祖黄帝，祭奠桑蚕业的始祖蚕神嫘祖，祭奠桑峪祖先，全村族人同做共吃"蚕丝面"，祈福族人繁衍兴旺，祈福太

---

① 邱璇、陈永禄：《京西古村有柏峪 曲调悠扬唱燕歌 门头沟柏峪燕歌戏》，《旅游》2021年第1期，第100~103页。

平盛世。此外，以科举文化为特色的灵水举人村，每年立秋都会举办"灵水举人秋粥文化节"。秋粥节也是当地有名的区级非遗，节日当天数千游客和村民会齐聚村头，同喝"举人粥"，齐看地方戏，共赏举人文化展，热闹如过年，到处都弥漫着浓郁的历史文化气息。这些都是提升当地文化魅力的有益举措。对非遗资源的充分利用，不仅丰富了旅游项目，也提升了项目内容的品质和内涵。

3. 有助于提升当地居民生活质量

斋堂镇利用丰富的民俗文化活动与优越的旅游资源，通过"非遗+旅游"的发展模式，吸引了诸多外来游客，也加深了当地居民对本土文化的认同，更加积极地参与到本地的民俗文化活动中，提升精神和物质生活质量。例如，在爨柏景区举办的民俗旅游文化驻场演出季活动，不仅推广斋堂地区的非物质文化遗产及民俗文化，也融合其他村镇的民俗文艺表演共同演绎、互动体验，使游客感受京西百姓的热情和对当地非物质文化遗产的了解，以此吸引更多的游客。而且，游客的增多为当地商业带来更多消费者，创造一批新的就业机会，对增加经济收入也有帮助。

四　问题及对策

（一）问题

第一，古村落破坏。随着游客的不断增加，古村落的修葺和维护力度跟不上，基础设施相对缺乏，造成原生环境的恶化，这一方面是对旅游环境的破坏，另一方面是非遗活态传承土壤的丧失。

第二，文化保护主体边缘化。在调研过程中，本文发现，镇里组织策划的大型活动均由外包公司操办，在具体执行过程中，作为文化保护主体的村民的参与度不高，为村民带来的直接效益也不高。

第三，村民保护意识薄弱。如上所述，由于村民参与意识不强，主人翁意识淡薄。传统的农耕文化受到现代工业文明的冲击，村民的审美和价值观

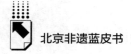

也发生了极大的变化，为满足自身需求对传统建筑私搭乱建，例如，爨底下村内非文物的后期加建的小型杂房，少量的二层建筑及二层部分加建的廊架等，① 从而对原生文化和原始建筑产生破坏，影响游客的文化体验度和村落的整体形象，对旅游开发的可持续性十分不利。此外，当地年轻群体的外流及对流行文化的追逐，都影响对建立在传统文化基础上的非遗保护与传承。

第四，文化内涵挖掘利用问题。对于当地文化，存在挖掘不够和过度开发两方面问题。斋堂镇新农村建设步伐加快，美丽乡村建设与古村落文化遗产保护的"新""旧"矛盾日益凸显。如果忽略了对古村落非遗项目历史、文化、艺术价值等方面的挖掘、研究，就无法提升景区的知名度和文化内涵。

目前，还有很多民间戏剧、民俗活动没有被整理、记录、挖掘和保护。非遗项目介绍也流于表面，体验感不佳。此外，外来资本的介入，不能一味地追求经济效益而忽视传承规律，只利用其优越的显性资源，而没有关注文化内涵的挖掘提炼，要避免出现虚假、扭曲、过度商业化等问题。

（二）对策

1. 加强政策和资金的支持，积极推进非遗保护

各级政府的文化管理部门对非遗保护工作十分重视，出台了相应的政策、条例、办法，为非遗保护工作提供了有力保障。

2019 年 6 月 1 日，《北京市非物质文化遗产条例》正式实施，使得北京非遗保护工作有法可依。2020 年 4 月，《北京市推进全国文化中心建设中长期规划（2019 年—2035 年）》正式发布。未来，全市将着力完善多层次非遗名录体系，规范项目认定和管理制度，强化保护和传承效果评估。坚持政府主导、社会参与，促进非遗与相关产业融合发展，努力构建非遗保护和传

---

① 《关于对〈北京市门头沟区斋堂镇爨底下村传统村落保护发展规划〉（2020-2035）成果的公示》，北京市门头沟区人民政府，http://www.bjmtg.gov.cn/bjmtg/zwxx/zwgg/202008/1044085.shtml，2020 年 8 月 13 日。

承的"北京样本"。① 2020 年 7 月，市文旅局与市委宣传部、市财政局联合出台《北京市非物质文化遗产传承发展工程实施方案》，对北京市"十四五"期间非遗保护工作做出了专项规划部署。2022 年 1 月，财政部、文旅部联合公布《国家非物质文化遗产保护资金管理办法》②，进一步规范了国家非物质文化遗产保护资金的管理，提高使用效益。

此外，非遗项目赖以生存、延续的文化空间的保护，也需要得到足够的重视和支持。保护现存较完好的文化空间本体与文化线路载体，还原文化空间的文化功能属性，通过多种手段加强对文化空间的展示、宣传，保护好非遗延续的"土壤"。③ 例如，灵水的转灯场习俗，因场地、经费的限制，在爨底下等村落虽有留存，但很难传承，需要政府部门的进一步支持。

2. 提高全民保护意识，营造人人参与的良好氛围

联合国教科文组织在《保护非物质文化遗产公约》④ 中指出："缔约国在开展保护非物质文化遗产活动时，应努力确保创造、延续和传承这种遗产的社区、群体，有时是个人的最大限度的参与，并吸收他们积极地参与有关的管理。"传承人和社区群体是非遗保护和乡村旅游发展的主体，他们的参与程度直接影响了非遗旅游融合发展的质量，因此当地居民的积极参与至关重要，树立全民保护意识，建立公众参与机制。

同时，应重视协调解决非遗保护与村民生活的矛盾，既要注重非遗的保护与传承，同时也不应忽视村民、传承人正常生产生活的诉求和不断提高生

---

① 《北京市推进全国文化中心建设中长期规划（2019 年—2035 年）》，北京市人民政府，http://www.beijing.gov.cn/gongkai/guihua/wngh/cqgh/202004/t20200409_1798426.html，2020 年 4 月 9 日。

② 《关于印发〈国家非物质文化遗产保护资金管理办法〉的通知》，中国政府网，http://www.gov.cn/zhengce/zhengceku/2022-02/08/content_5672515.htm，2021 年 12 月 30 日。

③ 麻国钧：《土壤与墒情：非遗"项目"与"文化空间"关系刍议》，《中国非物质文化遗产》2022 第 2 期，第 20~28 页。

④ 《保护非物质文化遗产公约》第十五条，国务院新闻办公室网站，http://www.scio.gov.cn/xwfbh/xwbfbh/wqfbh/44687/46123/xgzc46129/Document/1707763/1707763.htm，2003 年 10 月 17 日。

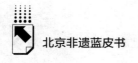
活质量的要求。

3. 注重文化挖掘、传承文脉，建立健全非遗保护机制

为推动非遗和旅游深度融合发展，就要注重真实空间和场景的营造，让游客切实感受到当地文化的魅力。例如，对灵水村灵水小学（灵泉禅寺遗址）的利用，可作为儒家历史、科举文化等特色文化展览展示的空间，建立民俗文化馆等。

此外，大力推进传统村落数字博物馆入馆建设工作，因地制宜推动传统村落乡情村史陈列室建设，充分挖掘传统村落蕴含的历史、文化、艺术、习俗、美食等价值，针对不同类型文化遗产资源，提出合理的保护性开发利用方式和措施，促进文化传承。

建立健全非物质文化遗产的传承和保护、传承人的保护机制。充分挖掘和保护性利用独具门头沟区特色的传统文化遗产遗迹和各类非物质文化遗产资源，振兴传统工艺，促进传统村落特色文化产业发展。例如，西斋堂山梆子戏，同样作为市级非遗，其现状虽在政府的扶植下有所改善，但由于山区村庄交通闭塞，文化活动较少，与外地少有交流，文化内涵挖掘不够，无法加以创新，缺乏生命力，这也需要采取有力措施加以改进。

4. 注重宣传与传播，充分利用新媒体技术

充分利用"互联网+"的优势，加大媒体宣传力度。当下，新媒体技术在各领域广泛应用，非遗项目的传承、传播也要与时俱进。

可考虑建立"斋堂传统村落"网站、公众号、视频号等，扩大非遗项目的宣传和展示范围，开展线上项目展示、线上非遗旅游、直播带货、短视频教学等活动，加强对文化资源的保护和宣传。持续利用广播电视等传统媒体和微博、微信、抖音、快手等新媒体，大力宣传历史文化名村和传统村落保护利用成效，充分展示传统村落和优秀传统文化魅力，让更多网友足不出户就可以体验非遗旅游的魅力，带动全域旅游发展，促进传统村落产业做大做强。同时也可以通过虚拟现实、交互体验等方式展示非遗项目，从而实现沉浸式传播效应。例如，爨底下酱肉制作技艺和传统手工制香，作为当地为

数不多的传统技艺类非遗，虽有深厚的历史文化价值，但在对外传播上却鲜有报道。2020年，爨底下小院被授牌为酱肉制作技艺"非遗传承展示基地"，正是一个很好的推广传播契机。

五　启示

（一）整体性保护，推动非遗旅游可持续发展

任何非遗项目都不是孤立存在的，其生存和发展与周围的生态环境有着密切的联系，文化和旅游部发布的总规指出，在保护好、传承好、弘扬好非遗的基础上，加强非遗系统性保护，其中，主要任务就有"加强区域性整体保护"这部分内容，涉及加强文化生态保护区建设、开展"非遗在社区"工作、加强中国传统村落非遗保护、建设非遗特色村镇街区等内容。这一理念的提出，标志着非遗保护工作从注重非遗项目本体到与其存续相关的文化空间的关系，是我国非遗保护实践的一次提升，这一保护模式也逐渐深入人心。

北京市文化资源相对集中，加强"区域性整体保护"，通过"非遗在社区"工作，非物质文化遗产可以在特定社区得到整体性保护，并在城市化中融入生产、生活。例如，东城区的东花市街道，将非物质文化遗产融入花市街道百姓日常，让非遗扎根社区，成为东花市居民在社区中感受传统文化、传播主旋律、弘扬时代风采的重要载体。文化特色鲜明的传统村落作为特殊区域，也因其历史文化积淀丰厚、传承良好有序、文化认同高而更适合区域性整体保护。

单纯地以某个"项目"为主要关注点，而忽略了其赖以生存的"文化空间"，是无法最终做到持久维系、代代相传，北京市关于历史文化名城保护和传统村落保护的措施是对非遗整体性保护的重要实践。

传承是非物质文化遗产保护与发展的核心，也是非遗旅游可持续发展的

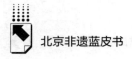
保障。在旅游开发过程中应将非遗放置在其产生和发展的全过程环境中，失去原有的存续空间，非物质文化遗产就很难传承下去。

（二）以旅游业的发展反哺非遗传承和保护

开发非遗旅游项目，前提是不能破坏非遗的传承。将非遗项目融入旅游景区，有利于丰富景区文化内涵，提高吸引力。同时，通过旅游业的开发，也可以促进非遗项目自我发展，以更符合当下需求的方式展示给游客，满足游客感官需求和文化需求。

实践证明，旅游产业的健康发展为非遗提供了保护和传承空间。例如，乡村旅游中的各类民间戏剧和手工技艺，因为游客的大量涌入，为这类依靠商业生产的非遗项目提供了存续保障。

在旅游项目中加入非遗资源，能够使部分濒危的非遗项目走出困境。此外，部分旅游收入还可以注入这些急需资金的保护项目中。

（三）非遗资源有效助力旅游开发

在旅游体验中加入非物质文化遗产旅游项目，既提高了景区的经济效益和知名度，也通过旅游传播实现了非遗项目的推广，更加丰富了乡村旅游的文化内涵。例如，北京市在每年文化与自然遗产日举办的非遗旅游专线活动，游客不仅可以感受古城之美，也可寻踪打卡非遗商家门店，还能追寻北京城印记，亦可领略传统特色小吃的魅力。[1]

另外，将非遗资源融入旅游开发中，可摆脱门票经济，增加新的旅游经济增长点，让文化旅游进入良性发展格局。当前，国内非遗旅游愈发火热，北京拥有丰富的非遗资源，更应该积极推动旅游模式的转变，助力非遗的可持续发展。

---

[1] 郭人旗：《北京非遗：线上线下传承创新彰显活力》，《中国文化报》（数字报）2020 年 6 月 15 日，第 4 版。

六　结语

　　旅游化生存不仅有利于非遗保护，也有利于社会文化发展，是一种新的有效保护模式，为非遗传承发展创造了良好的条件，增强了人民群众对非遗的保护意识。北京非遗资源丰富，有着稳定的旅游市场，开展非遗旅游必然成为北京非遗保护的重要途径之一。

北京城市副中心建设中的非遗

Intangible Cultural Heritage in the Construction of Beijing Sub Center

B.21

北京市传统手工技艺类非物质
文化遗产的保护与传承

——基于通州区花丝镶嵌非遗传承人赵云亮的个案调查

王雅观[*]

摘 要： 北京丰厚的历史积淀与底蕴，使它理所当然地拥有众多的非物质
文化遗产。作为北京市非遗重要组成部分的传统手工技艺，对其
的保护与传承一直是政府与学界关注的重要命题。当前众多传统
手工技艺较多地掌握在独立的手工艺人手中，本文通过对花丝镶
嵌非遗传承人赵云亮的个案调查，了解花丝镶嵌技艺在当下的发
展现状与存在的问题；提出花丝镶嵌行业应继续坚持"生产性
保护"的原则，促进花丝镶嵌传承模式创新与加强传承人素质
的全方位培养，利用各类新媒介等促进花丝镶嵌技艺在当代社会
中更好地传承与发展，并为北京市其他传统手工技艺类非遗的保

---

* 王雅观，北京师范大学民间文学研究所 2020 级博士研究生。

护与传承提供一定的借鉴作用。

关键词： 北京　花丝镶嵌　非遗保护

自 2001 年昆曲入选联合国教科文组织的"人类口头与非物质遗产代表作"后，非物质文化遗产保护很快从一项联合国的文化保护项目演变为一场席卷中国全社会的文化运动。非物质文化遗产运动在我国的迅速推进，使以往被忽略、被否定的众多中国传统文化得到新的肯定、认同与保护。我国是拥有 5000 多年历史的文明古国，许多优秀的传统文化历时数载，在华夏群体中不断发展、传承，形成了中华民族特有的文化"根"，是中华民族宝贵的文化遗产。这些伟大的文化遗产，是我国各族人民在长期的生产、生活实践中创造的，承载着我国独有的文化价值、思维方式与想象力，同样也是世界文明多样性、多元化的深刻体现。加强非物质文化遗产的保护与传承，有助于构建具有中国特色的文化自信，符合我国与各民族发展的根本需求与利益，同时对促进人类社会的可持续发展、保持世界文化多样性具有重要的价值。漫长的历史积淀造就了北京丰富多彩的文化，北京也理所当然地拥有了众多的非物质文化遗产，因此，北京非遗代表性项目的数量一直位居全国前列。当前，北京的京剧、昆曲、太极拳等 12 个项目已入选联合国教科文组织"人类非物质文化遗产代表作名录"项目；北京市还拥有景泰蓝制作技艺等 144 个国家级非遗代表性项目与北京曲剧等 303 个市级非遗代表性项目。除此之外，北京全市共有 92 名国家级非遗代表性传承人，242 名市级非遗代表性传承人。[①]

在北京众多的非物质文化遗产的名录中，传统技艺类占据重要地位，如北京的景泰蓝、北京雕漆、北京玉雕、花丝镶嵌等相继被选入非物质文化遗产名录。因此，对当前传统手工技艺类非物质文化遗产的调查与研究，对北京市非遗的保护与传承具有积极的推动意义与价值。本文以北京市通州区花

---

① 《北京市文旅局：北京的非遗代表性项目数量居全国前列》，《潇湘晨报》2022 年 2 月 13 日。

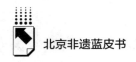

丝镶嵌非遗传承人赵云亮为个案调查，以期为花丝镶嵌技艺及其他传统手工技艺类非遗项目的保护与发展提供具有建设性的建议，从而推动北京市非物质文化遗产的进一步保护与传承。

一　花丝镶嵌技艺的历史沿革

花丝镶嵌又称"细金工艺"，是花丝与镶嵌两种技艺的结合，是北京传统技艺"燕京八绝"之一。花丝技艺是指使用"掐、填、攒、焊、堆、垒、织、编等传统技法，将金属丝制成千姿百态的造型。镶嵌技艺是采用锉、锼、镂、闷、砍、崩、挤、石、戗、镶等技法，将金属片做成碗或爪型的凹槽，镶嵌不同种类的宝石"。① 花丝镶嵌是以金银（或黄铜、紫铜）为原料，镶嵌各类宝石、珠宝，用编制技艺制作而成。这种传统技艺在商周就已经出现，至今已有3000多年的历史。在明、清两代的北京，花丝镶嵌达到了技艺鼎盛时期，此时皇家所用的服饰、冠饰、首饰、祭祀用品等不少就是用花丝镶嵌工艺编织而成。而且，由于当时的宫廷集聚了来自全国各地的能工巧匠，该时期北京的花丝镶嵌工艺汇聚南北方技艺之大成，涌现了许多花丝镶嵌工艺的传世之作。花丝镶嵌技艺可谓是我国独有的传统手工技艺，堪称我国传统金银制作工艺中的绝技，它当之无愧地在2008年入选我国第二批国家级非物质文化遗产代表性项目名录。

据考古与相关资料的记载，花丝镶嵌技艺起源于商周。其后，春秋战国时期的"金银错"工艺中就已经蕴含了花丝镶嵌技术。两汉时期的花丝镶嵌技艺已成体系，成为一门独立的手工技艺。隋唐高度发达的经济与昌明的社会，使这一时期的花丝镶嵌工艺得到迅速发展，花丝镶嵌技术日渐成熟。宋元时代的花丝镶嵌技术已经非常发达，在元代，由于受到蒙藏文化的影响，此时的花丝镶嵌技艺还融入了草原民族粗犷豪放的风格。明清两代的花丝镶嵌进入技艺制作的巅峰期，清代还专门设置了管理金银器制造的内务府

---

① 董瑞京：《花丝镶嵌制作技艺的传承与因缘》，《时尚北京》2022年第3期。

造办处，专门负责皇家金、玉、铜器、珐琅等的制作、保管，其下还设有各种专业作坊 60 余间，其中与金银器制作相关的有金玉作、珐琅作、镀金作、镶嵌作等。辛亥革命后，随着清王朝的覆灭，大量宫廷艺人流入民间，花丝镶嵌技艺也顺势进入民间，此时的金店、银楼等吸纳了众多从宫廷流入民间的花丝镶嵌手工艺人，这些手工艺人还广收门徒，很快他们便成为北京首饰业的主力军，花丝镶嵌行业也迎来了一段短暂的回暖期。不过，抗日战争的爆发使花丝镶嵌行业又一次陷入困境。

新中国成立以后，党与政府高度重视对传统手工艺的发展与保护，在"保护、发展、提高"的指导方针下，创建了北京花丝镶嵌厂。当时的花丝镶嵌厂是新中国重要的出口企业，为我国的外汇出口做出了重要的贡献。直至 20 世纪 70 年代，花丝镶嵌厂又迎来了发展的高峰期，此时的花丝镶嵌厂从业人员达 1600 余名。到了八九十年代，由于工艺美术行业的衰落与国际市场的大面积萎缩，这一时期的花丝镶嵌厂再一次陷入困境。

花丝镶嵌厂倒闭前，该厂尚有员工 1400 余名，花丝镶嵌厂倒闭以后，原属于该厂的技师们纷纷下海经商，有的自己开设小作坊或工作室，有的则在别人的小作坊或工作室工作。不过，据本次调查的对象赵云亮所言，当时与他一起同时出厂的技师中，仍在从事花丝镶嵌行业的技师已经很少，他是仍然坚持从事花丝镶嵌的少数人之一。自从花丝镶嵌厂破产以后，虽然通州区仍有东方艺珍花丝镶嵌厂，但实际上花丝镶嵌的核心技艺更多地掌握在这些开工作室的手工艺人手中。所以，本文希望通过研究赵云亮这位花丝镶嵌手工艺人的个案，以此窥探花丝镶嵌技艺现今的传承与发展现状及所存在的问题，以便为制定促进花丝镶嵌行业、手工技艺行业及传承人的保护与发展的政策提供一定的参考建议。

赵云亮从 9 岁开始接触花丝镶嵌工艺。1979 年，年仅 16 岁的赵云亮怀揣着手工艺的梦想，选择了北京市首饰技工学校学习珠宝首饰的设计及工艺品的制作。经过 3 年的刻苦学习与训练，赵云亮在 1982 年从北京市首饰技工学校毕业后，顺利进入北京市花丝镶嵌厂工作。由于花丝镶嵌厂必须工作年满 2 年后才有资格考取大学，在花丝镶嵌厂工作了 4 年后，为进一步深造，赵云亮在1986年又考取了北京工艺品职工大学①就读雕塑系。虽然雕塑专业与花丝镶嵌有着较大不同，但赵云亮坦言正是这3年雕塑专业的学习，培养了他的立体思维，这对花丝镶嵌的制作有着极大的促进作用。在经过了3年的大学学习后，1989年毕业的赵云亮，又再次回到了花丝镶嵌厂工作，并在花丝镶嵌大师姚迎春的门下继续学习花丝镶嵌技艺。1990年，赵云亮设计的作品《螳螂捕蝉黄雀在后》荣获青工大赛二等奖。同年，他还参与设计了国礼《鹤寿延年》。1991年，他参与设计的大摆件《荣华富贵》又获得北京市精品奖。不过，在2002年，他工作了近20年的花丝镶嵌厂以破产告终，他也一下子成为失业人员，但他并没有气馁，而是拿着20000多元的工龄费，与两个原花丝镶嵌厂工作的师傅在北将军胡同的南街开了一间小门面，继续着花丝镶嵌手工艺的制作。2003年，赵云亮工作坊又搬至杨庄北苑的一间靠近马路不足40平方米的门面房，一直持续到2013年搬至现在的宋庄。据赵云亮回忆，在搬到宋庄以前，他的花丝镶嵌产品的销售主要是面向社会，刚开始主要是靠着向周围的普通居民及来往的路人定制出售，不过由于多数人对花丝镶嵌工艺并不熟悉，再加上花丝镶嵌工艺本身制作工艺精良，时间较久，价格也相对较高。所以，在最初创业的几年，收入也仅够生活。后来，因为其产品质量有口皆碑，赵云亮的花丝镶产品逐渐打开了销路，来自西班牙、英国、新加坡等的一些侨胞也开始在他的工作坊定制花丝镶嵌产品，他也陆续为众多影视作品设计与制作头饰、道具等，比如热播剧《甄嬛传》中女演员的许多饰品就出自赵云亮之手。赵云亮说尤其是在2005~2008年，他所开的工作坊收入较为可观。自2009年中美贸易摩擦升级后，他工作坊的收入明显下滑。后来，随着国家对非物质文化遗产的逐渐重视，在2012年左右，通州区政府领导发现了赵云亮，并在通州区大运河漕运码头为其置办了门店，以此希望更好地推进花丝镶嵌工艺的传承与保护。而后，赵云亮受北京文化委员会的邀请，于2013年将工作室搬至宋庄，继续从事花丝镶嵌工艺的制作与销售，在2016年他还获得了花丝

① 北京工业大学艺术学院的前身。

镶嵌非物质文化遗产传承人的称号。从事花丝镶嵌行业近 40 年的赵云亮，制作的作品曾获得多个大奖。2015 年赵云亮设计的《私语·蝶》作品荣获中华"国艺杯"最佳创意奖，《盛世中国》和《私语·蝶之爱永恒》荣获第四届中国国际文化博览会"中艺杯"优秀工艺美术作品奖。在 2022 年"工美杯"北京传统工艺美术大赛中，赵云亮的作品《碧空清风》又再一次荣获金奖。干一行爱一行，赵云亮作为中国众多普普通通工匠中的一员，兢兢业业地从事着自己喜爱的行业，创造着属于自己的人生价值。

二 花丝镶嵌工艺的发展与传承现状及存在的问题

花丝镶嵌工艺传承至今，其发展与传承现状已随着社会的变迁发生了巨大的变化，也产生了新的问题。以下是笔者在调查赵云亮细金坊的过程中发现的花丝镶嵌工艺的发展与传承现状及存在的问题。

（一）花丝镶嵌制作工艺在当前的传承与创新

花丝镶嵌技艺发展至今，除了各别工艺外，如某些工序借助了现代机器、用乳胶替换了以往使用的植物胶等，花丝制作工艺的堆、垒、编、织、掐、填、攒、焊八大技法及镶嵌工艺的包镶、抓镶、钉镶、轨道镶等，依然延续了传统的花丝镶嵌制作技术，制作材料也普遍使用金、银、宝石等。不过，花丝镶嵌工艺的某些制作方法、用途及形制等却随着社会的变迁进行着诸多创新。赵云亮当然也不例外，在依旧使用传统花丝镶嵌的材料及技艺的同时，他也从产品的制作方法、用途等方面进行着全面创新。

比如赵云亮设计制作的一个发髻冠，就是一件有着发钗、发簪、手镯三种用途的花丝镶嵌产品，它既能当作首饰，又能作为摆件。当首饰的时候起到装饰的作用，是一种行走的财富；不用的时候，放在家里又可以当作一个摆件。又比如他设计的侍女台灯，侍女的主体用银做旧，侍女的右手边捧着一个镀金与点翠的寿桃，寿桃里放了一个小灯，赵云亮把这个作品命名为

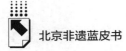

《永不熄灭的灯》。之所以这样设计，赵云亮解释道，刚开始很多人建议他继续使用"麻姑献寿"这个传统的献寿主题，但他认为献寿的主题不能局限于麻姑，每个人都应该有献寿的权利。而且，他这个作品的主题是"献寿"，如果依旧沿用"麻姑献寿"的题材，麻姑的形象在一定程度上会弱化"献寿"的主题。正是抱着对花丝镶嵌工艺的喜爱与创新之情，赵云亮才能在多项大赛中屡次获奖。

图1　赵云亮作品《永不熄灭的灯》

（二）花丝镶嵌工艺的传承模式

当前，由于国家与政府对非物质文化遗产的重视以及我国自身教育制度的完善，花丝镶嵌技艺的传承模式已经发生重大变化，除了传统的家族传承、师徒传承以外，高校或者研究院的学院教育、职业教育以及以同行之间的观摩、学习、切磋等现代花丝镶嵌传承模式，也已经成为花丝镶嵌技艺的传承方式，但个人工作室依然是家族传承尤其是师徒传承的主要培养阵地。不过，现在大多数行业的师徒传承更多的是表现为一种较为松散的师徒关系。据赵云亮所述，自从2003年开始招收第1位徒弟后，至今已有120多名学生先后在他门下学习过花丝镶嵌的制作技艺。

在赵云亮的学生中，本科、大专、中高职及高中学历的人都有，不过，大专学历占据多数。他们从赵云亮这里学习了花丝镶嵌首饰的制作工艺后，多数仍然继续从事花丝镶嵌这个行业，不少学生可以在网上承接花丝镶嵌首饰的订单，有的还同赵云亮一样，开设了属于自己的花丝镶嵌个人工作室，也开始招收学员。花丝镶嵌本身是一门极其复杂的工艺技能，就是在他门下学满 6 年的人，也很难独立设计与制作出一个花丝镶嵌的大摆件。目前可以独立完成从设计到制作的多门类花丝镶嵌产品的手工艺人，在年轻一代的花丝镶嵌从业者中很难觅到。

（三）花丝镶嵌的销售渠道

谈及花丝镶嵌产品的销售渠道时，赵云亮说，他主要是承接高端定制，向一些影视剧组以及一些经济实力较强的群体等出售花丝镶嵌产品。也许这正与他喜欢创新的理念有关，他曾说花丝镶嵌是一门工艺美术，是一门将工艺与审美融合为一体的技艺，花丝镶嵌工艺出售的应该是它的高附加值。赵云亮对花丝镶嵌产品的高定位及他对花丝镶嵌工艺的高追求、高要求，使他的产品制作精良且耗时较长，所以产品的价格也相应较为高昂。

赵云亮在微信朋友圈发布的花丝镶嵌产品，也能引来部分有兴趣者购买。当笔者向赵云亮询问是否有意愿扩大销售渠道，比如通过现在流行的抖音、快手等网上销售平台，或者和北京及外地的博物馆、旅游单位等合作制作花丝镶嵌的文创产品时，赵云亮持否定态度。赵云亮的花丝镶嵌产品整体上销售渠道比较单一。

以上即为笔者在赵云亮细金坊调查时所了解到的有关花丝镶嵌工艺的主要发展与传承现状。同样，花丝镶嵌工艺在当前剧烈的社会变动面前，其保护与传承也存在诸多问题。以下本文将讨论花丝镶嵌行业在当前保护与传承中存在的主要问题。

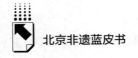

（四）存在的问题

1. 技术人才匮乏

当前，我国现代花丝镶嵌行业已形成了较为完善、全面的传承模式，尤其是高校或者研究院的学院教育、职业教育、社会教育等现代传承模式，的确在某种程度上培养了更多的花丝镶嵌从业者，但这些培养模式也存在不少挑战。高校或研究院的学院派培养多重理论、轻实践，很难达到理想的花丝镶嵌的技术要求。职业教育一般立足于专业与实践，自 2012 年开始，北京市人力资源和社会保障局、社保局在 3 所职业技术院校开办了传统手工艺专业，这些高职学生在专业老师的指导下，经过 3~5 年的学习，能掌握基本的花丝镶嵌技术。但由于高职学生文化素质偏低、美术基础薄弱，在较短的学习时间内很难达到精致的花丝镶嵌的技艺要求。相较于前两种培养模式，社会教育也存在授课形式虚大于实、培训人员招生困难、培训人员敷衍了事等情况。

老一辈的花丝镶嵌人接受了像工笔、人物、图案、工艺课、雕塑、立体构成课等较为全面的课程学习，还接受了较长时间花丝镶嵌技术的实践训练。这些较为全面的课程学习及长时间的技能训练，在很大程度上使多数老一辈花丝镶嵌艺人可以单独完成花丝镶嵌作品的设计与制作。但是，现在年轻的花丝镶嵌从业者学习的知识与技能大多比较单一，而且设计者与制作者往往分离，学设计的不会制作，会制作的又不懂设计。所以，当前我国花丝镶嵌行业看似从业人数较多，实际上仍旧缺乏真正意义上的人才。

2. 仿制品对花丝镶嵌制品有着较大冲击

当前，花丝镶嵌行业中如赵云亮、赵春明、白静怡等传统手工艺人仍然坚守着传统手工艺的制作，但由于传统花丝镶嵌工艺制作时间长、工艺烦琐复杂，不少商人及花丝镶嵌的从业者为了追求高效率、低成本，他们也通过如仿花丝工艺、3D 打印技术等模仿花丝镶嵌技术。这些用现代高科技制作的仿制产品，同样具有很强的装饰功能，而且价格低廉、亲民。所以，这些花丝镶嵌的仿制产品，在某种程度上挤占了传统花丝镶嵌手工艺的市场，对传统花丝镶嵌手工艺行业造成了很大影响。

3. 缺乏创新理念

现在花丝镶嵌行业存在一个较大的问题就是缺乏创新。无论是花丝镶嵌制作的技术、产品功能以及设计等方面都缺乏一定的创新。多数专职从事花丝镶嵌的制作者也无法对花丝镶嵌技术的使用、产品的用途等方面做过多的创新。所以，当前我国花丝镶嵌行业仍存在着缺乏创新的问题。

4. 各项成本花费较高

现在花丝镶嵌行业存有"三大高"，一是原料费用高，二是人工费用高，三是房租价格高。

花丝镶嵌行业目前仍然以金、银、宝石等为原料进行制作，但这些较为贵重的原材料由于不同程度地价格上涨，成为花丝镶嵌从业者一项巨大的负担。而且，花丝镶嵌从业者的加工费普遍较高。

5. 社会认知度低

花丝镶嵌虽然现已被列入国家级非物质文化遗产代表性项目名录，实际上在现实生活中民众对花丝镶嵌工艺及产品的认知却比较低。毕竟花丝镶嵌工艺在辛亥革命以前，作为"宫廷艺术"在封建社会的贵族阶级中传播，社会大众既没有过多机会也无富足的钱财购买花丝镶嵌产品。自从清王朝覆灭后，花丝镶嵌工艺流入民间，尤其是新中国成立后，随着国家的富强与人民的逐渐富足，已经有越来越多的人开始了解、熟识、购买花丝镶嵌的产品。但是，与中国广大的人口数量相比，知道花丝镶嵌甚至购买花丝镶嵌产品的人并不多。

当赵云亮在 2012 年第一次作为传承人身份宣传花丝镶嵌手工艺时，发现北京本地大部分民众并不知道花丝镶嵌这个行业的存在。当笔者询问周围的同学、朋友时，发现真正知道、了解花丝镶嵌这个行业的也并不多见。由此可以看出，目前花丝镶嵌手工艺在社会中的受众并不高，认知度仍然比较低。

6. 销售渠道单一

花丝镶嵌工艺品的销售主要有三种渠道，第一是作为国家外交层面的赠礼，这些赠礼往往是体积较大的金银摆件。第二是经济实力雄厚的私人定制或者是影视剧、服装等行业的批量订单，这些人多需要一些精美的收藏品及首饰、小摆件。第三则是柜台陈列出售的摆件和饰品，主要的受众群体是较为零散的消费者。赵云亮细金坊产品的主要售卖渠道是第二种，偶尔也会到柜台或者博物馆等处出售自己与学员或徒弟制作的花丝镶嵌的摆件及饰品等。赵云亮并没有固定的销售合作商，所以，赵云亮的花丝镶嵌产品的售卖渠道比较单一，这应该也是大部分独立开工作坊的手工艺人销售渠道的真实写照。

三 加强花丝镶嵌工艺保护与传承的建议与思考

虽然，赵云亮工作坊所体现出的花丝镶嵌工艺的现状与问题并不能反映所有花丝镶嵌技艺的现状与存在的问题，但它也在很大程度上折射当前这门传统工艺面临的巨大挑战。为此，为促进花丝镶嵌得到更好的保护与传承，本文认为应从以下几个方面着手。

（一）创新花丝镶嵌传承模式，全面提升传承人素质

花丝镶嵌工艺要求从业人员拥有极高的工艺技术、设计理念、极高的耐心等诸多品质，在年轻一代的花丝镶嵌从业者中，真正、全面掌握花丝镶嵌技术的人并不多见。就如何提高花丝镶嵌技艺传承人的数量与质量，已有多篇文章展开了论述，普遍建议应拓宽非遗传承人招收徒弟的渠道，把非遗传承人招收徒弟或学员纳入国家非遗财政补贴对象；继续夯实学院教育，形成学院教育与非遗传承人之间常态合作的机制，使学院变成一个亦工亦文的新型技能培养的摇篮；提高职业教育中花丝镶嵌技术学员的"匠人"地位，使这些处于高职教育的从业者也能获得向上发展与晋升的空间；继续深化社会培养，积极稳步推进切实有效的社会培养方案与计划。[①] 笔者认为，以上这些建议均能有效地完善花丝镶嵌的传承模式。

---

① 王晶晶：《北京市花丝镶嵌制作技艺传承人培养方式调研报告》，中国艺术研究院硕士学位论文，2017。

对于花丝镶嵌人才的培养，笔者认为还应在某种程度上建立一种强化师徒关系的机制。如在徒弟或者学员评奖、拿证、晋升等方面相应地参考其师傅的意见，在某种程度上建立一种较为密切的师徒关系。这种密切的师徒关系，不仅可以有效地促进师徒之间互动与感情的维护，也有助于师傅更好地、更尽心地传授给学员或徒弟自己的技艺，这样反过来也能促进该手工艺的有效传承。

就当前的花丝镶嵌行业而言，还应吸纳更多的美术设计及雕塑专业的从业者。而且，大学、科研机构以及现有的花丝镶嵌培养基地等，也应摒弃以往较为单一的授课与教学模式，建立一套集绘画、素描、写生、雕塑等多课程的课程体系。花丝镶嵌是一门工艺美术，只有工艺与审美完美结合的作品，才能达到一定的审美价值。但当前花丝镶嵌行业中相较于产品的审美艺术，更加注重的是工艺制品的技艺。吸纳更多具有审美素质的美术人才进入花丝镶嵌行业，在很大程度上也能提高花丝镶嵌产品的审美品位。雕塑行业人才的引进，对花丝镶嵌行业也至关重要。现有的花丝镶嵌教育与技能的培养应该改变以往单一课程的学习，适当增加一些如雕刻、绘画、工笔等课程，以促进培养全面的花丝镶嵌手工艺人，为花丝镶嵌工艺提供高质量的后备军。

（二）继续坚持"生产性保护"的原则，推动花丝镶产品与现代社会的有力结合，促进花丝镶嵌行业的创新发展

当前，非遗在具体的实践过程中已形成了抢救性保护、整体性保护、立法保护及生产性保护四种重要方法。花丝镶嵌手工技艺，应继续坚持生产性保护的基本原则，生产性保护指的是"在具有生产性质的实践过程中，以保护非物质文化遗产的真实性、整体性和传承性为核心，以有效传承非物质文化遗产技艺为前提，借助生产、流通、销售等手段，将非物质文化遗产及其资源转化为文化产品的保护方式"。相较于抢救性保护、整体性保护、立法保护，生产性保护是花丝镶嵌行业最为重要的一种保护手段。就目前花丝镶嵌的发展情况来看，花丝镶嵌技艺在现代社会中仍然具有强盛的生命力，

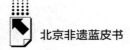

尤其是其与现代首饰、影视剧、电影等行业的完美结合，使花丝镶嵌仍然保持着产品的生产、流通、销售等一系列完整的流程。今后，花丝镶嵌行业应继续坚持生产性保护原则，充分挖掘该技艺的市场发展潜力，以保护带动发展、以发展促进保护。但需要强调的是，生产性保护并不等于产业化生产，花丝镶嵌毕竟是一门兼具技艺与审美的艺术，独特、创新与精致的高附加值才是其真正的价值所在，花丝镶嵌的这些特点决定了它并不适合大规模、同质化的产业化生产。

花丝镶嵌传承人应与时俱进地制作出适应社会需求的花丝镶嵌产品，在产品的工艺、用途与题材等方面不断创新。只有这样，花丝镶嵌工艺才能在新时代得到源源不断的发展动力。

（三）适当地增加、延长非遗传承人的经济补助及其时限，切实维护好花丝镶嵌传承人的权利

非遗传承人是我国非物质文化遗产中宝贵的"活态财富"，非遗的产生、传承与承载都是由传承人来承担与完成的。可以说，非遗的保护与传承关键是对非遗传承人的保护，非遗传承人保护的好与坏直接关系到非物质文化遗产是否可以得到长期的、健康的保护与传承。毕竟，非遗传承归根结底还是人的传承，非遗的这一特性决定了非遗必须坚守以人为本的原则。当前，我国已建立了国家级、省市级、地市级与区县级四类非遗传承人认定机制，制定了一系列保护非遗传承人权利的法规，还建立了较为健全的非遗传承人补助、奖励制度等。

非遗传承人是国家的宝贵财富，并不能因为他们年长而取消非遗补助资金，反而应增加对年长非遗传承人的补助额度，尤其是本身生活就较为拮据的非遗传承人，使这些年长的非遗传承人可以没有后顾之忧，花丝镶嵌非遗传承人当然也不例外。

而且，政府工作人员也应定期地与花丝镶嵌传承人进行沟通、交流，对他们提出的问题予以关切与解决。只有更好地保护非遗传承人，才能更好地保护与传承祖辈留给我们的宝贵遗产。

（四）加强与北京市博物馆、旅游景点的合作，设计更多文创产品，并积极推动花丝镶嵌博物馆的建设

当前，我国传统手工艺的文创产品受到大众的普遍喜爱与追捧，文创产品越来越受到市场的青睐。我国现在大多数的旅游景点、博物馆等多与文创企业合作，制作了既符合自身特点又与传统手工艺相结合的文创产品。北京作为中国的首都，旅游资源、文化资源一向位居全国前列，北京市的多处旅游景点、各类博物馆几乎都售卖不同主题、不同种类的文创产品。因此，花丝镶嵌行业应该加大与旅游业、各种博物馆等大规模合作，专为它们设计一些独特的花丝镶嵌文创作品。而且，还应在这些花丝镶嵌的文创产品中，附加对花丝镶嵌工艺历史源流、制作工艺等相关知识的介绍。积极搭建花丝镶嵌艺人与博物馆等单位的合作平台，为北京乃至全国的花丝镶嵌行业寻求合作平台与机会。这样，不仅有利于本行业经济效益的提高，也有助于弘扬花丝镶嵌工艺的传统文化。

当前我国已经建设了不同种类的非遗博物馆，花丝镶嵌博物馆的建设也迫在眉睫。建立花丝镶嵌博物馆，不仅可以有效地保存花丝镶嵌的传统工艺，还可以有效地向参观博物馆的游客提供了解花丝镶嵌文化的平台与机会。花丝镶嵌博物馆并不应该仅局限于陈列花丝镶嵌的成品，还应与花丝镶嵌手工艺人展开长期合作，定期聘请手工艺人在博物馆中进行现场花丝镶嵌工艺的制作与展示，以便于参观者可以更好地了解该文化。而且，花丝镶嵌博物馆中也应该设立一些花丝镶嵌的操作课供游客体验，这样既在一定程度上提高了花丝镶嵌博物馆的经济效益，也可以较大程度地提高花丝镶嵌传统文化的传播。

（五）利用各类新媒介，全方位、立体地传播花丝镶嵌非遗文化

根据我国互联网络信息中心日前发布的第 49 次《中国互联网络发展状况统计报告》，截至 2021 年 12 月，我国网民规模已达到 10.32 亿，网络普及率已经达到 73.0%。所以，积极利用当前的新媒体传播，是促进我国各类非遗在社会中的宣传、传承与保护的有效手段。

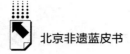

新媒介是在数字技术、网络技术与移动通信等基础上，利用电脑、手机等多种设备来传播信息的重要方式之一。随着我国互联网及智能手机的广泛使用，新媒体已成为民众获得信息的重要渠道，现在我国有微信、微博、小红书、快手、抖音等众多新媒体，已经成为包括花丝镶嵌手工艺等在内的多种非物质文化遗产传播的主要平台与阵地。当我们在这些社交平台输入"花丝镶嵌工艺"等相关字样时，这些平台都会显示出与花丝镶嵌有关的各类视频或文字介绍等。今后，花丝镶嵌文化应继续利用新媒体进行多渠道、立体性的传播。政府也应该加大投入，制作一些类似如《我在故宫修文物》等高质量的有关花丝镶嵌工艺的宣传片、纪录片、视频等，使受众可以更好地感知花丝镶嵌传统文化的魅力。而且，现今主播文化盛行，花丝镶嵌这些非遗也应该借助主播文化促进非遗产品的传播并打开非遗产品的销路。比如，2022年由通州区文化和旅游局共同举办的"品非遗之美 享创意生活"国际非遗文化周暨通州区非遗市集活动——非遗云乐购主题直播活动，由主播及非遗老师进行全程讲解与互动，还有区级北京绢人技艺师傅现场展示绢人发饰制作过程等，这场直播累计共有110万人次观看，售出非遗产品106件。本文认为，这种促进花丝镶嵌及非遗产品的直播活动应在每个月定期直播，而且应与知名主播合作，以此促进花丝镶嵌文化的传播与扩大花丝镶嵌产品的销路。

由于花丝镶嵌产品本身具有一定的高端性，诸如赵云亮等手工艺人多承接诸如影视剧、纪录片、影楼等的高端定制，花丝镶嵌工艺也应适时地与这些出现花丝镶嵌产品的电视剧、电影等进行联动宣传，使花丝镶嵌工艺借助这些契机打开社会的知名度。如《甄嬛传》这部至今仍有极高热度的宫斗剧，剧中多位女演员佩戴的精美饰品就是花丝镶嵌产品。如果在《甄嬛传》热播之时，能乘势与其联动进行大肆传播，花丝镶嵌工艺定可以大幅提高知名度。比如前几年的热播剧《延禧攻略》中出现的绒花、缂丝工艺、昆曲等一众非物质文化遗产就随着该剧的热播，在社会上掀起了较高的热度。所以，花丝镶嵌工艺应积极展开与影视剧、纪录片等的合作，既可以提高影视剧、纪录片等的制作水准，也可以反哺花丝镶嵌工艺在社会的传播。

除此之外，花丝镶嵌技艺还应借助"非遗进校园""非遗进社区""非遗宣传周"等活动，促进花丝镶嵌手工技艺在年轻一代的传播与传承，培养年轻一代的受众群体与接受群体，以利于花丝镶嵌技艺在新一代的有效传承。

四　结语

花丝镶嵌工艺作为我国特有的非物质文化，至今已有数千年的历史，它承载了中华民族民众的伟大创造力与想象力，是先辈留给我们的宝贵财富，促进我国优秀文化的传承与发展应是我们每一代人应尽的责任与义务。在当下高速发展的时代，不止花丝镶嵌技艺，很多传统的非物质文化遗产正面临着来自时代洪流的巨大冲击。但笔者坚信，在每一位坚守信念与情怀的非遗传承人及国家、政府、企事业、研究机构，甚至我们每个人的努力下，我国的非物质文化遗产定能在现代社会中继续散发出璀璨的光芒。

B.22
运河传统村落非遗资源旅游
利用发展研究[*]

——以通州区榆林庄村为例

屈萌 时少华[**]

摘 要： 大运河是历史最悠久、里程最长、工程最浩大的古代运河，凝聚着大量珍贵的历史文化遗产。大运河传统村落是一个文化宝库，其价值在于保存民间记忆和运河历史。旅游作为一种活化利用运河非遗的手段，通过旅游方式保护与利用村落非物质文化遗产资源逐渐成为一种自然且现实的选择。本文运用实地调查及问卷调查的方法，在分析传统村落非遗资源与旅游利用关系的基础上，指出运河传统村落非遗具备自我生存与发展的能力，旅游带动运河传统村落非遗的自我保护与传承。通过创新传统村落非遗资源保护利用与旅游融合发展的方式，运河传统村落非遗资源得以保护传承，进而实现乡村振兴。

关键词： 运河传统村落 非遗资源 通州

一 运河传统村落非遗资源旅游利用情况概述

大运河是中国古代劳动人民在中国东部平原上创造的一项伟大的水利工

* 本文为国家社会科学基金艺术学项目"京杭运河传统村落非物质文化遗产活态保护传承与旅游融合发展研究"（项目编号：20BH151）的阶段性研究成果。
** 屈萌，北京联合大学本科生；时少华，北京联合大学教授。

程，是世界上最长的运河，也是世界上开凿最早、规模最大的运河。运河两岸沿线文化遗产资源丰富，展现出我国劳动人民的伟大智慧和勇气，传承着中华民族的悠久历史和文明。沿线地区独具特色的传统村落非物质文化遗产更是宝贵的旅游资源，吸引着大量的游客。随着旅游的发展，目前运河传统村落的物质文化遗产得到了应有的重视与保护，但对于与运河相关联的非物质文化遗产来说，由于遗产的无形性与流动性，保护难度较大，且村落中一些运河非物质文化遗产与现代生活的融合较为困难，难以满足人们当下的需求，无法进行有效的活态传承。因此，如何通过旅游方式保护与利用村落非遗资源逐渐成为摆在人们面前的难题。

本文以北京通州区榆林庄村为例，该村位于通州区漷县镇，距离京杭大运河起点 20 公里，围绕北运河、凉水河、港沟河三水交汇之处，是个多河环绕的富水村庄，也是京杭大运河起点的第一个堤内亲水村庄。村子拥有丰富的历史文化和民俗文化，该村村名乃乾隆皇帝下江南、行水路上岸御口亲封村庄。明朝时期大运河七大钞关之首——漷县关就坐落于此。村落内蕴藏着许多运河非遗资源，至今尚未得到旅游开发利用。本文采用实地观察法和问卷调查法，对旅游者、非遗工作者和当地居民展开调研，通过对传统村落运河非遗资源的保护和传承与旅游融合的探究，旨在为大运河传统村落非物质文化遗产资源旅游利用、保护和传承提供意见、建议。

二 榆林庄村运河非遗资源与分类

榆林庄村文化底蕴深厚，保存着与运河相关联的、独具特色的非遗文化资源。具体有以下几点。

第一，榆林庄地名的由来。清乾隆年间，乾隆皇帝沿着运河乘船南下，在途中看到运河西岸的树木郁郁葱葱，榆钱缀满枝头，上下摇摆非常美丽，便命人停船岸边，漫步榆树林欣赏美景。乾隆皇帝问这个村子的名字是什么，随从刘墉答此村名叫北树林。乾隆帝觉得北树林这个名字不好听，看到这里大片榆树林，风景秀丽，便为此村赐名榆林庄。《御赐榆林图》就是请著名画家根据乾隆帝御赐榆林庄这个故事绘制而成。现如今该画被收藏在榆林庄的文化馆，许多游客慕名前来。

图1　御赐榆林图

第二，四爷台地名的由来。明宣德四年（1429），明朝下令在大运河沿线设立七个"钞关"（现称收费站）。最后一个漕运进京的"钞关"便坐落在榆林庄村。这个钞关设置在河中央的一个小岛上，这算是它的独特之处。当时这是唯一一个在河中央收税的机构。那时人们认为，排在第一位的是天上的水神，排在第二位的是海中的龙王，排在第三位的是河里的河神，排在第四位的是河里的龟王。当时收税的官兵暴力野蛮，人们愤怒却不敢说，便将形状如乌龟一样的钞关叫作四爷台，带有调侃色彩。"榆林庄北四爷台，官爷台上好发财，商船渔舟河中走，税佬收银不懈怠。征多征少凭孝敬，私银揣兜笑开怀，待到日头西山落，榆林老酒端上来。"这首打油诗生动形象描述了当时的钞关收税文化。

第三，运河英雄杨国章的故事。1947年，在运河西岸的榆林庄村，汉奸将村里所有人聚集到村东的河滩上。岸边五花大绑捆着一个人，这人的面前有一口铡刀，特务问道："杨国章，你是不是共产党员？"杨国章亢声回道："我是共产党员！"杨国章是1942年抗日时加入的中国共产党。特务规劝其加入国民党，杨国章却道："我为天下父母的幸福而死，值得！"遂唱着《四郎探母》坚定走向铡刀。运河上空雷声炸响，倾盆大雨奔疾而来，烈士的鲜血染红奔流不息的运河水。目前榆林庄村把"讲好英雄红色故事，传承英雄红色基因"作为宗旨，开展红色文化教育、红色旅游。运河文化和红色故事相辅相成，榆林庄村更是成为漷县镇青少年教育基地和党建基地。

第四，春郊烟树名字的由来。"春郊"，春天的漷县郊外；"烟树"，树林上聚集的雾气。春郊烟树为漷县著名八景之一，位于漷县村东运河和运河西岸榆林庄附近。根据明代诗句"两岸垂杨绿苔"、清代诗句"满径槐花感旧流"可以了解到郊外大路两旁或大堤上栽种的是国槐、垂柳。为了保护河岸，明代起又栽种榆树，派遣吏役管理保护。早春时节，柳树开始发芽泛绿，好似一道淡绿轻烟飘向远方；中春时节，榆树发芽泛绿，如同一线轻烟；晚春时节，槐树发芽泛绿，如同一片春烟。在春郊烟树的美景下，很多诗句文学作品产生，"树色界远郊，春光散晴晓。深处有人家从，炊烟出林稍"就出自清代诗人王维珍。

第五，小庙台祭祀。水涨之时，位于河中央的四爷台必遭淹没，而四爷台上值守的士兵便被困在上面下不来。为了解决这个难题，士兵们便在榆林庄的河边修建一座小龙王庙，希望可以护佑镇水。据记载，在龙抬头这一天或者前一天，榆林庄就会举行大型的祭祀活动，这种祭祀与其他民间祭祀的不同之处在于，它是由士兵组织进行祭祀，属于官方的祭祀，叫作官祭（见图2），现已发展为龙抬头前后村民祭祀祈福的活动。

图2　小庙台祭祀展示

第六，榆钱宴。榆钱寓意"余钱"，谷雨节气前后，村民为了讨一个好彩头便开始筹备榆钱宴，制作榆钱美食。榆钱内含有酸性物质，如烟酸、抗坏血酸等，能促进食欲、促进肠道的蠕动。采摘榆钱制作榆钱茶，茶清香。榆钱加上玉米面，撒上青葱搭着老腌汤，这便是榆钱饭。伐倒的榆树皮晒干磨成面做成榆钱面饸饹，面筋道还不易断。采摘的榆钱洗净，只需搭配白糖搅拌，味道鲜嫩脆甜。庄内榆钱美食吃法可谓多种多样。

第七，榆钱糕制作技艺。曹雪芹的《广芹杂记》中提到，曹家当铺有个潞县姓郝的二掌柜，将做好的榆钱糕送给曹雪芹吃，曹雪芹品尝后赞曰："黄绿相间，香糯宜人。"相传，曹雪芹撰写《红楼梦》时，必吃榆钱糕。榆钱糕的主要材料便是北运河河水、庄内特色榆钱，两者缺一不可，才有这"香糯宜人"的百年称号。榆钱糕的制作方法并不复杂，但很讲究，先用工具（见图3）筛出所需的面粉，再将榆钱与玉米面充分糅合，加运河河水搅拌均匀，搅和的方向和力度极为讲究。之后根据自己喜爱的口味，稍加蜂蜜和食盐，均匀混合之后将其在屉布上平摊，撒上香葱、香菜、桂花点缀，使之入味，大火蒸熟。此糕白绿相间，香甜适口。

图3　榆钱糕及制糕工具展示

聂湘玉等认为非物质文化遗产分为民俗文化类、名人传说类和传统技艺类3个子类。[①] 聂纪岚在饮食类非物质文化遗产旅游研究中，认为与饮食相关的民间传说、饮食方式、饮食习俗等也可纳入民间文学、民俗类非物质文

① 聂湘玉、张琰、孙立硕等：《传统村落类型与价值认定——以河北石家庄市域传统村落为例》，《规划师》2015年第S2期。

化遗产的范畴。① 根据以上对非物质文化遗产的分类方法，结合榆林庄村的运河非遗实际，本文做如下分类（见表1）。

表1 榆林庄村非物质文化遗产资源及类型

分类	非遗资源	与运河的关联	举办时间	传承人代表
民俗文化类	小庙台祭祀	最初官兵在四爷台值守，为了防止运河涨水后官兵被困以及护佑镇水，便修建寺庙，用于官方祭祀。如今成为龙抬头祭祀龙神、村民祭祀水神及祈求事事顺利、一年五谷丰登的场所	二月二龙抬头	村民
	榆钱宴	受运河影响，榆林庄有大量榆树，村民就用这榆钱的果实、叶子制作榆钱美食。后来，村民为讨来年"余钱"的好彩头，便在谷雨前后开始制作榆钱美食，摆上榆钱宴，庆祝五谷丰登、钱财富有	谷雨时节	村民
传统（美食）技艺类	榆钱糕制作技艺	运河周边土地疏松，为保护两岸田园村庄和保障漕运，堵口护岸，筑堤，种植榆树。榆钱挂满枝头便开始制作榆钱糕，榆林庄人掌握着自己独特的榆钱糕制作技艺。榆钱糕是榆林庄的金字招牌	全年	村民
名人传说（民间文学）类	运河英雄杨国章	杨国章为了国家、为了人民在运河边英勇牺牲的红色革命故事	全年	郝阔庭
	榆林庄地名的由来	运河周边土质疏松，种满榆树，堵口护岸，形成榆树林，景色优美。乾隆帝途经此地，御赐"榆林庄"一名	全年	郝洪恩
	钞关文化（四爷台）的故事	本身为运河的钞关（收费站）、护岸，在此流传许多传说故事，为此增添色彩。现如今作为通航的船闸	全年	闫宝林
	春郊烟树名字的故事	运河沿途的树林最开始种植槐树、柳树，为了堵口护岸，明代在榆林庄附近栽种榆树，形成了春郊烟树美景，明清也创作了许多与之相关的文学作品、诗句	春季	闫宝林

从表1可以看出，榆林庄村非遗资源中，名人传说（民间文学）类项目最多且有明确的传承人代表，而民俗文化类、传统（美食）技艺类项目相对较少，暂无明确的传承人代表。

---

① 聂纪岚：《湘西土家族苗族自治州饮食类非物质文化遗产旅游开发研究》，《旅游纵览（下半月）》2020年第8期。

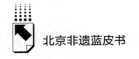

三　传统村落运河非遗资源与旅游融合的困境

（一）旅游与运河非遗展示的原真性困境

非遗资源的真实性是旅游目的地吸引游客的重要因素之一，非遗资源保护利用要求对原始技艺、原始风俗等一系列原始元素进行活态保护，而本文在调研中发现的旅游与运河非遗展示的原真性问题主要表现为以下几点。一是传承环境发生变化。如榆林庄村祭祀类非物质文化遗产，虽通过运河文化馆保护尚好，但其不利于非物质文化遗产的传承和可持续发展。二是祭祀活动内容单一。目前的祭祀活动主要是村民们为家人求福、祈龙消灾等，如果只是基于龙抬头祈求保佑这一文化特性，那么开发该非遗资源不会带来较高的经济效益。三是参与性不强。现有的祭祀节活动，如祭拜、开笔写字、敲锣打鼓、舞狮表演体验活动等的设计没有考虑如何调动游客的主观能动性与参与性，游客在活动中往往处于被动状态。村内参与的人员更多的是一些老人，年轻人鲜有参加。总体而言，榆林庄村对当地的民俗祭祀文化内涵挖掘不足，原真性体验活动较少，游客参与体验深度不够。

（二）旅游与运河非遗文化文创产品开发的困境

非遗文化创意产业与旅游融合，可以打破传统村落观光旅游的传统模式，创造极具参与性和文化体验性的产品，促进旅游业产品升级。榆林庄村的榆钱糕远近闻名，但除了可以现场品尝口感和感受背后的故事、参观制作技艺之外，并没有开发其他旅游文创产品和体验活动。目前没有专业的开发人员，加上资金、技术有限，非遗文化创新意识不强，缺乏文创销售渠道，进而影响了运河非遗旅游文创产品开发。村内的民间文学、民俗文化旅游资源丰富，但能够开发出独具魅力的非遗文创产品的能力明显不足。如未做到对春郊烟树故事的创意转化，完全可以根据民间故事设计明信片、书签，打造特色旅游纪念品，实现旅游产品附加值的提升，做到旅游与文化创意产业融合，解决传统村落运河非遗保护传承既保护又发展的难题。

（三）运河非遗资源保护与旅游融合的传承性困境

虽然运河旅游发展在某种程度上给村民们带来一定的利益，留住一部分村民。但对待非遗保护传承问题，村民认为学习非遗传承不会像搞旅游业接待那样有高收入。即使有人对这些运河非物质文化遗产感兴趣，但迫于生存压力，也不愿意学习传承。加之当地运河非遗旅游资源并没有吸引很多游客，因此旅游业发展缓慢，就业机会有限。年轻人更愿意选择外出工作，村里没有人愿意传承村落中的非遗技艺与民俗文化。运河非物质文化遗产项目传承困难的原因如表2所示，71.19%的村民表示当地年轻人对运河非遗保护传承缺少兴趣。此外，缺乏学习的场所和资金，会技艺的人越来越少，政府不够重视，项目旅游开发程度不够、宣传不够等都是影响运河非遗保护传承的重要原因。

表2　运河非物质文化遗产项目传承困难的原因

困难原因	受访者（人）	比例（%）
缺乏学习的场所和资金	38	64.41
当地年轻人缺少兴趣	42	71.19
会技艺的人越来越少	33	55.93
市场对项目缺乏兴趣	25	42.37
政府不够重视	31	52.54
项目旅游开发程度不够、宣传不够	29	49.15
项目不能产生经济效益	14	23.73
其他	0	0

文化是靠一代又一代人传承的，活的文化离不开技艺精湛的民间艺人。调查可知，认为榆林庄村运河非遗传承情况"比较好"和"一般"的观点所占比重为48%，村内目前的非遗传承人只有4位，对榆钱糕制作技术中"筹备榆钱宴"的制作技艺也只有年纪较大的村民掌握。这说明目前运河非遗的保护传承情况不太乐观，需要注重对传承人的培养，加强运河文化的传承，保护好运河非遗。

（四）运河非遗资源与旅游整体性保护的困境

非遗资源整体性保护需要注意非遗与周边环境的相互依存关系。非物质
文化遗产的整体性保护不仅要保护非物质文化遗产的表达方式、相关知识和
各种实践，还要保护非物质文化遗产的文化空间、非遗传承人，以及保护它
所生活的特定环境。[1] 榆林庄村有优美的田园风光、雄伟壮丽的运河，更有
极富传说的春郊烟树故事等。在古代运河通航过程中，村落在春郊烟树的美
景映衬下，大量文学作品被创造并留存下来。近年来，由于村落文化景观保
护的不足，树林杂草丛生，导致春郊烟树故事中的美景遭到破坏，这使许多
想感受春郊烟树故事美景的游客失望而归。因此，榆林庄村应加强对文生态
环境的整体性保护，这对运河非遗旅游保护传承的意义重大。

（五）运河非遗旅游参与和制度政策保护的困境

榆林庄村的传统技艺仅通过文化馆单一展览，其旅游参与性不强。运河
民俗文化活动举办规模大小不一，时间不固定，也没有对运河民俗活动规范
的章程制度。如小庙台祭祀活动的组织委员是村民自发进行组织，并未设定
相对应的祭祀活动法律法规、管理制度。在活动组织过程中，由于缺乏制度
安排，活动内容变动性比较大。对于民间文学的保护目前也仅仅是文化馆和
教育基地单一静态展示。政府在资金投入、出台政策、传统村落宣传等方面
扶持力度小，没有提供一个良好的环境。

四　传统村落运河非遗资源旅游利用的路径

（一）加强非遗政策保障，促进村民非遗旅游参与

榆林庄村的运河非遗旅游发展离不开非遗传承人，所以在建立健全相关

---

[1] 李永乐、杜文娟：《申遗视野下运河非物质文化遗产价值及其旅游开发》，《中国名城》
2011 年第 10 期。

法律法规的时候，应该对运河非遗传承人设立相关保护及优惠政策，以支持运河非遗更好地发展下去。由表3可知，游客和村民也是赞成对运河非遗传承人提供物质方面的支持。

表3　关于对运河非遗传承人提供物质支持的看法

单位：%

看法	游客	村民
应该	86.45	80
不应该	5.08	15
无所谓	8.47	5

由表4可知，多数村民还是对运河非遗资源旅游利用有期待。35%的村民对榆林庄村运河非遗资源与旅游相结合的发展模式充满热情和信心，期待更大的发展。今后运河非遗资源旅游开发模式应以"政府引导+企业+居民"的方式开展，政府做好引导工作，鼓励居民对运河非遗产品进行创新，并组织相应的管理协会，制定规章制度，引导居民提升运河非遗传承的自觉与自信。同时，和当地学校、文化旅游单位合作，在学校开设运河传统技艺和民俗文化选修课，提高年轻人对运河非遗传承保护的热情。

表4　运河非物质文化遗产资源旅游利用的期待（村民）

期待	受访者(人)	比例(%)
充满热情和信心，期待更大的发展	70	35
事不关己，没有期待	10	5
谈不上热情，但期待有更好的发展	110	55
旅游保护利用困难，没有信心有更好的发展	10	5

政府还应鼓励企业进行运河非遗旅游的投资与开发经营。通过大力开发具有村落特色运河非遗旅游文创产品，举办有特色的主题会、展览会，充分提高运河非遗活动资金的回收能力以及影响力，既为企业带来良好的经济效益，也提高举办地的知名度。

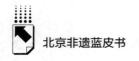

（二）打造传统村落运河非遗旅游参与性与体验性产品

传统村落榆林庄村运河非遗文化与旅游产品融合可以从以下两点来看。一是充分挖掘运河非遗内涵，将其所包含的运河文化内涵与旅游文创产业相融合，进一步增强运河非遗的旅游属性；二是打造运河非遗旅游精品，利用运河民俗文化、民间文学打造运河非遗体验区，在名人故居动态展示相关运河非遗旅游文创产品，还可以现场进行运河非遗文创产品的绘画与书法比赛、知识竞赛等活动，让游客参与其中。重点突出运河非遗产品的独特性与参与性，增加产品附加值，对产品进行延伸开发，从而丰富非遗旅游产品种类。对于开发运河非遗美食，不仅仅是简单售卖，更要让游客在品尝中参与了解每一道制作技艺，升华运河文化内涵。像榆钱糕制作工艺，可以免费参观榆树林、采摘榆钱、亲自参与制作过程，制作压面、蒸糕，先制作再品尝后售卖。还可以借鉴故宫文创产品年兽糕，结合当地榆林特色，创造新颖的蒸糕文旅创意产品，进而提高运河非遗文创产品品牌的知名度和价值。

（三）打造线上线下的运河非遗资源旅游营销体系

由表5可知，政府官网宣传、拍摄相关纪录片、宣传相关代表或传承人、利用受众多的网络社交平台是宣传运河非遗较为有效的方式。榆林庄村目前的运河非遗旅游宣传主要依靠通州旅游公众号、文化交流会，宣传力度及影响力较小。因此拓宽宣传渠道、线上线下相结合进行多渠道推广尤为重要。

表5　传统村落与运河非遗宣传方式（游客）

宣传方式	受访者（人）	比例（%）
政府官网宣传	41	69.49
出版图书影响	24	40.68
拍摄相关纪录片	41	69.49
宣传相关代表或传承人	36	61.02
参与电视节目	27	45.76
通过微信公众号、微博、QQ等受众多的网络社交平台宣传	32	54.24
其他	0	0

随着互联网、社交软件、自媒体的发展，网络营销成为运河非遗重要宣传渠道。榆林庄村可利用媒体平台进行运河非遗旅游资源推广，创建和独立运营微博账号与乡村旅游微信公众号，通过网络及时更新村落的运河非遗保护动态和旅游活动资讯，及时与游客互动，让游客得到及时的活动与产品资讯；并针对游客建议，提供更好的旅游服务，打造良好的口碑服务；还可以借助当下影响力较大的抖音、快手等短视频直播平台进行运河非遗旅游宣传直播；也可以引进高科技手段，拍摄榆林庄村的运河非遗旅游宣传微电影、短视频，扩大运河非遗优势资源的光环效应，增强营销宣传效果。

（四）把握好传统村落运河非遗文化旅游发展方向

传统村落运河非遗资源与旅游融合发展需要对非遗文化旅游市场进行分析。只有客源市场定位准确，才能为运河非遗与旅游融合发展提供发展方向。通过对客源市场中的旅游消费者进行调查，挖掘出他们对非遗资源传统村落旅游的需求，以及找出他们目前对榆林庄村旅游中存在的不合理、不满意的地方，通过分析、解决消费者对目前存在的问题。游客对榆林庄村运河非物质文化遗产发展的期待如表 6 所示。

表 6　游客对榆林庄村运河非物质文化遗产发展的期待

期待	受访者（人）	比例（%）
与时俱进	47	79.66
保持原样	12	20.34
无所谓	0	0

通过定位旅游目标群体，从旅游消费者的角度出发，开发、整合、与时俱进，创新深受旅游消费者喜爱的运河非遗旅游活动项目，实现非遗与旅游的紧密融合。

B.23
北京传统音乐类非物质
文化遗产的保护与传承

——以通州运河船工号子为例

姜芷若*

摘　要： 通州运河船工号子是北京市级非物质文化遗产。本文通过对其发展历史、不同种类以及发展现状进行调查研究，指出通州运河船工号子在传承发展过程中面临的困境与问题，进而形成对传统音乐类非物质文化遗产保护与传承的思考与建议。

关键词： 非物质文化遗产　通州运河船工号子　传统音乐

非物质文化遗产是在一个民族、一个地区深厚的传统文化和悠久的历史发展中遗留下来的产物，是人们聪明才智和精神品质的集中体现。北京这座有着三千多年历史的古城，为我们留下了许多弥足珍贵的非物质文化遗产。随着近年来国家对中国传统文化、非物质文化遗产的重视，北京的非物质文化遗产保护工作开展至今已取得了显著成效。其中，音乐类非物质文化遗产更是以自身特殊的历史性、地域性、大众性的优势传承着民族文化精神。自2006年至2022年，在北京市五批市级非物质文化遗产名录中，传统音乐类非物质文化遗产有12项，其中包含国家级项目4项。

通州区作为北京市的副中心，在我国北方地区有着重要的地位。通州区

* 姜芷若，博士，副教授，北京联合大学硕士生导师，主要研究方向为作曲及作曲技术理论、非物质文化遗产研究。

历史悠久，西汉初始建路县，后先后改称通路亭、潞县、通州、通县。1958年3月由河北省划归北京市后，合并为北京市通州区。通州在历史上是北京东部的交通必经之地，在漕运和仓储两方面的作用至关重要，也正是漕运和仓储的发展，促进了通州经济、文化的繁荣和发展，为我们留下了许多宝贵财富。近年来，通州区更是不断地加强对非物质文化遗产的保护。截至2022年，通州区的区级非物质文化遗产保护项目就有87个，且项目种类丰富，包括传统音乐，传统舞蹈，传统美术，传统戏剧，传统体育、游艺与杂技，传统技艺，传统医药等。

时代的发展、环境的变化、科技的进步、人们生活水平的提高，为非物质文化遗产的传承和发展带来了诸多挑战。通州运河船工号子是北京传统民间音乐中民歌的一种，是特指北京通州到天津段运河的船工号子。作为2006年入选北京市首批非物质文化遗产名录的传统音乐类非物质文化遗产项目，通州运河船工号子传承发展的过程和当下所面临的问题十分具有典型性。因此，本文将以通州运河船工号子的传承与保护为例，关注传统音乐类非物质文化遗产的传承与保护。

一　北京通州运河船工号子

（一）京杭大运河与北京通州运河船工号子

通州，位于北京市东部，京杭大运河的北起始点。京杭大运河是世界上开凿最早、最长的一条人工河道，是中国唯一一个南北走向的水利系统，促进了南北经济和文化的发展。京杭大运河始修于春秋时期，初步建成于隋朝，呈"人"字形，极大地方便了长三角地区和都城洛阳的物资交换，带来了当时商业漕运的发展。隋唐时期，大运河大体可以分为永济渠、通济渠、邗沟、江南河四段。元朝定都北京后，为了更加深入便利地实现南北交流，1293年元代大运河全线通航，漕船可以由杭州直达大都，成为现在京杭运河的前身。2021年6月26日，京杭大运河北京段举行了通航仪式，流

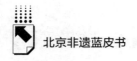

经北京市通州区、天津市武清区、河北省廊坊市等 20 个市区。

京杭大运河跨越多个朝代、跨越多个地区，不仅促进了南北地区经济的发展，更形成了南北方文化的交流线。据北京市文化部门统计，大运河北京段涉及 6 个区，其中国家级非物质文化遗产代表性项目 86 项，市级非物质文化遗产代表性项目 107 项。通州曾经是大运河重要的漕运码头和货物集散地，在当时全部依靠人力拉纤的集体劳动下，通州运河船工号子便应运而生。漕运促进了通州经济繁荣的同时，也加速了南北文化的交融与碰撞。通州运河船工号子便是漕运文化中具有影响力的非物质文化遗产项目之一。时人常形容"漕运昼夜不停，运河号子连天""十万八千嚎天鬼"，生动地描述了当时运河两岸漕运的繁忙景象。在大运河深厚的历史积淀影响下，在大运河沿岸南北文化的融合下，通州运河船工号子形成了自己独特的风格，不像黄河船工号子那样高亢有力，也不像一般劳动号子那样坚实浑厚。通州运河船工号子吸收了南方民歌小调的悠扬抒情风格，结合了通州地方语言特色，唱词多用儿化音，形成了特有的优美如歌、通俗风趣又京味儿十足的船工号子。

（二）北京通州运河船工号子的种类

目前可搜集到的通州运河船工号子，大致可分为 10 种，分别为起锚号、揽头冲船号、摇橹号、出仓号、立桅号、跑篷号、闯滩号、拉纤号、绞关号、闲号。现已经整理并录音的通州运河船工号子有 22 首。《中国民间歌曲集成·北京卷》现收录 27 首通州运河船工号子的乐谱，有同种类号的变化版本乐谱。通州运河船工号子与其他劳动号子一样，大多是一领众和的形式。唱词多是"呦、嗨、嘿、呀"等衬词，具有实际意义的唱词一般是劳动过程中吆喝性的话语，如"上来了、过来了、拉住了、晃起来"等。由于通州运河船工号子是由在劳动过程中的吆喝逐渐形成的曲调，一般伴随着即兴的唱词依字成调，因此，曲调及音乐结构相对比较零散。

1. 起锚号

起锚号一般是开船前把锚拔起撤掉跳板时唱的号子，具有提示船上船下众人做好开船准备的作用。起锚号是通州运河船工号子中开船唱的头一号，因此采用了齐唱的形式，以调动船上所有船工的注意力。如图1所示，起锚号的曲调自由，唱词全部为吆喝性衬词，无实际意义的词语。

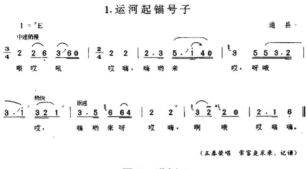

图1　谱例1

资料来源：《中国民间歌曲集成·北京卷》，中国 ISBN 中心，2004，第 15 页，运河起锚号子。

2. 揽头冲船号

揽头冲船号是船开动后，船工用篙把船头的位置揽正，使船行驶到正位深水处时唱的号子。揽头冲船号是一领众和的形式，用以集中船上所有船工的力量。号子稳健有力，唱词无实际意义的词语。

3. 摇橹号

摇橹号是船行驶到深水处顺水摇橹时唱的号子。由于行驶在顺水的安全航段，摇橹号一般可以调节船上船工的紧张情绪。因此，摇橹号的曲调相对悠扬明快，唱词也加入"晃起来"等实词，还可即兴唱出沿途的风土人情。

4. 出仓号

出仓号又叫装仓号，或根据具体负责的工作又有扛包号或推车号等，是在码头或货场等地装卸货物时唱的号子。由于装卸货物时需要走一段路，所以船夫们会在这段路途中放松自己的情绪，即兴编词唱出仓号，显现船工们

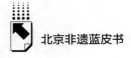
豪迈乐观的性格。出仓号的旋律和结构在运河号子中相对完整，唱词中多带有通州语言习惯的儿化音，如"呀儿、花儿"等使出仓号更具有京味儿特色，也显得曲调风格更加风趣（见图2）。

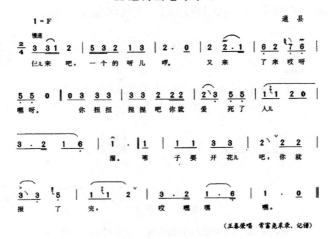

图2　谱例2

资料来源：《中国民间歌曲集成·北京卷》，中国 ISBN 中心，2004，第23页，运河出仓号子（一）。

5. 立桅号

立桅号是船在行驶过程中，遇到逆水行船的航段前船工需要将船上的桅杆立起来时唱的号子。立桅号可以使船工们的力量更加集中、动作节奏更加统一，曲调简洁有力，唱词以召集性的吆喝虚词为主。

6. 跑篷号

跑篷号是船在行驶过程中，需要升起帆布时唱的号子。由于船工们忌讳"帆"字，所以在船上都将"帆"叫作"篷"。跑篷号与立桅号的作用和曲调相近，只是在速度上跑篷号要比立桅号稍慢一些。

7. 闯滩号

闯滩号是船在遇到恶水顶风时，或船在过险滩搁浅时唱的号子。闯滩号的节奏律动更强，可以缓解船工们遇到险境时的压力，同时又能把船工们的积极情绪调动起来。闯滩号有时也用立桅号的曲调，但在速度上有所变化，比立桅号速度稍慢，唱词和动作的发力点结合更加扎实有力。

8. 拉纤号

拉纤号是船在航行过程中，船工们在岸上用纤绳拉河中的船体使船前行时唱的号子。拉纤对于船工们来说是尤为辛苦费力的差事。因此，拉纤号的曲调除了稳健有力以外，还融入了许多民间小调，让曲调更加怡人耐听。有时为了提升船工们劳动的积极性和乐趣，领号人还会给自己简单扮相，在前面边唱边引逗大家发力。拉纤号的领号人往往只领号不干活，因此又叫"甩手号"。

9. 绞关号

绞关号是准备休船时，船工们用绞关把船拉上岸，在推绞关时唱的号子。绞关号的曲调与拉纤号相似，但比拉纤号节奏律动强，曲调短小，因此又叫"短号"。

10. 闲号

闲号是船工们休息的时候唱的号子。由于北京通州到天津段运河的水势相对平稳，因此船工们在风平浪静的时候会休息，并通过唱闲号来抒发自己的内心情感。闲号是通州运河船工号子特有的号子，一般曲调融入南北方的民间小调，旋律性较强，即兴编词，表达船夫们凄苦劳累、思念家人之情。

（三）北京通州运河船工号子的领号人

通州运河船工号子其实就是船工们在劳动的过程中，为了统一劳动频率、增添劳动乐趣、提高劳动效率而逐渐形成的民间歌曲。而在船工中，一个有号召力的领号人是非常重要的。一个有经验的领号人可以带领船工们应对航程中的各种问题，可以给苦涩的航程带来动力和欢乐，在船工的心中具有一定的地位。在各家漕帮中，领号人所唱的号子也各有特点。有的号子虽然同在一个地区，但每家漕帮的领号人领唱习惯不同，因此，每家漕帮的领号人也形成了各家的特色。各家漕帮的领号人在航程中也常通过号子的特点来认别船只，也经常用号子互相问候。从光绪末年开始，水运衰败，陆运兴

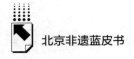

起，通州码头的地位逐渐下降，运河船工号子也随之失去了原有的功能。但是这些有经验的领号人却将运河船工号子流传了下来，有了现在我们能够听到的通州运河船工号子。在确立了非物质文化遗产保护法后，昔日的领号人便成为今日珍贵的非物质文化遗产传承人。

二　北京通州运河船工号子的现状

（一）日益远离百姓的日常生活

时代的变迁是任何力量都无法阻挡的，也是任何人都无法否定的。然而，时代的变迁必然会带来审美上的变化，这就势必会影响到非物质文化遗产的传承。随着时代的发展，北京市各级政府重视非物质文化遗产的保护工作，为通州运河船工号子的传承和保护带了新的机遇。但是随着社会的发展和人们生活方式的变化，通州运河船工号子已经慢慢消失在京城百姓的日常生活中。清末年间，虽然水运衰落，但运河的水、运河的船、运河上的船工和运河上的船工号子还都是通州运河沿岸百姓日常生活的一部分。1940 年开始，连续几年的干旱使通州段运河的水越来越浅，许多地方已经断流，大货船无法在运河上航行，这让通州运河边跑船的船工们丢了养家糊口的差事，许多人都另谋出路，渐渐地，通州运河边会唱船工号子的人也越来越少。大运河重新开通后，由于科技进步，运河航运已经不再需要人力去拉船，虽然通州运河码头恢复了往日的活力，但"运河号子连天"的情景已一去不复返。

如今的通州运河船工号子已经不是真正在跑船时唱的劳动号子，而是濒临失传、亟须保护的非物质文化遗产。会唱通州运河船工号子的人也已经寥寥无几，甚至许多人对通州运河船工号子闻所未闻。目前，通州运河船工号子基本由传承人组织一些船工号子爱好者以短节目的形式演出，如区文化馆组织的相关活动，或应邀进社区、乡镇、机关等演出。由于受到舞台的限制，表演者只在服饰上尽量模仿真正船工的穿着，演唱时伴随号子唱词的内容模仿跑船时的摇橹、拉纤等动作，为了增强演出效果，进行不同队形变换。现在常演出的通州运河船工号子有摇橹号、闯滩号、拉纤号三首。传承人将三首号子串联在一起，与音乐制作、视频制作相结合，形成一个听觉和视觉相结合的短节目。由于脱离通州运河船工号子的本身功能，这种具有表演性质的通州运河船工号子短节目的受众群体也是有限的。但是传承人已经在极大程度上将通州运河船工号子融合当代科学技术，尽可能地贴近当代生活，在通州运河船工号子的传承方面做出了努力和贡献。

（二）传承人青黄不接

物质文化遗产是以物为载体的，非物质文化遗产则是以人的存在为前提的。在对非物质文化遗产的保护和发展上，传承人是至关重要的一环。而在非物质文化遗产传承人中，音乐类非物质文化遗产传承人又处于更加弱势的地位。如传统工艺类非物质文化遗产传承人可以将自己的技艺转化成具有商业卖点的手工艺品；传统体育、游艺与杂技类非物质文化遗产传承人可以将技艺转化为杂技表演或日常强身健体的练习；传统医药类非物质文化遗产对当今的医疗方法有一定的启发和应用；等等。但是大部分的传统音乐类非物质文化遗产很难展现其自身的经济价值，许多传承人并不能完全以此技艺为生，这也是传承人越来越少的原因之一。传承人所掌握的非物质文化遗产的音乐或是因为过于"阳春白雪"，或是因为过于"下里巴人"，很难迎合当代人尤其是当代年轻人的审美喜好。"人在艺在，人去艺亡"，这是许多音乐类非物质文化遗产濒危失传的现实处境。

根据传承人的记忆，通州运河船工号子最早可以追溯到清代道光年间。在漕运兴盛时期，通州运河船工号子主要以家庭传承和师徒传承为主，口传心授的方式保留至今。目前，通州运河船工号子主要以通州区的赵家为主要传承人。经采访调查，赵家的传承人从历史追溯至今共有五代。第一代传承人赵学勤和第二代传承人赵青是漕运兴旺之时通州运河重要的领号人。第一代和第二代传承人的经历和故事基本都源于第三代传承人赵福庆的回忆。赵福庆出生于 1931 年，6 岁上船帮忙，9 岁便学会了所有通州运河船工号子。当时通州运河上的四家漕运船帮都与赵福庆有亲戚关系，奶奶的王家、姨夫程景龙的程家、姑父屈德全的屈家，各家的号子赵福庆都会，因此赵福庆可以上各家的船领号，被大家昵称为"小福子"。赵福庆是唯一一位经历了漕运的兴衰、经历了新中国的发展到新时代的变化、在当代被报道最多的一代通州运河船工号子传承人。自 2006 年通州运河船工号子获批北京市级非物质文化遗产，赵福庆也成了通州运河船工号子唯一的法定传承人。2018 年11 月 26 日，87 岁的赵福庆去世，但是他的运河号子并没有消失，儿子赵义强接下了传承通州运河船工号子的重任。作为第四代传承人，赵义强不仅牢牢记住父亲教下的所有号子，更在努力地将运河号子向更多的人传播。但是目前，传承人的情况仍然不容乐观。赵义强在区文化馆的帮助下，组织了一个运河号子表演队，共 13 人，现平均年龄 70 岁。由此可以看出，传承人的队伍缺乏中青年人群，断层十分严重。赵义强的儿子赵柯，作为第五代传承人，虽然会唱许多通州运河船工号子，但由于工作原因，并不能经常参加演出或相关的推广宣传活动。

通州运河船工号子在赵福庆和赵义强两代传承人的坚守下，能够得以保留，但是后备力量不足仍然是目前通州运河船工号子传承和保护过程中的突出问题。传承人是非物质文化遗产的承载者和传递者，关注传承人也是通州运河船工号子保护工作的根本。

（三）对通州运河船工号子的保护不够系统

通州运河船工号子在一代代传承人的努力下得以保留，但在非物质文化遗产保护方面还存在着许多不足之处。首先，缺乏对通州运河船工号子音乐本体、艺术特征等方面的系统研究。最早关注到通州运河船工号子的是在通州文化馆工作的常富尧老师。1987 年，通州文化馆接到北京市文艺集成办公室的任务，要求积极开展采集、整理民间歌谣的行动。身为土生土长的通州人，常富尧便在通州迅速开始了采集工作。20 世纪 80 年代，常富尧带着沉重的老式录音机记录下了通州运河沿岸的民间艺术。目前，保留下来的通州运河船工号子的音频和乐谱，以及《中国民间歌曲集成·北京卷》收录的运河号子都是当年常富尧老师的成果。虽然常富尧不是赵家运河号子的家族传承人，但他为运河号子的传承所做的贡献是不可忽视的，大家尊称他为"留住运河号子的人"。在学术研究方面，以中央音乐学院周青青教授 2012 年发表于《中央音乐学院学报》第 1 期的《北京通州运河号子中的山东音乐渊源》一文为代表。这是一篇真正关注到通州运河船工号子的旋律风格类型的学术文章。但十分遗憾的是，此后少有专家学者对此展开深入的研究。其次，对通州运河船工号子的历史渊源的挖掘并不深入，对传承人口述史的研究还没有系统开展，对通州运河船工号子与其他运河号子的区别与联系等专题缺乏研究。目前，在可查阅的资料中，仅有少量相关报道以及对第三代传承人赵福庆的采访及相关事迹的撰文。做好这些本体研究和历史挖掘，对通州运河船工号子的传承和保护具有重要的意义。

三　对北京通州运河船工号子保护与传承的思考

保护和传承非物质文化遗产是历史赋予当代社会的责任。随着工业化、现代化、城镇化进程的加快，通州运河船工号子等众多传统音乐类非物质文化遗产成为"弱势文化"。切实加强对传统音乐类非物质文化遗产的保护和传播，不仅能够丰富和健全当地文化建设，更能够提升当代音乐作品创作能力，同时丰富各阶段教育艺术课程的教学内容。因此，对通州运河船工号子的传承与保护的思考可以为其他音乐类非物质文化遗产的传承与保护提供借鉴。

（一）做好原生态传承

对于绝大多数的音乐类非物质文化遗产来说，原汁原味地保留好已有资料是最传统的保护方式。对此，有"变"与"不变"两个声音。"口传心授"是中国传统音乐最原始的一种传承方式，而许多音乐类非物质文化遗产的精髓也都在于老艺人对音乐特点和韵味的处理。因此，主张"不变"

者认为，全面搜集整理历史资料，通过现代设备和多媒体手段，尽可能翔实、完整、准确地记录影、音、画的原始面貌是保护工作的第一步，也是为后续做好传承工作打下良好的基础。而主张"变"者认为，非物质文化遗产要想在当今存活，必须要顺势而行。其实，将二者相互融合是对非物质文化遗产的保护和传承是最有利的。首先应该保护好其原生态面貌，了解其原生态特点所在，之后再根据当代社会的需求进行创新发展。

（二）增强自身存活力

以往在对非物质文化遗产的保护与传承的策略中，政府的引导和资金支持是首要的一点。当然，政府作为非物质文化遗产政策的决策者、制定者、实施者，对非物质文化遗产的保护与传承的正确引导和有力支持是不可或缺的。但是作为传承主体，在充分利用好国家各级政府对非物质文化遗产的政策、多元化筹措传承和发展的经费以外，不断增强自身的存活力是当下非物质文化遗产所要拥有并亟待提升的能力。以通州运河船工号子为例，可以调整其原有的传承模式。由于工种的特殊性，通州运河船工号子的原始传承一般是"传男不传女"。但在当代通州运河船工号子作为一项民间音乐艺术，也不乏一些对此感兴趣的女性爱好者。而赵家也率先转变了原始的传承方式，目前，赵义强正在教自己 11 岁的小孙女学唱运河号子，并常讲一些跟运河号子有关的趣闻和小故事。此外，越是传统的技艺越应该尝试新的传播方式和手段。如充分利用自媒体平台或社交网络，可以不受时间和空间的限制随时随地展示或教学；如与其他艺术形式相融合，推出小型剧目、制作系列运河号子的文创产品；如与旅游业结合，演出小型实景剧，让更多的人全方位地了解运河号子。

（三）创建高科技化博物馆

大部分音乐类非物质文化遗产濒临失传的重要原因之一是与现代社会的需求不一致。而通州运河船工号子更是无法重现当年的情形，甚至创建一个能够让人感受氛围的博物馆也十分困难。随着科技的飞速发展，对非物质文化遗产的保护和传承应该运用好高科技的新式方法。如通过录音、录像、数字化多媒体等方式进行真实、系统、全面的采录，建立档案数据库，如运用虚拟现实技术（Virtual Reality，VR），创建 VR 博物馆，既解决了空间难题，又能让人们有更强的体验感和参与感。

（四）充分发挥高校的平台作用

文化多元的强势冲击，转变了当代青年人的娱乐取向，对传统音乐的关注度急剧下降。对于音乐类非物质文化遗产来说，充分运用好高校的平台作用，为学生塑造文化自信，同时促进传承和发展也是非常重要的。首先，高校应当积极地引进传承人走进校园。通州运河船工号子传承人赵义强也认识到这一点的重要性，常被邀请在校园为学生进行讲座和教唱。目前，固定在通州的 9 所小学和 4 所中学开展教学互动。全市的高校已有十多所学校邀请传承人走进校园讲学。在了解和掌握通州运河船工号子后，许多高校整合创作团队，以此为素材进行创作。如北京电影学院创作的大运河题材原创话剧《白鹭归来》；北京物资学院创作的结合民族文化、京杭大运河文化、校园文化的舞剧《运》，都在不同程度上展现了运河号子。其次，应当提高高校相关教师对非物质文化遗产的重视程度和专业程度。目前，已有多所高校建立了非物质文化遗产相关学科，开设了相关课程。教师正向地输出将对学生有着深远的影响。最后，应当注重培养学生对非物质文化遗产的兴趣。如北京联合大学非物质文化遗产学院专门为学生建立传统表演艺术社团、运河文化研习社等学生社团，并聘请赵义强、常富尧等通州运河船工号子的民间艺人作为指导教师，为学生提供"原汁原味"的学习机会。这样从传承人到教师再到学生，形成良性发展的链条，非物质文化遗产必定会在当代青年人中"开花结果"。

非物质文化遗产是中华民族世代相传的文化财富，更是人们的精神宝藏和生活需求。党的十八大以来，以习近平同志为核心的党中央高度重视非物质文化遗产的保护工作。北京通州运河船工号子与其他传统音乐类非物质文化遗产一样，不仅仅是传承人们世代努力传承的民间艺术，更是北京城历史文化不可或缺的一部分。随着时代的发展，许多音乐类非物质文化遗产都面临失传的险境，其中的艺术技艺、历史内涵、价值意义等多方面都有待我们去研究与保护。我们应当通过保护促进传承，在传承过程中寻求创新发展，让传统音乐类非物质文化遗产在当代再现光彩。

典型案例
Classic Cases

B.24
北京金漆镶嵌的工艺发展
与保护传承策略研究

刘东亮*

摘　要： 金漆镶嵌被誉为"燕京八绝"之一。金漆镶嵌是一门传统的工艺，在当下的发展过程中，不少手工艺人都开始尝试利用新技术和新材料，使其重新焕发出生机和活力，尽可能让这种传统技艺长久地延续下去。但是目前也遇到了不少问题，如产品题材内容重复、产权保护意识不强、投入产出比不高、后备从艺人员断档等。因此，亟须在挖掘这种传统工艺独特的文化价值的基础上，通过培育文化品牌，建立新型的融合发展模式，完善相关制度支撑，从而推动金漆镶嵌的创新性发展。

关键词： 金漆镶嵌　传统工艺　保护策略　非遗

---

* 刘东亮，硕士，国家图书馆社会教育部（中国记忆项目中心）馆员，主要研究方向为图书馆口述史理论与实践、非物质文化遗产。

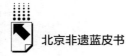

金漆镶嵌是中国漆器的重要门类，其主要特征是在金漆上进行镶嵌工艺。这种传统技艺绝大部分是手工劳作，需要因材施艺进行个性化创作，因此很难被机器取代。但是面对着工业化和现代化的冲击，包括金漆镶嵌在内的传统技艺面临失传的困境，其保护和发展也面临不小的冲击。《国家"十三五"时期文化发展改革规划纲要》明确提出："要加强对中国传统工艺的传承保护和开发创新，挖掘技术与文化双重价值，促进传统工艺提高品质、形成品牌、带动就业。"[1] 因此，充分发掘金漆镶嵌的文化基因，提升产品内在的附加值，推动其适应产业化发展的要求，对振兴金漆镶嵌这种传统手工艺具有重要的现实意义。

一　金漆镶嵌的历史传承和工艺特色

（一）金漆镶嵌的历史

北京是传统漆器制作的重要产地之一。元代设立了一个特殊的部门油漆局，这是隶属于工部的机构，主要负责管理宫廷里髹漆的工匠。到了明代在果园厂设立了官办的漆器作坊。当时漆器的风格在《髹饰录》中有所记载，"今之工法，以唐为古格，以宋元为通法，又出国朝厂工之始，制者殊多，足为新式"。[2] 清代内务府有一造办处，其中专门有"漆作"，主要负责皇室大漆用具的制作和日常管理。

北京近代的金漆镶嵌经历了从宫廷艺术慢慢转向民间工艺的过程。当时社会上出现了不少手工作坊，像"英明斋""永信局""华丰斋""中和局"等，都是比较有名的字号。这些作坊一般规模较小，从业者大多十几人，所以主要是小本经营，手工艺人们的流动性也比较大。1949 年以后，由于漆

---

① 中共中央办公厅、国务院办公厅印发《国家"十三五"时期文化发展改革规划纲要》，中国政府网，2017 年 5 月 7 日，http://www.gov.cn/zhengce/2017-05/07/content_5191604.htm。

② （明）黄成著《髹饰录》，1927 年刻本，序言。

器制品可以为国家换取外汇，因此在政策的指引下，一些艺人们重操旧业，开始恢复金漆镶嵌这种传统工艺。

1956 年，北京 16 家漆器作坊联合建厂，开始进行公私合营，并取名为"北京金漆镶嵌厂"。因厂房限制，各工序只能分开生产，木工车间在弓弦胡同，漆工车间在嵩祝寺，铲活在真武庙，嵌活在东四板厂胡同和箭厂胡同。[1]

金漆镶嵌厂在 1976 年以后慢慢恢复生产，并且不断进行产品创新，因此也取得了比较好的经济效益。20 世纪 80 年代到 90 年代，北京金漆镶嵌厂的盈利大部分依靠产品出口，主要是出口法国、美国、俄罗斯及东南亚的一些国家。

1992 年以后，漆器产品的市场处在低谷状态，已经基本没有外销了，因此北京金漆镶嵌厂的重心逐渐转向国内市场。一直到现在，金漆镶嵌的产品基本很少出口了，完全面向国内市场。与此同时，还出现了漆器产品回流的现象，20 世纪 80 年代出口的漆器，都从国外运回来了。目前金漆镶嵌厂进行了不少创意产品研发，比如桌面挂件、文具用品、生日礼品等，努力做到贴近现代社会的审美需求。2008 年 6 月，"金漆镶嵌髹饰技艺"被列入国家级非物质文化遗产保护项目名录。

（二）金漆镶嵌的工艺特色

明代漆器专著《髹饰录》称"金漆"为"金髹"，这是把漆与用金的工艺结合起来，如描金、贴金、搜金、扫金、戗金等工艺。镶嵌工艺中可以用牛骨、螺钿、玛瑙等多种名贵材料。"金漆"和"镶嵌"结合起来便称为金漆镶嵌。[2]

---

[1] 李苍彦、王琪主编《当代北京工艺美术大事记（1949—2009）》，中国文联出版社，2014，第 43 页。

[2] 刘东亮、万紫：《漆心不止　匠心筑梦：万紫与金漆镶嵌》，《中国生漆》2019 年第 2 期，第 48 页。

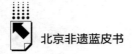

北京金漆镶嵌品种包括器皿、摆件、家具、屏风、牌匾、壁饰等。① 金漆镶嵌工艺流程分为六步：一是设计造型。根据创意或者构思来设计产品的外观。二是制作胎胚，木胎由木工来制作成型，脱胎是做出各种不同的器皿。三是制作底胎，要按照胎体的造型进行糊布，可以用到麻、绢、绸等材料。四是刮灰，即把灰地刮到胎上，用到的主要有细灰、中灰和粗灰。同时在灰地上好了以后要进行打磨，使整体器型光滑。五是进行髹漆，这个过程一般要进行三到五遍，此时底胎才成为漆胎。六是进行镶嵌装饰，包括彩绘、镶嵌、雕填和刻灰。

彩绘工艺是以漆胎为画面进行创作，一般用色漆和各种颜料，用画笔进行描绘。一般来说主要有描金、贴金、搜金、平金等手法，即在金箔的胎地上绘出各种精美的线条和图案。因此，在漆里调制材料配比，使髹上的大漆快干就显得尤为重要，与此同时也可以吸纳一些新材料进行创新，丰富漆器产品的美感。

雕填主要是在漆层进行雕刻，并且用特制的钩刀将胎上的纹路勾勒出来。这种工艺可以附着多层多叠不同颜色的大漆，呈现图案生动、色彩灿烂的效果。工艺难点在于雕填刀的制作。雕刻需要很细的刀口，要求手艺人能灵活控制方向和力度，因此只有技艺纯熟的老师傅可以制作。

镶嵌的工艺和技法非常繁复。一般来说，有平嵌和矫嵌之分。另外值得一提的是其中的立体镶嵌工艺，是在木胎或者脱胎的外层包上用玉石、兽骨、螺钿等各种材料，呈现立体的感觉。镶嵌选择的材料一般以天然的玉石为主，另外螺钿、兽角等也是常用的原料。镶嵌的技法多用于表现人物、花鸟、楼台等浮雕的内容，并且与造型、规格和主题等相互关联，使整个作品更为协调。

断纹工艺是通过特殊的处理，让漆器呈现断裂的艺术效果。粗略地说，断纹有蛇腹断、流水断、梅花断等 20 多种。这种工艺主要包括晒断、烤断、

---

① 景晓萌、李荣坤：《金漆镶嵌：传统技艺的发展之路》，《中国文化报》2015 年 7 月 11 日，第 8 版。

撅断、颤断。晒断，是底灰在太阳底下晒，呈现断纹的效果。烤断，在完成灰地工艺之后，在漆胎上刷上漆，之后进行烘烤，呈现断而不崩的效果。撅断，是在底胎上面糊上断纹的漆地，形成疏密得当的纹路。颤断相比于撅断，是在漆地上形成更小更细的纹路，有动态流畅的视觉效果。

在原材料方面，镶嵌工艺中的镶嵌主要是石料，包括寿山石、青田石、巴林石等。现在的镶嵌材料多为石、玉结合，因为有些石料的硬度达不到要求，加上玉之后，能呈现更立体的效果。百宝镶嵌的材料有玛瑙、砗磲、玳瑁、翡翠等各种名贵之物。

金漆镶嵌彩绘的工具。笔，以前是自制的墩笔，现在改用湖笔、绘画用的笔。雕填刀，金漆镶嵌用到的一种独特的雕刻工具，有各种不同大小的刀口。平铲刀，刻灰或者刻漆工艺（过去称为"款彩"）需要用平铲刀。凿，镶嵌时则会用到各种凿，圆凿、平凿等。这些工具基本都是手工艺人根据作品呈现效果自制的。

二　金漆镶嵌髹饰技艺的传承现状

金漆镶嵌门类繁多，技艺复杂，一人难以独立完成，因此需要分工集体合作。百年来，金漆镶嵌代代相传，从业者数不胜数。在传承关系中，很少有家族式的传承，一般来说，社会传承的情况居多。

（一）国家级代表性传承人

柏德元，1947 年出生，国家级非物质文化遗产代表性项目金漆镶嵌髹饰技艺代表性传承人，北京一级工艺美术大师。1962 年进入北京金漆镶嵌厂，拜清宫造办处第四代传人王珍为师，全面学习髹漆技艺。1983 年与师傅王珍共同研发雕填类断纹产品并取得成功，填补了漆器工艺的一项技术空白。自 1989 年以来，参与设计、指导并监制的大量作品在全国和北京市的行业评比中屡获珍品奖、金奖。主要作品：大型立体百宝嵌《九龙壁》在第三届中国工艺美术"百花奖"评比中被评为珍品（1989 年）；香山勤政殿《金漆镶嵌宝座系列》工程（合作）被北京传统工艺美术评审委员会评为珍品，被北京室内装饰协会评为优质工程（2003 年）；大型矫嵌屏风《丹凤图》被北京工艺美术行业协会评为金奖（2003 年）；大型矫嵌屏风《锦绣前程》被北京传统工艺美术评审委员会评为珍品（2005 年）。[①]

万紫，1959 年出生，国家级非物质文化遗产代表性项目金漆镶嵌髹饰技艺代表性传承人，中国工艺美术大师。1979 年进北京金漆镶嵌厂，先后师从王喆希、刘锡恒。1983 年考入北京市工艺美术品总公司职工大学学习绘画。万紫在创作设计中，不断探索追求，开发创新，不仅熟悉漆艺品的工艺设计，而且对室内设计、室内陈设、环境设计有所研究，使传统漆艺为现代所用。她先后设计了很多大型室内壁饰，采用雕填、罩漆、堆古、搜金等工艺手法，使屏风色彩艳丽，达到了漆艺所特有的艺术效果。主要作品：银彩绘屏风《潇湘夺魁》（合作）获中国工艺美术品"百花奖"金杯奖（1983 年）；金漆镶嵌宝座系列《香山勤政殿》（集体）获首届北京工艺美术展"工美杯"金奖（珍品）（2003 年）；堆古彩绘屏风《荷塘憩鹭图》获第三届北京工艺美术展金奖（2007 年）；雕填彩绘堆古贴金屏风《十二月令图》获中华民族艺术珍品奖（2008 年）。[②]

（二）传承模式的选择

总体来说，金漆镶嵌的技艺传承都是以师傅带徒弟的方式为主。但是随着社会的发展，传统的手工艺带徒模式遇冷，在这种情况下，只有通过社会招聘和院校培养才能拓宽传承的路径。为了更好地保护和传承金漆镶嵌技艺，不少金漆镶嵌的工艺美术大师通过退休返聘、以师带徒，以及建立企业定向班、开展青年职工培训等多种方式来培养接班人。

2015 年，北京金漆镶嵌有限责任公司引企入校，并与北京市专门的技

---

① 北京工艺美术：柏德元，北京工艺美术网，2022 年 7 月 11 日，http：//www. bjgm. org/gyds/bjgymsds/bjyjgymsds/251583. shtml。

② 北京工艺美术：万紫，北京工艺美术网，2022 年 7 月 11 日，http：//www. bjgm. org/gyds/zggymsds/251502. shtml。

工学校签订合作协议，建立现代学徒的教学模式。其中金漆镶嵌专业是企业定向班，实行"科班培养"，由金漆镶嵌高级技师进行专业实训课教学指导，不仅向学生传授金漆镶嵌传统手工绝技，还注重培养学生的传统文化修养和职业道德。同时推动招生即招工、毕业即就业模式的开展，学生在完成基础知识的学习之后，就可以去指定的工厂进行社会实习，这一举措也在很大程度上促进了金漆镶嵌人才培养的开展。通过学校的职业教育把这门手艺传承下去，不失为一种有效的途径。

2017年，国家出台了《关于实施中华优秀传统文化传承发展工程的意见》，这一文件对保护传统文化遗产做了具体指导。北京金漆镶嵌有限责任公司积极响应政策要求，努力打造企业文化品牌，并利用新媒体进行广告宣传。在提升企业品牌效应的同时，积极网罗人才，通过企业内部挖掘、社会招聘等方式扩大金漆镶嵌的后备队伍。

与此同时，北京金漆镶嵌也在努力倡导社会力量的参与，通过引入外部的资金和支持，夯实社会传承的基础。一是扩大生产规模，对职工进行专业化和精细化的培训，这种方式更为灵活、方便，相较于一对一的师带徒模式，传承面更广，能在短期内缓解人才紧张的局面。二是组织专业性培训，2018年北京市举办了首期非遗传承人群培训班，遴选了从事刺绣、雕塑、皮影、金漆镶嵌、点翠技艺等非遗技艺传承人共40人参加。这次培训以传承技艺为核心，通过对"新生代"的培训，探索北京非遗传承人才的"社会—学院"共育培养新模式，对包括金漆镶嵌在内的传统工艺培养人才提供了新思路，有效地促进现代设计走进传统工艺。① 三是举办金漆镶嵌进社区、进小学等活动，促进金漆镶嵌在社会和中小学的普及。比如2017年北京民协与西城区文化委员会、西城区非物质文化遗产保护中心联合举办了"向大师学艺、向优秀传统文化致敬"活动。在校园开设体验班，邀请金漆镶嵌传承人向学生讲解项目的历史、文化内涵等，并让学生体验如何制作金

---

① 《北京非遗中心：首期北京市非遗传承人群培训班在清华大学美术学院开班》，中国非物质文化遗产网，2018年10月10日，https：//www.ihchina.cn/Article/Index/detail? id=544。

漆镶嵌的作品。四是通过公开课、直播等形式宣传和推广金漆镶嵌。不少新媒体邀请金漆镶嵌的工艺美术大师和非遗传承人在线上开讲，介绍金漆镶嵌的历史、工艺流程、材料和工具等，将百年文化故事与技艺传承相结合，通过"直播+短视频"的形式，实现数字与文化的融合，通过这种形式，拉近与年轻人的距离，让金漆镶嵌在时代的发展中得到进一步的保护与传承。

（三）创新发展情况

近年来，金漆镶嵌在政府和社会各界力量的支持下，进行了不少实践活动，产品生产基本得到保障，传承人群的规模保持稳定。在产品研发、设计制作及材料创新等方面，金漆镶嵌都有一定程度的发展。

在产品研发方面，金漆镶嵌的艺人们努力贴近时代需求，不断开发创新产品。其中有小件的物品，像碗碟、罐盒、筷子等，以及金漆镶嵌的扇子、香具、茶具、餐具等；室内用的大件有床、茶几、屏风、柜子等家具用品。新产品既运用了传统工艺，又富有深厚的文化品位。

在设计和创作的过程中，金漆镶嵌同样需要进行创新，只遵循传统还远远不够。大漆能够在30多种材质上运用，如瓷胎、木胎、金属等表面，且效果非常好。设计者应充分抓住大漆的这些特点进行适当融合、创新，这也是未来的发展方向。金漆镶嵌的国家级非遗传承人万紫曾经进行过跨界融合，把金漆镶嵌工艺运用在电视音响的面板上，从原料、材质到造型等各个方面，都进行了一次大胆的尝试。她在电视的音响面板上进行了精细的髹饰，这可以看作是金漆镶嵌工艺融入现代生活的一个例证。

金漆镶嵌所用的材料也在不断地改变。比如，以前在象牙上能雕刻到很细很薄的程度，但是现在不能用象牙了，其他的材料像牛骨、砗磲就达不到之前的细度，因此，必须要改善工艺和材料的使用。万紫在作品精工矫嵌《红楼梦露秋咏菊》的屏风中，用了百宝镶嵌的工艺，建筑上选择了很多名贵材料，用牛骨雕刻成窗户，使用砗磲作为瓦和屋脊，用小叶紫檀制成柱子，将金丝楠木做成多宝阁。这些名贵材料本身有着自然的纹理，再合理地采用金漆镶嵌工艺，能极大程度地提升产品的质感。

三 金漆镶嵌髹饰技艺的发展困境及原因

随着市场经济的快速发展，生产、生活方式整体发生了变化。虽然金漆镶嵌在努力适应时代发展，在创新产品研发思路和经营理念方面也取得了一定的成就，但整体发展不尽如人意，传承和发展依然面临一系列的困境。

（一）传承群体出现断层

目前，在国家级的非遗代表性名录中，金漆镶嵌髹饰技艺只有 2 名传承人列入其中。由此可见，金漆镶嵌的传承群体断层明显，人才流失严重。由于传统手工艺的工作特点，金漆镶嵌对年轻人的吸引力不大，新人不愿意进入这个行业。虽然国家和政府努力推进对非物质文化遗产的保护，提升传承人的社会地位，但是由于时代的发展，年轻的传承群体对外在的信息接触更多，因此有了比较大的选择空间，许多人不愿意坚持长年累月地学习一门耗时耗力的手工技艺。同时，现有的人才流失比较严重。因为一名金漆镶嵌从艺者需要 5~10 年的时间才能实现独立设计和制作，这中间受多种外力条件的影响，导致新人很难留在这一行业，因此出现了比较严重的人才危机。

从长远来看，传承人群的断层会导致相关技艺的消失。比如金漆镶嵌中的刻灰工艺，目前只有很少的几位老师傅掌握了怎么做，而且他们大部分已退休了，现在这门手艺没人愿意学，随着老一辈人的退出，刻灰工艺自然就断档了，因此这一工艺面临失传的危险。

（二）产品形式单一，同质化严重

对于金漆镶嵌而言，要满足人们的生活和社会的需求，就需要从产品种类、内容和形式方面进行创新。随着民众审美观念的发展，部分传统产品的艺术形态与现代室内装饰的设计风格不统一，其作为生活器具的种类在急剧减少，相关的产品亟待创新。从产品种类上看，金漆镶嵌的小件产品主要以漆盒、漆碗、漆碟、漆筷、漆镜等日常用品为主，相关的文创商品较少，类

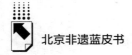

型也比较单一，难以满足当代年轻人的消费喜好。而金漆镶嵌大件产品以家具类为主，如大漆屏风、床榻、梳妆柜、衣柜、茶几等，更适合中式家装，面向的用户有限。

金漆镶嵌产品存在的另一个严重的问题是同质化，题材创新不足。北京金漆镶嵌应该是传统文化的物质载体，承载着区域文化的历史信息和内涵。但是就目前而言，在复杂多元的文化语境之下，金漆镶嵌需要融入现代社会，不可避免地面临同质化、盲目化的问题，而且金漆镶嵌作品如果没有系统的设计思想，就容易偏离人们的实际需求。现在市场上的金漆镶嵌产品存在着样式老套、形式单一、缺乏创意等问题。展示和销售的金漆镶嵌产品大多以传统题材为主，作品中的人物造型、建筑风格、图案设计还是以中国古代的形制为主，比较偏离现代人的审美习惯，过于强调文化内涵的传达，没有与作品的功能性融合，而且与现代的科技发展结合得不够。

（三）社会认同严重欠缺

目前，金漆镶嵌产品的市场宣传力度不足，导致吸引力不够，整个的社会认同感不高。在各类现代时尚产品的冲击下，金漆镶嵌与日用必备品的市场逐渐远离。绝大多数年轻人不知道北京金漆镶嵌都有哪些产品，也没有购买过，更不知道金漆镶嵌的产品特性和文化内涵。当下人们对金漆镶嵌这种传统工艺的保护还缺乏正确的认知。从整体上看，金漆镶嵌与受众之间欠缺情感沟通，难以获得文化心理方面的认同。受众了解金漆镶嵌相关信息的渠道狭窄，在网络社交媒体以及电视节目中，很难看到金漆镶嵌的身影，而且一些线下的产品展销会受新冠肺炎疫情影响难以持续开展，报纸或者杂志等纸质媒体的受众较小，因此，传统的宣传渠道不利于金漆镶嵌文化的传播和推广。

同时，金漆镶嵌作为一门手工艺的传播力不足，导致极少有人将此项目作为职业进行规划，很多人都是出于业余爱好，对整个的工艺流程不够了解，很难做深做透，对这一工艺也缺乏持续的热情。也有不少从业者觉得这项工作的经济收益不大，缺乏实现自我价值和社会认同的方式。一些线下的传播活动，比如金漆镶嵌进校园、进社区等，只限于特定的人群，更多的意义在于推广而不是传承。这些都是北京金漆镶嵌无法获得更广泛的社会认同的障碍。

（四）品牌力量薄弱，资金支持不足

对于传统手工艺的发展来说，良好的企业运营对于品牌的塑造格外重要。从目前来看，金漆镶嵌还没有形成过硬的品牌效应，从业人员少，市场认知度明显不足。缺乏相应的资金支持也是金漆镶嵌传承发展过程中遇到的一大挑战。目前，金漆镶嵌的作品大部分工艺是手工制作，整体的生产流程复杂，所需要的单位时间比机器制作要多，因此产出比不高，获得的经济效益也较低。因此，亟须大量资金的投入。目前传承人开展授课教学、项目传播推广均缺乏足够的资金，专项资金和其他补助类资金有待提高，支持力度仍显薄弱。

四　金漆镶嵌髹饰技艺发展保护策略

（一）加强政府引导，获取资金支持

虽然金漆镶嵌已经成为国家级非物质文化遗产项目，但是仍然面临人才青黄不接、资金投入不足等诸多困难，政府的引导与扶持亟待加强。因此，政府的相关部门应制定切实可行的政策，大力扶持传统的手工产业，让金漆镶嵌技艺的传承发展落到实处。

一是相关政府主管部门进行实地调研，制订促进金漆镶嵌等有关企业发展的方案，加快打造产业集群的步伐。同时，切实执行相关政策法规与管理办法，保障金漆镶嵌传承活动的有序开展。二是继续加大资金扶持力度。地方财政预算要提高对传统工艺保护的专项投入，采取提供项目发展资金、吸引外资等措施，扶持相关的金漆镶嵌企业进一步提升企业生产水平。三是设立专门的发展基金，鼓励社会各界参与到这项传统工艺的传承与保护中。因

为只靠传承人的力量无法完全实现传统技艺的振兴，所以也需要普通民众参与其中。四是加大对金漆镶嵌商品专利的保护力度，鼓励对产品进行技术创新，打击不公平竞争的现象，维护金漆镶嵌的品牌信誉，促进金漆镶嵌市场的有序发展。五是加强人才培养，提高金漆镶嵌从业者的待遇，发挥职工在企业中的作用，建立科学的人才激励机制，为金漆镶嵌提供人才保障。

（二）推动相关文创产业深化与发展

传统手工艺的发展需要依靠市场的推动。因此如何走向市场，是金漆镶嵌从业人员当前迫切需要解决的问题。目前文创产业的发展大有可为，金漆镶嵌应利用好自身文化底蕴深厚的优势，为产品的创新开发提供资源。在传统的应用领域之外，不断拓展产品输出路径。比如，与家具装饰融合，开发装饰品用于电视墙背景、床头、灯具等；将金漆镶嵌的艺术元素与工业设计相结合，如相关的髹饰工艺用于工业产品的外观设计、表面装饰等；结合当下年轻群体喜爱的色彩和视觉形象，将现代的设计语言和流行元素融入金漆镶嵌制作之中，同时将传统文化和时尚元素相融合，推出可定制的新产品。此外，应充分发掘产品的文化内涵，进行"文化+旅游"的产品开发，强化相关产品的艺术特色，在结合时代精神的基础上，开发符合现代社会消费需求的精品，提升其市场竞争力。比如开发金漆镶嵌的研学旅行，制作相关的手工课程等，并推向大中小学校。

（三）加强品牌塑造，创新设计理念

要促进金漆镶嵌的现代化转化，必须结合时代特点进行创新，开拓产品的经典品牌。一是鼓励职业院校提供输送艺术设计方面的人才，为金漆镶嵌相关企业提供新技术的服务。在相互学习和交流的过程中，从业者可以不断更新设计理念，盘活企业的生产思路；主动推动北京市工艺美术高级技工学校金漆镶嵌专业的发展，进一步优化校企的合作模式。二是加强与专业手工艺团体和机构的合作，提升金漆镶嵌产品的创新能力。从色彩、工艺等方面进行产品研发，创新金漆镶嵌作品的艺术表现形式、表现主题等。三是积极倡导高校学生参与产品的设计和运用。在高校开设的实践课中，探索开发金漆镶嵌的体验项目。鼓励学生进行大胆创新，从产品内容、形式、手法等方面为相关从业者提供参考，从而让这一项目更具时代特征。四是强化企业的品牌意识，积极打造金漆镶嵌的非遗品牌，树立良好的企业形象，强化产品的市场认知，鼓励企业主动宣传其产品，提升产品质量，向社会推广金漆镶嵌的文化产业大品牌。

（四）多种方式推进项目传承

借助新媒体的平台和传播渠道，进一步向社会推广金漆镶嵌这一传统手工艺。让更多人关注这一项传统的手工艺，充分利用微博、抖音、哔哩哔哩等新媒体的传播推广，扩大其传播范围。开展非遗项目进校园活动，根据金漆镶嵌在制作时互动性好、参与感强等特点，围绕艺术创造、小组设计等方面开发专题课程，吸引学生群体参与，增强课程的体验性，从而激发学生学习金漆镶嵌相关知识的热情。此外，还可以积极建设数字艺术博物馆，将金漆镶嵌的相关藏品在展馆内展示，在此基础上，开发新数字技术的展览方式，扩大金漆镶嵌技艺的社会影响力。

五　结语

当下，国家正着力推动传统工艺振兴计划，这对于包括金漆镶嵌在内的传统手工艺来说正当其时。在这种形势下，金漆镶嵌的相关企业和从业者，应该进一步做好产品设计和制作，把好质量关，提升金漆镶嵌的社会知名度、美誉度和影响力，将文化资源优势转化为经济优势，发挥其产业引领的作用，实现经济效益增长和技艺传承发展的双促进。

B.25
北京传统金工产业发展研究报告

韩 澄[*]

摘 要： 作为我国传统手工艺的代表性种类，北京金属手工艺既具有独立的行业特点，又具有鲜明的文化符号价值，是优秀文化传承、展示的重要载体。作为一种文化表征的基本架构，传统金属手工艺以及其文化塑造是由集体发展并经过长期传承凝结而成的，并受到了多个种族及其文化的影响。正是基于此，北京金工文化形成了风格显著、工艺精良、文化内涵广、流传有序的艺术特点，并以此成为具有代表性的传统手工艺术，我们所熟悉的"花丝镶嵌""景泰蓝"等传统手工艺蜚声国际，成为代表北京地域的特种工艺类型。本文在深度调研北京金工产业发展现状的基础上，站在京津冀区域建设与协同发展的战略高度，着重从文化价值、经济价值及文化与科技融合价值等方面审视该地区传统金工产业的作用、价值与发展定位，探索加快产业发展的战略思路与实现路径，聚焦人才、品牌、政策等产业发展的瓶颈问题，以实现传统金工产业又好又快发展，使金工产业在加快推动区域经济结构调整、促进我国文化大发展大繁荣、加快协同发展和中国特色传统文化复兴建设中有所担当、大有作为。

关键词： 北京 传统金工产业 行业布局

---

* 韩澄，北京联合大学艺术学院美术系主任，教授，主要研究方向为非物质文化遗产保护、工艺美术。

作为人类传统手工艺的代表性种类，金属手工艺行业具备典型的经济和文化双属性特征，既具有独立的行业性特点，又具有鲜明的文化符号价值，是优秀文化传承、展示的重要载体。

回顾京津冀地区传统金工艺术传承的历史，在秦汉时期已有相当的发展规模，在明清时期达到顶峰。作为一种文化的基本架构，传统金属手工艺以及它的文化塑造是由集体发展并经过长期传承凝结而成的，并受到了多个种族及其文化的影响：一方面，强权政治体系下的行政干预，使得来自全国甚至是世界范围内最优秀的金工艺术从业者在一千多年的时间内源源不断地为该区域补充着先进的工艺成就与技能；另一方面，这些人及其技能经过几代甚至十几代的传承逐渐融入当地的民俗文化之中，并以此成为该区域工艺文明的基础。正是基于此，以北京为代表的京津冀地区金工文化形成了风格显著、工艺精良、文化内涵广、流传有序的艺术特点，并以此成为具有代表性的传统手工艺术，我们所熟悉的"花丝镶嵌""景泰蓝"等蜚声国际，成为代表北京地域的特种工艺类型。

新时期以来，金工产业发展的内外部环境发生深刻变化。从国家宏观层面看，党的十八大做出了"扎实推进社会主义文化强国建设"的重大战略，为文化发展注入新的强大动力。从首都层面看，"十三五"规划开局时期，北京正在全力建设有中国特色的世界城市，着力推动首都文化大繁荣大发展，提出"发挥首都文化中心示范作用"的总体要求；同时，艺术品交易市场的活跃、居民消费结构的升级，也为传统金工发展提供了广阔市场空间。从发展竞争来看，以北京为首，覆盖整个京津冀地区的传统金属手工行业既面临福建、江苏等外埠地区的发展竞争，又面临发展空间不足、劳动力成本高、人才队伍不足、品牌建设滞后等一系列自身发展问题。

本文在深入分析新时期北京地区金工产业发展面临的内外部环境的基础上，站在区域建设与协同发展的战略高度，着重从文化价值、经济价值及文化与科技融合价值等方面审视该地区传统金工产业的作用、价值与发展定位，探索加快产业发展的战略思路与实现路径，聚焦人才、品牌、政策等行业发展的瓶颈问题，以实现传统金工产业又好又快发展，使产业在加快推动

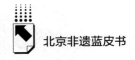
区域经济结构调整、促进我国文化大发展大繁荣、加快协同发展和中国特色传统文化复兴建设中有所担当、大有作为。

一　北京金工产业发展现状与问题剖析

通过前期对北京地区几个有代表性的金工企业进行实地考察调研，本文了解到这些企业目前的经营状况、从业人员结构、产品结构、工艺特点等基本信息。梳理近十年企业的发展变化，可以看到这些企业在时代的变迁中不断完善蜕变，突破创新，社会地位显著提升，以及在技艺传承、经营发展、人才培养等方面所做的不懈努力。

（一）"老字号"发展现状——以北京东方艺珍花丝镶嵌厂为例

1. 发展概况

北京东方艺珍花丝镶嵌厂（以下简称"东方艺珍"）坐落在北京市通州区工艺美术文化创意产业园，是在原北京花丝镶嵌厂解散后重新组织建立起来的花丝企业，由一栋四层的工艺加工车间和一栋工艺美术博物馆组成。企业改造后，焕发出新的生机，成为引领花丝行业发展的标杆。同时，在2018年被认定为"北京老字号"企业。

新中国成立以来，东方艺珍是第一批为数不多的在全国范围内成立时间较早，规模、影响力较大的专业化金属生产加工的龙头企业，在錾刻、花丝镶嵌、卡克图等国内传统铸造方面都有着顶尖的工艺技术。其主要的生产业务是利用传统的花丝镶嵌、錾刻、卡克图等工艺，设计制作各种类型的精美花丝制品、金银摆件、首饰制品及相关日常适用品等。近两年，东方艺珍还逐渐尝试花丝与不同工艺结合，比如花丝和玉、珐琅的结合，产品主要以人物摆件、建筑、首饰为主，艺术风格多样。

东方艺珍曾屡次荣获过工美杯等百十项国内外各项大奖，圆满完成了国家重点工程牌匾、金书、徽章、国礼、证书等多个项目的设计任务，曾多次为促进国家传统工艺产业的开发、出口与创汇等做出了突出的贡献；

特别是党的十八大以来，一直致力于我国花丝镶嵌传统工艺非遗文化成果的创新保护与传承发展，高度注重自主研发与文化建设，并在 2015 年建立了东方艺珍花丝镶嵌传承基地，为推进花丝镶嵌传统工艺的传承和发展提供了强有力的保障；2017 年又挂牌设立了东方艺珍文化产业有限公司，为以花丝镶嵌传统技艺产业为主要竞争力的传统文化产业的发展创新打下了坚实的基础。

2. 出现的问题及做出的尝试

在企业发展中，东方艺珍一直面临技艺无人传承、人才缺失、青年储备不足的问题。对此现象，东方艺珍做了以下几点尝试，并取得了不错的成效。一是聚集行业精英，不断进行交流培训。定期面向行业中的花丝工艺从业者开设一系列花丝镶嵌技术的培训课。二是搭建体验与培训平台，吸引潜在人才。不定期地面向花丝镶嵌爱好者举办各种花丝镶嵌工艺的体验课，并在寒暑假组织线下传承大课堂亲子体验班，让中小学生以及热爱传统手工艺的人士，有更多的机会深入了解我国的非遗，弘扬工匠精神，坚定文化自信。三是点对点合作，直线输送人才。积极拓宽与校园合作渠道，将花丝镶嵌这种传统民间技艺逐步渗透到校园中，培养懂工艺的高水平设计人才，让传统工艺技术能够薪火相传。与通州区残疾人文创产业基地联合举办技艺培训班，提升残疾人就业技能、促进残疾人就业创业，同时进行残疾人文创基地非遗技艺传承。通过非遗培训，解决残疾人就业问题，鼓励残疾人创业，让他们走出家门，融入社会，实现自身价值，把中国的传统技艺传承下去。

（1）受市场影响，企业收入缩水

企业的收入逐渐缩水。东方艺珍做了以下几点尝试：一是打造文化产业基地，为以花丝镶嵌传统技艺产业为主要竞争力的传统文化产业的创新发展打下了坚实的基础；二是调研市场需求，根据产业发展报告，精准定位消费群体，实现创新设计，打开市场；三是搭建传统手工艺交易平台和花丝设计师集合店，作为行业龙头企业，东方艺珍发挥资源优势，打造高端、时尚的品牌形象，但目前还处于构建的初级阶段。

（2）年轻群体消费、审美观念改变

现代年轻消费者一般更喜欢选择造型简单时尚、能有效与着装风格相融合的饰品。消费群体发生的巨大转变也冲击着传统手工艺企业，使其必须面临重新蜕变和再生的新考验。针对这一设计问题，东方艺珍不仅全面归纳总结数十年发展形成的丰富历史经验以及技术工艺，还将其与技艺创新紧密结合，以顺应当前新时代文化及文创设计产业创新发展的形势需求。基于奢侈品消费者数字行为洞察报告与中国珠宝产业发展报告，东方艺珍针对经济发达城市年轻主流消费群体进行产品设计生产。主动学习并汲取当今新时代设计师的先进创新工艺理念，让传统制作工艺与现代美学理念完美融合，增强了传统设计工艺在当下市场的适应性。

作为行业的老字号，东方艺珍有着深厚的文化底蕴，同时也是行业的风向标，在保护、传承与发展花丝镶嵌工艺中承担着重要的社会责任。东方艺珍进一步清晰明确地制订了中长期发展规划和市场定位规划，正逐步沿着公司建设中国花丝镶嵌非遗文化品牌传承和民族传统工艺传承中心、振兴产业的国际示范性企业的战略目标迈进而进行不懈的努力。

（二）传统家族式企业的发展现状——以良盛达花丝镶嵌特艺有限公司为例

1.企业发展概况

成立于1997年的大厂回族自治县良盛达花丝镶嵌特艺有限公司（以下简称"良盛达花丝"），是由马福良先生创办的特种工艺品企业。良盛达花丝地处廊坊市大厂县城，该地区有近百年的花丝镶嵌技艺传承传统，目前有四十余家不同规模的企业及作坊从事相关产业。良盛达花丝是其中最大，也是最具规模的一家企业。

董事长兼总工艺师马福良先生从小跟随父亲学习花丝镶嵌、蒙镶等传统手工艺，后来经过进修学习，成功地将俄罗斯的宫廷工艺卡克图工艺、蒙镶工艺与传统的花丝镶嵌工艺融合，使花丝镶嵌的产品形式更加多样。目前良盛达花丝掌握蒙镶、花丝镶嵌、金属錾刻、卡克图全活工艺的有八位成员。

目前良盛达花丝主要开展工艺品的设计、研发与制作的业务，主要经营的生产模式有定点生产和高级定制，承接纯花丝、花丝镶嵌、蒙镶和花丝镶嵌相结合的产品生产，加工领域广泛，产品主要销往国内市场。高级定制订单主要是传统手工艺蒙镶、花丝镶嵌和俄罗斯宫廷卡克图工艺相结合的产品，花丝首饰也有部分订单。这种卡克图风格的作品看上去新颖独特，别具一格，不仅被中国人所接受，同时也广受外国友人的赞赏。其代表作《花丝孔雀蜡台》曾被当作礼品赠送给西方某国的元首。

2. 企业发展中出现的问题

（1）内部分工不明确

良盛达花丝是一家家族式私营企业，有销售部门和生产部门。由于是家族式企业，企业内部部门分工不是很明确，这样就会出现问题处理不及时或无人处理的情况，影响工作效率和工作质量。但家族式企业也有一定的优势：权责统一、自主管理、运作灵活，管理效率和企业凝聚力以及向心力得到巩固，有利于企业的发展和壮大；有利于其在创业初期降低企业的管理成本，以较低的资金成本迅速聚集创业和发展资本；有利于形成较高的决策力和执行力。

（2）员工文化水平低

良盛达花丝在职员工整体文化水平较低，销售部门仅有本科学历员工一名，其余均是初中、高中文化水平和专科学历的员工；生产部门员工全部为初中文化，同时生产人员也是产品设计师。这样的员工文化结构一方面影响技艺的提高，因为提高技艺也需要丰富理论知识；另一方面，由于缺乏高等教育，加上手工艺人大部分时间都在企业的封闭空间内工作，他们无法迅速适应不断变化的社会和顺应社会潮流，从而影响了公司的生存和发展。

（3）员工整体年龄偏高，缺乏年轻人才

良盛达花丝销售部门的在职人员平均年龄是45岁，生产部门的在职人员平均年龄是43岁。马福良目前60多岁，其儿子也继承传统手工艺，如今算是公司最年轻的手工艺人。缺少年轻学徒会直接影响传统手工艺的传承，

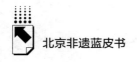

也会影响公司的发展和壮大。

（4）设计人才队伍匮乏，产品设计较为保守

设计人才队伍的相对匮乏在一定程度上制约了良盛达花丝的企业发展。

一是独立式的设计制作模式带来的弊端。该模式由工匠一人独立承担整件产品的设计与制作。独立式匠人多年的制作经验虽然形成了丰富的花丝镶嵌工艺意识，使其在设计中可以更好地运用花丝镶嵌工艺，但是由于绝大部分匠人的学历不高或专业不对口，没有设计专业的理论基础，并不能做出符合当代需求的设计样式，所以作品设计还停留在仿古或样式模仿的阶段，缺少对口设计的投入。

二是产品设计的功能种类开发不足。古代花丝镶嵌工艺品多以皇家贵族阶层的装饰品为主，也有小部分日用餐饮器具、佛教法器和祭祀用品。随着当代社会环境变迁，花丝镶嵌产品的实用功能性逐渐淡化，一些不能适应时代发展要求的产品退出时代舞台，因此，日常佩戴的首饰占据了现代花丝镶嵌产品的主要市场。在花丝镶嵌产品的发展过程中，缺少大胆的功能创新，产品的设计制作者似乎较少考虑现代潜在消费市场，未能开发适合时代需求的新产品，导致了消费市场的平缓，进而制约了花丝产品的发展。

（三）个体工作室的发展现状

目前，北京地区的掌握花丝工艺的个体工作室有 50 家左右，以工艺美术大师为核心、以高端定制的精品创作为主，如赵云亮细金坊、东方明艺、张同禄大师工作室、南志刚大师工作室等，下面以赵云亮细金坊和东方明艺工艺品有限公司为案例进行介绍。

1. 赵云亮细金坊

赵云亮是北京市工艺美术大师，1979 年成为北京市首饰技工学校第一届学员，后来因表现优异，师从姚迎春（姚迎春的师傅王百川曾在清宫造办处工作），所以赵云亮细金坊的花丝镶嵌工艺承袭皇家工艺。目前赵云亮细金坊仅有学徒 1 人，培训学员 5 人。企业拥有花丝镶嵌全套加工设备和设施，所有生产环节可以在北京宋庄一体完成。但由于环保管制，只能在北京完成少量的精加工产品,如果有大批量产品或初级铸造,需要到天津加工,以工艺美术大师自制和同外地工作坊协作完成工艺生产。赵云亮细金坊以高级定制为经营路径,有一定的客户群,少量生产精品摆件和首饰,承接故宫、恭王府定制的博物馆文创产品,传承精湛的全手工花丝镶嵌和点翠工艺。

2. 东方明艺工艺品有限公司

该公司成立于 2002 年,专业从事花丝镶嵌这项传统手工艺的研发、制作。公司主要以文物复制、代工生产、高端定制、影视道具制作为主,如为首都博物馆、十三陵博物馆、杭州博物馆等复制了金翼善冠、乌纱翼善冠、凤冠、花丝捧盒、金壶、金盘等几百件文物;与周大福、老凤祥等珠宝店合作,实现双赢;承接电影道具的定制,如张艺谋导演的电影《满城尽带黄金甲》中周杰伦所饰角色的金盔金甲,李少红导演的新版《红楼梦》中宝玉的长命锁,以及冯小刚导演的《夜宴》中章子怡所饰角色的头饰等。

公司现有员工 20 余人,其中中国工艺美术大师 1 人、高级工艺技师 3 人。由于带徒弟需要花费大量精力、财力、物力,并且 5 年内很难出成绩,加之技师的工资不高于 1 万元,从事该行业的年轻人越来越少,现在留在公司的技工都是创始人赵春明带出来的徒弟。

(四)北京传统金工产业发展面临的突出问题

1. 人才队伍建设亟待深入完善

在企业发展中,一直面临技艺无人传承、人才缺失、青年储备不足的问题。一是绝大部分企业整体人员偏少,不足百人,从业人员整体规模远低于其他地区。二是企业人才结构不够合理,存在严重的从业人员老龄化现象,缺乏创意型、设计型等高学历人才。三是对于老企业而言,企业优秀人才的自立门户,带来了人才的流失。四是传统金工行业年轻学徒工资较低,学习难度较大,学艺时间长,加上社会快节奏生活方式,越来越多的年轻人不愿意从事该行业。五是传承方式单一,目前主要以师徒制方式传承,传承范围有限。

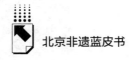

2. 企业竞争力有待提升

相比于 20 世纪 90 年代，近年来国内外市场对于精品、大件作品的市场需求降低，市场比例缩小，由于国际市场影响，精品市场下滑，花丝企业的收入逐渐缩水。企业把开拓当代市场当作主要任务，在探索中也出现了一些问题。一是尚未建立起现代企业经营理念，采取传统的生产组织形式、产品营销方式。二是企业与市场需求对接不足，企业市场意识不强，创新滞后。三是缺乏规范化的交易市场平台，经纪人队伍对企业发展的支撑作用有待加强。四是手工产品市场竞争力不足，一方面是工业化生产对企业产生了负面影响，市场充斥着工业铸造的花丝产品；另一方面是地域内企业的主打产品同质化现象比较严重，使得人们对于花丝镶嵌的工艺产生误解，不能正确认识传统手工艺以及不能正视传统手工艺。

3. 传统元素设计创新有待加强

花丝产品在当代的传承和发展中，花丝工艺中的工艺技法、装饰手法、古代功能形式等被保留和沿袭下来。不可否认，这些被传承下来的部分是有文化价值的，但是这些部分不一定都能适应当代设计的发展，在当代花丝产品设计的发展中终将被逐步割舍。由此也呈现了花丝产品发展中所存在的一大问题，即传承大于创新，面对这一历史悠久的传统花丝技术，人们强烈的保护和沿袭意识模糊了创新思维，阻碍了现代花丝工艺的发展。

在当代设计风格中，花丝镶嵌精致写实的艺术风格并不是主流。仍有不少花丝镶嵌的当代设计作品充满着未经现代艺术设计加工的传统中国元素。虽然东方元素背后的中国气韵散发着迷人的魅力，但是当代人对美的认识和追求提高了，传统不是一味地仿古，而是应该以当代大众审美为基点，挖掘传统中国元素并对其进行顺应时代的转化和再设计。信息时代快速变革，面对日益激增的新鲜事物的强烈冲击，大众对花丝产品的需求产生了变化。根据市场分析，中国奢侈品和保值珠宝市场的消费主流人群已经变成年轻群体，但是他们极少会选择奢华的花丝镶嵌产品来展示自己的品位与财力。这些仿古的花丝镶嵌工艺品，虽然工艺与视觉效果令人赞叹不已，但脱离当代群众生活，与主流消费群体不匹配，并不能迎来更广阔的消费市场。

4. 企业发展负担较重，政府引导力度有待加大

21 世纪初，我国提出文化强国、文化自信等理念，从国家到地方政府开始进行非物质文化遗产的保护和传承工作。国家和各地方陆续地出台了相关法规政策，政府出资积极引导广大企业投入到非遗文化保护、传承、推广项目中，相关国家法律法规正在逐渐趋于完善，花丝镶嵌也得以重新被重视，花丝行业也开始逐步度过寒冬期，但仍有部分问题还亟待解决。一方面，现阶段国家对手工艺大师提供了很多补贴政策，但是政府对花丝企业的市场补贴不够，工艺美术行业专项资金规模偏小，又未能充分享受目前国家、地方文化创意产业相关的优惠政策，行业整体政策与发展环境有待优化。在调研中发现，赵云亮、赵春明两位大师建立的工作室都表示是用自己的经费做产品。另一方面，考虑到环保问题，只能制作少量花丝精品，供散户购买。政府政策应针对工艺美术行业出台相关环保、支持、保护问题的政策。

5. 产品的人文附加值不足

当下产品附加了很多工艺含量，但是人文含量却很少。这既是花丝镶嵌工艺面临的问题，也是传统手工艺普遍面临的问题。目前花丝镶嵌工艺的保护和传承工作已取得了非常大的成就，对工艺的掌握已经达到了较高的水平，但美中不足的是，在发展花丝镶嵌上还存在一些问题值得探索。产品设计略显匠气，过度追求艺术表现的技巧，墨守成规，缺乏创新意识和艺术独创性。部分工艺师为了展现自身技艺的高超，矫揉造作、平庸堆砌，使作品失去文化底蕴，只是流于表面炫技，这样就产生了大量略显匠气的作品。匠气的作品缺乏创新，循规蹈矩。单纯地重复过去的工艺技术、风格，必然意味着原创的丧失。当然，也不能一味地否定，凡事都是由量变到质变，一切事物的发展都有过程。在花丝产品的创作上从单纯的匠气模仿出发，进一步深化为对匠心的追求，最终才能达到艺术的最高境界。

二　北京传统金属手工艺价值

北京金工"萌芽于殷商燕赵，奠基于辽金，繁荣于明清"，距今有 1000

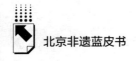

多年的历史，悠久的皇城历史文化使历代名师巧匠云集京城为皇宫制作工艺，尤其是明清时期少府监、造办处及工艺局等专门管理机构的设立，极大整合了全国优秀民族文化、优秀工艺和各类人才，促进了以宫廷艺术为特征的金工行业大发展。

（一）文化传承与历史积淀厚重

北京琉璃河出土的太保罍盖铭文记录了早期华夏民族移民北京地区的历史原貌：周王授民六族给燕侯。在这些迁移部族中，既有原殷商移民，也有从西部与北部地区征召而来的马方、羌方等部族。在历史上，这些部族同斯基泰金工文化圈有着密切的关联。游牧部族的金工文化在这里得到延续与发展。在之后的漫长岁月中，北京因其重要的地理位置成为华夏边缘冲突最激烈的地区之一，同时也是手工技艺相互交流、相互学习的重要交融地区。

北京金工产业发展到民国时期，呈现了新的面貌，一方面，由于民间资本的进入与财团的发展，北京金工在南城与通州等地出现了新的产业集聚，新的产业规模吸引了大批农村劳动力涌入城市，这些以地缘与业缘为特征的传承人成为支撑北京金工产业发展最重要的基础。另一方面，长期为宫廷服务的能工巧匠，他们将优秀的宫廷艺术与工艺带入民间，广收弟子，将技艺流传到市井村舍。

据记载，当时的北京商业多集中在南城，由于政府在崇文门设置税关，致使商家们在崇文门外云集不散，像前门外廊房头条、二条、珠宝市，都是北京有名的金银珠宝一条街，著名的有三阳、开泰、天宝、中源、宝华、全聚、宝兴、三聚源、宝兴隆等。

（二）金工行业能够反映不同时代的文化背景和时代风尚

历史是发展的，在当下我们看过去的手工艺是传统的，在未来看现在的手工艺也可以说是传统的。所以说，在当代做传统手工艺的活态传承与现代转化中，我们的设计思想不能被"传统"二字所束缚。手工艺应该是顺应时代发展的，设计的产品要符合当下审美与消费，服务当下。手工艺应该是不断发展进化的事物，在传统中创新，不断更新，不符合当下的要淘汰，顺应时代的要被继承与新生，而不是照搬历史去传承和发展传统手工艺。

从历史时间节点去解剖，所有的技术和工艺都是匹配的，生产力和生产关系是匹配的。在每一个时期，手工艺的设计与制造，都应该运用时下最先进的工艺与材料。每个时代的社会先进生产力，无论是在技术方面、工具方面还是知识方面，都在传统手工艺产品的设计和造物上第一时间体现出来，与时代和文化演进同步，文化的延续和积累在传统手工艺方面及时体现。当代最新的工艺与材料成果应该在传统手工艺领域中体现和应用。最新技术材料的应用一方面可以达到更符合当下审美的效果，另一方面可以改善设计制作成本。这样能够扩大社会消费面，让更多的公众认识并感受到传统手工艺在当代生活中的应用。通过生活来认识传统手工艺，会更有亲切感，更易于拓展公众日后消费。如果我们不去应用的话，那么传统手工艺还是维持在小众群体中，没有办法和当下社会生活融合，也就没有办法最大限度地接触到消费者和潜在消费者。

从工艺发展的维度看，在传统手工艺的活态传承中，传统手工艺要在现阶段和在未来获得一个可持续的良好的发展，需要完成现代转化。现代转化是手工艺与社会发展、科技水平、生活应用的紧密结合。当代传统手工艺活态传承的一个问题就是：产品附加了很多的工艺含量，但是附加的人文含量却很少。顺应时代的手工艺产品能够使大家多一个选择。每个人追求的生活方式不同，顺应时代的手工艺产品的出现，符合某一人群的生活要求，为大众提供了一个新的选择，使大众可以认识到生活不仅仅是平常的衣食住行，也可以充满很多变化，所以在现代转化的过程中，对传统手工艺的设计的必要需求，就是要从消费对象的心理和行为特点出发，需要进行深度理念的设计。

从设计维度看，当代传统手工艺的传承人、从业者、大师想要实现现代转化，首先要做的就是将价值观中的美好生活方式呈现给现代社会，也就是设计要为更多的消费者提供一种生活方式的直观解读。让大家认识到当代人在应用传统手工艺的情况下，是如何达到他们对美好生活的追求，那么把这种对美好生活的追求解读给现代的大众，让大众理解不只是现代科技类产品、工业化产品，传统手工艺产品也同样有着美好的生活方式和生活状态可以选择，那么大众认识到这一点之后，潜在的消费市场就有可能被打开。通过这样的一种解读和转化，金工行业才能实现传统手工艺与当代核心价值观的融合。我们每一个时代的主流价值观或者是核心价值观，都不仅仅是当下这一个时代的，同时也有之前传承下来的，它是二者在一个不同程度上的磨合，进而融合形成了当代社会的一种主流价值观和核心价值观。而这样的价值观所带来的设计才具有在这个时代以及向后世传承、延续自身的生命力，否则的话，它始终是在社会之外，它的生命活力就无法被激发出来。

综上所述，手工艺从属于一定的价值观，符合并反映相应的文化背景和时代风尚。

三 金工产业发展经验借鉴及趋势预测

（一）发展经验借鉴

1. 政府主体在宏观层面进行引导扶持

一方面，通过立法推动工艺美术保护与发展。从世界各国工艺美术发展来看，很多国家都通过文化立法的形式有效地推动了本国工艺美术保护和发展，并以此刺激了相关产业的发展。以日本、韩国为例，日本从《文化财保护法》《传统工艺品产业振兴法》明确了行业保护范围、保护者认定制度及对从业人员扶植政策等。① 韩国的《文化财保护法》对于文化保有者给予用于公演、展会等活动及研究、扩展技能、艺能的全部经费，同时政府还提供每人每月 100 万韩圆的生活补助。② 我国于 1997 年出台了第一部行业法规

---

① 张福昌：《日本传统工艺产业及其振兴政策研究》，《美与时代》（上半月）2011 年第 5 期，第 13～19 页。
② 徐庚寅：《韩国〈文化财保护法〉的架构探讨》，《文化遗产》2011 年第 4 期，第 56～59 页。

《传统工艺美术保护条例》，其后各省市纷纷出台了地方性传统工艺美术保护条例，积极促进了各省市工艺美术行业的发展。另一方面，以政府主管机构牵头，组织行业学会/协会成立专项委员会，可以有效整合资源、推动行业发展。行业协会等社会组织在促进工艺美术行业发展中通过整合企业、市场信息、产品品类等资源，引导行业的良性发展。目前，在北京学术界有北京联合大学非物质文化遗产学院组织的金工产业发展联盟、有北京市工艺美术行业协会组织的金工专项学会等研究机构。相较于高等院校的研究机构设置，企业界自身并没有形成有效的联动组织与交流平台。同时，学术界与行业之间的互动虽较为频繁，但学术界的设计研发与研究尚未对传统企业产生助力作用。而集合京津冀三地的行业互动，由北京市文旅局、天津市文化广播影视局、河北省文旅厅共同举办的"京津冀非物质文化遗产联展"也仅仅提供了三地金工的展示平台，从内容与形式看没有较大的突破。此外，还应该注重行业后备人才教育培训。最近几年，国家艺术基金、北京文化艺术基金等机构提供了高级别的专项培训平台，并孵化了一批青年后备人才成长。如北京联合大学 2020 年北京文化艺术基金项目"北京传统金工设计人才培养专项"，由北京联合大学作为承办主体单位，北京联合大学艺术学院/非物质文化遗产学院作为项目实际执行单位，与中国工艺美术行业学会/协会、北京东方艺珍花丝镶嵌厂等行业主管单位及非遗传承基地合作实施的艺术人才平台交流项目。该项目聚焦北京工艺美术创新设计人才培养，融合学界和业界资源，旨在搭建一个学术研究、人才培养、创新应用、展示传播、专业交流五位一体的金属手工艺创新交流平台。项目的开展对传统金属手工艺适应现代生活需求的创新和发展起到推动作用，为文化艺术事业发展提供智力支持，为保护和传承中华优秀传统文化艺术做出贡献。项目在实施过程中，通过探讨"传统"与"创新"两大主题的内在联动，立足传统，将设计理念、综合材料以及创新工艺等多重因素相结合，在继承中创新，在创新中继承，使手工艺创新设计成为传统的延续，让手工艺设计语言表达体现现代性，为传统手工艺拓宽发展空间，体现了高等院校助力产业、培育后备人才的潜力与特点。

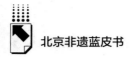

2. 企业主体在微观层面进行创新和发展

一是要注重创新和发展以适应现代需求。早在 18 世纪，拉斯金作为工艺美术运动的灵魂人物就强调了工艺设计的社会功能，他推崇和强调设计的大众性，反对精英主义倾向，认为产品设计必须满足大众消费需求，为社会大多数人服务。[①] 近年来，国内外工艺美术企业越来越注重与现代市场需求相结合，在产品功能、材料运用、设计理念及制作工艺等方面不断创新，推动产品用途多元化、特征时代化。如在产品创新方面，铭客诚景泰蓝工艺品有限公司推出自动斟注和播放音乐的景泰蓝酒壶；握拉菲首饰有限公司与日本相关研究机构合作推出系列保健首饰新产品。

二是要注重实施品牌战略。从国内外工艺美术类行业知名企业发展来看，企业通常在具有自身品牌的同时，其产品根据消费群体进行明晰的、有差别的品牌定位，使每个品牌都具有各自传承历史和忠实消费群体。同时，企业也非常重视对品牌的宣传和推广，如梵克雅宝、蒂芙尼等奢华品牌利用电视、实体店面、时尚媒体等平台，扩展受众群体，提升品牌和商标在市场中的知名度和信誉度。台湾工艺美术行业在品牌建设方面取得了显著的成绩，目前已形成了琉璃工房、琉园、法蓝瓷等一批全球知名工艺品牌。尤其是法蓝瓷，通过积极参与各项国际展览、比赛和构建遍及全球的行销通路等途径快速建立了品牌的国际知名度，改变了百年来该行业由欧洲名窑独领风骚的局面。[②] 反观京津冀三地金工行业知名企业的主打产品，同质化现象比较严重，一方面是师承性问题，另一方面是思维固化比较严重。

三是要注重跨行业融合发展。金工企业在积极推进产品创新的同时，应注重促进行业与其他行业融合发展，积极拓展金工市场及应用领域。例如，日本漆器及其工艺除了用于艺术陈设品、建筑装饰、家具及生活用品外，还积极与手表、珠宝、化妆品等领域的高端品牌融合发展。日本京都著名漆器

---

① 高兵强等：《工艺美术运动》，上海辞书出版社，2001，第 97~106 页。

② 施州：《台湾工艺产业发展模式研究》，上海师范大学博士学位论文，2009。

品牌"象彦"领军人物仪同哲夫与江诗丹顿合作推出以莳绘为主题的手表系列，[①] 法国顶级珠宝梵克雅宝在产品制作中积极应用日本传统工艺。[②] 除了技艺的跨界融合外，北京金工相关企业也应积极借助其他领域品牌、市场平台实现更大发展，如新锐设计师与时尚产业的合作：郭培高级服饰定制与金属首饰设计师在时尚传媒领域的合作，熊氏珐琅同北京钟表厂的合作等。

（二）产业发展趋势判断

结合我国工艺美术整体发展实际，金工产业未来发展中有以下几方面趋势值得关注。

1. 高端产品与中低端产品将明显分化

从消费者角度出发，随着货币财富积累、鉴赏能力提升等，消费者对贵重金属高端产品的需求明显增加；从生产者角度出发，随着原材料稀缺性增强、技艺培养机会成本上升等，部分产品由于物料稀缺、设计精巧、创意独特、工艺复杂等逐步成为高端产品。这种产品分化的趋势对京津冀金工行业而言，最重要的是要做好产业发展路径选择，以"宫廷文化"为基点，立足三地创新、设计、市场特色资源优势，避免大规模生产带来的空间、劳动力成本等劣势，走高端化、精品化路线，做到扬长避短。

2. 跨界企业融合发展将更广泛合作

从产品形态来看，随着新的需求领域和应用领域的出现，金工产品正在或已经从陈设、把玩、装饰等单一功能向综合功能延伸，[③] 从工艺某一领域产品自成一体向与工艺美术其他领域产品结合，[④] 与其他领域产品结合发展转变。[⑤] 从工艺技艺本体来看，工艺美术相关品类的技艺正在被不断地双向吸收，而科技的发展，更是让传统手工技艺得到助力，越来越多的跨界设计

---

① 根据奢侈品中国网站内容整理，http://www.chinese-luxury.com/watches/20120502/20640_3.html。
② 根据人民网相关内容整理，http://auto.people.com.cn/GB/105315/105316/7432140.html。
③ 例如，景泰蓝从陈设品向门把手、洗手池等高端装修用品的延伸。
④ 例如，奥运奖牌的生产融合了雕刻工艺、金属工艺等多项技艺。
⑤ 例如，金工产品与钟表、箱包、服装、汽车等领域的结合。

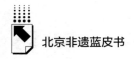

被研发应用，是体现产品时尚创新个性的契机。

3. 消费多元化与现代营销方式的改变促进新的业态形成

从手工艺行业整体的发展情况来看，首先，消费多元化趋势越来越显著，随着国家"内循环+外循环"的经济消费新驱动发展，工艺美术相关的文创衍生品成为国内文旅市场新的消费增长点，不同年龄段、不同消费层次的差异化，使传统手工产业的特色化发展成为可能，而随着消费水平与人文层次的发展，人们在产品创新上的要求也不断提高，新型的文创设计公司成为传统手工产业新的合作伙伴。其次，数字化时代助力传统产业销售渠道模式改革，自媒体平台等新的营销方式深刻地改变了传统业态的销售渠道结构。

4. 金工产业人力培育将继续深化

针对目前北京传统金工创意型、设计型高级人才缺乏，青年人才入行意愿不强，行业基础人才队伍规模不足等突出问题，应进一步健全"以专业高等院校为主体的教育基地、以行业组织为主体的培训基地、以企业为主体的实训基地"的人才培养链条，构建起涵盖"基础—中级—高级—大师"多层面的人才队伍培养体系。搭建高端学习交流平台，促进大师成长。工艺美术大师的成长除了多年积淀、学习、提升之外，更需要有国际性、开放性的视野，需要有专业化、融合化的知识结构，不断提升创新能力，造就更高的艺术成就和行业地位。此外，还可以创新"双培"等模式，加强对中高端创新人才的培养。当前，北京金工中高级人才面临的主要问题在于，中高级人才的文化素养、文化水平偏低、知识面相对较窄，制约了中高级人才创意能力、设计能力的提升，现有人才队伍中创意设计人才相对缺乏，加强中高端创新人才培养需要探索新的模式。

5. 传统品牌提升规划迫在眉睫

品牌是用以区别个性化产品或服务，并识别某个销售者或某群销售者的商业名称及其标志，品牌化发展是实现差异化市场竞争、提升产品附加值和竞争力的主要途径。目前，北京金工行业的知名企业和知名品牌相对较少，应加快品牌建设工程，力争实现"区域品牌、企业品牌、产品品牌、个人品牌"的联动升级，提升金工行业整体品牌效应。

四 总结

北京传统金工产业体系的构建是一个相对长期且庞大的理论与实践相结合的过程，目前还无法做到面面俱到。为构建好这个理论体系，一方面，需要更多专业的人才加入传统手工艺传承和发展的队伍中来；另一方面，要明确传统手工艺的当代价值。任何时代的艺术作品都是时代的社会生活和精神文化的写照，都具有时代的烙印和特征。传统金属工艺的活态传承与现代转化不是为了崇古，而是为了证明中华文化的延续。延续，就是从古代延续到当下，又要从当下发展到未来。传统手工艺因时而兴，乘势而变，随时代而行，与时代同频共振。

B.26
北京雕漆技艺传承现状研究报告

宋本蓉*

摘　要： 2006 年，北京的雕漆技艺列入国家级非物质文化遗产代表性项目名录。雕漆是中国传统漆器中一种较晚出现的品类，以宏大的结构和精微的细节在唐宋以来的国礼中占得一席之地。在当下，雕漆依然是一种小众的漆器品类，且传承人数量偏少、年龄偏大的状况依然没有得到显著改善。本文通过对雕漆技艺传承现状的调查，尤其侧重传承人群的现状研究，再参考雕漆在历史上的传承方式，提出雕漆技艺保护和传承的策略。

关键词： 雕漆技艺　传承　保护策略

雕漆是中国传统漆器中较晚出现的品类，大约在公元 5 世纪的晋代出现。雕漆是在漆胎上逐层髹涂漆色，达到一定厚度以后，用刀剔刻，形成浅浮雕形象的漆器技艺。雕漆主要包括剔红类和剔犀类。剔红类是在漆胎上涂一定厚度的朱漆，然后在漆层上剔刻花纹。剔黄、剔绿、剔彩的技法与剔红相同，只是髹的漆色不同，因此也常以剔红统称这一类雕漆。剔犀类在髹涂和雕刻技法、雕刻工具、雕刻纹样等方面与剔红类不同，是在漆胎上用两种或三种色漆有规律地逐层髹涂，达到一定的厚度时，用刀斜剔出卷草、云纹等花纹。

金代在北京正式建都，北京成为中国的政治文化中心，也逐渐成为全国

---

* 宋本蓉，西昌学院教授，博士。主要从事非遗保护的实践与研究、口述历史的实践与研究。

漆器佳品和良匠的汇聚之地。1901 年创办的"继古斋"是北京雕漆民间制作的开端。在这之前，雕漆的制作和使用主要局限在皇家和贵族。1951 年 4 月，"北京市雕漆生产合作社"正式成立。[①] 1958 年，在北京市雕漆生产合作社的基础上成立了北京市雕漆工厂，生产的雕漆产品主要供出口。[②] 这是雕漆制作从传统方式向工业化生产方式的转型。2002 年以后，"北京市雕漆工厂"停止生产，个人工作室和个体手工业替代工厂成为雕漆制作的主要生产方式。2006 年，雕漆技艺作为一项需要被保护的濒危传统技艺列入国家级非物质文化遗产代表性项目名录，成为非物质文化遗产保护和关注的对象。

一　北京雕漆的历史

雕漆的文献记述是从唐代开始的，两宋以后，雕漆在文人笔记中大量出现。唐李林甫等修《唐六典》提到的库路真即是唐代的雕漆；南宋程大昌的《演繁露》是最早记载雕漆（剔犀）的文献；明代曹昭《格古要论》有关于云南大理剔红的记载；明代张应文《清秘藏》有张成、杨茂、果园厂等的记载；清代李斗《扬州画舫录》有关于剔红的记载。记载雕漆技艺最为全面的，为明代黄成的《髹饰录》。在《髹饰录》中，雕漆属于"雕镂"类。

与雕漆器物有关的记述，是从魏晋南北朝时期开始的。晋代的两件剔犀圆盒，从实物的角度给出了有力的证据。[③] 由此，公元 5 世纪的晋代便成为叙述雕漆历史的起点。宋、元、明、清留下的雕漆物品，保存着解读雕漆技艺的密钥。

（一）雕漆技艺的历史

现存的雕漆器物未见有隋唐的。宋代留存下来的雕漆器物剔犀、剔红、剔黑和复色雕漆，精致典雅、绘画性强，漆层髹涂较薄，剔刻风格有雕版印

---

① 李仓彦：《当代北京工艺美术大事记》，中国文联出版社，2014，第 11 页。
② 李仓彦：《当代北京工艺美术大事记》，中国文联出版社，2014，第 60 页。
③ 参考李经泽、胡世昌《剔犀漆器断代初探》，《收藏家》1999 年第 5 期，第 51~55 页。

刷的韵味。明代文人评论宋代雕漆，大体都认为宋代雕漆漆质佳、雕刻精到、画面雅致。明代文震亨言："雕刻精妙者以宋为贵，盖其妙处在刀法圆熟，藏锋不露，用朱极鲜，漆坚厚而无敲裂。所刻山水、楼阁、人物、鸟兽俨若图画，为佳绝耳。"① 宋代雕漆的优雅风格是和宋代的美学特征一致的，这在同时期其他种类的工艺设计中也能看到。

雕漆在元代兴盛发展，成为北京漆器工艺的主流品种之一。元代的社会环境给了雕漆商品化大量制作的机会，元大都市场有"吴越之髹漆"，同时还大量销往日本、朝鲜等地。元代的雕漆名家张成、杨茂等"成功找到了相称的雕漆语言，最终形成了雕漆理念与技艺上的重要突破，成为中国雕漆的基础语言，对雕漆制作的发展影响深远。"② 现在能见到的元代雕漆主要有剔红、剔黑、剔犀三个品种。元代雕漆的新样式在明清被继承并发扬光大：以一朵或几朵盛开的花朵为中心，枝叶穿插，花蕾或飞鸟点缀其间，形成均衡画面。比如《张成款栀子花圆盘》，布局以一朵盛开的栀子花为中心，花蕾和枝叶作为点缀，形成既丰满均衡又富有变化的画面。

明代皇室对雕漆的青睐，促成了雕漆制造业的繁荣。皇家御用作坊监管漆器的制造，征召名匠调拨材料，不限工时、不计成本，制作的雕漆精致华美，新器物和新图样层出不穷。雕漆技艺经过了皇家制造的严格把关，达到了高峰，由此也产出了一本漆器专著——《髹饰录》。《髹饰录》是明代漆器工艺的总结，也是明代漆器制作繁荣的见证。

清代雕漆的制作全面继承了明代的雕漆技艺，并进入一个新的发展完善时期。清代雕漆制作更加完善，百工炫巧争奇，料不厌精、工不厌细，新器型和新纹样层出不穷。由于不少人喜欢把玩漆器，雕漆匠人不仅制作大量纯玩赏的陈设性雕漆物品，对于实用雕漆器物也极尽装饰，甚至圆明园和紫禁城内都采用了雕漆技艺做室内装修。

工业革命之前，生活用品和艺术陈设品，大多是由手工技艺来完成的。

① （明）文震亨撰，海军、田君注释《长物志图说》，山东画报出版社，2004，第379页。
② 宋本蓉：《雕漆技艺》，文化艺术出版社，2012，第46页。

雕漆以精美的制品炫耀技艺、展示国家实力，它不仅被作为国家文明程度的标志，也是当时人们钟爱的时尚奢侈品，成为标榜身份与地位的象征物。

（二）"老艺人"

雕漆技艺自公元5世纪以来，一直不间断地被传承至今。元代，器物上有雕漆工匠留名，张成、杨茂、张敏德、张德刚、包亮、王松、黄成、扬明等人的名字随着雕漆流传下来。清末，北京的雕漆从"继古斋"开始，雕漆工匠有了明确的传承谱系。

1954年，北京市委授予27名技艺高超的艺人"老艺人"荣誉称号，并给予他们优厚的待遇，北京雕漆的吴瀛轩、董茂林、孙彩文、刘春林获此殊荣。[1] 这四人都是"继古斋"和"德诚"的传人，他们在进入雕漆生产合作社以前在整个雕漆行业已有一定的影响力。

吴瀛轩（1887~1959），艺名吴永海，16岁师从"继古斋"的创办人李茂隆。1915年，吴瀛轩等制作的雕漆《群仙祝寿屏风》在巴拿马国际博览会上获奖，为他在雕漆行业内赢得了领军地位。

董茂林（1907~1990），在加入北京市雕漆生产合作社以前就以精湛的锦纹技艺闻名。北京的雕漆行业画锦纹、刻锦纹，也一直沿用董茂林的技法。

孙彩文（1908~1964），"继古斋"学徒。孙彩文有普通雕漆匠人所不具备的创意设计能力以及经营策划能力，他主动捐出自己的房产作为北京市雕漆生产合作社的制作场所，并一直担任北京市雕漆工厂设计组的组长。

刘春林（1909~1977），11岁师从"振兴号"的苗增林。刘春林致力于雕漆的创新作品，他把牙雕、玉雕、木雕等技艺运用到雕漆制作中，并改革雕刻刀具，为了做好雕漆人物眼睛周围微妙的起伏，发明了一种小弯刀；为了让衣纹流畅生动，改变过去雕刻衣纹的方式，发明了勾刀勾衣纹。孙彩文设计的《剔红木兰从军大瓶》主要由刘春林做上手雕刻，画面精美，人物情态栩栩如生。

---

[1]　季龙主编《当代中国的工艺美术》，中国社会科学出版社，1984，第63页。

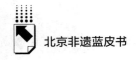

（三）工艺美术大师

在北京市雕漆工厂的生产和制作中起主导性作用的"老艺人"之后，杜炳臣、刘金波、朱廷仁成长为工厂的骨干力量。他们有共同的特点：幼年学徒，师从的都是"继古斋"的传统，在进入北京市雕漆工厂以后，他们的技艺和能力得到展示。

杜炳臣（1916~1992年），13岁师从"全信斋"的张秉芝。杜炳臣进入北京市雕漆工厂之后，开始尝试在雕漆上使用镂空雕技艺，成功制作《剔红镂空花篮盘》，并在1984年莱比锡国际博览会获金质奖。1979年，杜炳臣被轻工业部授予"中国工艺美术家"的称号（1988年改称为"中国工艺美术大师"）。

刘金波（1922~2008），12岁师从"宝文成"的霍宝光。刘金波熟悉雕漆制作的圈套技艺，擅长做山水和人物题材的雕漆作品。他和杜炳臣同时开展镂空雕的探索，完成了《剔红三打白骨精》《剔红五虎梅花盘》等作品。1988年被授予"中国工艺美术大师"的荣誉称号。

二 传承与保护现状

北京雕漆现在的制作方式主要有两种，一种是工作室方式，另一种是个体手工业方式。

（一）工作室

工作室的雕漆作品主要是满足高端需求，这和雕漆在历史上的"国礼"定位是一致的。

北京的雕漆技艺有两位国家级代表性传承人：文乾刚于2007年被国务院认定为第一批的国家级非遗项目代表性传承人，殷秀云于2012年被国务院认定为第四批的国家级非遗项目代表性传承人。文乾刚和殷秀云都是从工艺美术学校毕业，进入工厂才接触雕漆，是在工厂生产的环境中成长起来的雕漆传承人。现在他们都成立了自己的工作室，以自己的声望和技艺，承担引领雕漆制作方向的任务。

1. 文乾刚工作室

文乾刚，1941 年出生，中国工艺美术大师，雕漆技艺国家级代表性传承人。1958 年进入北京市工艺美术学校雕塑专业学习，1961 年 8 月被分配到北京工艺美术研究所，同年 12 月进入北京市雕漆工厂，跟随雕刻师傅周长泰和汪德亮学习雕刻技艺，后跟从孙彩文、朱廷仁学习雕漆设计。

文乾刚在 2003 年成立了工作室，这是我国第一个雕漆工作室。他希望雕漆制作向艺术创作靠拢，以雕漆艺术品的方式靠近历史上的雕漆"国礼"。经过十几年的努力，文乾刚的作品不仅在各种评比中屡拿金奖，同时也获得了收藏家的认可。2009 年北京市工艺美术行业协会、北京市民间艺术家协会、北京市玩具协会为文乾刚的雕漆誉名"文氏剔红"。文乾刚的代表作有《剔红五岳长春屏风》《剔红维摩演教图屏风》《剔红梅花瓶》等。

文乾刚的工作室最初的地址是在北京工业大学设计艺术学院内，2009年搬至朝阳区东风艺术区，2011 年搬至顺义区盛世精品坊。

文乾刚是设计师，也是工作室的主人，负责作品的设计、市场运营及工作室运营。承担雕刻工序的起初主要是原北京市雕漆工厂的技术工人，2014 年以后主要是新培养的年轻雕刻技师。此外，还有一些较为简单的相关工序的辅助性、服务性劳动，由一些临时人员组成。设计师在整个制作流程中起核心作用。

2. 殷秀云工作室

殷秀云，1947 年出生，中国工艺美术大师，雕漆技艺国家级代表性传承人。1963 年，考入北京工艺美术学校特种工艺牙雕专业学习，1968 年被分配到北京工艺美术厂雕漆车间设计室做设计师。1993 年，北京工艺美术厂①不再生产雕漆，殷秀云提前退休，但是她依然坚持做雕漆。其代表作有

---

① 1960 年 9 月 13 日，北京市轻工业局传达北京市委指示，将北京景泰蓝工厂改建为一个综合性的特种手工艺工艺品生产厂，成立北京工艺美术工厂，其目的是以手工操作为主，接待外宾参观。1960 年 9 月 25 日至月底，共调入 246 人，分别来自北京玉器厂、象牙雕刻厂、金漆镶嵌厂、工艺木刻厂、锦匣社等单位（李仓彦：《当代北京工艺美术大事记》，中国文联出版社，2014，第 93 页）。

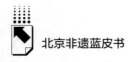
《剔红八仙过海圆盘》《剔红琴棋书画人物大瓶》《剔红鼎盛中华大鼎》等。

殷秀云有两点与众不同的特点。其一，能画设计图，也会雕刻，小件雕漆作品的设计和制作可以自己独立完成。其二，不只能画雕漆的设计图，景泰蓝和其他工艺她也比较熟悉，可以做多种工艺结合的设计。

3. 李志刚工作室

李志刚，出生于 1965 年，中国工艺美术大师。1984 年，李志刚从工美职业高中雕漆班毕业，进入北京市雕漆工厂，主要在画工组工作。1999 年，设计澳门回归礼品《花好月圆大盘》，同年 10 月为怀仁堂设计《剔红四合如意壁画》；2001 年，雕漆作品《剔红水仙花瓶》获西湖博览会优秀作品奖；2004 年，《剔红郁金香花瓶》获西湖博览会铜奖。

2005 年，李志刚成立自己的工作室，以做小件器物为主，主要有把玩器、陈设器、实用器等。2008 年，雕漆作品《福寿山水插屏》获"中国工艺美术大师精品展"金奖。2017 年，在北京举办的"'一带一路'高峰论坛"上，李志刚参与制作的《丝路绽放》雕漆赏盘、《和合之美》捧盒套装及《梦和天下》首饰盒套装作为送给各国元首及其夫人的雕漆礼品。

4. 马宁工作室

马宁，出生于 1980 年，北京市工艺美术大师，北京继古雯风文化艺术中心总工艺师。马宁的高中和大学就读的都是美术专业，同时，跟随爷爷学习核雕。2010 年，北京非遗中心为雕漆技艺等亟须保护的非遗项目"找徒弟"，面向社会招收徒弟。马宁通过考核和面试，成为文乾刚的徒弟。2014年，马宁学成出师，成立了自己的雕漆工作室。他设计制作的佛像系列和文玩系列，成为他的标志性雕漆作品。马宁认为，雕漆不应该成为深宫宅院里的"贡品"，而应该走入千家万户，他努力实践自己的想法。2021 年至2022 年，北京联合大学的"北京雕漆创新人才培养"是北京文化艺术基金项目，马宁为所有学员提供了技术和工序支持。

工作室是以设计师为中心来运作的，这是一种新的组合方式。"设计师以自己的个人风格和个人资源得到订单，再召集雕刻师傅参与制作，雕刻师傅成为自由的'职业雕刻师'，他们可以自由地选择为谁雕刻。"① 这种新的方式有别于传统的皇家制造，也不同于传统的手工作坊，雕漆传承人希望通过雕漆制作的艺术品化来解决当下雕漆技艺的濒危困境。

（二）个体手工业

个体手工业也是现在雕漆制作的方式之一，主要分布在北京周边的农村。"20 世纪 60 年代末，北京雕漆的生产规模、从业人数、外贸订单均快速扩增。为了解决产能不足的问题，北京市雕漆工厂还积极发展地处乡镇郊外的雕漆加工点，包括宣武街道雕漆厂，朝阳区东坝、洼地、黄港、望京以及河北固安、曲阳等雕漆加工作坊 40 余处。"② 现存的雕漆个体手工业，即是当年北京市雕漆工厂发展的加工点。个体手工业的制作方式延续的是北京市雕漆工厂的工业化产品的思路，产品的技艺要求和艺术要求都低，因此售价低，利润也低。

北京雕漆的个体手工业主要有两家：凌云雕漆厂和鑫德艺海雕漆工艺品厂。它们都位于通州区漷县镇，生产销售方式和产品风格相似，产品有相对固定的收购者。

1. 凌云雕漆厂

凌云雕漆厂，位于北京市通州区漷县镇长凌营村。1988 年有工人 150多人，现任厂长苏启明于 1989 年接手凌云雕漆厂，1994 年凌云雕漆厂开始自负盈亏，2007 年转为私人经营，现为北京市通州区雕漆技艺传承单位。凌云雕漆厂的工人，主要来自附近村里的农民，大多是家庭妇女。

2. 鑫德艺海雕漆工艺品厂

1993 年，北京市通州区漷县镇三黄庄小学成立校办厂，1998 年至 2000 年停产，2001 年重新开始生产，转为私人经营，名称改为鑫德艺海雕漆工艺品厂。刘玉荣和于宝明利用自家院落从事加工制作，自己采购原料，制成雕漆器物后卖给经销商，有工具、原料、少量资本，能承担一定的市场风险。刘玉荣指导雕刻，于宝

① 宋本蓉：《雕漆技艺》，文化艺术出版社，2012，第 193 页。
② 吴明娣主编《百年京作：20 世纪北京传统工艺美术的传承保护》，首都师范大学出版社，2014，第 176 页。

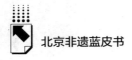

明制漆，雕刻和磨推人数相对固定，其他辅助性工作由一些临时人员承担。

雕漆个体手工业采取低价求生存的方式，但是低价意味着利润薄，没有足够的积累以形成自己的设计力量和技艺特点，其产品很难在市场上找到更好的利润空间。当下，雕漆的个体手工业需要在非物质文化遗产保护的背景下寻求发展机会，如何提高雕漆技艺的核心竞争力是需要解决的问题。

三　策略

2006 年，北京的雕漆技艺被列入国家级非物质文化遗产代表性项目名录，雕漆不再只是装饰品和日用品，也不再是换取外汇的工具，它被赋予传承文化的意义。2003 年 10 月 17 日联合国教科文组织通过的《保护非物质文化遗产公约》指出："保护指采取措施，确保非物质文化遗产的生命力，包括这种遗产各个方面的确认、立档、研究、保存、保护、宣传、弘扬、承传（主要通过正规和非正规教育）和振兴。"[①] 据此，本文提出雕漆保护和传承的三点策略。

（一）宣传与弘扬

对不同年龄层次的传统手工艺爱好者进行培训，可以采用体验式欣赏的方式。以体验的方式让他们更深入了解雕漆，从而培养出一批理解和热爱雕漆的广泛介入群体。

他们中的一部分人可能成为雕漆技艺传承保护的"票友"，一部分人可能进入雕漆的制作群体，成为雕漆艺术家。这个广泛的介入群体本身有不同的向度和维度，所以他们介入北京雕漆，对于其传承和发展产生的影响也将在广度上有新的拓展。

从"继古斋"开始，北京雕漆一百多年来主要是做外销，国内需求缺

---

① 联合国教科文组织：《保护非物质文化遗产公约》。中国非物质文化遗产网，http：//www.ihchina.cn/inc/detail.jsp？info_id=50。

失也是其濒危的重要原因。在校园、传习所、博物馆等场所开展体验式活动，让更多的人了解传统手工艺品。

（二）保护与传承

传统技艺的保护与传承主要由传承主体来承担，在制作实践中延续技艺是核心的解决方式。雕漆技艺的发展完善需要稳定的需求和"苛求"。稳定的需求是其技艺积淀和传承的保证，而适度的"苛求"能促进其不断精益求精和不断创新。

在这一点上，来自国家的订单可以提供稳定的需求和"苛求"，保证雕漆制作的稳定需求和文化方向。雕漆技艺被列入国家级非物质文化遗产代表性项目名录，不能要求其以盈利最大化为目标，因为雕漆的生产还有更多的文化意义和象征意义。但是雕漆生产又要追求盈利，因为只有在生产实践中才能活态传承和积极保护雕漆技艺，而生产实践的最后一个环节是通过交易完成产品到用品的转换。政府的支持和指导以国家订单的方式会更有效。

非物质文化遗产保护的宗旨之一是保留样本，典藏是保存样本的一种方式。保留一定量的精巧手工劳动人群是人类的需要，有利于人类健康发展，国家以订单的方式给出方向性的鼓励和引导，从而保存样本，促进非物质文化遗产研究、弘扬传统文化。

文化发展要在传统的积淀上前进，所以保留样本、保留历史经验是必要的，它可以为各个方向的进一步思考和分析判断提供事实基础。例如："以德国艺术大学设计系 Sommer 教授为代表，尝试搜集和研究保留在非洲、亚洲民间水器具的用水方式和设计思想，以寻求能够有效解决当代用水器具过渡耗费水资源问题的新设计；如以德国汉学家傅玛丽为代表，尝试通过各种历史资料，对中国人的用手习惯进行精细的研究，以便为当代器具设计提供有针对性的参考资料。"[1] 在这样的研究当中，历史文化的样本价值显得尤为重要。费孝通先生提到："生活在一定文化中的人对其文化有'自知之

---

[1]　徐飚：《两宋物质文化引论》，江苏美术出版社，2007，第 8 页。

明'，明白它的来历、形成过程、所具有的特色和它发展的趋向，不带任何'文化回归'的意思，不是要复旧，同时也不主张'全盘西化'或'坚守传统'。自知之明是为了增强对文化转型的自主能力，取得为适应新环境、新时代而进行文化选择时的自主地位。"① 传统手工技艺的样本就是作品，明清的雕漆就是现在雕漆制作的样本和典范，国家订单的作品也应当有这样的功能。

推进中国非物质文化遗产保护，把雕漆作为一种文化样本，对其做有效研究并使用，为现实提供传统参照与开发资源，找到一种妥当的方式把它纳入现代生活，是雕漆技艺保护研究努力的方向。

（三）记录与研究

记录是立档、保存，也是为将来的研究和宣传提供资源，并为弘扬和振兴提供助力。用历史学、人类学等社会人文科学的方法，记录和保存传承人的精湛技艺、卓越才能和创造力，保存它们对未来可能的参考与启示。美国的唐纳德·里奇（Donald A·Ritchie）提到："口述历史学家要超越他们自己当下的需要，而去思考他们的工作会为未来留下什么。"② 记录的意义更多的是保存传承人的文化记忆，保存未来理解这一传统文化的路径。

斯洛文尼亚的埃勒魏因认为："文化实践和表达的影像呈现与记录，已经成为非物质文化遗产保护策略的一个重要组成部分，并在地区、国家和全球的各个层面上进行了广泛的实践。"③ 以影音的方式记录下传承人的技艺，并把它们保存起来，提供给后来的人研究和参考，以便我们遥远的后代在创

---

① 费孝通：《重建社会学与人类学的回顾和体会》，《中国社会科学》2000年第1期，第37~51、204~205页。

② 〔美〕唐纳德·里奇（Donald A. Ritchie）：《大家来做口述历史》（第3版），邱霞译，当代中国出版社，2019，第V页。

③ 〔斯洛文尼亚〕希纳·南希·埃勒魏因：《非物质的问题：视觉人类学与非物质文化遗产记录的方法论》，杨秋漾译，载〔斯洛文尼亚〕娜嘉·瓦伦丁希奇·弗兰编《非物质文化遗产的影像记录与呈现——欧洲的经验》，国家图书馆中国记忆项目中心译，清华大学出版社，2019，第30页。

造新文明的时候，在这些可能会被人遗忘的图文中找到自己所需的智慧之路。

四　结语

雕漆技艺原材料昂贵、对技艺人员要求高、作品稀少且价高。雕漆技艺自 2006 年被列入国家级非物质文化遗产代表性项目名录以来，国家和各级政府不断地加大保护力度、投入资金、开展记录工作、对传承人群研培等，雕漆技艺的保护和传承有可见的、可喜的成果。经过十多年的着力培养，年轻的传承人在雕漆技艺的制作人群里逐渐成为主力。随着雕漆作品在展览和收藏家人群中的可见度越来越高，雕漆技艺的社会影响力也在增强。然而，由于雕漆技艺需要投入的时间、人力、物力相比其他传统技艺更多，雕漆技艺的发展也更缓慢，需要年轻传承人持续地、长期地投入和努力，才能延续技艺、精进技艺、创作好作品。雕漆技艺目前最紧要的问题依然是培养传承人，年轻的传承人需要通过不断的制作实践，在师傅的指导下研究技艺，才能真正掌握雕漆技艺的核心技艺，成长为独当一面的一代年轻大师。因此雕漆技艺传承保护的重点是保证制作实践和技艺研究，并且做好资料整理、记录建档、传播弘扬。

B.27
浅析20世纪60、70年代
房山农民画风格转变[*]

王　聪[**]

摘　要： 房山农民画在历史上有过两次创作高潮，在北京及全国范围内产生了较大影响。进入新时代，房山农民画逐步走向没落。房山农民画取得的成果并没有得到世人的重视，为了更好地认识、发展房山农民画，本文对其创作高潮时期的作品展开研究，从图像入手对房山农民画的艺术语言进行分析归纳，围绕绘画的主要因素展开讨论，总结其艺术语言的内在特征，希望能为新时代北京房山农民画的发展提供参考依据和创新启示。通过对20世纪60、70年代的房山农民画风格转变的研究，本文向世人展现了这一阶段北京地区农民画的发展图景，为北京地区风俗绘画的深化研究提供重要的史料参考依据。

关键词： 房山　农民画　艺术特征　风格转变

一　20世纪60、70年代房山农民画发展概况

20世纪60、70年代是房山农民画发展的两个高潮时期，作品在北京市

* 本文为北京联合大学科研项目资助（项目编号：SK20202207）的阶段性研究成果。
** 王聪，北京联合大学艺术学院讲师。

乃至全国都产生了较大影响，素有"北京小户县"之称。房山农民画是北京地区风俗绘画的典型代表，有着较为清晰的传承脉络。农民画创作人员多为当地村民，他们结合创作任务，在生活中挖掘素材，寻找创作灵感，创作出一大批现实主义题材的作品。这些作品不但记录了乡村的生产、生活，还表达了房山农民对美好生活的热爱和憧憬。

20世纪60年代，房山农民画初露头角。随着各地公社的成立，许多乡村都成立了美术创作小组，其主要任务是进行"诗画满墙"的创作活动。起初房山农民画的创作内容主要以临摹报刊资料上的图画作品为主，后来逐渐将视角转移到对农村生活的描绘上。现在，房山城关镇南关生产队废弃房屋墙壁上的妇女扛镐、提铁锹下地劳动场景，南窑乡水峪村山墙上的工人跨越千里马形象，均是这一时期房山农民画摹写乡村生活的典型例证。此后，房山农民画的创作便在各村镇兴盛起来，1958年11月4日的《北京日报》刊登了《周口店区芦村的农民诗画》专版，作品的刊登无疑对房山农民画创作起到了极大鼓舞作用，激发了更多村民加入房山农民画创作的队伍。[①] 与此同时，北京市文联也对房山农民画给予了高度的肯定，在房山文化馆的协助下，在全区开展广泛的美术创作活动，邀请专业画家进行指导，创作了一大批农民画作品。通过评审选出41幅风格各异的作品并于1959年1月在北京北海公园画舫斋展出。1960年，人民美术出版社将这批作品集结成册，出版了《北京市周口店区农民画选集》。这本画集也是60年代房山农民画崭露头角的代表性成果。这一时期房山农民画主要以壁画、国画、剪纸、速写等艺术门类进行表现，作品多以"诗配画"的形式出现。

20世纪70年代，房山农民画名扬四海。1972年北京市成立了北京市美术摄影展览办公室，负责组织北京地区的美术活动。其主要活动内容有四个方面，一是为北京市所举办的美术展览或为全国美展的任务组织创作；二是参加每年的国庆节、劳动节游园布置；三是培养业余美术人才；四是组织观摩交流。这一时期，在北京市美术摄影展览办公室的领导下，房山文化馆充

---

① 赵佳琛、史长义、胡淑苹：《房山农民画》，中外名流出版社，2016，第2页。

实了美术队伍，采用中国画的工笔重彩画法进行创作，从 1972 年到 1977 年，房山有一百多幅作品入选各种美展。这一时期，房山农民画作品不仅有政治氛围浓厚的作品，还有乡土气息浓郁的作品，其艺术表现形式主要有国画、年画、油画。由于房山农民画的作品数量大，获奖作品多，大批作品印刷出版后，在北京引起很大轰动，房山新华书店由此开展年画展订，销售点最多时有 150 多个，房山农民画的影响力也因此名声大振。

二　20世纪60、70年代房山农民画风格转变

房山农民画的创作主要以农村、农业、农民为主要表现题材，在直观描绘现实农村生活的基础上更加注重思想精神的表达。[①] 绘画主题精神的表达又离不开绘画语言、绘画风格的帮助。20 世纪 60、70 年代是房山农民画发展的两个高潮阶段，绘画风格各有特色。两个时期的作品，呈现由天真质朴向健硕雄浑的风格发展，具体表现在绘画基本因素的转变方面。

（一）从夸张意象向严谨写实的造型转变

房山农民画的创作主体是未经系统专业训练的房山当地农民，其在描绘所看之景时，通常会按照原始的造型观念去表现物象：对物象大胆取舍，提炼最突出、最主要的形象特征，简化无用的、细微的细节形象，物象在造型上呈现大胆、夸张的艺术效果。这一造型特点一直延续到 20 世纪 60 年代。20 世纪 70 年代，房山农民画的造型手法发生了较大转变，原本夸张的意象造型逐步转变为严谨的写实造型表现，作品的画面效果也随造型手法的转变而变得更加立体、恢宏。具体来看，这一造型转变主要体现在作者对画面人物形象的不同处理方式上。例如，同为反映节庆主题的《庆祝人民公社成立》和《新春快乐》两幅作品，均是表现人们踩着高跷载歌载舞扭秧歌的

---

① 杨立生：《青州农民画的艺术渊源与特征》，《天工》2021 年第 6 期，第 92 页。

节日欢庆场面（见图1、图2），在造型处理上却具有鲜明差异。60年代创作的作品《庆祝人民公社成立》，人物形态生动夸张，富有趣味，具有很强的主观意象化表现效果。人物形象细节的弱化，反而强化了画面整体的律动感和艺术表现力。而70年代创作的房山农民画作品《新春快乐》，人物形象均为写实化处理，人物比例严谨，动势明确，甚至人物间的表情交流都刻画得细致入微。写实化的造型处理很好地将热闹欢快的节日气氛表现出来。相比60、70年代房山农民画的造型处理，《庆祝人民公社成立》更为原始淳朴，在兼具叙事功能的基础上更强调自由化的艺术表达。《新春快乐》的造型更为理性、客观，在写实手法的基础上更注重图像叙事功能的记录。

图1　庆祝人民公社成立

图2　新春快乐

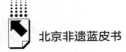

除此之外，房山农民画的造型转变还体现在空间的营造上。例如，表现农村劳动生产的作品《运粪赛过飞机》和《平整土地》（见图3、图4），60年代创作的《运粪赛过飞机》在画面空间的营造上选择了留白式的背景，结合线描的表达方式，画面空间呈现二维平面化的视觉效果。而70年代创作的《平整土地》则是融入了西方绘画成角透视的原理，利用近大远小的视觉规律将画面营造具有纵深感的三维立体空间效果。两幅作品从人物形态表现到画面空间营造，均反映出房山农民画从20世纪60年代到70年代发展过程中的造型转变。

图3　运粪赛过飞机

图4　平整土地

（二）从灵活多样向秩序规律的构图转变

20世纪60年代的房山农民画作品并没有形成明确固定的构图样式，整体呈现灵活多样的构图特点。房山农民画的构图运用多是为了突出画面的主体形象或主题思想，加之农民求满、求全的吉祥心里诉求，作品在构图上并不拘泥于某一类构图样式，而是根据所要表达的主题效果进行灵活处理，以达到画面均衡的视觉效果。这一时期的作品既有物象充满画面、讲求对称均衡的构图，如剪纸作品《大龙》《歌唱丰收》《机耕丰收图》；又有主体形象占据画面中央、背景空白疏朗，具有很强视觉张力和冲击力的构图，如作品《找马》《大南瓜》《小麦大丰收》；还有采用散点透视、富有装饰性的构图，如作品《丰衣足食》《造林》《抽水机站》。进入20世纪70年代，随着社会的进一步发展，人们的生产劳动逐步走向现代化，生活水平有所提高，人们的精神需求和审美标准也随之改变，以写实叙事为主的绘画创作成为这一时期的主流。在这一审美趋势下，房山农民画在创作中吸收了西方绘画中的经典构图法则，形成了秩序性、规律化的构图形式，作品中出现了平行水平、平行垂直、三角形、S形、正方形等明确的构图样式，典型作品有《山区春来早》《宝岛归来》《新春快乐》《三八突击队》。房山农民画在20世纪60年代至70年代发展过程中，其构图从灵活多样向秩序规律转变，其构图样式变得越来越清晰明确。例如，同为表现丰收场景的《丰收图》和《收获》两幅作品（见图5、图6），60年代创作的《丰收图》在构图上呈现均衡的特点，人物被置放在画面的各个角落，并没有形成鲜明的态势关系。而70年代创作的作品《收获》则形成了明确的构图样式，人物形象从右上角延伸至左下角，呈现出倒L形构图，结合焦点透视的运用，画面由远及近的纵深空间得以很好地表现出来，呈现娓娓道来的画面感。

图5　丰收图

图6　收获

（三）从柔和含蓄向夸张直接的色彩转变

色彩表达是人们情感抒发、认知体验和思想表达的直接反映。房山农民画是土生土长的民间艺术，在色彩表达上具有鲜明的主观性。20世纪60年代，房山农民画的色彩呈现柔和、含蓄之美，这一时期的色彩表达较为单纯、主观，颜色柔和、含蓄，多为极简的原色平涂，通过补色之间的对比增强了画面喜庆祥和的气氛，将乡村生活的清新浪漫之感很好地营造出来，如作品《庆祝人民公社成立》《人民公社颂》《丰衣足食》。而到了70年代，房山农民画的色彩表达更加主动、大胆，纯色被大面积地使用，大红大绿形成了强烈对比，高纯度的色相对比凸显画面的装饰性和红火热闹的氛围，形成了强烈的视觉图象。这一时期的作品，通过强烈、鲜艳的色彩表达彰显了房山农民积极乐观、热情奔放的生活态度，典型作品有《农民夜校》《垒猪场》《做一个红色放映员》《永葆劳动人民本色》。

（四）由多元并进向集中开展的表现形式转变

根据搜集的房山农民画作品可知，20世纪60年代，房山农民画呈现多元并进发展的局面，农民可以根据自己擅长的表现形式进行农民画创作。作品表现形式涵盖了壁画、年画、连环画、漫画、剪纸、国画、速写等，如年画作品《人民公社颂》、漫画作品《注意安全》、连环画作品《丁家洼水库》、剪纸作品《歌唱丰收》、速写作品《顾册村庙会》。多元的表现形式使得这一时期的房山农民画创作得以大面积开展，农民在绘画表现形式上有更大的选择范围和发挥空间，农民画作品具有多视角、多语言、多形式的特色。而到了 70 年代，房山农民画的表现形式逐步由多元并进向集中深入的态势发展。这一时期的房山农民画创作主要以年画的形式进行表达，代表作品有《穿山引水》《青纱帐》《学唱国歌》《三八突击队》《小小服务队》等。这一时期的房山农民画创作人才培养工作强调"统一学习、集中培训"，文化馆的美术工作者下乡辅导、扶持美术爱好者，同时提供创作使用的笔墨纸张和颜料，创作方法亦是由创作组和大家互相提意见，经过斟酌最后定稿。[①] 这一思路也间接导致了房山农民画表达形式集中、趋同特点的出现。房山农民画逐步形成了以年画形式为主体的表现样式。

房山农民画从 20 世纪 60 年代到 70 年代的发展过程中，作品总体呈现由天真质朴向雄浑健硕的风格转变，其创作观念逐渐由日常叙事向崇高象征层面发展，表现手法则从意象化逐步向写实化发展。

三　20世纪60、70年代房山农民画风格转变缘由

绘画作品风格的形成和转变受所处的社会环境、审美需求、创作方式等多方面因素的影响，20 世纪 60、70 年代房山农民画的风格转变亦是由多方面原因所致。

（一）现代化建设的图像感召

新中国成立初期，国民社会状况得到改善，但整体水平仍处于低下状态。20 世纪 60 年代，由于大跃进、"左"倾思想的错误影响，乡村仍处于贫穷的状态，人民的生活水平很低。当时中国物质匮乏，人们的思想普遍处于懵懂状态，但是人们的内心却充满活力和热情。这一心态随着 20 世纪 70 年代社会主义现代化如火如荼的建设变得更为鲜明。这一时期，中国正加快

---

① 赵佳琛、史长义、胡淑苹：《房山农民画》，中外名流出版社，2016，第 3 页。

步伐搞现代化建设，加紧和世界接轨，中国大地到处都充满了热情和生机。人们的生活简单但不单调，一切都在发生着变化。在农村，大家一起耕种和丰收，脸上充满了喜悦和对生活的美好向往。社会主义现代化的加速发展激发了人们的干劲和热情，整个社会呈现激昂奋进的氛围。受这一氛围的影响，房山农民画在主题表达上与国家的大政方针联系得更加紧密，在表现手法上更强调以写实性的语言塑造标杆式的榜样人物，从而通过农民画作品的图像引领农民的发展方向。

（二）审美趣味的自觉选择

20 世纪 60 年代，人民的生活水平普遍较低，物质供应匮乏。这一时期，农民对美的认知较为有限。由于没有受过专业训练，农民在创作农民画时多选择原始的手法进行表达，注重主观想象带来的趣味性。而到了 70 年代，社会经济迅速发展，人民的生活水平不断提高，相应地，人们对审美的需求也随之改变，写实性、真实性的绘画作品成为这一时期的审美主流。在学院派美术教师的帮助和指导下，农民具备了真实描绘物象的能力。在此基础上，农民画家便以写实性描绘为审美标准，主动追求对人物、事件的真实性描绘，再现其目中所看、心中所想。

四　20世纪60、70年代房山农民画风格转变的定位

作为北京地区农民画，政治话语权在房山农民画中占据着主导地位。受政治因素的影响，这一时期的房山农民画风格特色逐渐由日常叙事向崇高象征层面转变，在当时的社会环境下，这种风格转变很好地配合了国家政治形式的需要，与国家的政治方针保持了一致，是弘扬积极向上、昂扬奋进的人生姿态的重要手段。从这一角度看，以写实性语言为主的房山农民画的风格转变无疑是积极的、有益的。其写实画风不仅记录了房山农村的生产、生活状况，还对国家的政治、经济、文化方针进行了广泛宣传，在"成教化、助人伦"方面发挥了重要作用。

Abstract

In 2021, the protection of Beijing's intangible cultural heritage has gone through a new year. Beijing's various works have stepped to a new level in the past year. As a part of Beijing's cultural development work, the protection of intangible cultural heritage has also made new achievements in this year, meanwhile some new practical problems have emerged which deserve attention and need to be solved urgently.

In 2020, the Beijing Leading Group for Promoting the Construction of National Cultural Center issued *the Medium and Long Term Plan of Beijing for Promoting the Construction of National Cultural Center (2019 – 2035)* . In this programmatic document relating to the cultural development of Beijing in the next 15 years, the protection of the central axis and the application for World Heritage, the protection of the three cultural belts, and the construction of world famous tourist cities are placed in an important position. In these works, the protection of intangible cultural heritage can not be separated from the participation. At the same time, in the document, it was clearly proposed to strengthen the protection of intangible cultural heritage and build a "Beijing sample" for the protection and inheritance of intangible cultural heritage. All these have provided important historical opportunities and realistic challenges for the further development of Beijing's intangible cultural heritage work

The achievements and problems in the work of intangible cultural heritage in Beijing in the past year are the focus of this book. By sorting out the main contents of Beijing's intangible cultural heritage protection work in the past year, The characteristics of Beijing's intangible cultural heritage protection in 2021 are summarized as six aspects: combining with red culture, combining with the central

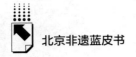

work of contemporary Beijing's economic and social development, festivals becoming important occasions for the exhibition and dissemination of intangible cultural heritage, large-scale cultural activities represented by the Winter Olympics becoming important Windows for the exhibition and dissemination of intangible cultural heritage, gradually highlighting the brand effect, and promoting each other with cultural tourism. Based on this, five major problems in the protection of intangible cultural heritage in Beijing this year are pointed out, and corresponding solutions are proposed according to these problems.

The protection and inheritance of Beijing's intangible cultural heritage is the foundation of the cause of Beijing's intangible cultural heritage, and is also the core issue that this book focuses on first. Through theoretical interpretation and practical presentation of two paths, it theoretically explained six major issues in the protection of intangible cultural heritage in contemporary Beijing and even the whole country, namely, immateriality, subjectivity, inheritance, space, practicality, and value orientation, and pointed out in practice the lack of motivation and talent shown in intangible cultural heritage projects such as folk festivals, Beijing opera, the Temple of Heaven Shenyue, Shaole, and the legend of intangible cultural heritage in the three mountains and five parks This paper puts forward some policy suggestions such as increasing investment, training professionals, and strengthening publicity.

Digitalization is an important supporting force for the development of Beijing's intangible cultural heritage. In the Internet era, strengthening the digital inheritance of Beijing's intangible cultural heritage has important social significance for Beijing's intangible cultural heritage. However, in the process of digital inheritance of intangible cultural heritage in Beijing, there have also been problems such as messy themes, insufficient interaction, low public participation, and poor sense of experience. Therefore, focusing on themes, strengthening interaction, and improving audience participation have become good solutions to these problems.

Rural revitalization is an important means to promote balanced regional development in Beijing, and plays an important role in the current urban construction of Beijing. There are different modes for the participation of intangible cultural heritage in rural revitalization. At present, there are problems in the participation of intangible cultural heritage in rural revitalization in Beijing, such as low brand awareness, insufficient exploration of intangible cultural heritage value, lack of design, insufficient endogenous motivation, and low social participation. Therefore, we must create a well-known brand of intangible cultural heritage to help farmers, deeply explore the value of intangible cultural heritage, do a good job in planning and design, stimulate the villagers' inner things, and increase publicity.

The construction of the sub center of Beijing is an important task in the current urban construction of Beijing. As an important part of urban culture, intangible cultural heritage can play an important role in the construction of the sub center city culture. At present, the construction of the intangible cultural heritage participation sub center generally presents problems such as lack of talents, low social awareness, insufficient development of relevant cultural and creative products, and limited publicity channels. According to these problems, it is urgent to strengthen talent training, improve social awareness, strengthen cultural and creative development, and increase publicity.

Some excellent protection cases have also emerged in the protection of intangible cultural heritage in Beijing. Many of these cases involve Beijing folk handicraft culture. At present, the development of most traditional handicrafts has been greatly improved with the support of the government compared with the past, but it still needs to further strengthen social awareness and policy and capital support, improve the added value of handicraft products in the market, and realize self appreciation.

Keywords: Beijing Intangible Cultural Heritage; Intangible Cultural Heritage Inheritance; Rural Revitalization; Digitalization

Contents

Ⅰ General Report

Abstract: A series of new achievements were made in the protection of Beijing's intangible cultural heritage in 2021 against the background of normalizing the prevention and control of the novel coronavirus epidemic. These new achievements show the combination of intangible cultural heritage and red culture, the combination with the central work of contemporary Beijing's economic and social development, festivals have become important occasions for the exhibition and dissemination of intangible cultural heritage, the Winter Olympics as the representative of the large-scale cultural activities have become an important window for the exhibition and dissemination of intangible cultural heritage, the brand effect of Beijing intangible cultural heritage has gradually become prominent, the mutual promotion of intangible cultural heritage and cultural tourism and so on. In addition to these achievements, Beijing's intangible cultural heritage also has some shortcomings, including further exploitation of the potential of Beijing's intangible cultural heritage to participate in the prevention and control of COVID-19, resource inclination of the intangible cultural heritage work in suburban Beijing, further play of the leading role of Beijing's intangible cultural heritage, and the participation of all sectors of society, especially the young generation, in the dissemination of intangible cultural heritage needs to be improved. The investigation, research, protection experience summary and achievement promotion of intangible cultural heritage in Beijing are relatively weak. To solve these problems, all sectors of society need to work together to actively exploit the potential of Beijing's intangible cultural heritage, make a overall layout, pay high attention to it, increase investment, integrate the protection of intangible cultural heritage into the whole process of youth education, further strengthen the research effort of Beijing's intangible cultural heritage, build a new situation of Beijing's intangible cultural heritage protection.

Keywords: Beijing; Intangible Cultural Heritage; Dissemination of Intangible Cultural Heritage

Ⅱ Protection and Inheritance of Beijng Intangible Cultural Heritage

B.2 The Key Words of Intangible Cultural Heritage Protection

Liu Kuili / 052

Abstract: "Intangible cultural heritage" and "intangible cultural heritage protection and inheritance" are a pair of closely related concepts. The protection and inheritance of intangible cultural heritage is a new cultural cause and practice in contemporary Chinese society. Intangible cultural heritage is a new object and a new topic that we have not really understood its ontological connotation before. Today, we focus on intangible cultural heritage, especially on six important aspects, namely, using the deconstruction method and structural method to pay attention to the materiality of intangible cultural heritage, focusing on the subjectivity of intangible cultural heritage with inheritors as the core, protecting the dynamic life of intangible cultural heritage, paying attention to its inheritance, comprehensively examining the intangible cultural heritage in real life, paying attention to its space an practicality, mining and promoting the rich emotional connotation of intangible

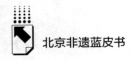
北京非遗蓝皮书

cultural heritage, and paying attention to its value orientation.

Keywords: Intangible Cultural Heritage; Protection and Inheritance of Intangible Cultural Heritage; Value

B.3 The Inheritance and Development of Beijing Qu Opera from the Perspective of Intangible Cultural Heritage Protection

Jing Junmei, Ma Yanhui / 063

Abstract: From the perspective of intangible cultural heritage, the inheritance and development of local opera can best prove the artistic value of the drama. Beijing Quopera has gone through four stages: the gestation period, the embryonic period, the finalization period and the development period. It has the characteristics of having the form of "opera" first and the name of "opera", the music style of single-string Paizi opera has a long history, and it has its own distinctive artistic characteristics compared with other kinds of opera. From the perspective of intangible cultural heritage, how to better promote the inheritance and development of Beijing Quju. First, we should pay attention to the integrated development of drama and cultural ecology, and keep the bottom line of living inheritance. Second, we should give full play to the characteristics of drama, cultivate talents with classic dramas. Third, we should continue to focus on the theme and use Beijing Quju to convey Beijing flavor.

Keywords: Protection of Intangible Cultural Heritage; Beijing Quju; Inheritance and Development

B.4 Study on the Restoration and Inheritance of the Temple of Heaven Kagura Department and Zhonghe Shaole

Zhang Wenying / 074

Abstract: Since the 1980s, workers from the Temple of Heaven Park

Management Office and academia have been working together to restore Zhonghe
Shaole, which was officially opened to the public at the beginning of this century.
Part of the restoration results were exhibited to the public, and the Kagura
Department Zhonghe Shaoyue Ya Orchestra was established to carry out the
inheritance and practice of Zhonghe Shaoyue. The restoration and inheritance of
Zhonghe Shaole has been advancing with the times. Faced with the inevitable
separation between the demand for public performances and tradition, the
inheritance team has determined two uses and forms of performance for Zhonghe
Shaole, namely, performances for tourism exhibitions and performances for
publicity and academic exchanges. In addition to the daily work of the inheritance
team to restore and inherit Zhonghe Shaole, the "music fans" of Zhonghe Shaole
in the society are also consciously and spontaneously carrying out inheritance. In
the information age, the staff of Kagura Department use the media to promote the
culture of ritual music and the neutralization of Shao music to the society.

Keywords: Temple of Heaven Kagura Department; Zhonghe Shaole; Festival
Music and Dance; Restoration of Ancient Music; Social Inheritance

B.5 Heritage and Folk Festivals

—The Contemporary Heritage of the Dragon Boat Festival in Beijing

Mao Qiaohui / 091

Abstract: The evolution of festival folk customs is closely related to the daily
life of the people. In the self adjustment of festival folk customs, festival memories,
local landscapes and folk narratives echo each other and shape people's perception
mechanism of festival folk customs in cultural imagination. With the rise and
development of intangible cultural heritage protection, the cultural connotation of
festivals has been excavated and highlighted; Among them, the development of
festival folk customs and how to use and develop the heritage become the key. On
the basis of field research on Tao Ran Ting Park, Temple of Heaven Park,

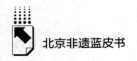

Dongyue Temple, Nanluogu Lane, etc., the article explores the connotation of festival folk customs, discusses the self adaptation of festival folk customs in the context of heritage and the formation and evolution of urban festival folk custom space, and on this basis, it ponders how festival folk customs can be combined with people's life to play its value and significance.

Keywords: Dragon Boat Festival; Urban Festival Customs; Folk Custom Space

B.6 Investigation on the Present Situation and Development Path of Non-genetic Theory in Three Mountains and Five Gardens Area

Ji Chengchen, Ren Chang, Fan Rong and Li Zidian / 106

Abstract: The legend spread in the area of Three Mountains and Five Gardens is an important intangible cultural heritage of Beijing and a precious cultural resource in the area of Three Mountains and Five Gardens. The legends of the area of Three Mountains and Five Gardens come from the folk, which is the wisdom crystallization of the people's life. Its varieties are diverse, the number is considerable, and rich in value. To a certain extent, it reflects the people's love and pursuit of truth, goodness and beauty. In recent years, due to the comprehensive influence of modern social lifestyle and other factors, the legend of the Three Mountains and Five Gardens area has a series of problems such as the lack of successor power and social recognition is not high in the process of inheritance and development. On the basis of field investigation, combined with relevant theories of intangible cultural heritage protection, in view of the existing problems, the inherits and relevant scholars are mobilized to actively promote the legend research, introduce non-genetic theory into local culture classes in schools, special protection regulations are formulated with the support of the government, attract social forces to expand the scope of publicity through modern media, develop relevant cultural and creative products to promote the external dissemination of legends, etc. These explorations on the protection and development path of non-genetic theory are of great significance to its future inheritance.

Keywords: Three Mountains and Five Gardens; Legends; Intangible Cultural Heritage

Ⅲ　Beijing Practice of Intangible Cultural Heritage Digitization

B.7　Development and Dissemination of Beijing's Intangible Cultural Heritage on Short Video Platform

Zhao Hui, Wang Yao ∕ 119

Abstract: In the era of integrated media, the derivative development and dissemination of intangible cultural heritage on the short video platform continues to rise. The derivative development and dissemination of intangible cultural heritage by short video makes traditional culture reintegrate into daily life, and forms new aesthetic innovation and expression. As the economic and cultural center of China, Beijing has rich cultural traditions and cultural styles, has relatively profound influence in the whole country and even in the world, short video this new media form can promote the influence and competitiveness of traditional Chinese culture, help realize the rejuvenation of Chinese culture, firm cultural confidence. This paper will analyze the derivative development and communication value of Beijing intangible cultural heritage on the short video platform from the current communication status of intangible cultural heritage as a whole on the short video platform.

Keywords: Beijing; Intangible Cultural Heritage; Short Video; Communication

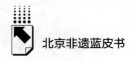
　　Abstract：In recent years, the protection and inheritance of intangible cultural heritage has gradually become an important part of the national cultural strategy, and the digital protection of intangible cultural heritage has been constantly explored and practiced. By means of a questionnaire survey, this paper discusses the status and effects of the digital communication of intangible cultural heritage in Beijing, and studies the communication effects of different types of digital communication data of intangible cultural heritage and different media platforms. It is found that there are obvious differences in the effect of digital communication of intangible cultural heritage in Beijing. At present, digital communication of intangible cultural heritage mainly focuses on two new media platforms, namely wechat official account with pictures and texts and Douyin mainly focuses on short videos.

　　Keywords：Digital Intangible Cultural Heritage；New Media Technology；Communication Model

　　Abstract：In 2022, in the context of Covid－19 prevention and control, Beijing and district cultural center increased the supply of cultural resources on digital platforms, the digital display platforms of intangible cultural heritage resources in cultural center became more diversified, more and more channels of ICH are available for the dissemination of information, digital archives are becoming more flexible and lively, interaction between online and offline promotes the diversification of ICH inheritance methods, online performance, cloud live help ICH into modern life. It has become a highlight in promoting the opening of the culture center's ICH resources to the public, developing rich online performances and experience activities, and promoting the integration and sharing of ICH resources. As the construction of digital culture center is in progress, and the limitations of digitization itself, it is difficult for the digital record and display of the existing platform to present an overall perspective of the ICH. The integration of ICH resources is insufficient in the digital platforms of various cultural centers, and the digital exhibition strengthens the artistic quality of ICH and weakens the living quality. Digital record and display should attach importance to sensory experience, strengthen the integration of the resources of the ICH database, and add a column in the platform to strengthen the digital record of the oral history of the inheritors, and encouraged people to tell their own stories about the relationship between them and ICH.

Keywords: Intangible Cultural Heritage; Cultural Center; Digital Platform

B.10   Design and Research of Beijing Intangible Cultural

Heritage Digital Resource Protection System   *Su Gaofeng* / 173

Abstract: Beijing's intangible cultural heritage is an important part of the capital's history and culture. It has formed exquisite intangible cultural heritage works represented by palace art on the basis of fully absorbing the essence of various places. It has distinctive characteristics, one is a long history, extensive and profound; Second, diversity and integration, drawing on the strengths of others; Third, both elegance and custom are appreciated, while the protection and inheritance are the two core issues in the development process of Beijing's intangible cultural heritage. There are two problems in protection. First, for the inheritors, there is often only one piece of exquisite craft works. As time goes by,

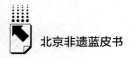
many intangible cultural heritage skills are facing difficulties in inheritance and research. On the other hand, although the support of special funds can solve short-term difficulties, it's difficult to solve the problem of long-term development mechanism. In this situation, the participation of scientific researchers in colleges and universities, especially the training of young talents is particularly important. We should take the "new liberal arts" framework as the key point, constantly improve the discipline construction, and strengthen the long-term mechanism of theoretical research on intangible cultural heritage protection. In terms of inheritance, copyright protection is difficult, innovation momentum is insufficient, industrialization is low and other issues are particularly prominent. Using digital resources and network advantages of modern science and technology, we will upgrade the industrialization of intangible cultural heritage works, strengthen copyright protection, increase the added value of products, and then feed back the intangible cultural heritage protection efficiency, form a sound development loop of intangible cultural heritage protection and inheritance.

Keywords: Beijing Intangible Cultural Heritage; Intangible Cultural Heritage Digitization; Resource Construction

B. 11　The Status Quo, Problems and Suggestions of the

　　　　Digitalization of Intangible Cultural Heritage

　　—*A Case Study of the Digitalization of Intangible*

　　Cultural Heritage in Beijing　　　　　*Gao Wenqian* / 184

Abstract: How to effectively carry out the protection of intangible cultural heritage is a topic that the government and academia have been promoting and researching. In the digital age, the digitization of intangible cultural heritage has become one of the important paths for the protection of intangible cultural heritage, which has made great progress in the four aspects of storage and protection, dissemination, inheritance, innovation and development, and reconstructed the ecological system of intangible cultural heritage to a certain extent, but it also exposed some contradictions and problems in protection and development, tradition and modernity, culture and technology. As the cultural center and scientific and technological innovation center of the whole country, Beijing's advanced experience in the digitization of intangible cultural heritage can have a strong radiation and driving effect on China's intangible cultural heritage protection work. On the basis of elaborating on the protection methods and mechanisms of intangible cultural heritage digitization, this paper focuses on the current situation, achievements and shortcomings of the digitalization of intangible cultural heritage in Beijing, and puts forward countermeasures such as accelerating the construction of intangible cultural heritage database, giving full play to the advantages of digital dissemination, improving the digital skills of inheritors, and further deepening the cooperation between intangible cultural heritage protection and universities.

Keywords: Intangible Cultural Heritage; Digitization; Protection and Inheritance

B.12　Digital Protection and Development of Beijing's

　　　Intangible Cultural Heritage

　　　—*A Case Study of the Intangible Cultural Heritage*

　　　on the Central Axis　　　　　　　　　　*Wu Yalan* / 201

Abstract: In May 2022, the Regulations on the Protection of Cultural Heritage along the Beijing Central Axis was released, which pointed out that we should attach importance to the protection, inheritance and dissemination of the historical value, cultural value, aesthetic value, scientific and technological value and era value of the Central Axis by means of the latest digital technology and other modern scientific and technological means. Taking the digital protection of intangible cultural heritage on the central axis as an example, this paper analyzes the

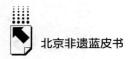
application of digital technology in intangible cultural heritage protection, especially blockchain technology. The use of blockchain technology to develop an alliance chain and the deployment of smart contracts to establish a database of Beijing's intangible cultural heritage is exactly the required innovative development. It is expected to not only help Beijing Central Axis apply for World heritage, but also provide reference for the digital preservation, inheritance and dissemination of intangible cultural heritage.

Keywords: Blockchain; The Central Axis of Beijing; The Intangible Cultural Heritage; Digital Preservation

Ⅳ   Beijig Intangible Cultural Heritage and Rural Revitalization

B.13   Study on the Development Mode of Beijing Rural Intangible Cultural Heritage in Rural Revitalization

Shi Meiyu / 208

Abstract: The countryside is the origin of many intangible cultural heritage, and the rural intangible cultural heritage is the "living" soul of rural culture, the excellent "genes" of history, technology and culture it carries have great significance to rural revitalization. The villages in Beijing have a large number of intangible cultural heritage projects with rich cultural connotations, stimulating the vitality of rural intangible cultural heritage is of great significance to rural revitalization. From the perspective of the coordinated development of intangible cultural heritage development and rural revitalization, this research studies the development mode and main problems of intangible cultural heritage through field investigations on typical rural intangible cultural heritage cases in Beijing. On this basis, relevant suggestions for promoting the development of intangible cultural heritage are put forward from the perspectives of talents, culture, and industrial revitalization, in order to promote the process of revitalizing rural intangible cultural heritage in Beijing.

Keywords: Rural Revitalization; Intangible Cultural Heritage; Beijing

B. 14　Study on Traditional Dance of Intangible Cultural
Heritage in Beijing from the Perspective of
Cultural and Tourism Integration　　*Sha Rina* / 226

Abstract: Guided by the idea of the integration of culture and tourism, this paper takes the existing traditional intangible cultural heritage dance in Beijing as the research object to analyze its external expression of the ancient, simple and martial cultural form, the internal drive of the development needs of agricultural culture, the traditional cultural value maintained as a cultural resource and the contemporary social consumption value. This paper explores the reasons for its melting in the process of urbanization, the reasons for its absence in the public cultural space and the negative reasons for its passive approach to the market, and proposes the solution strategies to combine the archiving of dance notation with digital technology, the combination of mining connotation and innovative forms, and the return to the field of mass fitness.

Keywords: Beijing Intangible Cultural Heritage; Traditional Dance; Cultural and Tourism Integration

B. 15　The Integrated Development Strategy of Beijing Folk
Handicraft and Rural Tourism　　*Zhu Lifeng* / 238

Abstract: Folk handicraft is an important way to stimulate the endogenous force of rural culture and cultivate the attraction of rural tourism. Through fieldwork in typical villages, combined with policy research and questionnaire analysis, this report points out the characteristics and existing problems of folk

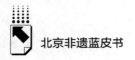

handicrafts in rural tourism in Beijing, and points out that during the 14th Five-Year Plan period, as an international consumption center city, rural tourism has entered a new stage of high-quality development. Folk handicraft and rural tourism are the integration relationship of two-way empowerment. The integration mechanism of "multiple interaction" is presented among the five elements of folk handicraft, handicrafts, scenic spots and tourists. On the supply side of the rural tourism structural reform, advocating some policy suggestions, such as put the "Intangible cultural heritage production workshop" and "Intangible Cultural Heritage Training Institute" carry out integrated construction. Put forward to construct the base of folk handicraft exhibition, teaching, innovation and transformation, and the rural characteristic workshop. Using the "One Village One Product" and "One Household One Handicraft" to optimize the spatial layout of rural tourism. Encourage two-way feedback between urban and rural areas.

Keywords: Folk Handicraft; Beijing Countryside; Cultural Tourism; Fusion Mechanism

B.16　Study on Non-genetic Inheritance, Protection Status and Activation Utilization of Yongdinghe Cultural Belt in Xishan

Dong Qiqi / 273

Abstract: As the national cultural center, Beijing attaches great importance to the inheritance, protection and utilization of intangible cultural heritage, and continuously promotes the construction of intangible cultural heritage of "three cultural belts". The non-genetic inheritance, protection and utilization of the Yongdinghe cultural belt in the West Mountains are important to do a good job in the "capital culture" article, which is endowed with unprecedented strategic significance. The intangible cultural heritage project of Xishan Yongdinghe Cultural Belt has some problems, such as low level of inheritance, low level of information protection and utilization, and insufficient integration into contemporary life. In the following work, the cross-regional linkage mechanism should be improved to strengthen the connection between the zonal whole and the block-like area. Through cross-border, cross-domain and cross-industry integration, a new inheritance platform, communication field, exhibition way and sales channel should be provided for the intangible cultural heritage project, so as to drive the virtuous cycle of regional economy in Xishan Yongdinghe Cultural Belt and help the creative transformation and innovative development of traditional intangible cultural heritage.

Keywords: Xishan Yongding River Cultural Belt; Intangible Cultural Heritage; Heritage Protection

B.17 The Intangible Heritage of Boutique Homestays: A Study
on an Industrial Model from the Cultural Perspective
of Yongdinghe in the West Mountains of Beijing

Ruan Haiyun, Wei Donghai / 284

Abstract: Boutique B&B industry is a new attempt of rural revitalization strategy. The Central Committee of the CPC and the State Council have always been consistent with the strategic deployment of rural development. As the south gate of Beijing, Daxing District is the strategic thoroughfare of Beijing, Tianjin and Hebei. It has not only the original ecological villages with rich human resources in Yongding River and Fenghe River, but also the transformed townships that are integrated into the city in the process of urbanization, as well as the modern new towns that rise with Daxing International Airport. With the integration and development of the culture and tourism industry, the competitiveness and characterization of the B&B industry has brought a new impetus for industry. This paper focuses on more than 10 Boutique B&B hotels along the Yongding River and on both sides of the Fenghe River. These hotels are located in towns such as

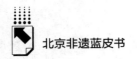

Beizang and Zhangziying. The paper focuses on the current situation of the development of the rural B&B industry during the "14th Five-Year Plan" period and the post epidemic era, as well as the problems, difficulties and inadequacies, and then puts forward suggestions and measures for high-quality development of Boutique B&B hotels from the aspects of policy measures, industrial momentum, the soft power of intangible cultural heritage and competitiveness, etc.

Keywords: Rural Revitalization; Boutique B&B; the Competitiveness of Intangible Cultural Heritage

B.18　On the Development of Intangible Cultural Heritage in Important Agricultural Heritage Areas of China

Cheng Jiaxin, *Sun Yehong* / 297

Abstract: Taking the intangible cultural heritage resources of China's important agricultural cultural heritage sites as the research object, based on documentary history and data statistics, we systematically summarize the current situation of intangible cultural heritage in rural areas in China. Analyze the quantitative scale and classification of intangible cultural heritage resources in agricultural cultural heritage sites, and accordingly propose directions for the conservation and utilisation of intangible cultural heritage resources in important agricultural cultural heritage sites in China. The results show that sorting out the intangible cultural heritage items contained in the agro-cultural heritage sites, raising the cultural awareness of the people in the heritage sites and developing agro-cultural industries to promote rural tourism in the heritage sites are important ways to protect and utilise the intangible cultural heritage in the agro-cultural heritage sites.

Keywords: Agricultural Cultural Heritage; Intangible Cultural Heritage; Countryside; Conservation

B.19   The Inheritance and Development of Intangible Culture from

the Perspective of Rural Cultural Innovation System Design

—*A Case Study of Longtou Village, Daxing District*

Zhou Qian / 313

Abstract: This paper discusses that the design of the rural cultural and creative system is an innovative value system that reshapes the culture and aesthetics of the rural advantageous characteristic resources in the modern consumption civilization, carries out artistic and creative design for the rural areas with systematic thinking to serve the rural revitalization, combines the villagers' life with the life style, science and technology, and commercial market in the new era, and establishes the value system of the rural intangible cultural and creative concept to make it inherit and develop. Create and incubate the design and drive the rural brand with the design thinking of rural cultural and creative system. Based on the social innovation of non-material civilization and the value system of urban-rural integration, the non-material cultural innovation and development of the systematic integration of agricultural civilization, industrial civilization and information civilization.

Keywords: Rural Cultural and Creative; System Design; Intangible Cultural; Heritage and Development

B.20   The Development Practice of Rural Intangible Cultural

Heritage Tourism in Beijing

—*A Case Study of Zhaitang Town, Mentougou District*

Zhong Boxiong / 322

Abstract: The intangible cultural heritage resources in Beijing are rich and diverse, and the tourism industry is very developed. This project takes the intangible cultural heritage tourism development in Zhaitang Town as an example to carry out research. It is concluded that integrating intangible cultural heritage

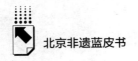
resources into the local tourism development can effectively help the inheritance and protection of intangible cultural heritage, improve the cultural charm of Zhaitang Town, and improve the life quality of local residents. But at the same time, there are also problems such as destruction of ancient villages, marginalization of protection subjects, weak protection consciousness of villagers and insufficient excavation of cultural connotations. We hope to provide reference for the specific practice of rural intangible cultural heritage tourism development in the future by strengthening policy and financial support, improving the public awareness of protection, focusing on cultural excavation and heritage, and strengthening publicity and communication.

Keywords: Beijing Intangible Cultural Heritage; Rural Tourism; Zhaitang Town

V   Intangible Cultural Heritage in the Construction of Beijing Sub Center

B.21   Protection and Inheritance of Traditional Handicraft Intangible Cultural Heritage in Beijing
—Based on the Case Study of Zhao Yunliang,
a Non-genetic Inheritor of Silk Mosaic in
Tongzhou District   *Wang Yaguan / 338*

Abstract: Beijing has rich historical accumulation and deposits, so that it naturally has a large number of intangible cultural heritage. As an important part of Beijing's intangible cultural heritage, the protection and inheritance of traditional handicraft skills has always been an important proposition for the government and academa. At present, many traditional handicrafts are mostly in the hands of independent handicrafts. This paper, through the case investigation of Zhao Yunliang, the non-genetic inheritor of the silk Mosaic, understands the current development status and existing problems of the silk Mosaic technology. It is proposed that the floral silk Mosaic industry should continue to adhere to the principle of "productive protection", promote the innovation of floral silk Mosaic inheritance mode, strengthen the all-round training of inheritors' quality, and utilize all kinds of new media, so as to promote the better inheritance and development of floral silk Mosaic technology in contemporary society, and provide a certain mirror role for the protection and inheritance of other traditional handmade intangible heritage in Beijing.

Keywords: Beijing; Flower Silk Mosaic; Intangible Cultural Heritage Protection

B. 22 Study on Tourism Utilization and Development of Intangible

Cultural Heritage Resources in Canal Traditional Villages:

A Case Study of Yulinzhuang Village in

Tongzhou District   *Qu Meng, Shi Shaohua* / 354

Abstract: The Grand Canal is the ancient canal with the longest history and mileage and the most extensive project, which contains a large amount of precious historical and cultural heritage. The Grand Canal Traditional Village is a cultural treasure house whose value lies in preserving the folk memory and the history of the canal. Tourism, as a means of revitalizing the utilization of canal intangible cultural heritage, has gradually become a natural and realistic choice to protect and utilize village cultural heritage resources through tourism. Based on the analysis of the relationship between traditional village intangible cultural heritage resources and tourism utilization by field survey and questionnaire survey, this paper discusses the types of intangible cultural heritage resources in traditional Canal village and the dilemma of the integration of the resources and tourism. In this way, tourism will drive the self-protection and inheritance of the intangible cultural heritage of Canal traditional villages, so that the intangible cultural heritage of Canal traditional villages has the ability for self-survival and development. By innovating a new way

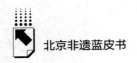
of integrated development of conservation and utilization of intangible cultural heritage resources of traditional villages and tourism, intangible cultural heritage resources of Canal traditional villages can be protected and inherited, and the revitalization of rural areas can be realized.

Keywords: Canal Traditional Village; Intangible Heritage Resources; Tongzhou

B.23 The Protection and Inheritance of Beijing's Intangible Cultural Heritage of Traditional Music

—*Taking Tongzhou Canal Boatman's Number as an Example*

Jiang Zhiruo / 366

Abstract: Tongzhou canal boatman's work songs are municipal intangible cultural heritage in Tongzhou District, Beijing. Through the study of its development history and different types, the investigation and research of its development status, this paper points out the difficulties and problems faced by Tongzhou Canal boatman's songs in the process of inheritance and development, forms thoughts and suggestions on the protection and inheritance of traditional music intangible cultural heritage.

Keywords: Intangible Cultural Heritage; Tongzhou Canal Boatman's Work Songs; Tranditional Music

VI Classic Cases

B.24 Research on Technology Development and Protection Inheritance Strategy of Beijing Gold Lacquer Inlay

Liu Dongliang / 379

Abstract: Gold lacquer inlayis known as one of the "Yanjing Eight

Wonders". Gold lacquer inlay is a traditional craft. In the current development process, many craftsmen have begun to try to use new technologies and new materials to rejuvenate and revitalize this craft, so as to make this traditional skill continue as long as possible. However, many problems have been encountered at present, such as repeated product themes, weak awareness of property rights protection, low input-output ratio, and disconnection of backup artists. Therefore, it is urgent to promote the innovative development of gold lacquer inlay by cultivating cultural brands, establishing a new integrated development model, and improving relevant institutional support on the basis of excavating the unique cultural value of this traditional craft.

Keywords: Gold Lacquer Inlay; Traditional Crafts; Conservation Strategies; Intangible Cultural Heritage

B.25 Research Report on the Development of Beijing Traditional Metalworking Industry
Han Cheng / 392

Abstract: As a representative type of traditional handicrafts in China, Beijing metal handicrafts have both independent industrial characteristics and distinctive cultural symbolic value, and are an important carrier of excellent cultural inheritance and display. As a basic structure of cultural representation, traditional metal handicrafts and their cultural shaping are formed by the collective and through long-term inheritance, and are influenced by multiple races and their cultures. Based on this, Beijing metalworking culture has formed the artistic characteristics of remarkable style, excellent workmanship, wide cultural connotation and orderly circulation, and has become a representative traditional handicraft. The "filigree inlay", "cloisonne" and other well-known international arts and crafts that we are familiar with have become special craft types representing Beijing. On the basis of in-depth research on the development status of Beijing's metalworking industry, from the strategic height of the overall regional construction and coordinated development of Beijing, Tianjin and Hebei, this paper focuses on the value and

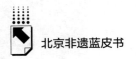
development orientation of the traditional metalworking industry in the region from the aspects of cultural value, economic value, and the value of cultural and technological integration, explores the strategic thinking and realization path to accelerate the development of the industry, and focuses on the bottleneck analysis of talents, brand, policy and other industrial development, In order to realize the sound and rapid development of the traditional metalworking industry, the industry will play an important role in accelerating the adjustment of regional economic structure, promoting the great development and prosperity of China's culture, accelerating the coordinated development and the revival of traditional culture with Chinese characteristics.

Keywords: Beijing; Metalworking; Industry Layout

B. 26　Research Report on the Status Quo of Beijing Carved

Lacquer Technique Inheritance　　　　*Song Benrong* / 410

Abstract: In 2006, Beijing carved lacquer art was included in the National Intangible Cultural Heritage Representative Project List. Carved lacquer is a kind of Chinese traditional lacquerware that appeared relatively late. With its grand structure and subtle details, carved lacquer has occupied a place in the national ceremony since the Tang and Song dynasties. At present, carved lacquer is still a small category of lacquerware, and the problem that the number of inheritors is small and older has not been significantly improved. In this paper, through the investigation of the inheritance current situation of carved lacquer art, especially the current situation of the inheritance group, and then referring to the inheritance mode of carved lacquer in history, the protection and inheritance strategy of carved lacquer art is put forward.

Keywords: Lacquer Carving Skill; Inheritance; Protection Strategy

Contents ⌐⟩

B.27 A Brief Analysis of the Style Change of Fangshan Farmer
Paintings in the 1960s and 1970s

Wang Cong / 422

Abstract: There have been two upsurges in the history of Fangshan farmer's painting, which has had a great influence in Beijing and the whole country. Into the new era, Fangshan farmer paintings gradually declined. The achievements of Fangshan farmers' paintings have not received much attention from the world. In order to better understand and develop Fangshan farmers' paintings, the author studies the works of Fangshan farmers' paintings at the climax of their creation, analyzes and summarizes the artistic language of Fangshan farmers' paintings from the perspective of images, discusses the main factors of painting, and summarizes the inherent characteristics of their artistic language. Hope to provide reference basis and innovation inspiration for the development of Beijing Fangshan farmer paintings in the new era. Through the study of the style change of Fangshan farmer's painting in the 1960s and 1970s, the development picture of farmer's painting in Beijing at this stage is shown to the world, which provides important historical reference for the further study of folk painting in Beijing.

Keywords: Fangshan; Farmer Paintings; Artistic Features; Style Change

社会科学文献出版社

皮 书

智库成果出版与传播平台

❖ 皮书定义 ❖

皮书是对中国与世界发展状况和热点问题进行年度监测,以专业的角度、专家的视野和实证研究方法,针对某一领域或区域现状与发展态势展开分析和预测,具备前沿性、原创性、实证性、连续性、时效性等特点的公开出版物,由一系列权威研究报告组成。

❖ 皮书作者 ❖

皮书系列报告作者以国内外一流研究机构、知名高校等重点智库的研究人员为主,多为相关领域一流专家学者,他们的观点代表了当下学界对中国与世界的现实和未来最高水平的解读与分析。截至2022年底,皮书研创机构逾千家,报告作者累计超过10万人。

❖ 皮书荣誉 ❖

皮书作为中国社会科学院基础理论研究与应用对策研究融合发展的代表性成果,不仅是哲学社会科学工作者服务中国特色社会主义现代化建设的重要成果,更是助力中国特色新型智库建设、构建中国特色哲学社会科学"三大体系"的重要平台。皮书系列先后被列入"十二五""十三五""十四五"时期国家重点出版物出版专项规划项目;2013~2023年,重点皮书列入中国社会科学院国家哲学社会科学创新工程项目。

皮书网

（网址：www.pishu.cn）

发布皮书研创资讯，传播皮书精彩内容
引领皮书出版潮流，打造皮书服务平台

栏目设置

◆ **关于皮书**

何谓皮书、皮书分类、皮书大事记、
皮书荣誉、皮书出版第一人、皮书编辑部

◆ **最新资讯**

通知公告、新闻动态、媒体聚焦、
网站专题、视频直播、下载专区

◆ **皮书研创**

皮书规范、皮书选题、皮书出版、
皮书研究、研创团队

◆ **皮书评奖评价**

指标体系、皮书评价、皮书评奖

◆ **皮书研究院理事会**

理事会章程、理事单位、个人理事、高级
研究员、理事会秘书处、入会指南

所获荣誉

◆ 2008 年、2011 年、2014 年，皮书网均
在全国新闻出版业网站荣誉评选中获得
"最具商业价值网站"称号；

◆ 2012 年，获得"出版业网站百强"称号。

网库合一

2014 年，皮书网与皮书数据库端口合
一，实现资源共享，搭建智库成果融合创
新平台。

皮书网

"皮书说"
微信公众号

皮书微博

权威报告・连续出版・独家资源

皮书数据库

ANNUAL REPORT(YEARBOOK)
DATABASE

分析解读当下中国发展变迁的高端智库平台

所获荣誉

● 2020年，入选全国新闻出版深度融合发展创新案例

● 2019年，入选国家新闻出版署数字出版精品遴选推荐计划

● 2016年，入选"十三五"国家重点电子出版物出版规划骨干工程

● 2013年，荣获"中国出版政府奖・网络出版物奖"提名奖

● 连续多年荣获中国数字出版博览会"数字出版・优秀品牌"奖

皮书数据库　　"社科数托邦"
　　　　　　　微信公众号

成为用户

登录网址www.pishu.com.cn访问皮书数据库网站或下载皮书数据库APP，通过手机号码验证或邮箱验证即可成为皮书数据库用户。

用户福利

● 已注册用户购书后可免费获赠100元皮书数据库充值卡。刮开充值卡涂层获取充值密码，登录并进入"会员中心"—"在线充值"—"充值卡充值"，充值成功即可购买和查看数据库内容。

● 用户福利最终解释权归社会科学文献出版社所有。

社会科学文献出版社 **皮书系列**
SOCIAL SCIENCES ACADEMIC PRESS (CHINA)

卡号：936825866925
密码：

数据库服务热线：400-008-6695
数据库服务QQ：2475522410
数据库服务邮箱：database@ssap.cn
图书销售热线：010-59367070/7028
图书服务QQ：1265056568
图书服务邮箱：duzhe@ssap.cn

S 基本子库
UB DATABASE

中国社会发展数据库（下设 12 个专题子库）

紧扣人口、政治、外交、法律、教育、医疗卫生、资源环境等 12 个社会发展领域的前沿和热点，全面整合专业著作、智库报告、学术资讯、调研数据等类型资源，帮助用户追踪中国社会发展动态、研究社会发展战略与政策、了解社会热点问题、分析社会发展趋势。

中国经济发展数据库（下设 12 专题子库）

内容涵盖宏观经济、产业经济、工业经济、农业经济、财政金融、房地产经济、城市经济、商业贸易等 12 个重点经济领域，为把握经济运行态势、洞察经济发展规律、研判经济发展趋势、进行经济调控决策提供参考和依据。

中国行业发展数据库（下设 17 个专题子库）

以中国国民经济行业分类为依据，覆盖金融业、旅游业、交通运输业、能源矿产业、制造业等 100 多个行业，跟踪分析国民经济相关行业市场运行状况和政策导向，汇集行业发展前沿资讯，为投资、从业及各种经济决策提供理论支撑和实践指导。

中国区域发展数据库（下设 4 个专题子库）

对中国特定区域内的经济、社会、文化等领域现状与发展情况进行深度分析和预测，涉及省级行政区、城市群、城市、农村等不同维度，研究层级至县及县以下行政区，为学者研究地方经济社会宏观态势、经验模式、发展案例提供支撑，为地方政府决策提供参考。

中国文化传媒数据库（下设 18 个专题子库）

内容覆盖文化产业、新闻传播、电影娱乐、文学艺术、群众文化、图书情报等 18 个重点研究领域，聚焦文化传媒领域发展前沿、热点话题、行业实践，服务用户的教学科研、文化投资、企业规划等需要。

世界经济与国际关系数据库（下设 6 个专题子库）

整合世界经济、国际政治、世界文化与科技、全球性问题、国际组织与国际法、区域研究 6 大领域研究成果，对世界经济形势、国际形势进行连续性深度分析，对年度热点问题进行专题解读，为研判全球发展趋势提供事实和数据支持。

法律声明

"皮书系列"（含蓝皮书、绿皮书、黄皮书）之品牌由社会科学文献出版社最早使用并持续至今，现已被中国图书行业所熟知。"皮书系列"的相关商标已在国家商标管理部门商标局注册，包括但不限于 LOGO（▨）、皮书、Pishu、经济蓝皮书、社会蓝皮书等。"皮书系列"图书的注册商标专用权及封面设计、版式设计的著作权均为社会科学文献出版社所有。未经社会科学文献出版社书面授权许可，任何使用与"皮书系列"图书注册商标、封面设计、版式设计相同或者近似的文字、图形或其组合的行为均系侵权行为。

经作者授权，本书的专有出版权及信息网络传播权等为社会科学文献出版社享有。未经社会科学文献出版社书面授权许可，任何就本书内容的复制、发行或以数字形式进行网络传播的行为均系侵权行为。

社会科学文献出版社将通过法律途径追究上述侵权行为的法律责任，维护自身合法权益。

欢迎社会各界人士对侵犯社会科学文献出版社上述权利的侵权行为进行举报。电话：010-59367121，电子邮箱：fawubu@ssap.cn。

社会科学文献出版社